항해사 흰닭, 파드레, 그리고 오렌지 반란군의 기이한 모험

16~17세기
동아시아와 유럽의 만남

항해사 흰닭, 파드레, 그리고 오렌지 반란군의 기이한 모험

딜런 유 지음

뿌리와
이파리

일러두기

1. 대체로 국립국어원의 외래어 표기법 표기일람표와 용례를 따랐고, 그에 준한 네이버백과사전, 위키피디아 등을 참조했다.
2. 국립국어원 외래어표기법의 "과거인과 현대인을 구분하여 과거인은 종전의 한자음대로 표기하고, 현대인은 원칙적으로 중국어 표기법에 따라 표기"하는 원칙을 따르지 않고 모두 중국어 발음으로 표기했다.
3. 한자와 원어 병기는 최초 노출 후 반복하지 않는 일반 표기의 원칙 대신, 문맥의 이해를 위해 필요한 곳에는 반복적으로 병기하기도 했다.
4. 책명, 정기간행물, 신문 등에는 겹낫표(『 』), 논문, 편명 등에는 홑낫표(「 」), 그림, 음악, 영화 연극, 지도 등에는 홑화살괄호(〈 〉)를 사용했다.
5. '더 자세히 읽어보시려면'에 해당 인용 원문과 출처를 밝혔다.
6. 본문에 사용한 도판의 출처는 따로 도판 출처에 밝혔다.
7. 본문의 밑줄(＿＿)은 저자가 강조하는 부분을 표시한 것이다.

◆◇◆ 이야기의 순서

제1장   이야기를 시작하면서
책 제목에 대하여 궁금하시다면……   16
이 책에서 시도해보려는 '말'의 실험   17

제2장   동중국해의 템페스트: 백계와 호탄만의 기이한 조우
백계·힌듥얌신의 최후   36
벨테브레이 혹은 박연   42
태풍 속의 아우베르케르크호   48

제3장   남만인의 등장
보동가류에서 온 지완면제수   59
세상의 모든 것들, 『화한삼재도회』   63
여송 남만인을 소개합니다   64
아마항 남만인을 소개합니다   70
검은 배를 타고 온 불랑기   74
허풍선이 남자의 모험   89
예수의 회, 소시에타스 이에수 Societas Iesu   94
왜은의 등장   100
　　안심동당의 은 102 | 왜은이 시장에 가득 찼다! 105
사비에르의 소프트랜딩   107
나가사키의 탄생   109
탕자와 변혁가, 그리고 현자   114
불랑기포와 조선 사신   126
득도지인 호드리게스   129
숨어 있는 크리스탕   134
신앙의 대도는 무엇인가   138

찾았다! 전설의 크리스탕 144
이츠러예족의 발견 148
> 마테오 리치의 기이한 손님 149 | 펠리오와 응아이 153 | 명말 청초 관리 자오씨의 일생 157 | 이츠러예족의 청진사비 160 | 잃어버린 10지파는 시님에서 돌아오리라! 168 | 므나세 벤 이스라엘의 희망 175

마카오 신사, 카피탕 모르 184
> 오, 충성스러운 마카오! 186

태평양을 건너온 스페인 188
> 어처구니없는 비극이 불러온 동군연합 193

실버 라이닝 – 일본과 스페인 194
> 은은 도대체 왜? 194

포토시의 반짝거리는 공기 198
국제통화 피스오브에이트 205
> 금–은 비율의 밸런스 207

스페인의 불안한 마음 210
> 산펠리페호의 비극 212 | 성문 밖 상레이의 세계 214

황금의 산을 지키는 로스에스파뇰레스 216
일본과 스페인의 짧은 밀월 225
> 하세쿠라 쓰네나가의 대모험 225 | 로드리고 데 비베로의 표착 227 | 비스카이노의 실책 234

토마스의 바다 239

제4장 두 왕자와 거지

부르군트의 왕자와 공주들 252
> 잘생긴 펠리페까지 255

스페인과 포르투갈이 나눠진 이야기 259
> 카스티야 왕국의 탄생 261 | 포르투갈 왕국의 탄생 262 | 통합 레온·카스티야·갈리시아 왕국 264

스페인과 합스부르크 왕자의 탄생까지 265
> 스페인의 완성 265 | 세계의 분할 267 | 합스부르크 왕자의 탄생 269

플란다스의 왕자 270

낮은 땅의 사람들 271 | 네데를란트의 탄생 273

　거지와 오렌지 왕자　　　　　　　　　　　　　　　　　　　280
　　오렌지 왕자의 등장 280 | 거지들의 등장 282 | 80년 전쟁의 시작 283

　반란의 불길　　　　　　　　　　　　　　　　　　　　　　284
　　바다거지의 등장 285 | 만우절의 불씨 286 | 공화국 만들기 287 | 빌럼의 암살 290 | 12년 정전협정 291

제5장　홍모인의 나라

　블루오션　　　　　　　　　　　　　　　　　　　　　　　295
　　인도로 가는 관문, 아니엄헙 297

　바람의 계곡 - 바이하트　　　　　　　　　　　　　　　　301

　동인도로 가는 길　　　　　　　　　　　　　　　　　　　309
　　린스호턴의 『항해 일정』 310 | 중국통 디르크 시나 314

　새옹지마 원정대　　　　　　　　　　　　　　　　　　　316

　야요스와 두꺼비 요술　　　　　　　　　　　　　　　　　321
　　두꺼비 신선 322 | 두꺼비 신선과 기리시탄 324 | 시마바라의 난 326

　천축을 다녀온 덴지쿠 도쿠베에　　　　　　　　　　　　331
　　야마다 니자에몬과 태국의 일본인들 334 | 쇄국의 문턱을 넘은 덴지쿠 도쿠베에 336 | 얀 요스턴의 배 339

　조생 완벽의 모험담　　　　　　　　　　　　　　　　　　341

　교토의 길모퉁이 창고　　　　　　　　　　　　　　　　　355

　붉은 도장이 찍힌 증서를 들고　　　　　　　　　　　　　359

　안남의 셀럽 이수광　　　　　　　　　　　　　　　　　　361

　『최척전』 - 쇼 미 더 트루스!　　　　　　　　　　　　　364
　　사르후 전투라는 스캔들 372 | 사르후의 진실은? 373 | 명예를 건다! 376 | 디스전의 결말 379

　아란타의 등장　　　　　　　　　　　　　　　　　　　　380

　그 나라의 임금은 고모파이아　　　　　　　　　　　　　387
　　'콤파니'의 척후 388 | 연합동인도회사, VOC의 탄생 389

　왕자의 서신이 필요해!　　　　　　　　　　　　　　　　390

　도쿠카와 이에야스의 세계　　　　　　　　　　　　　　394
　　네덜란드로 기울어진 바쿠후 395

나는 정당한 해적이다! 397
    호가의 법 399
캡틴 차이나 403
    네덜란드의 고군분투 407
니콜라스 이콴, 정즈룽 410
    『명청군담 국성야충의전』 411 | 이콴의 무간도 415 | "바다가 너무 거칠다" 418 | 해적의 하청 기업화 421
문제적 인간, 나위츠 423
해방유격 정즈룽 장군 427
오늘도 안평安平한 타이오안 433
    포르모사의 달콤한 맛 436 | 근대화의 프리뷰 441 | 법이 있으면 법을 지킨다 443
제국의 끝, 이슬라 에르모사 444
그 섬에 살던 사람들 448
    조선 선비의 경험기 452 | 야만과 문명의 경계 454 | 테오도레 에르마노의 사례 457
산살바도르와 산도밍고 459
세상의 끝에서도 제국과 반란군 464

제6장 끝나지 않는 이야기

해금의 폐지와 도진야시키 471
    고방파와 18세기 인삼 삼각무역 474 | 총을 들 필요가 없는 동아시아 476
벨테브레이의 선택 479
    조선의 이야기를 들려줄게 481

나가며 484
더 자세히 읽어보시려면 488
도판 출처 561

제1장

이야기를 시작하면서

우리는 이 나라 사람들이 호기심이 매우 많고 이국적인 것을 기꺼이 듣고 싶어한다는 것뿐만 아니라 구걸하는 것을 수치스러워하지 않는다는 것을 알게 되었기 때문에…….
wij siende dat dese luijden seer nieuwschierig ende om wat vreemts te hooren seer genegen waren,'t beedelen aldaer geen schande is…….

— 『하멜 보고서』, 1657년 11월[1]

1657년 11월은 무척이나 추웠습니다. 북유럽과 대부분의 브리튼 섬들은 "현저하게 혹독한 겨울a notably severe winter"이었다고 기록할 정도로,² 12월 초에 시작된 눈이 이듬해 3월이 거의 끝나갈 때까지 멈추지를 않았으며, 스코틀랜드와 잉글랜드의 해안에는 결빙이 이듬해 봄까지 그대로 남아 있었다고 합니다. 물론 지구 반대편의 조선 역시 대단히 춥고 기나긴 겨울을 보내고 있었습니다.

그해 11월 강진의 전라병영에 새 전라병사全羅兵使가 부임하였습니다. 이곳에는 33명의 홍모인紅毛人, 그러니까 빨간 머리 사람들이 몇 군데로 나뉘어 배치되어 있었습니다. 예, 이들은 바로 4년 전에 제주에 표착하였다가 이후 조선에 억류된, 그 유명한 하멜 일행입니다. 이들은 한양에서 2년을 보낸 후 1655년 남한산성에서 청나라 사신들의 행차에 뛰어들어 자신들의 돌아갈 길을 호소하였다가, 청나라와 아슬아슬한 외교 문제가 생길 것을 우려한 조선의 조정에 의해 강진으로 유배되고, 이후 전라도 이곳저곳에 분산되어 있었습니다. 새로 부임한 전라병사는 딱히 간섭도 지원도 없이 조정에서 정한 쌀만 배급하고 나머지는 각자 알아서 해결하도록 이들을 내버려두었습니다.

하멜 일행은 유난히도 혹독했던 겨울을 넘기기 위해 원문을 보면 'beedelen'을 했다고 합니다. 이 단어는 현대 네덜란드어 철자로는 'bedelen'입니다. 현재 한국어 번역들은 모두 '구걸'을 했다고 하고 있습니다만, bedelen은 '구걸을 하다'라는 의미 외에 '몫을 주다', '지원하다'의 의미도 있습니다.

그런데 기록을 곰곰이 읽어보면, 하멜 일행은 그냥 각설이마냥 유리걸식을 한 게 아니라, 긴 겨울을 넘기기 위해 조선 사람들이 새로운 것에 대해 호기심이 많고 이국의 이야기를 듣는 것을 좋아했다는 데에 착안하여 이야기를 들려주고 그 대가로 식량을 얻은 것으로 보입니다.

강진 사람들은 이들 네덜란드인들을 불러다 도대체 '어떻게', 그리고 '무슨 이야기'를 들었던 것일까요? 강진에 내려갈 즈음에는 이미 이들 일행 중에는 조선말을 꽤 잘하는 이들이 있었습니다. 문득 길고 긴 겨울밤 사랑채에 앉아서 아직 어눌한 조선말로 멀고 먼 바다 너머 네데를란트의 도시와 인도의 바다와 아프리카의 금빛 해변과 니우암스테르담의 깊은 숲에 대해 이야기하는 눈이 부리부리하고 코가 큰 홍모인들과, 그들의 이야기에 추임새를 넣어가며 듣는 상투 튼 조선 사람들의 모습을 한번 상상해봅니다.

이제부터 들려드리는 이야기는 370여 년 전 한국의 해안에 불시착하여 17세기 전 지구적 소빙기의 혹독한 겨울을 넘기기 위해 이야기를 들려주고 밥을 얻어먹었다던 사람들, 그 사람들처럼 넓은 바다를 건너 지구의 이쪽저쪽을 왔다갔다하면서 자신과 다른 사람들을 만나고 때로는 싸우고 때로는 인연을 맺었던 바로 그런 사람들에 대한 이야기입니다.

그런데 왜 17세기의 사람들 이야기일까요. 지난 400년간 지구상의 인류는 '성장과 진보'라는 꿈을 위해 달려왔습니다. 먼저 앞서간 이들은 제국주의와 같은 흉물스러운 모습으로 이 꿈을 독차지하려고 한 적도 있었습니다만, 18세기 이후 21세기인 지금까지 우리는 의심 없이 '성장하고 진보할 것'이라고 믿고 살아왔습니다. 그런데 21세기에 들어서면서 처음으로 우리 자신이 우리 스스로와 환경에 저질러온 일들의 결과를 바라보게 되었고, 이제는 자조적으로 '지구를 보호하는 유일한 방법은 인류의 멸종'이라는 밈이 나올 정도로 당혹해하고 있는 중입니다. 전통적인 성장이란 길을 걸으면 우리는 어쩌면 자멸할지도 모른다는 자각 또한 생겨나고 있습니다. 미야자키 하야오의 애니메이션 〈바람계곡의 나우시카〉의 작중 배경인 인류와 생명체를 위협하는 '썩은 바다〔腐海〕'가 실은 인간이 만들어낸 것이라는 알레고리처럼 말입니다.

현재 어쩌면 인류에게 가장 당혹스러운 문제는 '기후 변동'일 것 같습니다. 지구는 실은 굉장히 유기적인 구조물이라 인류는 그동안 규모의 차이는 있어도 여러 번의 기후 변동으로 인한 문명의 부침을 경험했다고 합니다. 물론 지금 우리가 맞닥뜨린 기후 변동은 우리가 촉발하고 전 지구적으로 우리 스스로가 영향을 받고 있다는 점에서 아마도 처음이라고 해야 할지도 모르겠습니다.

그런데 인류가 겪은 가장 가까운 기후 변동 위기는 보통 '소빙기 little ice age'라고 부르는 17세기에 있었습니다. 그 직전 16세기에 촉발된 일련의 사건들이 17세기의 기후 변동과 맞물려 '글로벌' 지구가 본격적으로 이어지고, 익명의 사람들이 국경과 바다를 건너 다른 문명과 문화와 사물들과 접촉하면서 이후 인류의 방향을 만드는 계기가 됩니다. 이때의 서양은 19세기 무소불위의 위력을 자랑하던 제국주의 유럽이 아직 아니었습니다. 동아시아의 바다에 정기적으로 등장한 유럽인들은 그보다는 영혼을 담보로 맡긴 채 목숨을 걸고 바다로 나가 일확천금을 꿈꾸던 드리머들에 가까웠습니다. 한편 동아시아는 이전의 중세적 질서에서 혼돈의 근대로 넘어가기 전, 상당 기간 유지되었던 근세의 평화 질서를 새로 정하는 격변의 시작을 17세기에 겪고 있었습니다. 임진왜란을 단순한 침략 전쟁으로 보는 데서 나아가 일종의 국제전쟁으로 보는 시각이 대두된 것처럼 이 시기의 경험이 어쩌면 18세기와 19세기의 동아시아를 형성하였을지도 모르겠습니다.

보통 이 시기를 영어로는 'early modern', 즉 근대의 이른 시기라고 부릅니다. 동아시아에서는 대체로 '근세近世'라는 표현을 사용합니다. 하지만 'modern'이란 유럽에서 자신들의 역사 시기를 구분하는 명칭으로 만든 용어이기 때문에, 이 단어에 딱 들어맞는 동아시아의 시기는 언제인가 하는 문제에 대해 학술적으로 엄밀히 말할 때는 정의와 범위에 있어 이견이 많은 것으로 알고 있습니다. 이 초기 근대로서 근세로 구분짓는 것도 많은 이견이 있겠지만, 그럼에도 저는 이번 이야기에서 16세기에서 18세기를 대체로 '근세'로 부르려고 합니다.

1657년 겨울, 춥디추웠던 전남 강진에서 이야기를 들려주며 그 계절을 나려고 했던 하멜 일행은 이런 지각 변동의 파도에 휩쓸린 사람들 가운데 하나입니다. 하멜 일행의 이야기로 먼저 서두를 열어보려는 것은 이들의 표착이 솔직히 역사적으로 너무나도 중요해서가 아니라, 이들의 표착이 일어나기까지 대단히 많은 사람들의 이야기가 먼저 얽혀 있고, 이들의 조선 탈출 이후에도 여전히 대단히 많은 사람들이 이 무대에서 다른 이야기들을 이어나가고 있기 때문입니다. 게다가 17세기의 조선이 이 이야기의 네트워크에서 빠질 수가 없지요.

그러니까 그동안 책과 자료 들을 읽다가 마주친 이런 사람들의 이야기를 들려주려고 합니다. 당연히 이 책은 체계적인 역사서도 아니고 오늘의 한국인에게 던지는 역사의 교훈도 물론 아닙니다. 그보다는 그저 먼저 살았던 사람들의 이야기일 뿐입니다. 요즘 유행하는 표현 중에 'TMI'라는 줄임말이 있습니다. '지나치게 많은 정보too much information'라는 의미인데, 실은 지금부터의 이야기는 아무리 봐도 TMI의 대잔치인 것만 같습니다. 어쩌면 이미 들어본 이야기도 있을 테고, 최근에 한국 사회에서 발굴된 것도 있고 혹은 한국어로는 처음 알려지는 이야기도 있을 겁니다. TMI라는 게 그런 거죠. 하지만 어느 쪽이든 지금 우리처럼 실제 호흡하고 먹고 마시며 살았던 사람들의 이야기란 점을 잊지 마시고 들어봐주시기 바랍니다.

책 제목에 대하여 궁금하시다면……

　TMI에 조금 더 설명을 덧붙여서, 이 책 제목에서 '항해사 흰닭, 파드레, 오렌지 반란군'은 이제부터 시작하는 이야기의 대표 주인공들입니다. 이 이야기는 딱히 정확하지는 않아도 대략 세 부분으로 나눠져 있습니다.

　먼저 등장하는 '항해사 흰닭'은 먼 네덜란드에서 와서 한국에서 생을 마친, 그동안 잘 알려지지 않은 하멜의 일행입니다. 도대체 '흰닭'이란 이름이 어떻게 붙은 것인지 유럽인들의 동아시아 등장과 함께 그 자초지종을 들려드리겠습니다.

　그다음의 '파드레'란 말은 아마 좀 익숙하시지 않을 거라 생각됩니다. 포르투갈의 소도시 코임브라의 아주 조그만 선교 박물관을 찾아간 적이 있습니다. 그때 제가 만난 사람들이 '파드레padré'라고 불리며, 처음 동아시아로 건너와 신앙을 위해 목숨을 바쳤던 사람들입니다. 실은 이 사람들은 지금은 우리가 '신부님'이라 부르는 사람들입니다. 이들이 어떻게 남만인이라 불렸던 포르투갈인, 스페인인과 함께 지구 반대편으로 오게 되었는지, 그리고 그들이 맞닥뜨린 고민과 기쁨과 이해와 오해, 그로 인한 영향을 함께 들려드리려고 합니다.

　그리고 마지막의 '오렌지 반란군'은 근세 동아시아에 온 유럽인 그룹들 사이에 얽힌 이야기를 들려드리고 싶어 뽑은 주인공입니다. 실은 이 책의 주인공은 이들일지도 모르겠습니다. 어떻게 물이 늘 차오르는 낮은 땅의 사람들이 세계 최강의 제국에서 벗어나 동아시아의 역사와 세계사의 흐름을 바꾸는 발걸음을 옮기게 되었는지 들려봐드리려고 합니다.

그렇게 동아시아의 이야기를 동아시아만의 맥락으로 보지 않고 좀더 넓은 시각으로 읽으면, 어쩌면 그동안 보이지 않았던 것들이 같이 보일 수도 있다고 생각합니다. 그러면 더 나아가 조선, 아니 우리 자신의 이야기도 좀더 복합적으로 다시 보일 것 같습니다. 실은 책 속에는 제목의 이들보다 훨씬 많은 사람들이 이름을 올리고 있습니다만, 우선 제목에는 키워드가 될 만한 대표주자를 먼저 내세웠습니다. 이제부터 이들의 기이한 모험에 한번 귀를 기울여봐주시면 좋겠습니다.

이 책에서 시도해보려는 '말'의 실험

그런데 제가 한국어로 쓰인 책들을 읽다보면 늘 가장 궁금했던 것이 원래 그 이야기가 한문이나 영어 혹은 스페인어로 무어라고 적혀 있나 하는 것이었습니다. 물론 번역을 통해 내용을 아는 것은 정말 감사한 일입니다. 우리가 모든 언어를 통달할 수는 없으니까요. 하지만 간혹 이해가 좀 안 되거나 너무 현대어로 번역되어 원래 표현이 무엇이었는지 알고 싶은 경우도 많았습니다. 특히 한문의 경우, 한국 사람들의 선조가 남긴 기록은 대부분 한문으로 적혀 있는데, 이 문장들은 너무 함축적인 표현들이 많아 배경을 모르면 해석이 어찌하여 이렇게 된 것인지 알기 어려운 경우가 많습니다.

요즘 핸드폰 문자를 300년 뒤의 한국 사람이 보면 다 이해할 수 있겠습니까? 당연히 배경 설명이 필요합니다. 그러려면 원문의 맥락을 볼 필요도 생겨납니다. 그래서 가급적 한문이나 영어 혹은 네덜란드어의 원문을 별도로 본문 말미의 '더 자세히 읽어보시려면'에서 보여드리려고 합니다.

여기 등장하는 사람들은 모두 이 서로 다른 언어와 문화와 사고체계의 경계에서 활동한 사람들입니다. 내가 포함된 세계와 원래 다르다는 것을 알고 바라보면 그 세계는 새로운 시각으로 보일 거라고 생각합니다. 하지만 이런 측면에서 보면, 중국어나 일본어처럼 한문이라는 공통의 표기와 사유체계를 공유했던 역사를 가진 언어의 경우, 이렇게 다르게 보기가 그리 쉽지 않습니다.

중국어의 경우를 볼까요? 중국어는 특히 한국인에게 다른 어느 외국어에 비교해서 대단히 예외적인 경우라고 생각합니다. 현행 외래어표기법의 원칙에는 과거인과 현대인을 구분하여 보통 신해혁명을 기점으로 이전에는 한국 한자음으로, 이후에는 현대 표준 중국어 베이징관화를 기저로 한 보통화(혹은 타이완의 국어) 발음을 표기한다고 되어 있습니다. 이렇게 되면 무의식중에 신해혁명 이전의 중국 역사를 바깥세상이 아니라 내가 포함된 세계로 끌어들이게 됩니다. 마치 조선시대의 선비들이 그러했듯이 말입니다.

이 책에서는 그래서 우리가 오래전의 이야기에 대해 적절한 생각의 거리를 유지할 수 있도록 원래 원문이 누구의 손에 의해 씌었는지에 따라 외래어표기법을 적용하여 표기하려고 시도해보았습니다. 예를 들어, 중국의 문헌이면 중국어 발음으로, 일본의 문헌이면 일본어 발음으로 사람들의 이름과 지명 들을 해당하는 언어의 외래어표기법을 적용하여 적었습니다. 조선인이 쓴 기록에 등장하는 고유명사는 역시 같은 원칙을 적용하여 한국어 한자음으로 표기하였습니다. 아마 조금 어색하게 읽히는 부분이 있을지도 모르겠습니다. 그래도 같이 한번 실험을 해봐주시면 좋겠습니다.

중국어 지명과 이름을 외래어표기법의 중국어 표기에 맞춰 표기할 때 조금 고려하실 부분이 있습니다. 대체로 17세기, 이르게는 16세기부터 시작되어 18세기까지 북방 중국어에 경구개음화라는 현상[3]이 크게 영향을 미쳤습니다. 특히 ㄱ/ㅋ의 발음이 ㅈ/ㅊ으로 바뀐 현상이 주목할 만합니다. 이로 인해 중국어 외래어표기법의 기초가 되는 표준 베이징관화는 이 이야기들의 시대 배경인 16~17세기의 발음과 많이 달라졌습니다.

예를 들어, 원래 한자가 '佛郞機'인 '불랑기'라고 한국 한자음으로 읽는 단어가 이제부터 빈번히 등장할 텐데요. 현대 중국어 발음을 원칙으로 외래어표기법을 적용하면 '푸랑지fú lang ji'가 됩니다. 하지만 이 단어가 처음 동아시아 역사에 등장하였을 때는 아마도 '푸랑기'에 가까웠을 것입니다. 이런 말들의 경우 유럽인들에 의해 발음 기록이 남겨져서 당시에 통용된 지명이나 이름의 발음이 남아 있는 경우도 있습니다. 또 예를 들면 타이완의 '基隆'은 외래어표기법을 따르면 지룽입니다만, 당시 유럽인들의 기록에는 'Keelung'으로 기록이 남아 있습니다. '키룽'이 확실히 더 정확한 당시 발음의 표기일 것입니다. 인명과 지명 외에는 이런 경우 별도로 설명하고 표기하기도 하려고 합니다.

또한 이렇게 실험적으로 표기를 하는 이유가 하나 더 있습니다. 한국어 한자음의 세계는 한반도 밖으로 더 확장되지가 않습니다. 하지만 이 책에 포함되거나 포함되지 못한 한반도 밖에서 이루어진 수많은 일들은 다양한 경로로 읽어내는 키워드로 이어진 세계입니다. 그래서 이 이야기들을 읽고 관심이 생겨 더 많은 내용을 찾아보시려는 독자분들이 있다면 한국어 한자음만으로는 충분한 정보를 찾지 못할 가능성이 높습니다. 그래서 제가 활용할 수 있었던 그 다른 방법으로 읽는 키워드들을 알려드리고 싶었습니다. 그렇게 보다 쉽게 연결해서 더 많이 찾아 읽을 수 있었으면 하고 바라는 것이 또다른 이유입니다.

한편 표기의 원칙으로는 현행 외래어표기법을 최대한 따르려고 합니다. 이 책의 등장인물인 벨테브레이에 대한 이야기 중에 "글자가 다르면 말소리도 다르니, 성과 이름이 모두 다르므로 쉽게 발음할 수 없다. 그래서 우리나라의 소리를 따라 표기하였다"라는 언급이 있습니다. 모든 언어는 서로 각각 소리를 만들어내는 방법과 그 소리를 만드는 입 안의 위치가 미묘하게 다릅니다. 그래서 한국어가 모국어인 사람이 외국어를 하면 어딘가 약간 미묘하게 한국어 억양이 나온다고 하는 것입니다. 반대로 외국어의 소리가 아무리 비슷하게 우리 귀에 들려도 실은 완벽하게 한국어 화자의 발음으로 옮기기는 쉽지 않습니다. 물론 완벽하지는 않습니다만, 외래어표기법은 가장 공통적으로 규칙을 정해 한국어의 발음에 근사한 표기로 옮겨 적어 표준화하는 방법이라고 생각합니다.

아무튼 기본적으로 이 이야기는 16~17세기의 사람들이 중심이지만 이 사람들이 왜 그러했는지를 알려면 그 앞의 배경을 알아야 하는 것들도 있습니다. 상당수의 이야기는 어쩌면 15세기 이전으로 거슬러 올라가 한참을 두리번거리다 오게 될 것입니다. 그러나 저러나 이야기란 이어지면 되는 게 아니겠습니까. 그럼, 각설하고, 조선에 떠내려온 빨간 머리 사람들의 이야기부터 시작하겠습니다.

제2장

동중국해의 템페스트:
백계와 호탄만의 기이한 조우

우리는 모두 바다에 삼켜졌었다, 비록 몇몇은 다시 떠올라,
그리고 그 운명에 의해 연극을 펼쳐야 했지만.
We all were sea-swallow'd, though some cast again,
And by that destiny to perform an act.

— 셰익스피어, 『템페스트』 2막 1장

바야흐로 1780년 즈음 되었을 때입니다. 조선 후기 정조대 북학파 실학자라고 불리는 신진학자들 중에 박지원이나 홍대용만큼의 슈퍼스타는 아니라도, 국사 교과서에서 들어봄직한 유득공이라는 실학자가 지금의 명동 근처인 주자동에 살고 있었습니다. 유득공은 『발해고』 같은 글들을 써서 조선 후기의 '민족' 의식을 형성하는 데 토대가 된 대표적 학자로 평가되고 있습니다. 주자동은 조선시대에는 경서를 인쇄 발행하던 교서관校書館이라는 관청이 있어 교서관동이라고 하였는데, 교서관의 별칭이 운관이라, 교서관동을 운동芸洞 또는 예전에 운관이 있던 동네라는 의미로 고운동古芸洞이라고도 불렀습니다. 유득공은 관직 생활을 검서관으로 시작하면서 여기 살았는데, 동네가 무척 마음에 들었는지 영재泠齋라는 호 말고 고운당古芸堂이라는 호도 사용하였습니다.

그리고 이때 즈음 이런저런 주제로 글을 써서 『고운당필기古芸堂

筆記』라는 책을 썼습니다. 책의 내용은 워낙 다양해서 고증학적으로 역사를 파고들면서 언어나 풍속, 금석문에 대한 논설문도 썼다가, 인삼 재배라든가 비둘기에 대한 얘기를 쓰기도 하는, 이것저것 본인이 궁금한 걸 다 건드려본 게 아닐까 싶을 정도입니다. 그렇지만 여기 쓴 글들을 바탕으로 우리가 아는 『발해고』라든가 비둘기에 대한 『발합경鵓鴿經』 같은 귀중한 전문 서적을 나중에 썼다고 하니, 일종의 기초 자료집 같은 것이라고 해도 될 듯합니다. 어쩌면 요즘의 블로그나 소셜미디어와 꽤 비슷한 글이라고 할 수도 있습니다.

원래 6권의 책으로 구성이 된 것 같은데 국내외에 책들이 흩어져 있어 전체를 완전히 다 찾아내지는 못했다고 합니다. 제3권과 제4권은 국립중앙도서관에, 제5권과 제6권은 일본 덴리 대학 도서관에 소장되어 있고, 제1권과 제2권은 오랫동안 없어진 것으로 알고 있었습니다. 그러다가 제1권과 제2권의 일부분이 미국 버클리 대학 동아시아도서관에서 발견되어, 2020년 고전번역원에서 현존하는 내용을 모두 번역하여 온라인으로 공개하고 있습니다. 이 가운데 버클리 대학 도서관에서 원래의 4분의 3 정도가 확인된 제2권은, 영조 40년(1764) 오사카에서 일본인 통역관 스즈키 덴조鈴木傳藏가 조선의 하급관리 도훈도 최천종崔天宗을 살해한 사건에 대한 일본 승려 지쿠조竺常의 글을 옮겨 정리한 것부터 시작하여 효종 4년(1653) 조선에 표류한 서양 사람에 대한 글까지 33편의 글이 엮어져 있습니다.

이 제2권의 마지막 편 서양 사람에 대한 글을 잠시 살펴보겠습니다. 「서양번인西洋番人」¹이라는 제목의 짧은 글 앞부분을 읽어보겠습니다.

효종 4년(1653) 서양 선박이 표류하여 제주도 대정현大靜縣에 정박했다. 서양 사람은 모두 푸른 눈, 붉은 수염에 코가 높고 키가 컸으며 머리카락은 밀거나 혹은 잘라 어깨까지 늘어뜨렸다. 양모 전립氈笠을 쓰고 가죽신을 신고 여러 가지 색깔로 된 옷을 입었는데 길이는 허벅지까지 내려왔다. 옷깃과 소매는 모두 끈으로 매어서 한번 당기면 모든 끈이 일제히 벗겨졌다. 양말은 무릎까지 올라오도록 길었고 바지 안쪽에 매었다.

그리고 이들에 대해 "시험 삼아 일본어로 '서양 길리시단吉利是段'이라고 하자 모두 기뻐하며 '야야'라고 했다. '야야'란 '맞아, 맞아'라는 말이다試以倭語擧西洋吉利是段而呼之, 衆皆歡喜曰: "邪邪". 邪邪者, 猶是是也"라고 기록이 이어집니다.

우선 제주도에는 배를 타고 표류해오는 외국인들이 꽤 자주 있어 한학 역관이나 왜학 역관, 즉 중국어나 일본어 통역이 배치되어 있었습니다. 통역이 배치된 기본 이유는 당시 동아시아의 관례였던 표류민의 자국 송환을 위한 것입니다. 그러니까, 표류해온 외국인은 일단 조선 땅에 발을 디디면 무조건 꼼짝 못하고 잡혀서 죽어도 다시 돌아갈 수 없는 게 아니라, 가능하면 원래 국가로 어떻게든 돌려보내주었다는 것입니다. 다만 이런 경우에도 예외가 있습니다. 당연히 왜구라고 불렀던 해적 무리를 표류했다고 대접해서 돌려보내주지는 않았겠죠. 또 임진왜란 후에 일본의 에도 바쿠후와 조선이 다시 통교를 하게 된 후 일본 쪽에서 '길리시단이라는 무도한 역도들이 있는데, 이들이 표류민인 척 조선을 거쳐 일본에 잠입하려 한다면 미리 발본색원해주시압' 하고 외교적 요청을 해와서, 조선에는 길리시단에 대한 정보를 일본과 나누기로 하는 국제공조체제가 만들어지기도 하였습니다. 그래서 시기적으로는 조금 뒤인 18세기입니다만, 이 국제공조체제와 관련해 이런 글도 남아 있습니다.

내가 보기에, 지금 중국에 있는 천주당天主堂의 서양 사람들은 비록 역법曆法에는 정통하지만 모두 요술쟁이이다. (중략) 사학의 이른바 '기리시단伎離施端'이란 네 글자는 사람의 이름인지 법호인지 모르겠으나, 대저 극히 요망하고 괴이한 것이다. 처음에 일본 도원島原(시마바라)에 살면서 야소耶蘇(예수)의 학學으로써 선교하였다. 이에 일본 민중들이 그 설을 한 번 듣고서 염세적인 생각에 휩쓸리어 제 몸뚱이 보기를 표류하는 뗏목이나 부러진 갈대 줄기처럼 여겨, 세상일에 구애받지 않고, 사는 것이 즐거운 줄도 모르며, 칼에 죽거나 형형刑에 죽는 것을 도리어 자신의 영화로 여겼다. 어떤 이는 말하기를 '기리시단이란 사람 이름이 아니라, 바로 하느님을 섬기는 호칭이다'라고 한다.

소서행장(고니시 유키나가)이 그 술법을 배워 관백關白 원가강源家康(도쿠가와 이에야스)에게 죽음을 당했다. 행장의 가신家臣 다섯 사람도 행장의 죄에 연좌되어 도원島原(시마바라)으로 귀양을 갔는데 다시 사교邪敎를 선동하여 그 도당이 수만 명에 달하자, 비전주肥田州(히젠肥

前)를 습격하여 태수를 죽이니, 가강이 토벌하고 체포하여 다 죽여버리고, 우리나라에 서계書契를 보내 통고하였다. 그래서 바닷가를 순시하여 잔당을 염탐해 체포하기로 약속하였다.[2]

연암 박지원이 면천군수를 할 당시인 1798년 무렵 요원의 불길처럼 번져나가던 관내의 '서학쟁이' 문제를 해결하는 과정에서 관찰사에게 처리과정을 설명하기 위해 올린 보고서에 등장하는 글입니다.

이 글의 기리시단, 혹은 길리시단은 원래 크리스첸을 의미하는 포르투갈어 크리스탕Cristão을 일본에서 한자로 옮겨 쓰던 표기입니다. 길리시단이나 기리시단의 한자 표기는 吉利是段, 吉利施端, 伎離施端 등등 여러 가지가 있는데 모두 일본어 표기 '기리시탄キリシタン'을 한자로 옮긴 것입니다. 일본에서는 기독교를 금지한 이후에는 이들에 대해 같은 '기리시탄'이라는 발음으로 읽는 '절지단切支丹' 혹은 '절사단切死丹'이라는 표기를 보다 보편적으로 사용했습니다. 일본어로 '기리'라고 읽는 '끊을 절切'자라든가 '시'에 해당하는 '죽을 사死'자를 사용해서 어감이 확실히 부정적입니다. 반면, 명나라와 청나라 조정은 서양인들을 유학자로 대접하고 등용도 하고 있었고, 서학 탄압을 하려면 아직 한참 시간이 더 있었던 조선은 '길할 길吉'자를 사용하여 오히려 그렇게 나쁘지 않은 어감으로 표현하고 있습니다.

그럼, 다시 『고운당필기』 제2권의 표류인 장면으로 돌아가보겠습니다. 일본이랑 '길리시단' 잔당은 체포하기로 약조하였었다고 했는데, 그 이상한 인간들에게 너희는 길리시단이냐 하고 물으니

"야야" 하며 기뻐했다는 것 아닙니까. 예, 이 길리시단이라고 스스로를 밝힌 사람들은 바로 그 유명한 『하멜 표류기』의 일행입니다. 계속 읽어보겠습니다.

그다음에는 "그들에게 각각 이름을 쓰게 하고 한글로 옮기게 하니, 우두머리의 이름은 '백계야음사이은'이고, 나머지 사람들의 이름에도 '사이은'이라는 말이 많았다使之各書名字, 譯以諺文, 爲首者曰白鷄也音斯伊隱, 餘人名下, 亦多斯伊隱之稱"라는 문장이 이어집니다. 그러니까, 어째저째 이름을 물어보니 우두머리가 '백계야음사이은'이고 다른 사람도 '사이은'이라는 이름이 여럿 있었다고 글에 전하고 있습니다.

'백계야음사이은'은 그런데 『하멜 표류기』의 표류 일행 중에 비슷한 이름이 전혀 없어 그동안 이런저런 추정이 많았습니다. 그냥 정확히 모른다는 설명도 있었고, 혹은 그냥 하멜이 나중에 책을 쓴 사람이니 그가 우두머리일 거라 짐작하고 헨드릭 하멜을 의미한다는 설명도 있었습니다. 고전번역원에서 번역을 하면서 붙인 주석에는 "번역 대본인 버클리 대학본의 이 부분에는 이전 소장자인 일본인 아사미 린타로淺見倫太郞의 것으로 짐작되는 두주頭註가 있는데, '파쿠케이야움스움パクケイヤウムスウム'이라고 쓰여 있다"라고도 적혀 있습니다. 하지만 '파쿠케이야움스움'이란 도대체 어느 나라 말인지조차도 짐작하기 어렵군요.

한편 고운당의 친구 아들 중에 성해응이란 사람이 있었습니다. 이 사람도 실학자로 이름을 알렸는데, 역시 스스로 백과사전을 만들어보겠다고 결심한 것인지 방대한 분량의 내용을 모아 엮은 『연경재전집研經齋全集』이라는 책을 씁니다. 여기에도 「서양박西洋舶(서양 선박)」³이라는 제목으로 하멜 일행의 이야기가 있습니다. 내용은 아마도 그대로 옮겨 적은 게 아닐까 싶을 정도로 『고운당필기』와 거의 같습니다. 그런데 이들의 이름을 물어보는 부분이 아주 약간 다르게 적혀 있습니다. 원문을 이 부분만 옮겨보겠습니다.

<u>使之各書名字年歲</u> 而譯以諺. <u>爲首者白鷄也. 音斯伊隱</u>. 餘人名亦多斯伊隱之稱. 斯伊隱者. <u>盖如中國之姓氏也</u>.

원문이 똑같은 내용인데 밑줄로 표시한 세 군데가 약간 다르게 적혀 있습니다. 하나는 '각자 이름뿐 아니라 나이〔年歲〕도 쓰게' 했다는 부분이 추가되었고, 그다음은 '백계야'에서 문장을 끊고 '음사이은'이라고 네 글자를 다른 문장으로 처리했습니다. 그리고 다른 사람들도 '사이은'이라고 하는 자가 많았다고 한 다음 '사이은이라는 것은 중국 성씨와 대략 같은 거다' 하는 문장을 덧붙여두었습니다. 실은 원래 이 글을 쓸 때 방점, 즉 끊어읽기를 어떻게 했었는지는 지금에 와서야 알 수 없습니다만, 누군가 훗날 끊어읽기를 하면서 거의 같은 얘기를 옮겨 적은 글을, 하나는 '이름을 백계야음사이은'이라 하더라고 해석하고, 다른 하나는 '우두머리가 백계인데, 소리가 사이은이다'라고 적은 거죠. 그래서 이 이름은 더더욱 미스터리가 되어버렸습니다. 정말 옛날 한문은 끊어읽기가 너무 어렵습니다.

그런데 말입니다. 여기 전혀 다른 서클의 인물이 같은 얘기를 적은 것이 있습니다. 이익태는 1633년생이니까 유득공이나 성해응

보다 100년도 더 전인 17세기에 태어난 사람입니다. 이 사람이 1694년에 제주도에 목사로 부임해 2년 정도 지내면서 쓴 일기와 제주도에 대한 이러저러한 얘기들을 정리해서『지영록知瀛錄』이란 책을 썼습니다. 제주도를 예전에는 영주瀛州라고도 불러서 이 책의 제목은 풀어서 얘기하면 '영주(제주도)에 대해 알아보는 책'이란 의미 정도 됩니다. 이 책은 앞부분은 일기 형식으로 제주도의 명승지를 돌아본 내용이고, 뒷부분에는 제주목사로 일하면서 처리하거나 알게 된 얘기들을 정리하여 적고 있습니다. 이 뒷부분에는 제주도에 유독 특징적인 사무처리 중 하나로, 조선시대 표류민정책을 알 수 있는 기록들이 별도로 정리되어 있습니다. 앞서 얘기한 것처럼 한국에서 가장 남쪽의 섬이니만큼 바다를 통해 표류하는 외국인들이 많아 원래 제주도에는 중국어 통역을 하는 한학훈도와 일본어 통역을 하는 왜학훈도를 각각 파견해서 표류인 업무를 보도록 하였고,『지영록』에는 이 통역들이 명나라나 청나라인, 일본인들을 조사하고 돌려보낸 이야기라든가, 반대로 제주에서 표류하여 베트남까지 다녀온 조선 사람들의 이야기도 실려 있습니다.

『지영록』은 이익태의 후손들이 보관하고 있다가 국립제주박물관에 기증하면서 알려졌고, 1997년에 처음 번역을 한 후 2006년에 다시 재번역 증간본이 나와 있습니다. 이 책에 실린 표류민 글 중에 바로 하멜 일행의 표착을 다룬「서양국표인기西洋國漂人記」라는 제목의 글이 있습니다. 하멜이 표착한 게 1653년이고『지영록』은 대략 1694년 이후에 쓰였으니 불과 40년 정도 지나서 적힌 것이라고 할 수 있습니다. 짐작하기에 이익태는 제주관아에 있었던 당시 관청의 행정 처리 기록을 참고했을 테고, 제주 관아에는 어쩌면 그때 기억이 남아 있는 사람이 아직 있었을 수도 있겠죠. 그래서인지 아주 세밀한 얘기들이 실려 있습니다. 얼마나 자세한 글인지 '백계야음사이은'에 대한 아주 중요한 실마리도 들어 있습니다.

이 글은 이렇게 시작이 됩니다.

계사년 7월 24일 서양국 만인 힌듥얌신 등 64명이 한 배에 동승하여 대정현 지방 차귀진 아래 대야수 연안에서 난파했다. 익사자가 26명, 병사자 2명, 생존자가 36명이고, 옷을 입은 것이 검은색, 흰색, 빨간색의 세 가지 색깔이 서로 섞여 있었다. 머리를 모아 서로 맞대고 웅크려 있거나 서기도 하였다. 글로 써서 물으니 십十자 셋에 나머지는 여섯을 세고, 거듭해서 자신의 가슴을 두드렸다. 또 십자 둘에 나머지 여섯을 세고 거듭해서 눈을 감고 쓰러지는 모습을 만들어냈다. 생김새가 괴상하고 옷차림이 달랐다. 비록 언어는 통하지 않았지만 스스로 자신의 가슴을 두드린 것은 생존자의 수를 뜻하며, 눈을 감고 쓰러진 것은 사망자의 수이다. 그 생사자의 수를 조사해보니 과연 그러하였다. 한왜 역관과 유구국에 표류했다 돌아온 자 모두가 언어가 통하지 않으니, 사정을 물어볼 길이 없었다. (중략) 소위 그들의 우두머리인 힌듥얌신이라는 자는 기타공技舵工으로 날씨를 헤아리고 방위를 분별하는 데 능하였다. (후략)

여기 우두머리로 기록된 '힌듥얌신'은 실제 원문 이미지를 보면 알 수 있듯이 그 이름만 한글로 적혀 있습니다. 먼저 얘기한 유득

◆ 『지영록』 「서양국표인기」의 첫 부분입니다. 제주 관아의 아전이 열심히 네덜란드 이름을 받아 적어둔 것이 전해지고 있습니다. 국립제주박물관.

공의 기록에는 이름을 언문, 그러니까 한글로 옮겨 적게 했다譯以諺文는 얘기가 있습니다. 과연 그렇군요. 제주에는 한글로 적어둔 이름이 남아 있었던 겁니다.

우두머리는 힌듹얌신이고 배의 키를 잡는 장인인 기타공技舵工, 즉 항해사라고 하였는데, 이 힌듹얌신이 한문으로 기록되면서 백계야음사이은이라고 옮겨 적혔습니다. 백계白鷄라는 것은 글자 그대로 '흰닭'이라는 의미입니다. 어, 그러면! 힌듹을 흰닭으로 옮겨 적었던 것일까요. 요즘 한국어에서는 ㄹ받침에서 ㄹ음이 거의 탈락했지만 이때만 해도 거의 한글 표기에 적힌 대로 읽어야 한다고 알고 있습니다. 아마도 약간 '핸드륵' 비슷하게 발음이 되었을 겁니다. 이어지는 '야음사이은'은 조금 복잡한 표기법입니다. 『고운당필기』의 다른 고언어에 대한 글들에 나온 표기법을 참고하면, [야也]+[음音의 ㅁ받침]으로 '얌', [亽斯]+[모음ㅣ伊]+[은隱의 ㄴ받침]을 구성하면 '신'이 됩니다. 이렇게 보면 백계야음사이은이 적어도 백계야음과 사이은이라는 두 문장을 쓴 게 아니라 '힌듥얌신'을 옮겨 적은 것으로 보는 것이 합리적입니다.

자, 그럼 이제 이게 누구인지 서기였던 하멜의 기록에서 찾아봅시다. 하멜의 일기에 따르면 처음에 64명이 배에 올랐다가 난파 직후 살아남은 자가 겨우 36명이었습니다. 이 가운데 처음 하멜과 같이 탈출한 일행이 8명이고, 이후 네덜란드 상관商館이 있던 데지마에서 바쿠후를 통해 정식으로 남은 인원의 송환을 요구하여 조선에서 대마도를 거쳐 나가사키로 귀환한 일행이 7명입니다. 차이가 무려 21명입니다. 이 21명은 결국 조선땅에 몸을 묻은 것이죠. 귀환한 사람들의 이름은 하멜이 모두 별도로 보고했지만 죽은 이들의 이름은 거의 남아 있지 않습니다. 조선에 표착한 후에 유명을 달리한 사람들의 이름 중에 몇 안 되지만 이름이 남겨진 사람으로 헨드릭 얀서Hendrik Janse라는 항해사가 있습니다. 이 사람은 하멜의 기록에는 암스테르담 출신의 상급항해사opperstuijrman라고 씌어 있습니다. 즉 상급opper+항해사stuijrman인데 네덜란드어의 Stuijrman은 영어의 조타수steer-man와 같은 단어입니다. 즉 항해사, 또는 『지영록』의 기록처럼 기타공技舵工이 이 사람입니다.

여기서 중요한 설명이 있습니다. 네덜란드의 얀서Janse라는 성은

Jansz. 혹은 Janszoon이라고도 적고 '얀손'이라고 읽기도 합니다. 실제 Janse나 Jansz. 또는 Janszoon 모두 '얀$_{Jan}$의 아들$_{zoon}$'에 사용하는 다른 표기입니다.[4] 얀서와 얀손은 같은 사람인데도 경우에 따라 섞어서 사용하는 경우를 많이 보았습니다. 17세기에는 아직 네덜란드어가 표준적으로 통일되어 있었던 게 아니라서 지방에 따라 철자를 조금씩 다르게 쓰기도 했습니다. 한편, 실제 하멜 일행의 다른 이름들 중에도 야콥 얀스 얀손, 헤릿 얀손처럼 '손'으로 끝나는 이름이 여럿 있습니다. 결론적으로 '백계야음사이은'은 그러니까 헨드릭 얀손을 한글 '힌듥얌신'으로 옮겨 적었다가 다시 한양에 정식 공문으로 올리면서 기발하게 한자로 옮겨 적은 것으로 보입니다.

백계·힌듥얌신의 최후

원래 이들이 타고 온 배의 선장 레이니어 에흐베르스$_{Reijnier\ Egberse}$는 배가 좌초하여 표착하였을 당시 사망하였습니다. 그를 이어 리더가 된 것은 기록에 남아 있듯이 서기였던 하멜이 아니라 일등항해사 헨드릭 얀손, 즉 백계야음사이은이었습니다. 그런데 이 사람도 일찌감치 조선에서 운명을 달리합니다.

일단 제주에서 조사를 마친 이들은 한양에 올라가 알려진 대로 훈련도감에 배치되었습니다. 이때가 병자호란이 끝난 지 불과 20년 지난 시점, 청에서 볼모로 있다 돌아온 봉림대군이 새 임금 '효종'이

된 지 불과 4년밖에 지나지 않은 시기입니다. 잘 알려져 있듯이 실현 여부와는 무관하게 '북벌'이 한창 사회적 컨센서스여야만 했던 시기임을 기억해두십시오. 그리고 조선이 청나라에 부글부글 끓어오르는 원한을 갖고 있었다면 청나라도 역시 조선을 전혀 믿지 못하고 있던 시기입니다. 불과 몇 년 전인 1650년 인평대군이 사은사로 베이징을 다녀온 후 효종에게 "섭왕攝王이 파흘내巴訖乃, 가린加麟 박씨博氏와 기청고祈靑古 등을 보내 말하기를 '왜국 정세에 우려할 단서가 없는데도 그대 나라가 번번이 이를 주문奏聞하고 있으니, 이는 필시 조신朝臣 중에 간사한 무리가 나라의 일을 괴란시키려고 계책하기 때문에 그런 것이다. 그러나 국왕이야 어찌 다 알고 있겠는가. 이 뜻을 귀국하거든 국왕에게 고하라'"(효종 1년 9월 9일)하였다는 보고를 할 정도였습니다. 그러니까 조선이 왜국을 대비한다고 그러는 게 혹시 몰래 군사력을 키우려는 것 아니냐고 청나라에서 주의를 주고 있다는 얘기입니다.

그런 와중에 하멜 일행이 한양의 훈련도감에서 지낸 지 2년이 채 되지 않은 1655년 효종 6년 3월 15일조의 『승정원일기』에는 다음과 같은 사건이 하나 기록되어 있습니다.[5] 훈련도감에서 보고하기를, 남만인이 사신 행렬에 뛰어들어 일찍이 생각지도 못한 큰 소동이 났다는 보고를 듣고 급히 남만인들을 불러 점호를 실시하니 남이안南二安과 남북산南北山 두 명의 모습이 보이지 않았는데, 청나라 원접사 보고서를 받고 보니 행렬에 뛰어든 것이 남북산이고 달아난 자가 남이안이라는 것을 파악했다는 겁니다. 그래서 행렬에 난입한 자는 말할 것도 없고 달아난 남이안을 잡기 위해 수색대를 꾸려 창의문 안팎의 여러 산과 성안의 여러 도로를 살폈는데, 동영에 근무하던 군병이 동소문 길에서 남이안을 발견하여 발에 족쇄를 채운 다음 '칼과 족쇄를 채워 옥에 가둘까요' 하고 문의하자 명령을 내리기를, 알았으니 잘 타일러 마음을 안심시키는 한편 행동을 잘 관찰하라고 합니다.[5-1]

이날 청나라의 사신 첨사 일행은 일을 마치고 한양을 떠나 귀국길에 올랐는데, 이들 행렬에 갑자기 서양인이 뛰어들어 소동이 났던 것입니다. 조선 측에서 즉시 훈련도감의 서양인들을 집합시켜 인원을 확인해보니 '남이안'과 '남북산' 두 명이 없었고, 청나라 사신을 수행하는 관리의 보고에 따르면 '남북산'이 뛰어들었다가 사신 일행에게 잡히고 다른 한 명인 '남이안'은 도망을 쳤으니 수색대를 보내 지금 종로구 청운동 일대를 뒤졌는데 결국 지금 혜화동에서 돈암동 넘어가는 동소문 길에서 잡아다 옥에 가두었다는 것입니다. 청나라 사신 일행은 다음 날 16일에는 지금의 파주에 도착하였다고 하니 이 소동에도 귀국길을 멈추거나 하지 않고 계속 진행한 것으로 보입니다. 그리고 나흘 뒤인 3월 19일 『승정원일기』에는 비변사에서 동소문에서 붙잡힌 남이안뿐 아니라 청 사신에게서 남북산을 인수받아 보고를 받고 훈련대장의 명으로 엄히 가두라는 명을 내리고 있습니다.[5-2]

하멜의 기록을 봅시다. 하멜 일행은 3월에 청나라 사신이 오자 바깥출입을 하지 말라는 명령을 받았는데, 사신이 한양을 출발하는 날 일등항해사 헨드릭 얀손과 포수 헨드릭 얀서 보스Hendrik Janse Bos가 나무를 하러 산에 가는 척하다 사신 행렬이 지나가는 길에 숨어 있다가 호위 군사들을 뚫고 사신이 탄 말머리를 붙잡고서는 조선옷 안에 입고 있던 네덜란드옷을 보여주는 바람에 큰 소동이 났으며, 청나라 사신이 붙잡힌 항해사에게 누구인가를 물었지만 말이 안 통하자 그날의 숙소로 항해사를 부르고 조선 측에 통역이 가능한 사람을 불러달라고 하여 조선 측에서 벨테브레이를 파견했다고 기록하고 있습니다. 그 이후 남은 인원이 불려가서 조사를 받고 이를 미리 보고하지 않았다는 이유로 각각 곤장 50대를 받을 뻔하였지만, 효종이 이들은 폭풍 때문에 조선에 오게 된 것이지 도적질이나 약탈을 하러 왔던 것이 아니라고 곤장 50대 처벌을 승인하지 않았다고 합니다. 한편 벨테브레이가 청나라 사신에게 가서 이런저런 일들을 대답하는 사이, 조선 조정에서는 청나라 사신에게 뇌물을 주어 일을 무마했다고 합니다.

일이 이렇게 끝나기만 한 것은 아니어서 그로부터 한 달가량 뒤인 4월 25일 『효종실록』에는 "남북산이 애가 타서 먹지 않고 죽었으므로 조정이 매우 근심하였으나, 청나라 사람들이 끝내 묻지 않았다北山躁懣不食而死. 朝廷甚憂之, 淸人終不問"라고 그들에 대한 마지막 기록이 남아 있습니다.[5-3] 점을 어디에 찍느냐에 따라 해석이 약간 미묘한데, 조정에서는 청나라에서 조선이 이런 서양인들을 부려서 전쟁 준비를 강화하고 있다고 의심하여 문제가 될까봐 우려한 것이고, 청국 사람이 끝내 묻지 않았다는 것은 뇌물이 먹혀들어 갔다는 의미로 읽어집니다. 남이안의 기록은 없지만, 하멜에 의하면 자신들은 접근도 할 수 없었고 5개월 후 8월에 둘 다 죽었다는 소식만 전해들었다고 합니다.

그리고 이어지는 하멜의 글에는 6월에 다시 청나라 사신이 오기로 하자 모두 훈련도감의 도제조에게 불려갔다는 기록이 나옵니다. 제주도에 또다른 배가 좌초되었는데 벨테브레이가 너무 늙어 갈 수 없으니 그들 중에 조선말을 가장 잘하는 3인을 파견하겠다는 얘기를 했다는군요. 그리고 8월이 되어 청에서 사신이 다시 오자 모두 출입금지에 처해졌습니다. 이후 제주로 갔던 3명의 동료에게서 연락을 받습니다. 자기들은 삼엄한 감시 아래 있으며 청나라에서 자신들의 신병을 요청하면 제주도로 가는 도중 풍랑으로 죽었다고 보고를 하여 아예 존재를 덮어버리기 위해, 미리 만약의 사태를 대비해서 조선말을 제일 잘하는 3명을 아예 이리로 보낸 것이라는 내막을 알게 된 것이지요. 물론 6월에 3명을 제주도로 보내며 얘기한, 좌초되었다는 또다른 배는 처음부터 있지도 않은 것이었겠죠.

이 한 해 동안 청나라에서 사신이 두 번이나 조선에 와서 조공을 포함한 여러 가지 압력을 넣는 일이 지속되자, 극도로 긴장한 조선 조정에서는 아예 외교적 문제가 발생할 화근을 없애자는 중론이 형성됩니다. 그렇다고 그냥 이유 없이 죽일 수는 없는 일이니, 똑같이 무장한 조선인과 서로 데스매치를 벌이게 하자는 건의까지 등장합니다. 일행이 벨테브레이에게 자신들이 어찌 될지 묻자 벨테브레이는 3일 후에도 너희가 살아 있으면 앞으로도 사는 거라고 짧게 대답해줍니다. 그때 인평대군이 등청하는 길에 이들의 숙소 앞을 지나게 되었는데, 모두 숙소 앞으로 나와 엎드려 살려주기를 간청합니다. 결과적으로 하멜 일행은 효종과 인평대군, 훈련도감의 장수들과 몇몇 고관들 덕분에 목숨을 건졌다고 합니다. 그러고는 대신 전라도 'Thiellado'로 유배를 가게 된 그들은 그동안 받던 훈련도감의 급료 대신 한 달에 쌀 50파운드를 받게 되었습니다. 그래도 1656년 4월에는 제주도에 보관되어 있던 화물 중에서 가죽을 돌려받아 옷과 생필품류를 장만할 수 있었다고 합니다.[6] 이후에는 새로 부임하는 전라병사의 스타일에 따라 잡일을 하기도 하고 아예 무관심에 방치되기도 하면서 조선 생활을 하게 됩니다.

하멜의 이야기는 오랫동안 조선의 폐쇄적이고 무능한 대외 대책을 강조하는 예로 알려져 있었습니다. 왜 하멜처럼 발달한 서양 기술을 가진 사람들을 우대하면서 서양과 적극적으로 통교할 생각을 하지 않았나, 왜 이들을 활용할 시도도 하지 않고 춤이나 추게 하고 잡일이나 시키다 탈출하게 만들었나, 뭐 그런 대동소이한 감상들이 우리가 들어온 이야기들입니다.

문제는 당시의 조선은 대단히 민감한 상황 속에 있었다는 것입니다. 이 일이 있기 전의 50년 동안 일본과 청나라라는 무력 국가와 남북으로 전쟁을 각각 2번씩 4번이나 치러냈습니다. 어찌 보면 17세기 전반의 조선은 지속적인 전쟁 상태에 있었다고 해도 될 정도입니다. 심지어 이들이 청나라 사신 행렬에 뛰어든 그해 1655년 3월 1일, 막 베이징에서 돌아온 인평대군은 효종에게 명과 청이 아직 전쟁을 치르고 있으며 조선에도 언제 불똥이 튈지 모른다고 보고하고 있습니다. 그리고 앞서 언급한 효종이 즉위한 해(1655)에 베이징에 사은사로 다녀온 인평대군의 보고처럼, 청에서도 배후의 조선이 명을 지원할까봐 계속 의심하고 있었던 것입니다. 그러니까 그때는 그때의 사정이 있었던 것이죠.

벨테브레이 혹은 박연

그런데 위에서 소개한 하멜의 이야기에는 그동안 우리가 생각해보지 않았던 몇 가지 흥미로운 포인트들이 있습니다.

우선 제가 별 설명 없이 위의 일화 중에 슬그머니 등장시킨 조선 측의 '벨테브레이'라는 사람입니다. 이 사람은 실은 하멜 일행의 에피소드가 어떤 맥락에서 일어난 것인지 이해할 수 있는 중요한 열쇠 같은 사람입니다. 먼저 벨테브레이는 노르트홀란트주 더레이프 De Rijp 출신의 얀 얀서 벨테브레이Jan Janse Weltevree입니다. 한국에서는 박연(朴淵, 朴延, 朴燕, 朴仁)으로 잘 알려진 그는 조선에 정착한 유일한 유럽인으로 알려져 있습니다. 역시 이름은 얀 얀서 혹은 얀 얀손이고 그의 이름을 오랑캐말(蠻語)로 박연이라고 했다는 기록에 따라 벨테브레이를 비슷한 발음의 '박' 씨로 삼고 '얀'을 따서 연(淵, 延, 燕, 한 군데는 仁으로 되어 있음)으로 이름을 지은 것으로 알려져 있습니다. 우선 벨테브레이가 처음 하멜의 무대에 등장하는 신부터 찾아봅시다. 먼저 『지영록』의 장면입니다.

중국어·일본어 역관과 유구국에 표류했다가 돌아온 자 모두 말이 통하지 않아 사정을 물어볼 길이 없었다. 남만 서양인으로 의심이 들어 글을 올려 보고했다. 남만국 사람으로 우리나라에 표류해온 박연朴延을 내려보냈다. 한글과 번역으로 주고받은 질문과 대답을 별도의 종이에 적어 임금께 급히 보고(馳啟)했다. 박연과 표류해온 서양 오랑캐 3인은 처음에 서로 가까이에서 오랫동안 자세히 살피다 말하기를 "나와

형제 같은 사람입니다我如兄弟之人也"라고 했다. 이로 인해 서로 이야기를 하며 슬픔에 눈물이 그치지 않았다. 박연 역시 눈물을 흘렸다. 다음 날 박연이 서양 오랑캐를 죄다 불러 각자 사는 곳의 이름을 말하게 했는데 모두가 남만 땅에 살고 있었다. 그중 한 어린아이가 나이는 겨우 열세 살이고 이름이 '너넷고불신'이었다. 그 아이 홀로 남만국에서 박연이 살던 곳과 가까운 지방 사람이었다. 박연이 자기 친족에 대해 물었더니 대답하기를 "살고 있던 집은 무너져 옛터엔 풀이 가득하고 아저씨는 돌아가셨지만 친척은 살아 있습니다"라고 했다. 박연이 더욱 비통함을 이기지 못했다.[7]

우선 이 글에서 벨테브레이에게 고향 소식을 전해주었던 '너넷고불신'이라고 기록된 13세 소년은 데네이스 호베르천Denijs Govertszen입니다. 열세 살이면 '용어jonge'라고 불리는 배의 최말단 급사입니다. 이 소년은 나중에 25세 청년이 되어 하멜과 함께 1진으로 탈출을 합니다.

벨테브레이에 대한 한국의 다른 주요 문헌 출처는 효종의 부마였던 정재륜(1648~1723)이 효종·현종 시기의 여러 가지 일들을 수필처럼 적은 『한거만록閑居漫錄』이라는 책과 정조대에 대제학을 지낸 윤행임(1761~1801)이 쓴 『석재고碩齋稿』라는 책, 두 권이라고 해도 될 것 같습니다. 박연에 대한 이야기는 물론 성해응의 『연경재전집』에도 나오고, 또 정조대 왜란과 호란을 거치면서 공을 세웠지만 제대로 평가받지 못한 사람들을 추려서 소개한 작자 미상의 『해동외사海東外史』라는 책에도 실려 있습니다. 하지만 『연경재전집』

의 내용은 거의 『한거만록』의 내용과 같고, 『해동외사』는 『석재고』를 그대로 복사하여 붙여넣기한 내용입니다. 이 오리지널 소스 두 권에서는 상당히 재미있는 내용을 전하고 있습니다.

먼저 『한거만록』의 박연 부분입니다.

박연은 남만국 사람이다. 숭정 무진년(1628) 우리나라에 표착하였다. 인물이 뛰어나고 식견과 사려가 있었다. 언제나 성인들에 대한 얘기를 하였다. 선악과 화복의 이치에 대해 늘 말할 때마다 번번이 하늘이 알리셨다고 말하였다. 그의 언행은 도를 얻은 자처럼 보였다. 연은 글을 읽을 줄 몰랐다. 그래서 자기 나라의 방언으로 이름을 부르고 '박연'이라 하였다. 그러나 글자가 다르면 말소리도 다르니, 성과 이름이 모두 다르므로 쉽게 발음할 수 없다. 그래서 우리나라의 소리를 따라 표기하였다. 사람들이 그 나라의 풍토와 습관을 묻자, 연은 지역이 매우 따뜻하며, 겨울에는 서리와 눈이 없어서 옷에 솜을 넣지 않는다고 말하였다. 때때로 안개와 이슬이 내려 옷을 젖게 하면 노인들이 말하길 이 날이 중국에서 눈이 내리는 날이라고 하였다고 한다. 또한 연은 국경 지대에 있어서 그 나라의 도읍을 본 적이 없으며, 그 나라 왕의 위엄과 예법을 알지 못한다고 했다. 그러나 그 나라의 법은 도둑질을 하면 경중을 떠나 반드시 목을 베게 되어 있어서 도둑질을 하지 않는다고 했다. 아마도 왜의 습관이 비슷한 것 같다. 또한 그 나라에는 좋은 날씨를 점치는 자가 있다고 했다. 특정한 날짜의 바람과 비의 상태를 알 수 있으며, 정확하게 맞추어서 항해자들이 꼭 묻고 기록하여 관리한다고 했다. 그러나 그는 그 지시를 따르지 않아 배가 표류되었다고 했다. 과거에 북창 정렴鄭磏이 황도로 향할 때 안남 사람들도 중국으로 들어갔다. 작은 책을 한 권 가지고 있어 매일의 날씨와 춥고 따뜻함, 바람과 비를 점쳤다. 또 어느 날 동방의 기이한 사람(異人)을 만나야 한다고 말했는데 이는 바로 북창을 가리켰다. 남만의 점치는 자들도 역시 안남인과 같은 류였나?

연이 자기 나라에 있을 때에는 일본, 류큐, 안남 등 여러 나라와 무역을 하였다. 그리고 소인국을 본 적이 있었는데, 그 나라의 사람들은 중국 8~9세 어린이와 비슷한 크기이나, 머리만 보통 사람처럼 크며, 면을 짜는 기술이 뛰어나다고 했다. 또한 그의 나라에서는 고려인들이 사람을 구워 먹는다고 말했다. 그가 제주도에 도착했을 때, 저녁이 되자, 관리와 병사들이 횃불을 켜고 조사하러 왔다. 배 안의 사람들은 자신들을 이 불에 구워 먹는다고 생각하여 하늘을 보며 울부짖었다. 시간이 지나서야 그들은 그게 아니라는 것을 깨달았다. 사실 남만 풍속에는 밤에도 등불을 사용하기 때문에 횃불이 없다. 이를 미루어보면, 우리나라 사람들이 이런 다른 나라 이야기를 전하는 것은 대부분 허구인 것으로 생각된다. 연이 우리나라에 왔을 때에 대단히 추운 겨울이었음에도 불구하고 솜옷을 입지 않았다고 하였는데, 이는 그 나라의 습관이 그러해서라고 했다. 연은 키가 크고 몸집이 크며, 눈은 푸르고 얼굴은 희며, 누런 수염이 배에까지 드리워졌다. 우리나라 여자와 결혼하여 아들과 딸을 하나씩 두었다. 연이 죽은 후, 그의 소식을 아는 사람이 없다.[8]

다음은 『석재고』의 내용입니다.

박연朴延은 아란타인이다. 숭정 원년(1628)에 호남에 표류했다. 조정에서는 훈련도감에 예속시키고 투항한 왜인과 표류 중국인들을 지휘하게 하였다. 박연의 원래 이름은 호탄만胡呑萬인데, 병서에 능통하고 대포를 매우 정교하게 만들었다. 효종 4년(1653) 진도군에 배가 표착하였는데, 배에는 36명이 타고 있었다. 옷과 모자가 이상하게 다르고, 코는 높고 눈은 움푹했으며, 언어와 문자가 통하지 않았다. 혹은 서양인이라고 하고 혹은 남만인이라고 한다.

조정에서는 박연에게 명하여 그들을 심문하도록 했다. 박연은 그들을 만나자 말이 통하였는데, 눈물이 흘러 옷깃이 다 젖도록 울었다. 그들은 모두 천문역법에 능통하였고, 조총과 대포를 잘 만들었다. 그 사람들을 나누어 서울 바깥의 여러 영營에 예속시켰다. 14년 후(1667년, 하지만 실제 탈출은 1666년), 호남 좌도 수군절도사영에 속해 있던 8명이 몰래 고깃배를 타고 일본의 장기長崎(나가사키)로 도망쳤다. 왜의 우두머리가 조정에 서계를 보내어, "아란타는 일본의 속군屬郡입니다. 귀국에 체류하던 8인이 도망쳐 지금 나가사키에 이르렀습니다" 하고 전했다. 이에 조정은 박연도 역시 아란타인이라는 것을 알게 되었다. 박연은 대장 구인후具仁垕의 휘하에 있었으며, 자손들 또한 훈련도감의 군적에 편제되었다. 아란타는 다른 이름으로 하란荷蘭 또는 홍이紅夷이며, 또 홍모紅毛라고도 부르는데, 서남해 중에 있다. 명나라 때 타이완에 머물렀으나, 후에 정성공에 패하였다. 왜인과 아란타는 서로 교역하고 외교 관계를 맺고 있다. 전에 하이국蝦夷國(홋카이도) 마쓰마에의 세류두우수世琉兜宇須는 탐라에 표류하여 20여 년을 머무르다가, 만력 임진년(1592)에 이르러 왜의 앞잡이가 되었다.

박연은 나라를 위해 그 능력을 다하여 홍이포 만드는 법을 전해주었다. 기이한 일이다.[9]

　그런데 『석재고』에는 "박연의 원래 이름은 호탄만延初名胡呑萬"이라며 『한거만록』에 나오지 않는 '호탄만'이라는 이름이 나옵니다. 이 '호탄만'이라는 이름은 아마도 『석재고』를 참고했을 것으로 짐작되는 『고운당필기』와 『연경재전집』에도 등장합니다. 이 이름은 오랫동안 무슨 의미인지 모르다가 최근에는 네덜란드어(호프트만)를 옮겨 적은 것으로 설명하고 있습니다.
　이 호프트만은 머리를 의미하는 hoofd와 사람-man의 복합어인데, 호프트hoofd는 인도유럽조어의 머리라는 뜻의 kauput/kaput에서 파생된 말이라고 합니다. 이 kauput가 게르만조어의 haubuden으로 변형되고 다시 독일어의 haupt, 네덜란드어의 hoofd, 중세영어의 heaved/heved/heed를 거쳐 현대영어 헤드head로 분화됩니다. 한편 인도유럽조어의 kaput는 또다른 계통으로 라틴어 caput/capitaneus로 이어져, 다시 로망스어에서 프랑스어의 capitaine, 스페인어의 capitán, 포르투갈어의 capitão, 그리고 영어의 캡틴captain으로 이어집니다. 호프트만은 그러니까 캡틴이라는 의미라고 봐도 좋을 것 같습니다.
　그가 속했던 네덜란드 연합동인도회사의 커리어는 앞서 얘기한 '너넷고불신'이라고 기록된 데네이스 호베르천처럼 보통 13~4세의 소년 급사 '용어jonge'로 시작하는 경우가 많은데, 짐작하기에 벨테브레이가 처음 표착하였을 때 그가 호탄만, 즉 호프트만이라고 불렸다니 아마도 30대 중후반의 중간 간부급이지 않았을까 싶습니다. 하지만 그가 그렇게 조선으로 떠내려오지 않았다면 어쩌면 마카오에서 포르투갈인들에게 당하거나 또는 동중국해 어디선가 파도에 휩쓸려 사라졌을 가능성이 더 크지 않았을까 하는 생각이 듭니다. 물론 하멜의 책에도 처음 박연을 만난 후 그에 대한 설명이 있습니다.

그런데 "눈물이 흘러 옷깃이 다 젖도록 울었다"고 기록이 남을 정도로 고향이 그리웠을 이 사람은 어떤 사연이 있었던 것일까요. 그래서 2000년대 들어와서 이루어진 여러 연구와 공개된 데이터베이스를 통해 벨테브레이의 표류를 한번 정리해보겠습니다.

태풍 속의 아우베르케르크호[10]

하멜이 조선에 표착하기 27년 전인 1626년 5월 22일. 제일란트에서 플라위트fluyt 700톤 선급의 홀란디아Hollandia호가 일단의 선단과 함께 지금의 인도네시아 자카르타인 바타비아를 향해 출항하였습니다. 네덜란드 연합동인도회사의 직원으로 이 항해에 승선한 한 사람에게는 이 출항이 그때만 해도 그 자신이 상상할 수도 없었던 모험담의 시작이었습니다. 출발한 지 반 년이 지난 12월 14일 마침내 목적지 동인도 바타비아에 배가 도착합니다. 처음 출발할 때 344명이 승선하였는데 항해 도중 25명을 잃고 319명이 바타비아에 도착하였습니다. (이제부터 네덜란드 연합동인도회사는 VOC라는 약칭을 사용하겠습니다.)

홀란디아호로 바타비아에 도착한 일행은 이후 바타비아에서 흩어져 각자 업무를 맡아 일을 하게 됩니다. 이듬해 이곳의 바다에 익숙해진 이들 중 일부 선원들이 1627년 5월 12일 당시 피터르 나위츠Pieter Nuyts[11] VOC 타이완 지사를 따라, 규모가 작아 역내 항해에 이용되던 야흐트jacht 선급의 아우베르케르크Ouwerkerck, 호이스던Heusden, 슬로턴Sloten 그리고 퀘다Queda에 나눠 타고 타이완의 포트 제일란디아Fort Zeelandia(지금의 타이완 남부 안핑安平)로 출발하여 한 달 조금 지난 6월 23일 타이완에 도착합니다. 이들은 막 자리잡은 타이완의 VOC 거점 요새인 포트 제일란디아를 기지로 하여 바로 타이완 건너 중국 아모이, 그러니까 지금의 푸젠성 샤먼廈門 일대의 무역과 사략선 영업에 투입됩니다.

원래 이들은 그해 7월 28일 계절풍을 타고 일본으로 출발할 예정을 잡아두고 있었습니다. 당시 중국 아모이를 직접 공략하여 타이완에 자리를 잡은 게 불과 5년 전인 1622년이었고, 중국으로부터 안정적인 실크 공급을 확보한 VOC는 그동안 유럽 세력으로서는 유일하게 이 해역의 상업 네트워크에 진입하였던 포르투갈을 배제하고 일본으로부터 은을 직접 공급받기 위해 1600년대 초부터 심혈을 기울이고 있던 중이었습니다. 일본에서는 아직 나가사키가 아니라 히라도平戸가 주요 무역항이고, 유럽인 가톨릭 선교사들도 완전히 추방을 당하지는 않았던 시절입니다. 오히려 일본 시장은 새로 동아시아 바다에 등장한 여러 세력들이 누구나 문을 두드려 볼 수 있는 곳이었습니다.

바타비아의 특별위원회에서는 타이완 지사 나위츠를 대일본 사절로 파견하기로 하고 그 여정을 준비하고 있던 중이었습니다. 하지만 1627년 7월 무더운 남중국해의 여름, 앞으로 어떤 일이 전개될지 알지 못한 채 일본과의 무역을 협상하기 위해 나위츠 지사를 태우고 일본으로 갈 준비를 하던 배들 중 하나인 아우베르케르크호는 일본 출항 예정 며칠 전인 7월 16일 타이완과 아모이 사이의 바다에서 중국 정크선을 한 척 나포합니다. 사로잡은 정크선에는 중국인 150명이 타고 있었는데 70명을 아우베르케르크호로 올려 보내고 대신 승무원 16명이 이 정크선에 승선합니다. 당시 VOC의 관행대로라면 실크나 은 같은 화물을 빼앗고 어차피 중국 측에서는 그다지 구하려는 의지도 없는 중국인 포로들을 바타비아로 싣고 가서 노예로 팔려고 했을 것입니다. 아, 그게 사략선privateer이라고 부르는 VOC의 영업 관행이었습니다. 뭐랄까, 요약하면 해적이라는 말이죠. 그런데, 시기는 바로 7월 한창 태풍이 부는 시기입니다. 그만 태풍에 휘말린 아우베르케르크호와 이 중국 정크선은 다른 VOC의 배들과 헤어져서 높은 파도 너머로 사라져버립니다.

태풍에 휘말려 다른 배들과 헤어진 아우베르케르크호의 선장은 태풍 속에서 놓친 정크선을 포기하고 다시 타이완으로 돌아가 다른 배들에 합류하는 대신, 좀더 남쪽으로 선수를 돌려 계절풍을 타고 일본 규슈의 히라도로 무역을 하러 올라오는 포르투갈 배를 공략하기로 합니다. 과연 얼마 되지 않아 5척의 포르투갈 무역선을 발견한 아우베르케르크호는 '후후, 그럼 슬슬 공략해볼까' 하고 접근을 하는데, 아뿔싸, 이들은 그저 무역선이 아니라 반대로 이미 동중국해상에서 골칫거리인 네덜란드 해적 놈들을 처치하기 위해 무장을 하지 않은 것처럼 위장하고 있던 포르투갈의 동인도 해군 전함이었던 것입니다. 이들에게 나포된 선장과 33인의 선원들은 아우베르케르크호와 함께 마카오로 끌려가 사형을 당하고 배 역시 본보기로 공개적으로 불살라지고 맙니다. 바타비아에서는 중국인 해적들의 소식통을 통해 아우베르케르크호가 포르투갈 해군에게 당했다는 소식을 전해듣고 그해 10월의 장부 기록에 침몰선으로 기재를 하고 처리합니다. 실제 마카오의 대일 무역을 기록한 연감에도 1627년 8월 18일 네덜란드의 아우베르케르크호를 치열한 교전 끝에 나포하였다고 기록되어 있습니다.[12]

그런데, 이런 일들이 생겨난 발단이랄까 할 수도 있을 그 7월의 태풍으로부터 한 달가량 후인 1627년 8월 10일 히라도의 VOC 상관商館에 소형 정크선이 한 척 도착합니다. 놀랍게도 태풍으로 아우베르케르크호와 헤어져 중국 정크선에 타고 있던 네덜란드 선원들 중 12인이 이 소형 정크선을 타고 거의 떠내려오다시피 살아 돌아온 것이었습니다. 그들의 보고에 의하면 태풍으로 모선 아우베르케르크호와 헤어진 후 그들이 탄 정크선에서 물이 심하게 새는 바람에 배를 버리고 여러 가지 비참한 사건들을 겪은 후 드디어 작은 정크선을 타고 일본의 히라도로 찾아왔다는 것입니다. 처음 정크선에 올라탄 16인 중 4명이 사라지고, 살아서 히라도에 도착한 이는 12명이었습니다.

테이프를 휘리릭 리와인드해서 다시 보면, 이들이 원래 처음 나포하여 올라탔던 중국 정크선은 태풍이 불 때 완전히 반대 방향으로 떠내려갔었습니다. 한참을 떠내려간 후 섬이 보이자 선원 중 3명이 우선 그 섬에 가서 식수를 구하기로 하고 배에서 내렸습니다. 그리고 기록이 없어 더이상 알 수 없는 '여러 가지 비참한' 사건이 정크선에서 있은 후 이들 3명을 섬에 남겨두고 정크선은 떠나버립니다. 짐작하기로는, 정크선에 있던 남은 중국인들이 이 기회를 틈타 자신들을 잡은 네덜란드인들에게 대항하여 다시 배의 주도권을 장악하여 포로로 잡은 다음 닻을 올리고 떠나버린 게 아닌가 합니다.

이제 이 낯선 섬에 갑자기 떨어진 이 3인은 밤이 되어 멀리서 횃불들이 몰려오자 '아! 식인의 섬에 도착했구나. 이들이 우릴 이제 불에 구워 먹으려나보다' 하고 하늘을 보며 울부짖습니다. 그런데 다행히 식인종의 섬은 아니었습니다. 이들이 도착한 곳은 코리아라는 나라의 남단 섬인 퀠파트Quelpaerts라고 알려진 곳이었습니다. 제주도는 19세기까지 서양에 이 퀠파트라는 기묘한 이름으로 알려져 있었습니다.

이들을 체포한 섬의 총독 대장은 이들을 당시의 관례에 따라 심문 조사를 합니다. 신원이 확인되는 대로 표류인을 송환하는 관행을 따르는 것이지요. 게다가 유럽인이 조선 측에 도착하였던 것이 실은 처음도 아니었습니다. 그리고 그런 경우 의외로 조선 후기에는 계급과 관료제가 서로 얽힌 시스템이 작동해서 과거에 있었던 행정 처리 사례를 확인하거나 심지어 그 처리 관행을 그대로 답습하기까지 하는 경우가 많습니다. 벨테브레이의 표착으로부터 20년 전인 1604년에도 유럽인이 조선에서 명나라로 송환된 적이 있었습니다. 그러니 딱히 서양인이라 송환을 하지 않은 것은 아니었다고 봐야 할 것 같습니다. 일반적으로 남만인이라도 표류한 사람이라면 돌려보내는 것이 유교적 세계의 관행이지만, 문제는 이 1627년이 바로 정묘호란의 해, 당시 한창 후금의 공세로 이미 밀리기 시작한 명나라 조정으로 보내는 것은 불가능한 상황이었다는 것입니다. 그래서 이들을 부산으로 보내 왜관에 통보하고 인수할 것을 요청합니다. 그런데, 뜻밖에도 왜관을 운용하고 있던 대마도에서는 이들을 "자신들이 모르는 사람들이라서 인수를 할 수 없다"라고 대답을 합니다送于倭館, 則倭人以爲此非吾輩所之人云云.

아무튼 4~5년가량 동래에서 오갈 데 없는 낙동강 오리알이 되어 있던 이들 일행을 한양으로 올려보내라는 명이 떨어집니다. 이들을 인수한 사람은 바로 인조반정의 공신인 포도대장 구인후具仁垕였습니다. 이들의 포술을 높이 산 당시 군부의 실세 구인후 대장은 이들을 훈련도감에 배속하여 중국에서 망명한 한족이나 임란 이후 조선에 귀화한 일본인들인 항왜 부대를 담당하는 중간급 사관으로 임명을 합니다.

이후 1636년 병자호란이 일어나자 이들 역시 전쟁에 참가하여 조선을 위해 싸우다 디르크 헤이스베르츤Dirk Gijsbersznn과 피터르손 페르바스트Pieterse Verbaest 두 명은 전사를 하고 나머지 한 명 벨테브레이만 살아남습니다. 그리고 이 벨테브레이가 바로 하멜 일행이 만난 박연입니다.

하멜 일행은 벨테브레이를 만나자 당연히 원래 목적지였던 나가사키로 보내달라고 요청을 합니다. 그런데『지영록』의 대화를 좀더 살펴봅시다.

박연이 다시 "당신들의 옷차림이 왜 옛날과 다릅니까?"라고 물었다. 답하기를 "당신이 떠난 뒤 세월이 이미 오래 흘러 옷차림과 모든 일이 모두 옛 방식이 아닙니다"라고 했다. 박연이 또 "당신들은 어떤 물건을 갖고 있고 장차 어디로 가려 합니까?"라고 물었다. 대답하기를 "설탕, 후추, 목향 등 물건을 가지고 도안도道安島(타이완)에 가서 팔아 사슴가죽을 사려 했고, 다시 이를 중원中原에 가서 팔려 했습니다. 그리고 일본으로 가서 장차 목향으로 일본 물건을 사려고 했습니다. 바다 가운데서 갑자기 흉포한 바람을 만나 표류하다가 이곳에서 배가 부서졌습니다. 고향을 떠난 지 벌써 5년이 돼 고향 땅으로 돌아가길 밤낮으로 하느님께 빌고 있습니다. 만약 저희를 살리고자 일본으로 보내주시면, 우리나라 상선이 반드시 많이 정박해 있을 것이고, 그 편에 살아 돌아갈 수 있을 것입니다"라고 했다. 박연이 말하기를 "일본이 시장을 열어놓은 곳은 장기長崎(나가사키)뿐입니다. 그런데 교역交易이 예전과 달라 다른 나라 상선이 뭍에 내리는 것을 허락하지 않아 선상에서 서로 장사합니다. 그 나라 사람일지라도 다른 나라와 왕래하는 자는 반드시 죽입니다. 하물며 당신들과 같은 타국인은 어떻겠습니까? 저와 같이 서울로 올라가서 훈련도감의 포수砲手로 들어가느니만 못합니다. 옷과 음식이 여유 있고 신변이 안전해 무사할 것입니다"라고 했다. 표류한 서양 오랑캐들이 이 말을 듣고서부터 고향으로 돌아가는 일에 절망했고, 함께 일하자는 감언을 자못 믿었다.[13]

그런데 하멜은 그의 기록에서 벨테브레이와의 대화를 조금 다른 뉘앙스로 전하고 있습니다.

그는 여러 차례 왕에게 자신을 일본으로 보내줄 것을 청하였으나 왕은 그렇게 할 수 없다고 말하였다는 것도 알려주었다. 왕은 우리가 새라면 일본으로 날아갈 수 있지만 어떠한 외국인도 이 땅에서 내보낼 수 없다고 말하였으며, 왕이 돈과 의복을 내려줄 것이며 그렇게 이 땅에서 일생을 마감하게 될 거라고 말하였다. 그는 우리에게 그것을 자랑하려는 것 같았다. 또한 우리가 왕 앞에 가더라도 기대할 것이 전혀 없다고 말하였다. 그래서 우리는 통역을 구했다는 기쁨이 곧바로 슬픔으로 바뀌었다.[14]

읽어보면 뭔가 미묘하게도 벨테브레이와 하멜이 알고 있던 세계가 완전히 다른 것이 이 대화에서 여실히 드러납니다. 하멜은 이미 정례적으로 네덜란드인이 일본과 교역을 하고 있다고 했지만, 벨테브레이는 일본은 외국과의 교역을 허용하지 않고 있으며 자칫하면 일본에 가려다 죽게 된다고 알고 있었습니다. 하멜은 게다가 벨테브레이가 아예 돌아갈 생각을 하지 말라고 적극적으로 설득하는 것 같다는 느낌을 받은 것처럼 얘기를 전하고 있습니다. 이 두 일행 간의 시차는 20년인데 어쩌면 전혀 다른 평행세계 속의 네덜란드인들 같지 않습니까? 17세기 제주도의 푸른 바다 너머 무슨 일들이 벌어지고 있었던 것일까요? 궁금해지지 않으셨습니까? 자, 이제부터 본격적으로 그 바다 너머의 이야기를 들려드리도록 하겠습니다.

◆ 동아시아의 바다.

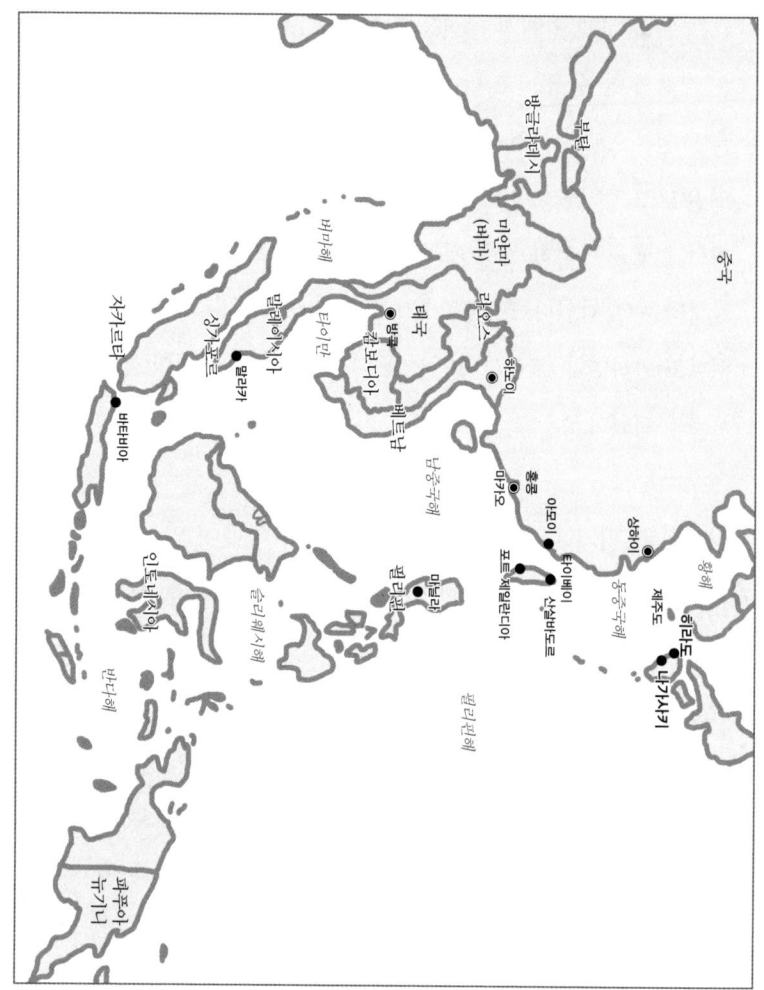

56   항해사 휜닭, 파드레, 그리고 오렌지 반란군의 기이한 모험

제3장

남만인의 등장

내 나라에서 자라는 동안 내 삶은 끊임없는 빈곤과 불행과의 싸움이었고, 매 순간이 간신히 빠져나와야만 했던 공포의 순간이었다. 그마저도 충분치 않았던 것인지 운명은 나를 인도로 보내었고, 그곳에서 지난 수년간 바라던 바와 달리 오로지 더한 어려움과 더한 위험을 견뎌야만 했다.

porque vejo que não contente de me por na minha patria logo no começo da minha mocidade, em tal estado q nella viui sempre em miserias, & em pobreza, & não sem alguns sobresaltos & perigos da vida me quis tambẽ leuar às partes da India, onde em lugar do remedio q eu hia buscar a ellas, me forão crecendo com a idade os trabalhos, & os perigos.

— 『페르낭 멘데스 핀투의 편력기』 제1장[1]

보동가류에서 온 지완면제수

벨테브레이의 사연을 이야기하면서 그가 표착하기 20년 전에도 어느 유럽인이 조선에서 중국으로 송환된 적이 있다고 했습니다. 예, 잘 알려지지는 않았지만요. 그러니까 1604년의 일입니다.

임진왜란을 겪으면서 이전의 조선 군사 통제 시스템이 크게 바뀌었습니다. 벨테브레이와 하멜 일행이 배속되었던 훈련도감이 육군 총사령부였다면, 수군은 통제영統制營을 설치해 바다의 메인 컨트롤 센터 시스템을 갖췄습니다. 그리고 이 메인 컨트롤 센터인 본영을 경상우수영이 있던 거제도 통영으로 옮기게 됩니다. 그런데 통영으로 수군 통제영을 옮겼던 1604년 바로 그해 6월 14일 아침에 쌍돛대의 검은색 큰 배가 통영 앞바다에 나타나 통제영 바로 코앞의 당포唐浦로 진입을 하는 것이 보고되었습니다. 보고와 함께 바로 판옥선 2척이 출동하여 하루가 지난 15일 오후까지 미확인 선박과 치열한 전투를 벌인 끝에 그 배를 침몰시키고 배에 타고 있던 인원을 나포하였습니다. 이 날의 승전이 얼마나 의미가 있었는지, 이 해전을 그린 〈당포전양승첩지도唐浦前洋勝捷之圖〉라는 그림이 지금도 전해지고 있을 정도입니다.

사로잡은 이들을 한양으로 압송하여 심문한 결과 이들은 캄보디아에서 출발하여 일본 나가사키로 가던 길이었으며, 일행은 선주 겸 도쿠가와 바쿠후의 무역 사절인 황정黃廷이라는 명나라 출신의 상인 일행 16명과 일본인 32명, 그리고 남만인이라 기록된 2명이었습니다. 그중에 남만인 2명은 흥미롭게도 백인 1명과 흑인 1명이었는데, 이 백인의 이름은 '지완면제수之緩面第愁'[2]라고 기록이 남아 있습니다. 동승하였던 일본인 구우문久右門이 통역을 한 기록은 "나이가 34세로 보동가류寶東家流 상인이다"라고 전합니다. 아무튼 "이 보동가류라는 나라는 남만의 여러 나라 중 하나로 옥, 비단이 많이 나고 금, 은은 매우 적다. 일찍이 상업에 종사해서 고국을 떠난 지 거의 15년이 되었으며, 연전에 감하甘河에서 가보자可普者로 갔다가 이번에 중국인과 왜인들과 같이 다시 장사를 위해 장기長崎로 가기 위해 일본 배에 탑승하였다가 풍랑으로 조선에 표류하였다"라고 설명하고 있습니다. 그리고 종자從者인 흑체국인黑體國人, 그러니까 흑인 시종은 해귀海鬼인데 돈을 주고 산 노예라고 되어 있습니다.

여기서 언급한 지명 중에 보동가류는 포르투갈, 감하는 일본어 발음으로 아마카와 즉 마카오이고, 가보자는 카보차 즉 캄보디아,

장기는 앞으로 많이 등장할 나가사키를 의미합니다. 해귀는 임진왜란 때 명나라군 소속으로 참전하여 이미 조선에서도 화제가 되었던 흑인 혹은 말레이인을 의미합니다. 지완면제수는 포르투갈 이름 주앙 멘데스João Mendes를 옮겨 적은 것으로 현재 추정하고 있습니다.

흥미로운 것은 이수광이 쓴 『지봉유설』의 「여러 나라 편〔諸國部〕」에 이런저런 나라들을 설명하는 중에 '남번국인南番國人'이라는 구절이 있습니다. 이 구절에는 다음과 같이 적혀 있습니다.

> 남번국 사람. 만력 계묘년(1603)에 왜국 배에 올랐다가 조선땅에 표류하였다. 그 사람은 눈썹과 윗속눈썹이 하나처럼 붙어 있고 수염은 염소수염 같았다. 데리고 있는 종자는 얼굴이 옻칠처럼 검으며 모습이 못생기고 이상했는데 아마 해귀라는 무리인 것 같다. 말이 안 통하여 왜인에게 통역을 시켰는데, 나라가 바다 가운데 있어 중국에서 8만 리 떨어져 있으며, 진기한 보화가 많아 왜인들이 왕래하며 통상을 한다. 원래 나라는 가는 데 8년이 걸린다고 하니 아마 외딴 곳에 있는 나라인 것 같다.[3]

연도가 한 해 오차가 나기는 하는데, 이수광이 바로 그 당시 한양에서 지완면제수를 취조한 담당 부서인 병조에서 참의로 근무하였다고 합니다. 그래서 최근의 연구에는 여기 적은 글이 어디서 전해들은 것이 아니라 이수광 본인이 이 취조의 당사자 중 하나로 직접 보고 들은 이야기였을 거라고 추정하고 있습니다. 6월 21일에 전라 좌수영에서 나포한 일본의 여송呂宋 무역선에 탑승한 일행 중 명나라인들과 남만인들은 한양에서 전례에 따라 사역원의 숙소에서 묵다가 중국으로 송환되었다고 합니다. 다시 한번 강조하자면 전투까지 해서 사로잡았지만 돌려보냈다는 얘기입니다. 아, 일본인들은 돌려보내지 않고 북쪽 전방에 재배치하였습니다만, 아직 임진왜란 직후 국교가 다시 이어지기 전인 것을 생각하면 납득이 가는 조치인 것 같습니다.

우리가 옛날이야기를 들을 때 가까운 과거는 시간을 잘게잘게 쪼개지만 더 멀리 과거로 거슬러 갈수록 시대를 뭉뚱그려서 포인트만 생각을 하게 됩니다. 21세기의 우리에게 17세기와 18세기 같은 과거는 100년 단위의 옛날 일이 되어버리지만, 당연히 1650년대의 사람들에게는 한 세대 전의 1620년대의 일 역시 옛날 일이 되는 것이죠. 지금의 우리는 '비슷한 시기'에 조선에 표착했다고 생각하지만, 하멜에게는 그새 옷도 말도 달라진 벨테브레이가 겪은 일이 옛날 일이었을 것처럼 말입니다. 마찬가지로 1600년대의 동아시아 바다는 1620년대와는 또다른 세계가 전개되고 있었습니다.

포르투갈인과 네덜란드인, 그리고 가보자와 여송이라는 먼 나라의 이름들, 이 모든 일의 시작은 도대체 어디서부터일까요. 도대체 제주도와 통영의 바다 너머 무슨 일들이 일어나고 있었던 것일까요? 대개 모든 일에는 뭔가를 한 사람들이 있고 또 그 뭔가에는 그 사람이 그럴 만한 사연들이 있습니다. 어떤 일이 왜 그런가 알려면 누구에게 무슨 일이 있었던 건지를 먼저 알아야 합니다. 벨테브레이와 하멜의 두 평행세계가 언제 갈라졌는지, 지완면제수는 왜 일본인, 중국인들과 같이 배를 타고 캄보디아와 일본을 오가야 했는지 이해하기 위해 여기서 잠시 궁금한 점들을 묻어두고 과거로 다녀옵시다.

세상의 모든 것들, 『화한삼재도회』

18세기 동아시아에 『화한삼재도회和漢三才圖會』라는 책이 있었습니다. 제목에서 '화和'는 일본을 의미하고, '한漢'은 중국을 의미하고, '삼재三才'란 하늘과 땅과 사람, 그러니까 천지인입니다. '도회圖會'라는 것은 일러스트북이라는 의미입니다. 원래 중국에서 왕치王圻라는 학자의 『삼재도회三才圖會』가 17세기 초반인 1607년에 완성되어 1609년에 출간되었습니다. 이 책이 일본에 전해진 다음, 18세기에 일본 오사카의 데라지마 료안寺島良安이라는 의사가 새로운 내용을 추가하여 만든 일종의 신장증간본이 『화한삼재도회』입니다. 일러스트북이라고 설명드린 대로 『화한삼재도회』의 각 항목은 먼저 제목 다음에 그림이 있고, 그다음 한자와 일본어 표기, 그리고 관련된 설명이 분류체계적으로 정리되어 있습니다. 이 책은 18세기에 조선에도 전해져서 실학자들 서클뿐 아니라 정약용 같은 유학자들까지 읽고 인용한 경우가 허다했고, 18세기 후반에 유럽에도 전해져 19세기 초반에는 이미 프랑스어 번역으로 상당 부분의 내용이 소개가 되었습니다.

이 책에는 제목처럼 삼라만상을 다 담으려고 했으니 당연히 그

중 지리 지식도 담겨 있는데, 알려진 동아시아의 세계 외에도 전통적으로 '산해경'적 세계관을 구성하던 거인국, 소인국, 개머리국〔狗國〕 등의 사람들과 함께 당시 동아시아가 접한 새로운 사람들도 등재되어 있습니다. 그중 우리가 앞으로 이야기할 이 새로운 사람들을 비슷한 시기의 기록들과 함께 먼저 소개하겠습니다.

여송 남만인을 소개합니다

16세기에 처음 동아시아 세계에 등장해서 18세기를 지나 좀더 자세한 사정을 알게 될 때까지 한동안 유럽인들은 두 유형의 사람들로 불리었습니다. 하나는 남쪽 나라 야만인인 남만인南蠻人 또는 남번인南番人이고, 다른 하나는 빨간 머리 인간인 홍모인紅毛人이었습니다. 혼동해서 사용된 경우가 많기는 했지만, 기본적으로 남만인은 포르투갈과 스페인의 이베리아반도인이고 홍모인은 대체로 네덜란드인이라고 보면 됩니다. 아, 18세기 후반에 존재감을 확실하게 드러내기 전인 17세기에는 아주 잠시 동안만 등장할 수 있었던 잉글랜드인도 홍모인이라고 했습니다.

먼저 『화한삼재도회』에 등장하는 남만인을 정리한 부분을 보겠습니다. 남만인으로 불린 이들은 여송呂宋과 아마항阿媽港, 이서파이아以西巴爾亞의 세 개 국가로 나란히 정리되어 있습니다. 그 처음은 여송입니다. 예전에는 시가 담배를 여송연이라고 불렀는데, 원래 필리핀에서 만든 시가를 의미하던 것이 엽궐련을 통칭하는 말이 된 것입니다. 여기서 여송은 원래 타갈로그어로 필리핀의 가장 큰 섬인 루손Luzon을 한자로 옮겨 적은 표기라고 합니다. 물론 『화한삼재도회』의 여송국은 타갈로그어를 쓰는 오스트로네시안을 의미하는 것이 아니라, 필리핀에 자리를 잡고 동아시아 네트워크에 승차한 스페인을 의미합니다.

여송呂宋 루손. 일본까지 바닷길로 800여 리에 있다.

명나라 때의 책 『등단필구登壇必究』에 전하기를, 여송은 이전에 알려지지 않았으나 명나라 융러永樂 3년(1405) 그 나라 국왕이 코찰로隔察老라는 신하를 보내 조공을 하고 방물을 바쳤다. 여송의 토산물은 사슴가죽, 쇠가죽, 소방蘇方(소목)이 있다.

여송에 대해 생각해보면 타이완의 남쪽 섬이다. 덴쇼 초년(1573) 이즈미노쿠니泉州의 사카이堺에 나야스케자에몬納屋助左衛門이라는 상인이 있어 소유구小琉球에 임시로 거처하다 다시 여송에 이르렀다. 분로쿠 3년(1594) 돌아와서 도요토미 히데요시를 만나 우산과 밀랍초 각각 1000개, 살아 있는 사향노루 2마리, 도자기 50개를 바치고 수천 금의 상을 받았다.

겐나 9년(1623) 나가사키 봉행 하세가와가 여송에 외교문서를 보냈다.

여송국왕에게

일본국의 사신 시박사市舶司 하세가와 사효에 후지히로長谷川左兵衛藤廣는 여송국왕 각하에게 서신을 보냅니다. 귀국의 수서사자께서는 친히 우리나라의 주군께 공경의 말씀을 전하셨으므로,

◈ 여송呂宋/루손Luzon. 화려한 모자와 상의, 귀족을 나타내는 반바지로 봐서 여송의 고위 관리로 보입니다.

우리 군주께서 즉시 공식문서를 보내면서 요협쌍도를 첨부하셨습니다. 우리들이 귀국을 위하여 먼저 의견을 수용하는 데 어찌 거리낌이 있겠습니까? 이는 두 나라가 상선을 왕래하여 교역을 맺고자 함이니 다시 한번 재배하며 삼가 말씀 올립니다.

또 근래에 전해지기를 크게 야소耶蘇의 종문宗門을 배우고 남만인이 많아서, 간에이 15년(1638) 이래로 그들이 와서 조공하러 오는 것을 금지하였다.[4]

여기 하세가와 후지히로가 보낸 서한은 당시 일본이 쇄국 전에 동남아시아의 여러 지역과 교역을 하면서 보낸 일종의 무역 라이선

스에 대해 상대방에게 확인하고 대우해달라고 요청하는 일종의 외교문서입니다. 시박사市舶司라는 직책은 원래 중국에서 해상교역을 맡던 관리입니다. 하세가와 후지히로는 원래 나가사키를 맡은 관리인 '나가사키 봉행長崎奉行'인데 한문 외교문서에는 비슷한 역할을 수행하는 중국의 시박사라는 명칭을 사용한 것으로 보입니다.

한편 명나라의 역사서인 『명사明史』에도 여송과 어떤 일이 있었는지에 대한 긴 설명이 있습니다. 일부분만 살펴보겠습니다.

> 여송呂宋은 남해南海 가운데 있는데, 장저우漳州에서 매우 가깝다. 훙우洪武 5년(1372) 정월에 사신을 보내 쉬리瑣里 등 여러 나라와 함께 조공해왔다. 융러永樂 3년(1405) 10월에 관원을 보내 조서를 가지고 가 그 나라를 안무按撫하고 효유曉諭하였다. [융러] 8년(1410)에 펑자시란馮嘉施蘭과 함께 입공했으나, 이후로 오랫동안 이르지 않았다. 완리萬曆 4년(1576)에 관군이 해적 린다오첸林道乾을 추격하여 그 나라에 도착했는데, 그 나라 사람들이 토벌을 도와 공을 세웠으며, 다시 조공하였다.[5]

여송의 시작 부분에서 여기까지는 원래 동중국해의 필리핀섬에 있던 국가들과의 관계에 대하여 얘기를 하고 있습니다. 그런데 이어지는 부분에서는 전혀 다른 사람들이 등장합니다.

> 당시 불랑기佛郎機가 강성하여 여송과 교역했는데, 오래 지난 뒤 이 나라 여송이 약소하여 빼앗을 수 있다고 보고, 이에 많은 재물을 그 나

라 왕에게 바치면서 소가죽 [정도] 크기의 땅을 얻어 집을 짓고 살겠다고 청하였다. 여송왕은 그들의 속임수를 고려하지 않은 채 이를 허락하자, 그 나라 불랑기 사람들은 곧 소가죽[만 한 크기의 땅이라는 약속]을 결렬시키고, [그 땅에] 인접한 수천 장丈의 땅을 [차지한 채] 여송의 땅을 에워싸 [거주하면서] 약속한 대로 [집을 짓고 살게] 해주기를 청하였다. 여송왕은 크게 놀랐지만 이미 허락한 일이었기 때문에 다른 방도가 없어 드디어 이를(그들의 청을) 들어주었으며, 나라 법에 따라 그(토지) 세금을 조금 징수할 뿐이었다. 그 나라(불랑기) 사람들이 이미 [여송의] 땅을 얻은 뒤, 가옥과 성을 축조하고 무기를 배치했으며 방어 기구를 설치했는데, [이것은 여송인들을] 정탐하기 위한 계획이었다. 얼마 뒤, 마침내 [여송의] 방비가 없음을 틈타, 왕을 습격해서 죽이고 그 나라 백성들을 쫓아내어 그 나라를 점령하니, [나라] 명칭은 여전히 여송이지만 사실상은 불랑기였다.**6**

이렇게 불랑기라는 사람들이 등장하여 이상한 트릭을 사용하여 여송을 점령하는 얘기에 이어서 이 새로운 주인들과 중국의 관계가 이어집니다.

이에 앞서, 푸젠 사람들은 여송이 거리가 가깝고 물자가 풍부하여, 장사를 하러 오는 사람들이 수만 명에 달했으며, 종종 [그곳에] 오래 살게 되어 돌아오지 않은 채 자손을 기르는 경우도 있었다. 불랑기는 이미 여송을 탈취한 뒤, 그 나라 왕은 총독 한 명을 진鎭에 파견해서 중국인들이 난리를 일으킬까 염려하여 많은 사람들을 [고향으로] 쫓아 보냈

는데, [그곳에] 남아 있는 사람들은 많은 침탈과 능욕을 당하였다.**7**

여기까지 부분은 『명사』 「열전」 여송 부분의 첫 시작입니다. 『화한삼재도회』와 『명사』의 내용을 종합해서 보면, 그러니까 15세기 초반까지는 뭔가 루손섬에 중국에 사신을 파견할 정도로 체계가 있는 왕국이 들어섰다가 이후 100년간 소식이 없었는데, 16세기 후반에 불랑기라는 인간들이 들어와서 나라를 빼앗았다는 정도를 알 수 있습니다. 실제 16세기의 루손에는 라자 마탄다Rajah Matanda가 통치하는 인도-무슬림계 왕국이 세워져 있었습니다.

그런데, 여기 흥미롭게도 불랑기가 여송왕에게서 땅을 속여 빼앗는 장면에서 소가죽 한 장이라고 하고 허락은 받은 후 큰 땅을 차지하였다는 얘기가 나옵니다. 이 사건을 중국학자 티머시 브룩은 『베르메르의 모자』에서 스페인인들이 원래 로마의 서사시 『아이네이스Aeneis』에 나오는 카르타고 여왕 디도의 얘기를 이용하여 소가죽 한 장 덮을 만큼의 땅을 허락받은 후 가죽을 가늘게 잘라 땅을 크게 이어 두른 후 약속이라면서 그 땅을 차지한 것으로 소개하고 있습니다. 정말 그런 속임수를 썼던 것일까요? 아니면 이 이야기는 훗날 미화되어 전해진 것일까요?**8**

이 「여송전」의 불랑기는 역사상의 스페인인입니다. 그리고 실제 역사상의 여송국과 스페인인의 접촉은 이런 우화 같은 과정이 아니라 1571년의 폭력적인 점령 과정을 통해서였습니다. 그리고 여송은 스페인령이 되었습니다. 한편 「여송전」의 마지막 부분은 또 이렇게 끝이 납니다.

당시 불랑기는 이미 만랄가滿剌加를 합병했으며, 더욱이 여송까지 병합하여 그 세력이 나날이 강해져 해외에 횡행했으며, 마침내 광둥 샹산아오香山澳를 점거하여 성을 쌓고 거주하면서 일반인과 무역을 하니, 그 근심거리가 다시 깊숙이 들어와 웨粵 중심부까지 미쳤다.9

이 글에서 만랄가는 말라카이고, 광둥 샹산아오는 마카오, 웨는 광둥 지방을 의미합니다. 그러니까 『명사』에 따르면 불랑기가 마카오도 빼앗은 사람들이군요. 흠, 하지만 이 불랑기는 스페인이 아니라 실제로는 스페인인들보다 먼저 동아시아에 와서 1999년까지 마카오에 자리잡고 있던 포르투갈인들입니다. 다시 『화한삼재도회』로 돌아가서 보겠습니다.

아마항 남만인을 소개합니다

『화한삼재도회』에는 『명사』에 등장한 불랑기라는 이름에 대해 따로 언급이 없습니다. 다만 여송에 바로 이어지는 항목이 아마항阿媽港인데, 일본어 가나가 붙어 있는 것을 보면 "아마카하あまかは, 일본까지 바닷길로 900여 리"라고 되어 있습니다. 이곳은 짐작하시듯이 마카오입니다. 지완면제수의 취조문에 등장했던 감하甘河를 일본 발음으로 읽으면 역시 '아마카와'입니다. 참고로 아마항의 현대 광둥어 발음은 아마꽁aa maa gong에 가깝습니다. 일본어 '아마카와'와 서양어 '마카오'는 원래 이 광둥어 지명의 근세 발음이 와전된

것으로 보입니다. 마카오는 공식적으로는 1582년 포르투갈인이 거주하면서 근세 이후 포르투갈과 거의 동의어로 사용되었습니다.

아마카하あまかは, 일본까지 바닷길로 900여 리

아마항은 광둥 남쪽에 있는 섬이다. 때문에 여송과 아마항을 아울러 남만南蠻이라 부른다. 과거부터 왕래가 많아 입국하였고 고약 처방과 과자, 곡식 등 오늘날에 '남만'이라 부르는 것들은 이 나라에서 처음 들어온 것이다. 그런데 게이초 2년(1597) 남만 검은 배〔黑舩〕 1척이 나타나 이오지마에 있으면서 아리마 하루노부有馬晴信 수리태부修理太夫의 배를 노략질했다. 이로 인해 그 검은 배는 불태워졌다. 이후 아마항 사람들이 찾아와 용서를 빌었다.

마카오에 대하여 논하다.

일본국 집사 고즈케스케 후지와라노마사즈미(혼다 마사즈미本多正純)는 아마항의 지부, 여러 기로와 추장 등에게 답장을 보낸다. "작년에 검은 배〔烏舶〕가 불타 가라앉은 사건은, 지금도 재삼 거론되고 있다. 이전 선주는 비록 스스로 죄를 자백했지만, 그 애통해하는 마음 또한 밝혀 알 수 있다. 그 죄는 편지로 보내어 동시에 상세히 서술되어 있으니, 여기서는 잠시 제외해두는 것이 좋겠다. 지금 귀국은 과거의 잘못을 뉘우치고 예전의 좋은 관계를 회복하려는 의도를 가지고 있고, 아마도 배를 보내 교역하고자 하는 관계를 유지하여, 영원히 중단하지 않으려 한다. 그 뜻은 (외교적인) 도리에도 어긋나지 않아 무해하니, 우리 측에서는 오는 자를 거절하지 않고 쫓아내지 않으며, 외국과 교류하고 외방을 안무함으로써 우리 주군의 명성을 드높이고자 한다. 우리 주군께서 귀국에게 입항할 수 있도록 용인해주는 명령을 내려주신 것이 다행스러운 일이 아닌가. 귀항의 사람들이 우리나라에 수십 년 동안 공물을 바쳤다. 그래서 그대들을 일거에 내치지 못하니 우리 군주께서 이웃을 선대하는 마음으로 그대들을 생각하여 그런즉 내년에는 검은 배가 나가사키에 들어오기를 약조하여 어기지 않도록 하겠다. 또한 다양한 상품들을 시장에 내놓고 거래하는 깃은 과거와 같아야 하며, 이를 의심 없이 확실하게 약조하겠다. 말을 줄임."

게이초 16년(1611) 신해년 가을, 7월 15일. 그 후 남만인들이 대다수 이서파이아의 속국이 되어 야소종문이 되었음을 듣고 간에이 15년(1639) 이래로 입국을 강하게 금지하였다.[10]

그런데 마카오 부분의 끝에는 그림은 별도로 없고 이스하니야 すはにや라고 일본어 발음 표기가 붙은 '이서파이아以西巴爾亞'라는 항목이 적혀 있습니다.[11]

만국 지도를 통해 보면 이 나라는 아란타阿蘭陀 서쪽에 있으며 일본에서 대략 1만 2000여 리이다. 서방에 해당한다. 전해지기로 이 나라는 야소종(오늘날 이르기로 절사단종切死丹宗)의 근본으로 그 법을 남만에 전했다고 한다.

그런데 이어지는 단락에서 갑자기 분위기가 바뀝니다.

◈ 아마카하. 마카오의 포르투갈인을 그린 그림으로 칼을 차고 있는 게 카피탕 모르의 모습으로 짐작하고 있습니다. 일본에 남은 남만인의 모습은 모두 이렇게 풍성한 배기바지를 입고 있습니다.

덴분 20년(1551), 처음으로 남만으로부터 도래해 사교邪敎를 퍼뜨려 사람들을 현혹시켰다. 분로쿠 기간 중(1593~1596), 도요토미 히데요시 공이 바테렌伴天連 6명, 그 무리 20여 명을 붙잡아 교토, 오사카에서 나가사키로 보내 모두 처형했다. 게이안(1648~1652)부터 메이레키(1655~1658)까지 이 종문의 잔당들은 있기만 하면 모두 붙잡혀 형벌을 받아서 오늘날에는 근절되었다. 오히려 더 엄중히 지킬 일이다.

이처럼 심각한 어조로 덧붙이며 이제는 우리와 더이상 관계가 없다고 못을 박고 있습니다.

자, 지금까지 여송, 아마항, 이서파이아가 등장했습니다. 그런데 불랑기가 여송을 빼앗았다는 기사도 있고 불랑기가 이서파이아의 속국이 되었다는 얘기도 있습니다. 실은 『화한삼재도회』나 『명사』 가 쓰여질 때는 이미 100~200년의 이야기가 뒤섞여버린 점이 있 습니다.

검은 배를 타고 온 불랑기

앞서 간략히 말한 것처럼 『화한삼재도회』의 아마항 즉 마카오의 남만인들은 동아시아 전역에서, 좀더 엄밀히 말하자면, 불랑궤佛郎机 또는 불랑기佛朗機라고 불렸던 사람들입니다. 그러니까 우리에게도 잘 알려져 있는, 15세기에 소위 '대항해시대'의 문을 연 이베리아반도인을 가리키는 것입니다. 글 중에 나오는 검은 배를 의미하는 흑선黑舩 또는 오박烏舶은 당시 포르투갈이 자랑하던 대형 원양 항해용 선박 카라카carraca 또는 나우nau가 선체에 검은색 방수용 역청을 칠하여 '검은 배'로 불린 것인데, 일본에서는 이후에도 주로 서양에서 오는 외국 선박을 부르는 대명사가 되었습니다. 훗날 미국 해군의 페리 제독이 일본에 와서 쇄국의 빗장을 풀었을 때도 '흑선래항黑船来航'이라는 표현을 사용하였습니다.

그런데 여송의 경우를 보듯이, 이들이 오기 전에 동남아시아에는 이미 힌두교 혹은 무슬림계 왕국들이 여기저기, 거의 지금의 아세안ASEAN에 그리 다르지 않게 형성되어 있었습니다. 무역 네트워크뿐만 아니라 인도의 무굴 제국이나 멀리 페르시아와도 무역과 정보를 교환하는 채널이 있었습니다. 불랑기라는 표현은 원래 페르시아어로 유럽의 기독교도를 총칭해서 부르는 '파랑기فرنگی', 즉 프랑크인이라는 표현이 동남아시아에 전해진 것이라고 합니다. 『명사』에는 이들에 대해 여송보다 훨씬 상세한 내용들이 적혀 있습니다.[12]

불랑기는 만랄가에 가깝다. 정더正德 연간(1506~1521)에 만랄가의 영토를 점거하고 그 나라 왕을 쫓아냈다. [정더] 13년(1518)에, [불랑기는] 사신 가필단말加必丹末 등을 보내 방물을 바치고 책봉을 청하여서, 처음으로 그 나라의 이름을 알게 되었다. 조서詔書를 내려 방물의 가치만큼 주어 돌려보내도록 했다. [그런데] 그 사람들은 오래 머물며 떠나지 않고 길가는 사람들을 협박하고 어린아이를 빼앗아 먹이로 삼기에 이르렀다. 얼마 안 되어 진수환관鎭守宦官에게 뇌물을 주고 입경入京을 허락받았다.[12-1]

불랑기의 등장은 이렇게 상당히 폭력적입니다. 그렇지만 아무리 예의를 모르고 행패를 부렸다고 해도 어린아이를 빼앗아 먹이로 삼았다는 묘사는 좀 심하군요. 하긴 근대에 들어와서도 조선에서까지 서양 선교사들에 대한 이런 루머가 돌았으니, 어쩌면 인류가 갖고 있는 나와 다른 외부인에 대한 근원적인 공포인가 싶기는 합니다. 이야기는 점점 미운 짓만 골라 하는 골칫덩어리로 이어집니다.

우쭝武宗(재위 1505~1521)이 남순南巡했을 때, 그 나라(불랑기) 사신은 화자火者 야싼亞三을 장빈江彬의 도움으로 황제 옆에서 시중을 들게 했다. 황제는 때때로 [야싼에게] 그들의 말을 배우며 즐거워했다. 그 나라 사신은 화이위안역懷遠驛에 머물면서 더욱 노략질을 일삼고 양민을 사들이며, 집을 짓고 채棄를 세워 오랫동안 거주하고자 했다.**12-2**

이렇게 행패를 부리며 등장한 불랑기는 명 황제의 의형제라고 불릴 정도로 총애를 받던 고위관리 장빈을 통해 황제 옆에 측근을 심습니다. 장빈은 조선에서도 "늘 황제 곁에 있으므로 권세가 일세를 뒤흔들며, 문전에는 뇌물이 가득 차 있었습니다"**13**라고 보고할 정도로 최측근이었던 인물입니다. 이들이 황제의 시중을 들게 하였다는 화자火者라는 것은 원래 페르시아어로 '호자/화자خواجه'라고 읽는 '선생'을 의미하는데, 여기 야싼이라는 인물은 그보다는 선생이라는 구실로 황제 옆에 붙은 비선실세 같은 게 아니었나 싶습니다. 그래서 이다음에는 고관들과 장수들이 이 불랑기를 물리쳐야 한다고 격하게 반발하는 이야기가 이어집니다.

[정더] 15년(1520)에 어사御史 치우다오룽丘道隆이 아뢰기를, "만랄가는 칙서를 내려 책봉한 나라인데 불랑기는 감히 그 나라를 병합하였고, 또 이로움으로 우리를 꾀어 책봉과 진공進貢을 구하고자 하니, 결코 허락할 수 없습니다. 마땅히 그 사신을 물리쳐서 순리順理와 역리逆理를 분명하게 보이고, 만랄가에게 강토를 돌려주어야만 조공을 허락하겠다고 해야 합니다. 만일 이런저런 핑계로 뉘우치지 않고 고치지

않으면 반드시 여러 번국에 격문檄文을 발하여 죄상을 알리고 토벌해야 합니다"라고 했다.

어사御史 허아오何鰲가 아뢰기를, "불랑기는 가장 흉악하고 교활하며 병기兵器가 여러 번국과 비교해서 가장 뛰어납니다. 지난해에는 큰 배를 몰아 돌연 광둥의 성성省城에 들어와 포성砲聲으로 땅을 진동시켰습니다. 역관驛館에 머무는 자는 제도를 어기면서 내통을 하고, 도성都城에 들어온 자는 성질이 사납고 교만하여 수령首領과 다툽니다. 지금 그들이 왕래하여 무역하는 것을 듣건대, 위세를 내세워 반드시 싸우고 살상을 하니 남방의 환란과 위태로움이 끝이 없습니다. 선조先祖들이 조공의 기한을 정하고 상규常規를 세워 방비함으로 해서 오는 사람이 많지 않았습니다. 근래에 포정사布政使 우팅주吳廷擧의 말에 의하면, 상공上供하는 향물香物이 모자라는데도 시도 때도 없이 와서 재물을 가져간다고 합니다. 번인의 배가 해안에 끊이지 않고, 만인蠻人이 주성州城에 매우 번잡하게 많습니다. 이들을 금지하고 방비함이 이미 소홀해져 [그들에게] 뱃길이 더욱 익숙해졌습니다. 이 때문에 불랑기가 기회를 틈타 돌진하여 이르게 된 것입니다. 청하옵건대 해안가에 있는 번인들의 배와 숨어서 거주하는 번인들을 모두 쫓아내고 사적인 통행을 금하며 수비를 엄히 하면, 머지않아 곧 안녕을 얻을 것입니다"라고 했다.

이 주소奏疏를 예부에 내리고 이르기를, "치우다오룽은 이전에 순더順德를 맡아 다스리고, 허아오는 곧 순더 사람이기 때문에 그 이로움과 해로움을 깊이 있게 밝혔도다. 마땅히 만랄가의 사신이 오기를 기다려, 조정은 불랑기가 인방隣邦을 침탈하고 내지內地를 소란케 한 죄를 꾸짖고, 그 처리를 주청하라. 기타는 모두 어사御史의 말과 같이 하라"고 [황제는] 결재하여 허락했다.¹²⁻³

그런데 불랑기를 멀리해야 한다는 조정 중신의 항소가 빗발쳐서 황제가 그렇게 하라고 허락까지 하였다지만, 불랑기는 사실 전혀 개의치 않습니다.

야싼은 황제에게 시중을 들면서 매우 교만했다. 어가御駕를 수행하여 도성에 들어와 회동관에 머물렀다. 제독주사提督主事 량차오梁焯를 보고도 무릎을 꿇어 절을 하지 않았다. 량차오가 노怒하여 그에게 매질을 했다. [그러자] 장빈이 크게 꾸짖으며 말하기를, "그는 늘 천자와 함께 즐겁게 장난질을 하는 사이인데, 어찌 너 같은 소관小官을 향해 무릎을 꿇을 수 있겠는가?"라고 하였다.¹²⁻⁴

이렇게 끄떡없던 이들도 우쭝 황제가 죽자 그만 내쳐지게 됩니다. 불랑기가 다시 교역을 요청하기를 계속하여도 중국이 거절하자 이들은 남중국해의 바다에서 아예 극심한 횡포를 부리게 됩니다.

이듬해 정더 16년(1521)에 우쭝이 세상을 떠나자, 야싼은 사법관에 보내졌다. 자신[야싼]은 본래 중국인으로 번인[불랑기인]에게 이용되었노라고 말하였는데, 곧 형벌을 받아 죽임을 당했으며, 그 나라의 조공은 끊어졌다. 이 해 7월에 또 이어서 조정에 건너온 사신이 고하였는데, 토산물을 가지고 와 교역을 청하였다. 수신은 구례舊例에 따라 추분추分抽하기를 청하였으나 조령을 내려 다시 이를 거절하였다. 그 나라 장수 베더우루別都盧는 이미 거포巨砲와 예리한 병기로 만랄가 등 여러 나라를 멋대로 탈취하여 해상을 횡행하였고, 또 그 부하 수스리疏世利 등에게 5척의 배를 이끌고 가도록 하여 바시국巴西國을 격파했다.[12-5]

여기서 잠시 이 광경을 목격했던 조선 사람들의 얘기를 들어봅시다. 1520년 중종 15년 12월 14일, 조선 조정에서는 한학 통사 이석李碩이 명나라 조정에서 보고 들은 정보를 보고하는데, 불랑기국이 처음 등장합니다.[14]

불랑기국佛朗機國이 만자국滿剌國에게 길을 차단당하여 명明나라가 개운開運한 이래 중국에 오지 못하였었는데, 이제 만자국을 멸하고 와서 봉封하여 주기를 요구하였습니다. 예부禮部가 이에 대해서 의논하기를 '조정朝廷에서 봉해준 나라를 마음대로 멸하였으니 허락할 수 없다' 하고, 조현朝見을 허락하지 않았습니다. 그들을 관대館待하는 것은 다른 나라 사신과 차이가 없는데, 그들의 외모는 왜인倭人과 비슷하고 의복의 제도와 음식의 절차는 정상적인 사람들과 같지 않았습니다. 그래서 중국 사람들도 '예로부터 못 보던 사람이다' 하였습니다.[14-1]

그 이듬해 1월 24일 다시 명나라를 다녀온 주청사 신상申鏛과 한효원韓效元이 또 이런 보고를 합니다.

임금이 이르기를, "전에는 오지 않았던 나라들도 이번에는 모두 와서 조회하였다고 하는데 사실인가?" 하매, 신상이 아뢰기를, "그것은 이른바 불랑기佛朗機라는 나라입니다. 그들의 지도를 상고해보니 서역西域 지방 서남쪽 사이에 있는 나라였습니다" 하니, 상이 이르기를, "역시 그들도 옥하관玉河館에 있었는가? 그 수는 얼마나 되던가?" 하매, 신상이 아뢰기를, "사신 1인에 수행원은 20여 인이었습니다. 신 등이 그들과 이야기해보니 그들의 마음이 매우 개명되어 있었으며, 그들의 책을 보니 글씨체가 진언眞言·언문諺文과 비슷하였는데 비길 데 없이 정세精細하였습니다. 의복은 거위 털로 짰는데 모양은 단령團領처럼 생겼고 아래 폭은 매우 넓었으며, 머리로부터 뒤집어써 입게 되어 있는데다가 단추나 옷고름이 없었습니다. 음식은 닭고기와 면식만을 먹고 있었는데 그들 나라의 토산土産이 이것뿐이기 때문이라 하였습니다. 풍속에 관한 것을 물어보니, 비록 군장君長이라 할지라도 왕비는 한 사람뿐이고 아내가 죽으면 다시 장가들지 않는다고 합니다" 하니,

상이 이르기를, "중국 조정에서 어떻게 대우하던가?" 하매, 신상이 아뢰기를, "그들이 처음 조공朝貢하러 들어왔을 적에 옥하관이 누추하다 하여 불손한 말을 많이 하였습니다. 때문에 예부禮部에서 그들의 무례함을 미워하여 지금까지 3년이 되었는데도 접대하지 않고 있습니다. 그들은 금·은을 많이 가져왔기 때문에 소용되는 물건을 살 적에는 모두 금이나 은을 주고 있습니다. 신 등이 그들의 관사로 가서 보니 모두 색깔이 있는 베로 포장을 만들어 둘러쳤고 사면에 의자를 벌여놓았는데 동서로 나뉘어 놓여져 있었습니다. 붉은 모포로 덮여져 있는 의자 하나가 중앙에 놓여 있었습니다. 이에 대하여 말하기를 '이 의자는 황제가 왔을 때 앉았던 자리다' 하였습니다. 아마도 조공하러 들

어올 적에 길에서 황제를 만났었으므로 황제가 그들의 관사에 들렀기 때문이었던 것 같습니다. 중국 사람들도 '황제가 경사로 돌아오면 반드시 그들을 찾아가볼 것이다' 하였습니다" 하니, 상이 이르기를, "경사에서 그 나라까지의 거리가 몇 리라고 하던가?" 하매, 신상이 아뢰기를, "수로水路로 와서 광동廣東에 이르러 육지에 내렸는데, 모두 3000여 리라 합니다."**14-2**

먼저 이『중종실록』의 보고에 등장하는 '만자국滿剌國'은 실은 '찌를 자刺'가 아니라『명사』에 적힌 비슷한 모양의 '수라 랄剌'을 쓰는 '만랄가滿剌加'를 잘못 적은 것으로 보는 게 맞을 겁니다. 원래『명사』의 기사에 나오는 만랄가는 지금의 말레이시아 남부에 있었던 말라카Malacca입니다. 말라카는 인도 고아에서 출발하여 쿠알라룸푸르에서 싱가포르 쪽으로 빠져나가 향신료제도와 같은 보물섬의 동인도, 그리고 그 너머 마르코 폴로가 얘기한 전설 속의 키타이와 막강한 시나와 황금의 지팡구로 가려면 거쳐야 하는 좁은 관문인 말라카해협의 말레이반도 남단 해안가 지역이었습니다.

그러면 이번에는『명사』와『조선왕조실록』(이하『실록』이라고 하겠습니다)의 기사를 포르투갈의 시선으로 다시 살펴보겠습니다. 1520년 역관 이석의 보고가 있기 20여 년 전부터 인도에는 '에스타두 다 인디아 포르투게사Estado da Índia Portuguesa'라고 부르는 포르투갈 식민지가 설치되어 있었습니다. 1511년 이곳의 고아Goa를 출발한 아폰수 드 알부케르크Afonso de Albuquerque 제독은 당시 이슬람 국가였던 말라카를 점령하고 근거지를 확보합니다. 그런 다음 계속

동진하여 1517년 남쪽 연안에서 중국에 들어와 교역을 시작하겠다고 노크를 하였습니다.『실록』의 기록은 현장에서 이 일을 직관한 주청사들이 조정에 상황 보고를 하는 장면입니다. 명나라 조정에서는 감히 어디서 갑자기 툭 튀어나온 야만인 놈들이 천자에게 조공을 하고 있는 우리의 번국을 침공하고는 뻔뻔하게 들이미는가 하고 거부를 합니다. 하지만 이미 향신료 천국의 입구 '말라카'를 손에 넣은 포르투갈은 다음 단계로 중국이 동남아시아 일대의 물류가 종착하는 최대 시장이라는 것을 파악하기라도 한 것처럼 중국에 무역 거점을 만들기 위해 노력합니다.

그 첫 번째 일환으로 1516년 고아에서 토메 피르스Tomé Pires를 사절로 해서 페르낭 피르스 드 안드라드Fernão Pires de Andrade와 함께 명나라의 정더正德 황제에게 보냈습니다. 광저우에서부터 뇌물을 살포하면서 난징까지 갔던 사절단은 마침 운 좋게 황족 녕왕寧王의 난을 진압하기 위해 난징에 왔던 정더 황제를 약식으로 만나게 됩니다. 베이징에서 정식으로 다시 만나주겠다는 약속을 믿고 베이징에 올라와서 하염없이 기다리는 동안 조선 사신들도 만나고 서로 교류도 한 것으로 보입니다. 조선 주청사들이 보고한, 황제가 앉았던 자리라며 붉은 모포로 덮어놓았다는 의자는 난징에서 정더 황제를 잠시 만났을 때 앉았던 의자를 말하는 것 같습니다.

아무튼 이들 사절단의 결말부터 말하겠습니다. 정더 황제를 기다렸지만 다시 만나지 못했습니다. 말라카에서는 이 불랑기인들이 명 황제가 책봉한 제후국을 맘대로 점령한 무뢰배라고 명나라 예부에 항의를 올리고, 게다가 상황이 지지부진하자 무리를 하게 된 포르투갈은 1521년부터 몇 차례의 무력 충돌까지 벌입니다. 이 와중에 그나마 호의적이었던 정더 황제가 1521년 베이징으로 돌아와서 사망해버립니다. 그다음 황제 자징嘉靖은 반대로 외국인에 대해 부정적이었으며, 정더 황제 당시 포르투갈에 호의적이었던 장빈江彬 같은 측근 세력마저 새 황제 밑에서 힘을 잃고, 결국 불랑기인들은 아예 명으로부터 '해적'으로 찍히게 됩니다. 토메 피르스는 옥에 갇혀 있다 중국에서 명을 다했다고 합니다. 포르투갈 왕의 사절단의 임무는 이렇게 시작하자마자 실패로 끝이 납니다. 그 이후 1522년에는 『명사』에 베더우루別都盧라고 기록된 멜루 쿠티뉴 Mello Coutinho 등이 이끄는 포르투갈 해군과 명 해군이 지금의 홍콩 앞바다에서 전투를 벌이는 일들이 이어지며 관계가 점점 더 나빠집니다.

하지만 '꺾이지 않는 마음의 포르투갈' 이야기는 그렇게 끝이 나지 않습니다. 『명사』를 다시 계속 읽어보겠습니다. 먼저 불랑기와 허락받지 않은 무역이 슬슬 늘어나서 되돌리기 어려운 상태로 확산되자 중국 내부에서도 이제 현실을 받아들이는 게 오히려 나을 것 같다는 목소리들이 나오기 시작합니다. 먼저 불과 10년도 지나지 않아 명나라에서는 포르투갈의 대포를 사서 변방에 설치하는 일들이 일어나고 있습니다. 아예 이 대포의 이름을 불랑기라고 부르면서 말이죠.[15]

[자징嘉靖] 9년(1530) 가을에 왕훙王宏은 [그 공적으로] 우도어사로 승진하였는데 아뢰기를, "지금 새塞 위에 돈대墩台와 성보城堡가 비

록 설치되었다고는 하나 곧 외적이 침범해오면 쉽게 유린되오며, 대체로 돈대는 요망대瞭望臺에 불과하고 성보는 또 먼 곳을 공제控制할 기구가 없어서 왕왕 곤란을 받습니다. 응당 신이 바친 불랑기를 이용하시옵고, 그 작은 것은 겨우 20근斤에 미치지 않은 것으로 멀리 600보步를 공제할 수 있으니, 이를 돈대에 이용하면 됩니다. 매 돈墩마다 한 문을 이용하고 3명이 이를 지키면 됩니다. 그 큰 것은 70근이 넘으며 멀리 5~6리를 공제할 수 있음으로 성보에 이를 이용하면 됩니다. 매 보堡마다 3문을 이용하고 10명이 이를 지키면 됩니다. 5리에 하나의 돈대가 있고 10리에 하나의 성보가 있으니, 크고 작은 포가 서로 의지하여 멀고 가까움에 서로 대응할 수 있음으로, 앞으로 외적이 쉽게 침범할 수 있는 곳이 없고, 앉아서 싸우지 않고 이길 수 있습니다"라고 했다. 황제는 기뻐하며, 곧 이를 따랐다. 화포火砲인 불랑기가 있게 된 것은 이때부터 비롯한다. 그러나 장졸將卒들이 잘 사용하지 못하여 결국 외적을 제어할 수 없었다.[15-1]

이어지는 기록은 재정적으로 불랑기의 영향이 점점 커져서 이미 광둥·광시 지방정부의 세수입과 경제에 이들이 없으면 곤란해진 다는 이야기로 채워집니다.

당초에, 광둥 문무관文武官의 월봉月俸은 대부분 번화番貨로 대신했는데, 이 번화가 적게 이르자 다시 불랑기의 통상通商을 허락해야 한다는 논의가 있었다. 급사중給事中 왕시원王希文은 힘써 논쟁을 벌이고, 이에 법령을 정해 여러 번番이 때를 맞추지 않고 보내오거나 감합이 다르거나 없는 것은 모두 금지시키니, 이로 인해 번番의 배가 몇 차례 끊겼다.

순무巡撫 린푸林富가 아뢰기를, "웨粵 안의 공사公私의 여러 비용이 대부분 상세商稅에서 조달되는데, 번의 선박이 이르지 않으니 공사가 모두 곤궁합니다. 지금 불랑기와의 무역을 허가한다면 네 가지의 이로움이 있습니다. 조종祖宗의 시기에 여러 번이 일상적으로 바치는 것 외에, 본래 추분抽分의 법이 있어 그 나머지를 조금만 취해도 어용御用으로 바치기에 족하니, 이것이 첫 번째 이로움입니다. 양웨兩粵는 해마다 용병用兵으로 창고가 소모되어 비는데, 이것으로 군향軍餉에 충당하여 뜻밖의 재난에 대비할 수 있으니, 이것이 두 번째 이로움입니다. 웨시粵西는 본래 웨둥粵東으로부터 공급을 받아 조금만 징발해도 조달할 수 없는데, 만일 번의 선박을 유통케 하면 상하가 서로 구제할 수 있으니, 이것이 세 번째 이로움입니다. 미천한 백성은 화물의 교역으로 생활을 하고, 1전錢의 화물만 있어도 교역을 하려고 해 의식衣食이 그 안에 있으니, 이것이 네 번째 이로움입니다. 나라의 부유한 백성을 도와서 [부유한 자나 가난한 자] 양자兩者가 서로 믿고 의지하게 하는 것, 이것이 백성들의 이득으로 백성들을 이롭게 하는 것이요, 처음에 이득이 없다고 해서 백성들에게 화禍를 양성하는 것은 아닙니다"라고 하니, 이를 허락했다. 이로부터 불랑기는 샹산아오香山澳에 들어와 교역을 하였으며, 이들 무리는 월경越境을 하여 푸젠에서도 교역을 했는데, 왕래가 끊이지 않았다.**15-2**

그러다보니 이런 상황에서도 여전히 이들에 대해 반대하는 사람

들을 오히려 중국 측에서 제거해주는 일들이 생기기도 합니다. 이
야기는 반불랑기파 주완朱紈이라는 관리의 비극으로 이어집니다.
그 와중에 불랑기는 자신들이 멸망시킨 만랄가의 이름을 도용하며
스리슬쩍 이미지 변환을 하려 합니다.

[자징] 26년(1547)에 이르러 주완朱紈이 순무가 되어 번인과 교통하는
것을 엄금했다. 이들 번인들은 이익을 얻을 방도가 없자 무리들을 정
돈하여 장저우漳州의 웨강月港과 우위浯嶼를 침범하였다. 부사副使 커
차오柯喬 등은 이들을 막아 물리쳤다. [자징] 28년(1549)에 또 자오안
詔安을 침범했다. 관군은 저우마시走馬溪에서 이들을 맞아 싸워 적의
우두머리인 리광터우李光頭 등 96명을 생포했고, 나머지는 달아났다.
　주완이 제멋대로 이들을 참살斬殺하자, 주완에게 원한이 있던 어사
천주더陳九德가 마침내 그의 독단적인 행동을 탄핵하였다. 황제는 급
사중 두루전杜汝禎을 보내 조사토록 했는데 아뢰기를, 이들 만랄가 상
인은 해마다 해변의 무뢰배無賴輩를 모집하여 물건을 사고팔기 위해
왕래를 하지만 분수에 넘치는 칭호를 자칭하거나 이리저리 떠돌며 약
탈하는 일이 없으며, 주완이 제멋대로 주살을 자행自行한 것은 진실로
어사가 탄핵한 바와 같다고 했다. 주완은 마침내 체포되고, 자살을 하
였다. 무릇 만랄가가 곧 불랑기임을 알지 못했다.**15-3**

그리고 마침내 불랑기는 만랄가에서 다시 푸더우리자蒲都麗家라
는 새로운 이름으로 신분 세탁을 하고 완전히 중국 마카오에 자리
를 잡게 되는 이야기가 이어집니다.

주완이 죽은 뒤로, 해금海禁은 다시 이완되었으며, 불랑기는 이윽고 거리낌없이 해상을 마음대로 누볐다. 그리고 샹산아오와 하오징壕鏡에서 거래를 하는 자들은 집을 짓고 성城을 쌓기에 이르렀는데, 그 웅장함이 해변에 걸쳐 자리잡고 있어 마치 하나의 나라와 같고, 또 미련한 서리胥吏들은 오히려 이를 지방의 관부官府로 여겼다. 하오징은 샹산현香山縣 남쪽 후탸오먼虎跳門 밖에 있다. 이전에 섬라·점성·조와·유구·발니 등 여러 나라들의 무역은 모두 광저우에서 행했는데, 시박사市舶司를 설치하여 이를 통령統領했다. 정더 연간(1506~1521)에는, 가오저우高州의 뎬바이현電白縣으로 [시박사를] 옮겼다.

자징 14년(1535)에, 지휘 황칭黃慶이 뇌물을 받고 상관에게 청하여 이(시박사)를 하오징으로 옮기고 매년 2만 금金을 부세賦稅로 받았는데, [이로써] 불랑기는 마침내 이곳에 혼입混入해 들어올 수 있었다. [하오징은] 높은 처마와 기와집이 즐비하게 마주보고 서 있는데, 민閩과 웨粵의 상인들은 마치 집오리처럼 이곳을 향해 재촉해 갔다. 오랜 세월이 지나서 그 나라(불랑기)에서 오는 자는 더욱 많아졌다. 여러 나라 사람들은 두려워하여 이들을 피하고, 오로지 이들만이 웅거雄據하는 곳으로 되어버렸다. [자징] 44년(1565)에 만랄가라고 거짓으로 칭해 입조하여 공물을 바쳤다. 이후 푸더우리자로 개칭改稱하였다. 수신이 조정에 보고하니 예부에 내려 논의하도록 하였는데, 필시 불랑기가 남의 이름을 모칭冒稱한 것이라고 말하자, 이에 이를 거절하였다.[15-4]

요약하자면, 포르투갈은 1530년대에 푸젠의 아모이 즉 샤먼과 닝보를 뚫고, 명에서 왜구를 토벌하는 데 불랑기포를 제공하여 거

들기도 하면서 광둥의 샹산아오 즉 마카오에 슬금슬금 자리를 잡
게 되었습니다. 그리고 예전부터 중국에 미운털이 박힌 불랑기라
는 이름을 16세기 중반 '푸더우리자蒲都麗家' 즉 '포르투갈'로 세탁
하여 해적 블랙리스트에서 빠져나온 후 얼렁뚱땅 세금을 내는 정
식 교역의 상대로 마침내 인정을 받게 되었다는 것입니다. 그와 함
께 이전에 어물쩍 뇌물을 주고 발을 걸쳐둔 마카오도 결국 1582년
에는 공식적으로 포르투갈인이 거주할 수 있는 지역으로 인정받게
됩니다.

『명사』의 이야기는 이렇게 마무리됩니다.

이때에 대서양인大西洋人이 중국에 건너와 이들도 이곳 아오澳에 거주
했다. 대체로 번인의 본의는 교역을 구하는 것이어서 본래 반란을 도모
할 [생각이] 없었으나, 중국 조정은 이들에 대한 의심이 지나치게 심하
여 끝내 그들의 조공을 허락하지 않고, 또 이들을 제압할 힘이 없었기
때문에 논의만 분분했다. 그러나 명조의 치세가 끝날 때까지 이들 번인
들은 진실로 일찍이 변란을 일으키지 않았다. 이 사람들은 키가 크고
코가 높으며, 눈은 고양이의 안구眼球와 같고, 입은 매의 부리와 같으
며, 주먹에는 붉은 털이 나 있다. 이들은 거래를 좋아하는데, 강성함에
기대어 여러 나라를 유린하여 이르지 않은 곳이 없었다. 후에 다시 '간
시라'국干系臘國이라 칭하였다. 산물로는 물소, 코끼리, 진주가 많다.
의복은 화려하고 깨끗하며, 귀족은 관을 쓰고 비천한 자는 삿갓을 쓰
는데, 웃어른을 보면 이를 벗는다. 처음에는 불교를 신봉했으나 후에
는 천주교를 신봉했다. 교역은 단지 손가락을 펴서 숫자를 표시하고,

비록 천금千金을 벌 수 있다고 해도 계약을 하지 않았으며, 일이 있으면 하늘에 맹세하고 서로 속이지 않았다. 만랄가·바시·여송 3국을 멸망시키면서부터 해외의 여러 번국은 감히 이들에 대항하지 못했다.[16]

이렇게 남만이라 불린 포르투갈과 스페인, 곧 이베리아반도의 사람들은 16세기에는 이미 동아시아의 바다에 와서 좌충우돌하며 자리를 잡고 있었습니다.

그런데 『명사』 말미의 "이때에 대서양인大西洋人이 중국에 건너와 이들도 이곳 아오澳에 거주했다"고 하는 '대서양인'은 도대체 또 누구일까요? 이 대서양인은 실은 딱히 어떤 한 나라의 사람이 아니라 남만인들의 배를 타고 함께 와서 이후 동아시아에 파란을 불러온 한 집단의 사람들을 의미합니다.

허풍선이 남자의 모험

한편 그렇게 시간이 지나 1614년 리스본에서 『페르낭 멘데스 핀투의 편력기Peregrinaçam de Fernam Mendez Pinto』[17]라는 책이 출간됩니다. 이 책은 페르낭 멘데스 핀투Fernão Mendes Pinto(약 1509~1583)라는 파란만장한 인생을 산 사나이가 노년에 자신의 모험담을 썼는데, 그의 사후에 이 원고가 책으로 만들어진 것이었습니다. 이 책에는 튀르크와 아프리카에서 말라카와 일본, 심지어 중국의 만리장성까지 누비고 다니면서, 수없이 포로로 잡히고 팔려가고 구사 일생으로 탈출하고 풀려나는 모험 이야기가 담겨 있습니다. 그야말로 신대륙을 제외한 전 지구적 스케일의 일생이어서 사람들이 너무도 믿기 어려워 책이 나오자마자 아예 그 사람의 이름을 비틀어 "페르낭, 멘테스? 민투!Fernão, Mentes? Minto!(페르낭, 거짓말이지? 거짓말이야!)"**18**라고까지 불렀다고 할 정도로 당대에 유명한 허풍선이가 되어버렸다고 합니다. 사람들에게 하도 거짓말로 몰리니까 그의 책을 펴낸 출판업자가 '사람들아, 핀투가 노년에 기억에 의존해서 연도가 좀 틀리긴 하지만 이 얘기 자체는 사실이다'라고 항의하는 일도 생겼다고 합니다.

그런데 누구도 믿을 수 없었던 이 사람의 허풍이 나중에 보니 실제 겪거나 적어도 당시 2차적으로 전해들은 실제 사실과 사건들로 밝혀졌습니다. 그의 모험담이 16세기 후반의 동아시아를 생생하게 전해주는 자료로 평가받게 되었다는 게 반전인 것이지요. 물론 연대와 실제 일어난 일들이 뒤죽박죽인데다 대부분의 일들을 자기가 해낸 거라고 근거 없는 자기 자랑으로 윤색했다고는 합니다만, 그건 뭐 아무튼 어찌하겠습니까, 책은 팔려야 하는데.

그는 이 모험담에서 자기가 일본에 발을 내딛은 첫 서양인 중 한 명이라고 주장했습니다. 얘기를 한번 들어볼까요? 괄호 안에는 실제 지명이나 인물로 추정되는 이름들을 적었습니다. 1542년 중국에서의 억류생활에서 풀려난 핀투는 말라카로 돌아가다가 우여곡절 끝에 남중국의 상선/해적선에 승선하게 됩니다. 그런데 아직 항해라는 게 여전히 천운에 휩쓸리던 시기여서인지, 표류를 하게 되고 타닉수마Tanixumaa(다네가시마)에 표착합니다. 핀투와 동행 2명은

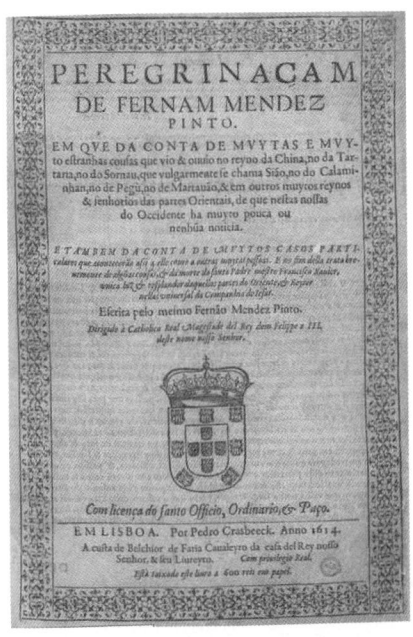

◆ 『페르낭 멘데스 핀투의 편력기』. 책 가운데의 문장紋章은 16~17세기 포르투갈 왕실의 문장입니다. 지금도 포르투갈 왕국의 국장國章은 이와 같은 방패를 포함하고 있습니다.

그곳의 도주島主 프린스 나우타쿠잉Nautaquim(당시 다네가시마의 도주 다네가시마 도키타카種子島時堯로 추정)의 눈길을 끌게 됩니다. 남쪽 바다의 말라카에서 온 사람들이라고 소개를 받은 도주는 이 처음 보는 이상한 인간들을 '첸치쿠징Chenchicogim'이라고 생각합니다. 첸치쿠징이란 일본 고래의 전설에서 바다를 넘어 정복을 하기 위해 세상을 돌아다니는 사람을 말하는데, 아마도 천축인天竺人(일본어로 '덴지쿠진')을 말하는 것 같습니다. 그런데 이들이 친선을 맺으러 왔으니 자기들에게 복이 찾아왔다며 환대를 합니다. 핀투 일행은 프린스의 영지인 삭수마Saxuma(사쓰마)에서 머물게 됩니다. 핀투는 이때 일본에 처음으로 자기가 조총을 전해주었다고 얘기하고 있습니다.

그러던 어느 날 프린스 나우타쿠잉의 장인이자 외삼촌이며 주군인 분고Bungo(豊後, 즉 규수 지역) 및 파카타Facata(하카타博多) 왕국의 왕이며, 피안시마, 토사, 반도우의 대가문의 문주이며, 고토섬과 사마나세쿠아의 영주인 이 오르젱도오I Orgemdoo가 프린스 나우타쿠잉에게 서한을 보내, 소문으로 전해들은 이들 첸치쿠징 중 한 명을 분고로 보내달라는 명령을 내립니다. (이 오르젱도오는 다네가시마 도키타카의 장인인 사쓰마의 무장영주 시마즈 다다요시島津忠良로 추정합니다.) 그리하여 분고 왕국의 수도 오스쿠이Osqui 성으로 핀투가 발탁되어 가는데, 이때 분고의 왕은 지난 2년간 심각한 통풍 증세로 일어나지도 걷지도 못하고 있었습니다. 첸치쿠징을 보내달라는 이유 중 하나는 이들 외계인이 어쩌면 병을 치료할 수 있을지도 모른다는 것이었습니다. 핀투는 왕에게 자신은 의사가 아니라며 대신 그가 중국에서 가져온 영험한 식물을 바칩니다. 이 식물을 물에 달여먹은 왕은 30일이 지나자 2년 만에 마침내 일어나 걸을 수 있게 됩니다. 실은 일본에는 원래부터 인삼이 자생하지도 않았고 이때는 아직 조선이나 중국으로부터 수입이 되지도 않았던 시절입니다. 그래서 중국에서 가져온 이 약용 식물은 아마도 인삼이 아닌가 하고 추정하고 있습니다.

아무튼 이렇게 하여 환심을 사게 된 핀투는 당시 아직 마카오에 진출하기 전 말라카에 자리를 잡고 있던 포르투갈을 일본과 이어주게 됩니다. (혹은 자신이 이어주었다고 말합니다.) 이 이야기는 어찌 보면 여러 명의 포르투갈인이 일본에 접촉하여 전국시대 말기의 일본 사회에 발을 들여놓는 과정을 핀투 한 사람의 공로로 윤색한 것처럼 보입니다. 예를 들어 실제 조총의 전래는 핀투가 주장한 1542년이 아니라 한 해 뒤인 1543년 중국인 무역상의 배에 타고 있었던 3명의 포르투갈인 중 안토니우 다 모타Antonio da Mota와 프란시스코 제이모투Francisco Zeimoto 두 명이 조총으로 무장을 하고 있었는데, 이를 다네가시마의 도주 도키타카가 보게 되고 조총을 시험한 후 수입을 하게 되었다는 것이 현재 학계의 정설입니다. 이처럼 전체 모험담 중에 실은 극히 작은 부분인 일본 모험기만 해도 한 사람이 모두 해치워버리며 너무나도 많은 '허풍'을 늘어놓고 있지만, 어떡합니까, 그때로 돌아가서 확인을 할 수는 없는데.

핀투가 주장한 또다른 내용은 실은 조총만큼이나 일본과 동아시아에 큰 영향을 미친 내용이 담겨 있습니다. 바로 공식적으로 일본인 최초의 신자인 야지로弥次郎와 예수회 프란시스코 사비에르Francisco Xavier 신부의 일본 진출입니다. 『페르낭 멘데스 핀투의 편력기』를 다시 보겠습니다. 1547년 말라카에서 두 번째 일본 방문길에 나선 핀투는 일본에 도착하자마자 전국시대의 혼란에 휘말려들지만 어쨌든 태풍으로 늦어진 출항을 막 하려던 참이었습니다. 그때 멀리서 두 명의 사나이가 말을 타고 급히 배로 다가오는 것을 봅니다. 그중 한 명이 "지금 수많은 사람들에게 쫓기고 있는 중인데 시간이 없으니 아무것도 묻지 말고 우리를 배에 태워 숨겨주시오" 하고 요청합니다. 다른 사람들의 반대를 무릅쓰고 핀투가 그들을 배에 태우자마자 스무 명이 넘는 무사들이 말을 타고 나타나서 "목숨이 아까우면 어서 그자를 순순히 넘겨라" 하고 요구합니다. 하지만 이 협박을 무시하고 핀투는 이 사람들을 태우고는 배를 출발시킵니다. 이렇게 목숨을 구한 사람 중 한 명의 이름은 안지로 Angiroo라고 합니다. 그리고 배는 보름 뒤에 중국 친저우에 도착합니다. 그곳에서 예수회의 프란시스코 사비에르 신부가 인도를 출발해 말라카로 왔다는 소식을 듣게 됩니다. 서로 길이 엇갈렸다가 우연히 사비에르 신부를 만나게 된 핀투는 안지로 일행을 사비에르 신부에게 인도하고 이들 중 안지로는 이후 파울로Paulo란 이름으로 세례를 받고 다시 핀투와 함께 사비에르 신부를 안내하여 예수회를 이끌고 일본으로 들어가게 됩니다. 다른 이야기들처럼 여기의 안지로와 사비에르 신부도 일본 가톨릭의 시작이 된 실존 인물인데, 당연하다고 할지 실제 역사는 조금 다른 이야기를 전해줍니다.

예수의 회, 소시에타스 이에수 Societas Iesu[19]

사비에르 신부를 동아시아에 선교를 위해 보냈다고 하는 예수회는 로마 가톨릭 산하의 수도회 중 하나입니다. 하지만 가톨릭 역사에서 천년의 역사를 가진 다른 수도회들과는 달리 500년이 채 되지 않은 신생 단체라 할 수 있습니다. 실제 예수회 출신의 교황도 최근 선종한 226대 프란치스코 교황이 역사상 처음일 정도입니다.

이 예수회는 이냐시오 데 로욜라Sanctus Ignatius de Loyola 신부가 이 대항해시대가 시작되던 당시인 1534년에 시작했습니다. 원래 종교개혁의 불길이 유럽을 뒤덮던 시기, 개신교 운동에 대항하고 한편으로 가톨릭을 개혁하기 위해 상당히 공격적이고 군대 같은 조직을 만들고 이를 유지했다고 합니다. 그리고 또 한 가지, 예수회가 중요시했던 것이 있습니다.

한국에서 여행을 많이 가는 포르투갈의 리스본과 포르투의 딱 중간쯤에 코임브라Coimbra라는 소도시가 있습니다. 여기에 13세기부터 내려오는 유서 깊은 코임브라 대학교Universidade de Coimbra가 있습니다. 유네스코 세계유산으로도 등재된 중세풍의 건물 사이로 『해리포터』에 나오는 망토를 펄럭이는 학생들의 교복 덕분에 관광객들도 의외로 꽤 많이 찾는 학교입니다. 심지어 조선에도 이 학교 이름이 알려져 있었을 정도입니다. 19세기 초반 이규경이 쓴 백과사전 『오주연문장전산고五洲衍文長箋散稿』에 보면 이런 내용이 실려 있습니다.

> 박이도갈이아博爾都噶爾亞는 구라파의 극서 쪽에 있다. 이 나라에는 두 개의 학교가 있다. 즉 액물랄陃物辣과 가응발哥應拔인데, 구라파의 고사가 대부분 이 두 학교에서 배출되었다.[20]

박이도갈이아의 현대 중국어 발음은 '보얼더우가얼야'에 가깝습니다. 구라파 극서의 '보얼더우가얼야'는 라틴어 포르투갈리아Portugalia 즉 포르투갈이고, 이어지는 학교인 액물랄과 가웅발 즉 어

워라와 거잉바는 포르투갈에서 가장 오래된 두 대학교인 에보라 Evora와 코임브라Coimbra 대학입니다. 실은 원래 이 내용은 예수회 선교사가 17세기에 쓴 『직방외기職方外記』라는 책에 나오는 내용인데, 이 책이 조선에도 전해져서 이렇게 인용이 된 것입니다.

이 코임브라 대학교에는 작은 규모의 '과학박물관'이 있습니다. 이 박물관은 두 개의 부문으로 구성되어 있는데, 하나는 라보라토리우 치미쿠Laboratorio Chimico로 18세기 후반부터 이 학교가 선도하였던 화학의 발전에 대한 전시를 하고 있습니다. 다른 한 부분은 콜레지우 데 제수스Colegio de Jesus로 예수회의 선교 사업에 대한 전시물로 채워져 있습니다.

그런데 예수회 선교 사업이 왜 코임브라 대학의 박물관에 있을까요? 코임브라 대학은 13세기에 처음 학교가 세워졌을 때부터 코임브라에 자리를 잡은 것은 아닙니다. 1537년에 '경건왕' 주앙 3세 João III o Piedoso가 리스본에 있던 오래된 대학을 코임브라로 옮기고 대대적인 후원을 하면서 오늘날의 코임브라 대학이 된 것입니다. 그런데 1540년 예수회의 창립 멤버였던 시망 호드리게스Simão Rodrigues de Azevedo와 프란시스코 사비에르가 인도로 가는 길에 주앙 3세를 알현하게 됩니다. 신앙심 깊은 주앙 3세는 수도회가 세워진 지 10년도 되지 않아 의욕에 불타오르는 그들에게 깊이 공감하고 이 코임브라 대학에 예수회의 콜레지우colegio를 세우도록 합니다.

이때부터 유럽 전역에서 선발된 예수회의 선교사들은 이곳에서 머물면서 준비를 한 다음, 리스본에서 배를 타고 인도와 동아시아로 파견되었습니다. 그래서 학교 자체가 예수회가 설립한 대학은 아니었지만 이 학교에서 수많은 예수회 출신 학자들이 배출되어 조선에까지 학교 이름이 알려져 있었던 것입니다. 참고로 또다른 학교 에보라 대학교Universidade do Espírito Santo at Évora는 1559년에 실제 예수회에서 설립한 교육기관으로, 동아시아로 선교사를 파송하는 중요한 역할을 했습니다.

그런데 예수회와의 관계는 알겠는데, 그럼 왜 과학박물관일까요? 왜냐하면 예수회는 선교만큼이나 과학을 중요하게 생각했기 때문입니다. 중세를 벗어나서 막 피어나기 시작하던 과학혁명의 여명기에 예수회 출신 과학자들의 이름을 과학사 책에서 보는 것은 그리 어려운 일이 아닐 정도입니다. 예수회의 눈에는 과학은 우주 속에서 드러나는 신의 섭리를 이해하는 과정이었던 것입니다. 그래서 선교와 과학 연구와 교육이 분리된 다른 분야가 아니었습니다. 게다가 중국에서 예수회 출신 선교사들은 서양 근대 과학을 전파하는 데 중요한 역할을 하였습니다. 단적으로 우리가 동아시아 고유의 전통이라 믿고 있는 음력이 실은 이들 유럽인 예수회 선교사들이 만든 것이라고 하면 아시겠지요. 코임브라 대학의 이름이 조선에까지 알려질 정도로, 예수회는 포르투갈이 동아시아에 진출한 근세 기간에 포르투갈과 함께 가톨릭 선교를 주도한 곳입니다.

한편 대서양 항해가 본격적으로 시작되자 교황청에서는 스페인과 포르투갈의 왕들에게 성직자를 파견할 권한을 부여합니다. 근대 이전의 유럽인들은 일생을 교회를 중심으로 나고 자라고 죽는 사이클을 따라 살았다고 해도 과언이 아닙니다. 그러니 죽음의 사신이 동행하는 먼바다에 나가는 사람들에게도 그들의 불확실한 인생의 매 순간마다 사제의 성무 성사가 치러져야 했던 것입니다. 그런데 때마침 기존의 가톨릭 세계에서는 아직 명함도 못 내밀 열혈 사제들이 예수회라는 이름으로 조직을 만들고 있었습니다. 이미 아프리카 해안과 인도까지 노선을 확장한 포르투갈 왕실은 이 수도회의 창립자 로욜라 신부에게 인도 식민지에 파견할 신부를 추천해달라고 요청을 합니다. 이때부터 동인도에서의 포르투갈 왕실과 예수회의 협력이 시작됩니다. 이런 제도를 포르투갈어로는 파드로아두Padroado라고 부르는데, 이에 대해서는 다시 자세히 설명하겠습니다.

왕의 요청을 받고 파견 사제를 준비하는 과정에서 공교롭게도 로욜라가 처음 준비를 시킨 사제들이 그만 다 죽거나 불가피하게 갈 수 없는 상황이 생깁니다. 결국 인도로 가게 된 사람은 로욜라의 학생 시절부터 동료이며 같이 예수회를 창립한 멤버이자 가장 신뢰하는 프란시스코 사비에르 신부였습니다. 그리하여 사비에르 신부는 인도-아시아 선교의 임무를 맡고 1541년 리스본에서 포르투갈의 배를 타고 출발하게 됩니다. 포르투갈과 스페인의 경우, 해외 진출이 원래부터 왕실의 이름과 후원으로 이루어졌습니다. 그래서 모든 식민지는 실은 왕실 소유라고 해도 될 정도입니다. 포르투갈의 인도 식민지 이름도 인도에 세워진 국가 정부estado라는 의미인 '에스타두 다 인디아'라고 부릅니다. 한국어로 번역을 할 때는 보통 포르투갈령 인도라고 하는데, 약간 뉘앙스가 다르다는 생각이 들기도 합니다. 그보다는 포르투갈 왕실령 인도라고 해야 하는 게 아닐까 하고 저는 생각하는 편입니다.

아무튼 시망 호드리게스는 코임브라 대학에서 앞으로 파견할 선교사 사제들을 조직하고 교육하는 일을 맡아 남게 되고, 혼자 출발한 사비에르는 인도의 첫 번째 가톨릭 선교사로 활동하면서 동인도 즉 지금의 인도네시아와 말레이시아 지역으로 갑니다. 그곳에서 동아시아 바다의 네트워크에 이미 진입한 포르투갈 무역상들을 통해 일본에 대한 정보를 듣고 동남아시아를 떠돌던 일본인 야지로를 만나게 됩니다. 예, 핀투가 마치 자신이 구해줘서 사비에르 신부에게 소개시켜준 것으로 얘기한 바로 그 일본인 안지로를 말합니다.

야지로는 원래 사쓰마 출신의 사무라이였다고 하는데 살인을 하고 도망을 치던 중에 가고시마에 당도한 포르투갈 상선을 타고 일본을 탈출하였다고 합니다. 전하는 얘기로는, 살인을 저지른 것에 대한 죄책감으로 깊이 고민을 하자 그를 숨겨주었던 포르투갈 선장이 말라카에 온 사비에르 신부에 대한 얘기를 했다고 합니다. 야지로는 그 말을 듣고 그 신부라는 사람을 만나면 어쩌면 죄책감에서 벗어날 수 있을지도 모른다는 생각에 포르투갈 상선을 타고 일본을 탈출하여 말라카로 그를 만나러 갔다는 것입니다. 그렇게 하여 동인도제도에 와서 선교를 하던 사비에르 신부를 만나게 되었고, 파울로Paulo de Santa Fé라는 세례명으로 가톨릭 세례를 받은 그는 사비에르 신부의 일본 선교를 돕게 됩니다. 뭐, 그러고 보면 핀투의 모험담은 주인공만 바꾸면 틀린 얘기는 아닙니다.

그렇게, 1549년 마카오를 출발하여 처음 일본 가고시마에 발을 디딘 사비에르는 이후 몇 번의 시도 끝에 교토에까지 진출합니다.[21] 그런데 막상 교토에 가서 보니 황제는 이름뿐인 허수아비, 실권을 장악하고 있다던 장군도 허수아비이고, 시대는 바야흐로 군웅할거의 전국시대! 게다가 유럽의 탁발수도회의 전통으로 청빈과 가난함을 미덕으로 하는 예수회 신부로서 일부러 더 허름하게 차리는 방식은 여기서는 아예 통하지 않는다는 것을 알게 됩니다. 한마디로 그동안 무력을 앞세워 선교 활동을 벌인 아프리카나 인도 등의 국가들과 달리 전혀 일이 진행되지가 않습니다.

그런데 교토로 가는 길에 기회가 닿았던 일본 열도의 주고쿠 지방에 해당되는 야마구치현 지역을 차지하고 있던 오우치 요시타카 大內義隆[22]와 다시 만날 기회가 생깁니다. 그래서 이제는 전략을 전면 수정하여 1551년 다시 오우치 요시타카를 만났을 때 가장 좋은 실크옷으로 단장하고 유럽의 신기한 물건들, 즉 양금洋琴, 망원경, 조총을 선물합니다. 원래는 교토 조정에 보내려 했지만 이제 누구에게 줘야 할지 모르게 된 공식 외교서신들과 함께 말이지요.

왜은의 등장

이 오우치 요시타카는 실은 상당히 흥미로운 인물입니다. 오우치를 통해서 16세기부터 17세기 전반까지의 경제사에서 특이했던 일본의 역할을 좀 알 수 있습니다. 그러려면 먼저 16세기 초부터 조선과 일본, 명나라에서 일어났던 어떤 일련의 사건들로 거슬러 올라가볼 필요가 있습니다.

1503년 연산군 9년, 함경남도 단천에서 김까불이와 김깜둥이가 납 원석인 연철에서 은을 분리해내는 방법을 찾아내었다고 하는 데서부터 시작해보겠습니다. 아, 원래 『실록』에 남은 이름은 "양인良人 김감불金甘佛과 장예원掌隸院 노비 김검동金儉同"입니다만,23 실은 이리 불리지 않았을까 그냥 한번 유추해보았습니다.

은은 원래 의외로 추출하기가 상당히 까다로운 금속이라고 합니다. 16세기 이전의 채은법은 금을 분리할 때 부산물처럼 얻어지는 경우가 대부분이어서 실제 수율收率이 상당히 낮았다고 합니다. 어찌 보면 은의 가치가 고평가된 것은 16세기까지는 채취해서 분리하는 게 어려웠던 점도 일정 부분 기인한 게 아닌가 생각됩니다. 뭐, 그러니까 귀금속이란 말이죠.

원래 조선은 금은 채광에 그리 열성적이지 않았던 것 같습니다. 게다가 1430년 세종 때에 '우리나라는 은이 나지 않습니다'라고 선언하여 명나라의 사대조공 품목에서 은을 제외받기도 합니다. 그래서인지 조선 전기에는 은에 관련된 활동이 적은 편입니다. 어찌 보면 당시 동아시아 국제 시장의 은으로 인해 발생한 불안정성으로부터 꽤 효과적으로 디커플링을 했었다고까지 보입니다. 그런데 16세기로 넘어가면서 연산군대에 발명된 소위 '단천연은법端川鍊銀法'이 조선을 다시 직접적으로 혹은 간접적으로 국제 시장으로 끌어들이는 역할을 했습니다. 단천연은법이란 먼저 용로鎔爐 밑에 불을 지핀 후 납 조각을 넣고 생은을 그 위에 깔아 열을 가하여 납과 은을 분리시키면서 은을 추출해내는 방법이라고 합니다. 이 때문에 단천이 얼마나 핫플이 되었는지, 18세기에 편찬된 전국 지리지인 『여지도서興地圖書』의 함경도 단천부에 대한 내용을 보면 이 단천 연은법에 대한 설명이 마치 동영상처럼 실감나게 나와 있습니다.

은을 추출하는 방법은 먼저 생은을 채취하고 용로 밑에 작은 구덩이를 파서 뜨거운 재(烈灰)를 쌓고, 용로에 납 조각을 넣은 다음 생은을 그 위에 깔고 사방으로 돌아가면서 숯불을 피운다. 그 위에 소나무를 덮어 불을 일으키면 납이 먼저 녹아 아래로 내려가고 생은은 빙빙 돌면서 납물이 표면으로 서로 끓어 용솟음치며 녹다가 갑자기 표면이 갈라지며 은은 위에 모이고 연재鉛滓는 재에 스며든다. 거기에 물을 뿌려 연판鉛版이 응고하면 집어내고, 재에 스며든 연재를 다시 용로 불에 녹이면 납만 남게 된다.[24]

이 내용은 다른 이름으로 '회취법(灰吹法, cupellation)'이라고도 부릅니다. 이 단천은광은 중종반정이 일어난 후 연산군에 관련된 것은 뭐든지 폐지한다는 정책에 따라 폐광되었습니다. 그런 다음 그래도 재정에 필요해서 다시 허용했다가 명에서 알고 은 조공을 다시 요구할까봐 다시 폐광했다가, 아무튼 그렇게 열었다 닫았다를 반복하게 됩니다.

안심동당[25]의 은

그런데 시간이 좀 지난 중종 37년(1542) 4월 하순, 왜관에 안심동당安心同堂이라는 왜국 사자가 무려 은 8만 냥을 가지고 오는 일이 생깁니다. 『실록』을 보면, 전에는 은을 가져와서 사달라고 청한 적이 없다며 당황합니다. 게다가 8만 냥이라는 양은 너무 많아 이를 받아들일 것인가 말 것인가로 의견이 나눠져서 외교 문제로 비화하는 상황까지 벌어집니다.

『실록』에도 조정 대신들이 언급했듯이 일본에서 가져오는 은, 즉 '왜은倭銀'은 원래 왜관을 통해 이루어지던 전통적인 교역 품목이 아니었습니다. 그런데 1520년대 후반부터 갑자기 발생한 은이 교역 품목으로 등장하고, 1530년대에 이르러서는 대부분의 왜인들이 아예 전통적인 다른 교역 품목들을 제쳐두고 은만 가지고 와서 '면포'로 바꿔가기를 원했습니다. 그러다 1540년대로 접어들자 갑자기 조정에서 당황할 정도로 그 규모가 커져버린 것입니다. 안심동당의 8만 냥은 허락한다 허락하지 않는다를 왈가왈부하다 결국 전량을 구매하지는 못하고 1만 5000냥까지 매입하겠다고 하여 공무역으로 면포 1200동에 해당하는 양과 그 몇 배에 달하는 사무역의 면포를 여러 척의 배에 나눠 싣고 돌아가는 일로 마무리되었습니다.

안심동당의 경우는 약간 돌발적이고도 예외적인 사건이었지만 이후에도 일본 사신들이 이전에 비하면 상당한 양의 은을 가지고 오는 일들이 이어집니다. 이 갑작스러운 왜은의 흐름은 실은 1526년 시마네현의 이와미에서 '이와미긴잔石見銀山'이라는 초대형 은광산이 발견된 데서 시작된 것이었습니다. 이 이와미긴잔은 처음에는 하카타의 상인 집안 가미야神屋 가문에서 주도하였습니다. 그러다 아까 등장한 오우치씨가 이 은광산을 장악하게 됩니다. 이런 대형 은

광산과 전국시대라는 불안정한 시대가 맞물려 우여곡절을 겪은 끝에, 결국 1585년 오우치씨에서 모리毛利 가문과 도요토미 히데요시의 공동 관리로 넘어가게 됩니다. 그러고는 이후 임진왜란의 전쟁 비용을 마련하는 데 사용된 '분로쿠초긴文祿丁銀'이라는 은화를 제공하는 주요 광산이 되었다고 합니다. 하지만 사비에르가 오우치 요시타카를 접촉하던 시기에는 아직 오우치 가문에서 이 실버 마운틴을 보유하고 있었습니다.

이와미긴잔에서 대형 은광이 발견되었습니다만, 초기에는 일본에 채은 정련 기술이 부족하여, 하카타의 상인들이 상업 루트에 연결되어 있던 쓰시마를 통해 함은광을 조선으로 보내서 정련하였다고 합니다. 『실록』에도 1528년의 밀정련 적발 기사와 같은, 당시 왜인들과 결탁한 밀은密銀 제조 기사가 종종 보입니다. 이런 하이리스크 때문에 조선으로 보내온 원광석의 은 함유량이 떨어져 수익률이 나쁘면 조선 측에서 아예 받지 않는 일도 있었다고 합니다. 그러다 어느 정도 조선으로부터 기술을 습득한 후에는 일본에서 1차 생은을 추출하여 조선에 보내 정은을 분리해서 다시 받아오는 단계로 옮겨가고, 그다음 1530년대가 끝날 즈음에는 이와미에서 본격적으로 자체 은 생산에 들어가기 시작했다고 합니다. 이런 이와미긴잔의 기술적 성취는 곧 인근 은광으로 번지게 됩니다.

기술의 전파라고 하기에는 사실 그때나 지금이나 국가적 차원에서는 범죄라고 하는 게 맞을 겁니다. 이게 그야말로 조선 측에서는 왜관과 연루된 한양의 경상京商들과 기술자들, 심지어 영남의 지방관들까지 가담한 대규모 조직범죄였다고 하는데, 이런 배경에서는 기술이 옮겨가는 것도 순식간일 게 당연합니다. 그래서 오래지 않은 1542년 안심동당의 은 8만 냥 에피소드가 등장한 것입니다.

왜은이 시장에 가득 찼다!

조정에서는 이전에 은을 사달라 청한 적이 없다고 당황하는 얘기가 남아 있지만 사실은 조금 다릅니다. 이렇게 일본 은이 적지 않게 반입되면서 조선에서도 이미 사회 문제가 되어가고 있었습니다. 게다가 이 왜은이 명나라와의 밀무역에 중요한 역할을 하고 있었습니다. 안심동당 해프닝의 2년 전인 중종 35년(1540) 7월 25일의 『실록』에 보면 이런 내용이 있습니다.

대간이 아뢰기를, "우리나라에서 은을 조공朝貢할 적에 중국에서 공납貢納을 매우 엄하게 독촉하였습니다. 우리나라에서 생산되는 것이 아니기 때문에 지탱하기가 어려울 형세여서 우리 조종조祖宗朝께서 지성으로 주청奏請하여 어렵게 면제받아 다행히도 오늘날까지 안전하게 하였으며, 오히려 금법을 어기고 몰래 지니는 폐단을 염려하여 은을 지니는 자는 일죄一罪로 다스리도록 법의 조문을 무겁게 하였으니 후일의 폐단을 깊이 염려한 조처였습니다. 그후 모리배謀利輩가 그 욕심을 이기지 못하여 혹 은냥銀兩을 가지고 있다가 잡히게 되어도 법으로 조치하여 용서받지 못하였으며 비록 금법을 어기고 은을 가지고 있더라도 마음대로 쓰지 못하였습니다.

근래 사치가 날로 심해지고 이익이 생기는 근원이 날로 열려서 혼사에 이르기까지 다른 나라의 물건이 아니면 혼례를 치를 수 없을 정도입니다. 경·사 대부가 다투어 사치를 일삼고 노복 하천下賤까지도 중국의 물건을 씁니다. 더구나 왜倭의 은이 유포되어 시전市廛을 가득 채우고 있습니다. 북경에 가는 사람들이 공공연히 은을 싣고 가는데, 한 사람이 3000냥 이상을 가져갑니다. 심지어 공무역公貿易할 포물布物을 장사치에게 맡기고 은을 빌어가는데, 장사치들은 그 포물을 보관하고 앉아서 돌아오는 행차를 기다렸다가 그 포물을 되돌려주고 이윤을 취합니다.[26]

'왜은이 시전을 가득 채우고 있다加以倭銀流布, 充牣市廛', '노복 하천도 중국의 물건을 쓴다厮隷下賤, 亦用唐物'. 대외 무역이 국가의 근간이 되어버린 21세기 한국에서는 나라가 당연히 이래야 하는 것 아닌가 싶지만, 16세기에는 그때 나름의 사정이 있었던 거죠. 결국 조정에서는 수출입 블랙리스트 격인『방금절목防禁節目』이라든가, 국가 기본법인『경국대전』의 버전 2.2 정도 되는『대전후속록大典後續錄』에 은 관련 규제를 포함하여 은에 대한 통제를 법적으로 강화합니다. 하지만, 이 말은 새로 법을 만들어 규제해도 손댈 수 없을 정도로 은의 광풍이 조선에도 불고 있었다는 방증이 아닌가 싶습니다.

보통 동아시아 교역이라는 무대에서 가장 소극적인 역할을 맡았던 게 아닌가 싶은 조선이 이럴 정도였는데, 일본 은의 세계는 이제 명나라의 저장浙江·푸젠福建 상인들과 포르투갈이 가담하면서 16세기 후반에는 완전히 스케일이 다른 다이내믹한 세계로 펼쳐집니다. 이렇게 시작된 일본의 은 생산이 16세기 중반부터 17세기 전반 당시 전 세계 은 생산량의 3분의 1까지 생산했다고들 여러 자료들에서 말합니다.[27] 하지만 3분의 1이라는 좀 막연한 수치 대신에, 기존 연구들은 대략 17세기 전반까지 여러 경로로 중국으로 유입된 일본 은의 물량이 대략 1만 톤 정도일 것으로 추정하고 있습니다. 대략 1냥을 37.3~40그램으로 잡으면 2억 6500만 냥어치가 중국으로 들어갔다고 보고 있습니다. 여기에는 실제 일본 국내에서 유통 사용된 은의 양은 아예 포함하지 않은 것입니다.

사비에르의 소프트랜딩

일찍부터 명나라와의 공식 무역인 감합 무역을 주도하였던 오우치 가문은 이와미긴잔의 은까지 더해져 16세기 초반 야마구치 지역을 중심으로 '오우치 문화大內文化'라고 부르는 굉장히 화려하고 사치스러운 문화를 꽃피웁니다. 그리고 이 한가운데 사비에르 신부가 만난 오우치 요시타카가 있었습니다.

결론부터 말하면 오우치 요시타카는 사비에르 신부의 선물들에 매우 흡족해했고, 본격적인 기독교 선교를 허용하면서 1552년 폐사가 된 불교 사원을 사비에르에게 헌납한다는 결정을 내립니다. 이 절 건물을 다이도지大道寺라고 이름 짓고, 1555년부터 사비에르가 데려온 선교사 2명이 기거하며 일본에서의 본격적인 가톨릭 선교 사업이 시작됩니다. 불행히도 얼마 지나지 않은 1556년 오우치 씨가 몰락하여 야마구치에서의 선교 사업은 거의 끝이 났지만, 사비에르는 그사이 이미 또다른 후원자를 만났습니다. 1551년 규슈의 분고豊後에 포르투갈 선박이 들어왔다는 얘기를 듣고 찾아갔던 사비에르는 그곳에서 오토모 요시시게大友義鎭[28]라는 분고의 다이묘大名(일본 전국시대의 영주)를 만나게 됩니다. 오토모 요시시게는 거의 전 기타규슈北九州 지역에 해당하는 '분고, 부젠, 치쿠고, 치쿠젠, 히젠, 히고'의 슈고守護 직책을 겸한 당시 규슈 지역 최대의 다이묘였습니다. 사비에르를 만난 오토모는 1551년 사비에르가 인도 고아에 그동안의 선교 활동을 보고하고 지원을 더 요청하러 갈 때, 고아의 부왕 아폰수 데 노로냐Afonso de Noronha에게 수하의 가신을 사신으로 보내기도 합니다. 와사다 겐사植田玄佐로 추정되는 이 가신은 고아에서 로렌소 페레이라라는 이름으로 세례를 받고 기독교인이 되어 돌아옵니다. 고아의 부왕 노로냐는 오토모를 '일본에서 가장 세력이 큰 분고의 국왕'으로 칭하는 친서를 보내옵니다. 이후 사비에르가 오토모를 만나는 장면은 유럽에서 반다이크Van Dyck 같은 화가들에 의해 그림으로 그려져서 기독교가 먼 동방의 나라에 받아들여지는 이미지로 사용되기도 하였습니다.

물론 오우치나 오토모 같은 다이묘들에게는 어쩌면 기리시탄을 허용하고 받아들이면 남만인이 중국의 실크 같은 보물을 싣고 와서 자신들의 세력 확장에 도움이 된다는 계산도 있었겠지요. 야마구치의 오우치씨가 첫 기회를 만들어줬다면 그다음 단계는 규슈의 오토모씨가 다시 이어가준 셈입니다. 그리고 몇몇 다이묘들이 기리시탄을 허용하고 더 나아가 개종을 하는 일들이 이어지면서 일본에 예수회가 발을 딛고 자리를 잡게 됩니다.

◉ 반 다이크의 〈일본 '분코'의 왕을 배알하는 성 프란시스코 사비에르〉. 분코는 당시 일본 지명 분고豊後입니다. 서양에 일찍이 일본의 왕국 중 하나로 알려졌습니다.

나가사키의 탄생

그 결과로 오늘날 우리가 '일본은 서양에 문호를 닫지 않았다' 할 때 자연스레 떠오르는 나가사키가 이즈음부터 역사에 등장하게 됩니다. 사비에르가 막 일본에 갔을 때는 아직 마카오가 완전히 포르투갈의 거처로 자리를 잡은 때가 아니었습니다. 포르투갈 상인들은 『페르낭 멘데스 핀투의 편력기』에 잘 묘사된 것처럼, 대체로 말라카를 본부로 삼고 중국의 아모이(샤먼) 같은 밀무역이 이루어지던 곳들을 거쳐 일본에 부정기적으로 오가는 중이었습니다. 아니, 더 정확히 말하면 포르투갈이 일본에 갔다는 게 시간 맞춰 정기선이 운항하는 그런 게 아니라 여전히 매번 목숨을 걸고 바다를 건너가는 일이었다는 것입니다. 그래서 일본으로 가는 제대로 된 항로가 아직 정해지지 않은 채 처음에는 일본의 남쪽 섬인 규슈의 서남쪽 해안 여기저기에 도착했던 것입니다. 그리고 다행히 도착한 곳의 다이묘가 외국인에게 부정적이지 않고 무역을 허용해주면 무역이 이루어지는 것이었습니다.

이들 남쪽 바다에서 온 사람들에게 일본의 현관이라고 할 규슈九州는 당시 9개의 구니國로 나눠져 있었습니다. 구니는 원래 고대 일본의 율령체제하에 만들어진 지방행정 단위입니다. 규슈의 9개 구니는 지쿠젠노쿠니筑前國, 지쿠고노쿠니筑後國, 히젠노쿠니肥前國, 히고노쿠니肥後國, 부젠노쿠니豊前國, 분고노쿠니豊後國, 휴가노쿠니日向國, 오스미노쿠니大隅國, 사쓰마노쿠니薩摩國입니다(지도 참조). 특히 전국시대에는 더이상 지방행정 단위가 아니라 이들이 마치 독립된 나라처럼 서로 맹렬하게 싸우고 이합집산을 거듭하였습니다.

앞서 말한 오우치나 오토모 같은 구니의 영주는 다이묘라고 했습니다. 원래는 조정이나 바쿠후에서 임명을 하는 슈고다이묘守護大名들이었는데, 중세 이후 중앙 정권이 거의 붕괴하자 일부는 세력을 모아 구니를 차지한 센고쿠다이묘戰國大名가 되었습니다. 예를 들어 분고의 다이묘였던 오토모는 한때 규슈의 6개 구니를 차

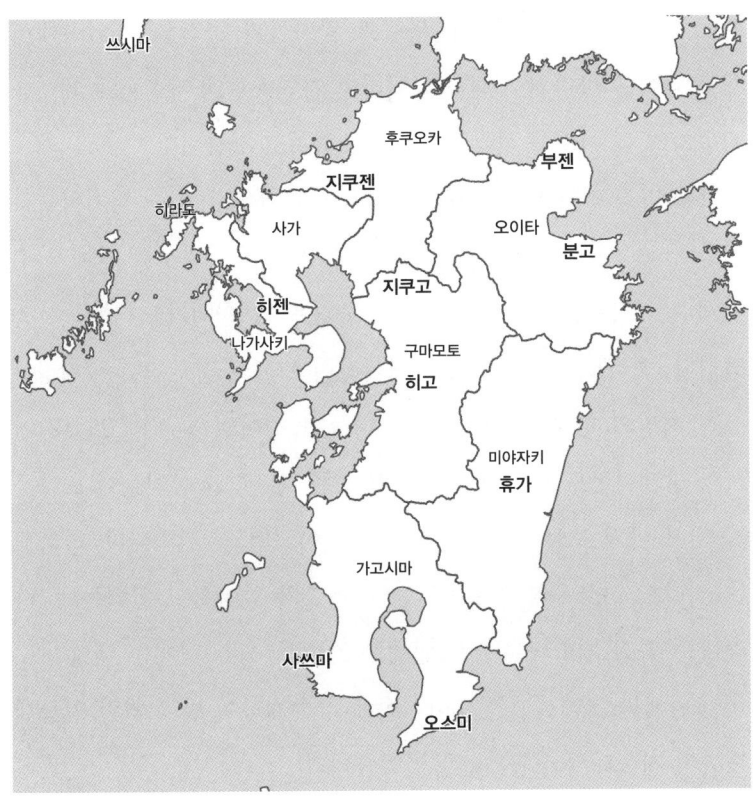

◈ 규슈 9구니 지도.

지하는 맹위를 떨치기도 했습니다.

한편 사비에르와 같은 예수회 선교사들은 이들을 동시대 유럽의 봉건군주들과 같은 지위로 이해했습니다. 예를 들어 예수회 선교사들은 구니를 유럽의 왕국을 의미하는 'Regno'로 기록하고 있으며, 특히 사비에르가 포르투갈령 인도부왕에게 전한 서신에서 오우치 요시나가大内義長는 야마구치의 국왕el rey de Amanguche으로, 오토모 요시시게大友義鎮는 분고의 국왕el rei de Bungo이라고 기록

제3장 남만인의 등장　111

하고 있습니다. 그리고 이 "왕들과 왕자들과 공작들"은 남쪽에서 새로 찾아온 바다의 세력을 맞이하여 자연스럽게 자신들의 세력을 키우기 위해 이들을 적극적으로 활용하려고 했습니다.

그중 가장 먼저 1550년대에 포르투갈인에게 조금 더 정기적으로 기항이 허용되고, 이들이 중국에서 가져온 실크 원사를 판매할 수 있게 된 곳은 규슈 북서쪽 히젠노쿠니에 있던 히라도平戶라는 곳입니다. 히라도는 원래부터 상인이라기보다 해적에 가까운 저장·푸젠 지방의 명나라 상인들이 드나들던 곳이었습니다. 그런데 인도와 말레이반도 지역에 거점을 확보한 포르투갈 상인들이 드나들게 되자 마치 보물선이 들어오는 느낌이었던 것 같습니다. 히라도는 히라도 마쓰우라平戶松浦라는 다이묘가 장악하고 있었는데, 나중에는 점점 개방되어 1584년에는 스페인, 1609년에는 네덜란드, 1613년에는 그때까지는 동아시아에서 존재감이 별로 없던 잉글랜드까지 진출해서 상관商館을 열었습니다.

그런데 그건 아직 훗날의 일이고, 남만인이라고는 포르투갈인이 유일하던 1561년 히라도에서 일본 상인들과 포르투갈인들 사이에 거래가 잘못되면서 서로 칼을 빼들고 싸우는 큰 충돌이 발생합니다. 이를 미야노마에 사건宮ノ前事件이라고 하는데, 그 결과로 히라도 측에서는 포르투갈인 출입금지를 통보하고, 포르투갈인들도 여기에 다시 오지 않겠다며 새로운 무역 항구를 찾는 일이 벌어집니다.

그러던 중 히젠 내 마쓰우라의 라이벌 지역인 '산조조三城城'라는 곳의 성주 오무라 스미타다大村純忠가 이를 알게 됩니다. 그는 예수회 선교사들에게 자신의 영지에서 한적하기 짝이 없던 나가사키라는 어촌 포구를 아예 희사하게 됩니다. 어찌 보면 히라도가 누리던 보물선을 이참에 모두 가져오려고 했던 것 같습니다. 그렇게 되어 '나가사키'라는 조그만 어촌이 이때부터 동아시아와 세계사에 독보적인 이름을 알리기 시작하게 된 것입니다. 이처럼 나가사키는 처음에는 예수회와 포르투갈 상인들의 독점적 자치영토로 시작을 했습니다. 물론 나중에는 도요토미 히데요시에게 빼앗기고 에도 바쿠후 직속령으로 19세기까지 가게 됩니다만, 그건 또 조금 나중 얘기입니다.

이렇게 일본이라는 머나먼 왕국의 문을 연 사비에르 신부는 인도 고아로 돌아갔다가 바로 다음 타깃인 중국의 문을 열기 위해 중국으로 건너갑니다. 먼저 얘기했듯이 명나라로부터 아직 해적의 꼬리표가 떨어지지 않은 포르투갈 상선들과 함께 나선 사비에르 신부는 1552년 중국의 입구에서 기회를 엿보다 바라던 중국의 문은 열지 못하고 세상을 뜨게 됩니다. 하지만 결국 포르투갈은 얼마 지나지 않아 중국의 문을 비집고 들어갔고, 시간이 좀 지난 후 인도-아시아 선교를 맡은 알레산드로 발리냐노Alessandro Valignano 주교에 의해 1580년대에 마테오 리치 신부가 중국에 진입하면서 본격적인 중국 선교가 이루어지게 됩니다.

그리고 『명사』의 말미에 언급되었던 '대서양인大西洋人'이 본격적으로 동아시아 역사에 등장합니다. 대서양인은 기록에 따라 이탈리아를 의미할 때도 있지만, 그보다는 남만인의 배를 타고 함께 동아시아 바다에 데뷔한 가톨릭 선교사들을 의미하는 경우가 많습니다. 이들은 로마 교황의 휘하에 있으니 그렇게 분류된 것 같습니다.

탕자와 변혁가, 그리고 현자

> **등장인물(나이순)**
> 알레산드로 발리냐노 주교Alesandro Valignano, 1539~1606
> 미켈레 루지에리Michele Ruggieri, 羅明堅, 1543~1607
> 취루쿠이(구여기)²⁹瞿汝夔, 1549~1612
> 마테오 리치³⁰Matteo Ricci, 利瑪竇, 1552~1610

어느 집안이든 골칫덩어리에 내놓은 자식 소리를 듣는 삼촌이 한 명쯤 있다고들 농담처럼 얘기합니다. 지금부터 소개하는 인물이 그런 사람입니다. 심지어 유교 사회에서는 너무 충격적인 짓을 저질러버려 집안의 모든 기록에서 그야말로 이름이 싹 다 지워진 사람입니다. 이 사람이 태어난 곳은 쑤저우蘇州 바로 옆의 창수常熟라고 하는데, 중세 이후 중국에서 경제적으로 가장 발달한 양쯔강 이남 '장난江南' 지역이 인생의 무대였습니다. 장난 지역은 바로 제비가 흥부에게 박씨를 물어다 줬다는 그 '강남'입니다.

아버지는 취징춘瞿景淳으로, 명나라의 과거시험 중 이른바 국가고시 1차인 회시會試에서 무려 전국 1등, 2차 시험인 전시殿試에서 전국 2등을 하고, 훗날 한림원의 학사가 된 대학자이면서 벼슬이 예부좌시랑과 상서에 올랐습니다. 그러니까 오늘날로 치면 외교부 장·차관을 하였던 인물입니다. 취징춘에게는 아들이 3명 있었는데 일찍 죽은 한 명 외에 다른 2명 모두 역시 고위관직에 오르고 학자로서 이름을 날렸습니다. 이 정도면 굉장한 '스카이캐슬' 집안이죠.

그런데 이렇게 가문의 기록에 남은 아들 3명 말고 실은 아들이 하나 더 있었습니다. 원래 아들 중에 가장 명민하여 과거를 치르기만 하면 형들보다 더 잘될 거라 여겼던 루쿠이汝夔라는 아들이었습니다. 그런데 이 아들은 아버지 취징춘이 1569년 세상을 떠나고 삼년상을 치르는 동안 그만 엄청난 사고를 치고 맙니다. 20세의 혈기 왕성한 루쿠이가 형 루지汝稷의 아내와 눈이 맞아버렸다고 합니다. 형수는 가문에서 쫓겨나고 루쿠이는 정말 문자 그대로 '호적에서 파내어지는' 신세가 됩니다. 훗날의 학자들이 집안의 기록들을 추적해도 취씨 집안의 기록에서 이 사람의 이름을 전혀 찾을 수가 없었다고 할 정도입니다.

식솔을 이끌고 집에서 쫓겨난 루쿠이는 벼슬길을 포기합니다. 대신 타이수太素라는 도교식 이름을 지은 다음 연금술과 불로장생술을 배우기 위해 그나마 있는 가산을 탕진하였다고 합니다. 루쿠이는 집에서 쫓겨나기는 했지만, 워낙 집안과 아버지가 빅네임이라 돈이 떨어지고 난 이후에도 주로 장난 지역 여기저기를 떠돌면서 아버지의 네트워크 안에서 아버지의 주위 인물들로부터 도움을 받고 있었습니다.

그러던 중 1589년 광둥성 서부에 있는 자오칭肇慶에서 양광총독兩廣總督 류제원劉繼文을 만나러간 루쿠이는 첫눈에 엄청난 인상을 주는 이상한 사람을 만나게 됩니다. 훗날 그는 이런 기록을 남깁니다.

완리萬曆 기축년(1589) 보잘것없는 내가 남쪽 지방에서 루어푸산羅浮山을 여행하며, 양광총독 사마절제 류 공을 만나러 갔다가 리 공利公을 우연히 자오칭의 단저우端州에서 만났다. 보자마자 그 모습에 놀랐다. 사마 공이 리 공을 사오저우韶州로 옮기게 하였을 때 우연히 난화사南華寺를 지나다가 다시 공을 우연히 만나게 되었다. 그러고는 공이 떠날 때까지 2년간 그에게서 천문학과 수학을 배웠다.[31]

루쿠이는 실은 이 사람이 엄청난 연금술법사라는 풍문을 이미 듣고 있었습니다. 20년을 연금술과 불로장생술을 배우려 떠돌던 루쿠이는 이 '리 공'을 만나게 되자 제자로 받아달라고 간청을 합니다. 물론 이 사람은 자신은 그런 술법사가 아니라고 솔직하게 얘기해줍니다. 그런데 그에게서 처음 들어보는 천문 수리의 방법들을 들은 루쿠이는 그동안 헛되이 쫓던 연금술과 불로장생술을 다 던져버리고 그의 제자가 되어 이 새로운 천문학과 수학을 배우기로 합니다.

이 '리 공'은 중국 이름 리마더우利瑪竇로 알려진 마테오 리치 Matteo Ricci 신부입니다. 조선에서도 '서태西泰 이마두'라든가 '서양이 씨利氏 마두'라고 잘 알려진 사람이지요. 마테오 리치 신부는 로마에서 예수회에 입회한 후 1582년 마카오에 도착하여 중국어를 배우게 됩니다. 이듬해 중국에서 이미 선교를 시작한 미켈레 루지에리Michele Ruggieri에게 합류하여 함께 자오칭에 자리를 잡습니다. 루지에리와 리치가 자오칭에서 했던 선교 활동을 알려면 9년 전인 1573년 알레산드로 발리냐노 주교가 '인도' 선교를 담당하는 시찰원visitor으로 임명이 된 시기로 거슬러 올라가야 합니다. 아, 여기서 인도는 마다가스카르에서 일본까지를 모두 포함하는 지역입니다.

프란시스코 사비에르가 일본 선교의 교두보를 마련하고 다음 목표인 중국에 진입하기 위해 대기하다 1552년 중국 입구에서 세상을 뜬 다음 20년 가까운 시간이 흐르는 동안, 일본에서는 가톨릭이 앞서 얘기한 것처럼 전국시대의 난맥상을 기회로 그리스도교로 개종한 기리시탄 다이묘들의 후원과 남만 무역南蠻貿易으로 자리를 잡고 활발하게 활동하고 있었습니다. 반면 예수회의 선교 사업이 포르투갈의 후원 시스템 '파드로아두'에 전적으로 의존하게 되자, 예수회 내에서도 뭔가 다른 움직임이 생겨납니다.

새로 예수회의 총장으로 선출된 에베라르드 메르쿠리안Everard Mercurian은 예수회 내에 충격을 줄 정도로 파격적인 인사를 단행합니다. 인도 선교를 담당하는 시찰원으로 불과 34세의 이탈리아인 알레산드로 발리냐노를 뽑았던 것입니다. 젊은 나이가 문제가 아니라 포르투갈인이 아닌 이탈리아인이란 것이 문제였습니다. 발리냐노는 사제가 되기 전 학생 시절, 무죄로 풀려나기는 했지만 폭력으로 체포 구금된 전력이 있으리만치 파천황의 인물이었습니다. 발리냐노는 자신이 파격적으로 발탁된 이유를 잘 알고 있었습니다. 인도로 출발하기 위해 로마에서 포르투갈로 가는 길에 이미 인도-아시아 선교를 자원하는 사람들을 뽑기 시작했고, 리스본에 도착해서는 선교를 실질적으로 지탱하고 있는 포르투갈 왕실에 몇 가지 과감한 개혁 조건을 제시합니다.

리스본의 예수회는 이냐시오 데 로욜라가 예수회를 시작할 무렵부터 개인적으로 알고 헌신해온 포르투갈인 종교계 고위 인물들이 포르투갈 왕권에 올라타 있다고 해야 할 정도로 교회와 세속 권력이 서로 얽혀 있었습니다. 그러니까 포르투갈 왕실의 이해관계가 바로 교회의 이해관계라고 할 정도로 서로 밀접하게 이어져 있었던 것이죠. 발리냐뇨는 여기에 균열을 시도합니다.

우선 인도-아시아에 당시로는 엄청난 규모인 55명의 새 선교사들을 데리고 가겠다고 합니다. 게다가 이 새로운 선교사 후보들은 포르투갈 출신이 아니라 발리냐뇨가 리스본으로 오면서 모집한 이탈리아와 스페인 출신의 자원자들이 대부분이었습니다. 두 번째 요구는 이들을 파송할 때까지 교육시키는 준비과정에 대한 것이었습니다. 포르투갈 예수회 측에서는 포르투갈의 여러 예수회 산하 교회와 수도원에 분산하여 준비를 시키겠다는 것이었고, 발리냐뇨는 이들을 한군데 모아서 별도로 교육을 시키겠다는 것이었습니다. 서로의 의도가 뻔히 보이죠, 선교지로 가기 전에 우리 쪽 사람으로 만들겠다는 의도와 그렇게는 못하겠다는 의도. 이 두 가지 제안의 줄다리기에서 이긴 발리냐뇨는 마지막으로 포르투갈 왕권과 로마의 예수회 총장의 권한을 둘러싼 마지막 줄다리기를 시도합니다. 바로 선교정책에 대한 자율권, 즉 더 나아가 교회의 자율권에 대한 씨름이었습니다. 어쩌면 새 총장 메르쿠리안은 이 일을 해낼 수 있는 적임자라고 판단해서 30대의 기세등등한 발리냐뇨를 뽑았던 것인지도 모릅니다.

스페인과 포르투갈의 왕실은 기본적으로 기독교의 이름을 걸고 이슬람과의 전쟁을 통해 형성된 국가들이었습니다. 그래서 선교의 방침도 '정복적 선교'랄까요, 우선 점령하고 기독교로 개종시킨다는 방침을 시행하고 후원했습니다. 남아메리카에서 행해진 이런 방식의 점령과 식민지화, 강제 개종의 패턴은 잘 알려져 있습니다. 그러니까 이게 이베리아반도 왕국들에게는 선교 방식이기만 한 것이 아니라 자신들의 역사이고 생존 방식이었던 것이죠. 역시 시대적인 한계입니다만, 발리냐노도 아프리카인, 말레이 인도네시아와 아메리카의 원주민, 심지어 무굴 제국의 인도인들은 신앙을 받아들일 수는 있지만 사제가 되기에는 지적으로 영적으로 부족하다고 믿었습니다. 물론 인도인들에 대한 태도는 이후 인도 생활이 길어지면서 조금 수정되기는 했습니다만 기본적인 태도는 크게 바뀌지 않았다고 합니다.

그런데 근세 유럽인들이 유럽 바깥에서 처음으로 마주친 고도로 발달한 비기독교 사회인 중국과 일본은 '젠티 비앙카genti bianca' 즉 '백인'이라고 부르며, 이들은 자체적으로 교육시켜 사제로 양성할 수 있다고 판단했습니다. 선교의 방침에 대해 포르투갈 왕의 동의를 얻어낸 발리냐노는 이후 일본과 중국에 기존의 포르투갈 왕실의 이해관계에서 상대적으로 자유로운 선교정책을 시행할 수 있게 됩니다.[32] 일본의 예수회는 그래서 나가사키에 신학교를 세워 사제를 양성하고, 심지어 로마에 소년 대사를 파송하는 작업들을 할 수 있었습니다.

문제는 사비에르 신부의 유훈이자 궁극적인 '인도' 선교 사업의 목적인 중국이었습니다. 포르투갈이 마카오에 교두보를 확보하기는 했지만 무역 이외의 선교는 아직 제대로 시도도 못해보고 있었습니다. 실은 명나라의 통제 시스템이 대단히 복잡하여 그냥 단순히 국경을 넘어 베이징의 황실로 갈 수 있는 상황이 아니었던 것입니다. 발리냐노는 먼저 미켈레 루지에리 신부를 선임하여 1579년 마카오로 불러 준비를 시킵니다. 루지에리 신부는 3년 뒤인 1582년에 도저히 혼자 할 수 있는 일이 아니라며 추가 인원을 요청합니다. 그러자 발리냐노는 루지에리와 같이 일하도록 자신의 옛 제자 마테오 리치를 추가로 불러 중국 진입 준비를 시켰던 것입니다.

먼저 마카오에 와서 중국어를 공부하기 시작한 루지에리 신부와 새로 부임한 리치 신부는 1583년 마침내 입국 승인을 받아 광둥성 자오칭에 자리를 잡고 몇 가지 초기 선교 사업의 방향을 잡습니다. 그것은 바로 불교의 모습을 빌리는 것이었습니다. 먼저 중국어가 가능해진 루지에리는 초창기에 자리를 잡자 광저우와 그 일대를 다니며 중국 사회와 중국인들에 대해 리서치를 합니다. 이 와중에 루지에리는 중국 불교 사원과 승려들을 만나 대화를 나누게 되고 이들의 조직, 규율, 사원이 가톨릭 수도회와 너무나도 유사한 데 착안하게 됩니다. 스스로를 천축국승天竺國僧이라고 자칭한 루지에리는 가톨릭 교리를 정리한 『천주성교실록天主聖教實錄』을 지으면서 중국인들이 잘 이해할 수 있도록 비슷한 개념의 중국어 불교 용어로 교리를 옮기기 시작했다고 합니다.

그런데 베이징으로 갈 수 있는 방법을 모색하기 위해 고위 관리들을 만나는 과정에서 어느 날 '귀신들린 손자를 좀 봐주십사' 하는 청을 받습니다. 루지에리가 이 손자를 보니 귀신이 들린 게 아니라 그때나 지금이나 동아시아의 가장 거대한 목표인 과거시험의 중압감에 짓눌려 우울증에 빠진 것이었습니다. 물론 현대적인 정신과 치료를 의미하는 것은 아닙니다만, 루지에리는 광증이 아니라 우울증이라는 진단을 내리고 이 청년의 과거시험에 대한 중압감을 줄여주는 방법을 써서 증상을 호전시켰다고 합니다. 그러니 과연 영험한 천축승려라는 소문이 퍼지게 됩니다. 게다가 이들이 정착하는 과정에서 수은을 매입하였던 것과, 마카오에서 지원해준 은을 정착 자금으로 사용한 것까지 합쳐지면서 이들은 서천축에서 온 연금술사이며 광인을 치료해주는 영험한 승려들로 소문이 난 것입니다. 루쿠이가 마테오 리치와 처음 조우하고 '아, 내가 평생 추구하던 비술의 술법사들이구나' 하고 생각해 연금술을 가르쳐달라고 한 이유가 바로 이런 소문들 때문이었습니다.

마테오 리치는 하지만 점차 중국 사회에 대해 알게 되자 루지에리의 불교식 접근방법에 회의를 품기 시작합니다. 그러던 중 소규모로 형성된 기독교 신자 커뮤니티 내에서 사제들의 심부름을 하던 이가 프리즘을 훔쳐서 보석이라고 속여 사기를 치는 사건이 터집니다. 그런데 이를 모면하려던 범인이 적반하장으로 루지에리가 유부녀 신자를 유혹했다는 모함을 덮어씌우는 일이 벌어집니다. 다행히 범인이 잡히고 도둑맞은 프리즘도 회수하지만, 루지에리는 일단 마카오로 돌아갑니다. 발리냐노는 유럽에 그를 보내 중국 선교의 후원을 요청하는 임무를 맡기는데, 실은 루지에리를 중국에서 빼기로 하고 본격적으로 마테오 리치에게 선교를 맡기려는 의도였다고 합니다.

한편 루쿠이가 처음 자오칭에서 양광총독을 만나러 갔다가 마테오 리치를 만났을 당시에, 마테오 리치는 양광총독과의 갈등으로 인해 전체 선교부가 마카오로 추방을 당할지도 모르는 상황이었습니다. 그해 4월 신임 양광총독 류제원은 자오칭에 거주하는 서양 승려들의 숙소를 조사하고 어떤 감언이설을 퍼뜨리는지 알아오라고 하면서, 만약 조금이라도 의심스러운 일이 있으면 마카오로 돌려보내든지 아니면 광둥성의 최대 불교 사원인 난화사로 보내라고 명령을 내립니다. 그런데 이 사건이 원래는 미신을 믿는 양광총독이 이 '영험하다는' 선교사들의 숙소를 차지하고 싶어서였다는 속설이 있습니다.

마테오 리치는 마카오에 있던 발리냐노에게 사태를 보고하고 '문제 일으키지 말고 다른 곳으로 옮기는 것이 좋을까요' 하고 지침을 요청하자, 발리냐노는 뜻밖이랄까 아니면 역시랄까 거기서 버티라고 회신을 합니다. 양광총독이란 광둥과 광시 두 지방의 해안 방어를 총책임지는 어마어마한 자리입니다. 지시대로 마테오 리치는 그 양광총독과 정면으로 맞서 자신들을 변호하고 설득합니다. 하지만 '은자 60냥을 받고 옮길래, 마카오로 돌아갈래', 하는 선택지를 받고 마테오 리치는 그동안의 성과를 모두 버리고 마카오로 돌아가겠다고 선언합니다. 그리하여 짐을 정리하고 마카오로 가던 도중, 광저우에 도착해 잠시 머무는 리치 일행에게 급히 사절이 당도해서 모든 것을 없던 일로 하겠으니 다시 돌아오라는 소식을 받습니다. 양광총독 부인의 꿈속에 외국 신이 나타나서 총독이 마음을 바꿨다는 전설이 있긴 하지만, 그보다는 외국 승려의 집을 강제로 빼앗았다는 소문이 커리어에 부담이 될까봐 총독이 마음을 바꿨다는 게 더 사실에 맞는 이야기이겠지요.

아무튼 이런 곡절을 겪은 마테오 리치에게 양광총독이 여러 가지 일들로 선교 사역을 계속하기에는 분위기가 나빠진 자오칭 대신 다른 지역으로 이동할 수 있게 해주겠다고 약속하며 불교사원이 있는 난화南華가 어떻겠느냐고 제안합니다. 불교와 거리를 두는 쪽으로 마음이 기울고 있었던 마테오 리치는 대신 사오저우韶州로 옮기기로 합니다. 그러니까 이때 마테오 리치는 루쿠이를 만나 제자로 삼고 그에게 유럽의 수학과 천문학을 가르치기 시작합니다.

루쿠이는 자신의 네트워크를 통해 열렬히 새로운 지식과 신앙을 퍼뜨리게 되고, 이에 관심을 갖고 호응한 유학자들이 마테오 리치를 찾아오기 시작합니다. 설명드린 대로 루쿠이는 원래 중국 장난 지역의 유학자 네트워크 인사이더였고, 마테오 리치에게서 배우면 배울수록 이건 불교가 아니라 유학자의 접근법을 따르는 게 좋겠다는 생각이 든다고, 그래야 중국 사회의 상위 구조에 진입할 수 있다는 조언을 합니다. 그리고 마테오 리치는 루쿠이의 인맥으로 명나라 유학자들과 접촉하게 되면서 중국의 고전을 공부합니다. 그러면서 점차 기존의 루지에리 방식의 불교를 차용한 접근법을 폐기하고 가톨릭 신앙과 중국 유학이 공존하는 방법을 고려하게 됩니다.

이후 광둥성에서의 선교 사업이 파송된 다른 선교사들의 죽음과 교체를 겪으면서도 어느 정도 자리를 잡게 되자, 발리냐노는 마테오 리치의 제안대로 새로운 전략의 다음 단계로 나아가도록 합니다. 다음 단계는 중국 내에 또다른 선교 본부를 세우는 것, 그리고 불

◆ 마테오 리치 초상화. 유학자처럼 검은색 비단 도포와 관으로 바꿔 입은 모습입니다.

교를 차용한 루지에리의 교리문답 『천주성교실록』을 대체할 새로운 교리문답을 작성하는 것이었습니다. 이 두 번째 단계는 1595년까지 점차 진행이 되었는데, 이 기간 동안에 마테오 리치는 그동안의 불교 승려복 대신 유학자처럼 검은색 비단 도포와 관으로 바꿔 입고, 유학 경전을 응용한 새로운 교리서 『천주실의天主實義』를 짓는 한편으로 발리냐노의 명에 따라 사서오경의 라틴어 번역 작업을 시작합니다.

이 두 가지 작업은 그 대상은 달랐지만 목적이 있었습니다. 먼저 중국어로 옮긴 가톨릭 교리 책들은 중국인들에게 이 새로운 가르침(敎)이 실은 중국 사회의 사상이나 정신과 서로 상충하지 않으며 오히려 이를 완성시켜주는 것이라는 주장을 하는 것이었습니

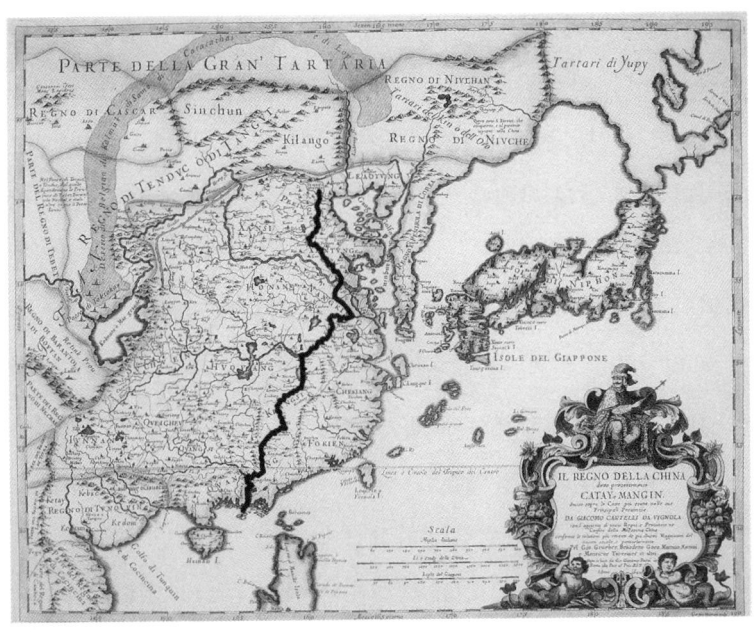

◈ 마테오 리치가 마카오에서 베이징까지 가는 여정은 검은색으로 표시되어 있습니다.

다. 또다른 번역 사업의 의도는, 중국의 고전을 라틴어로 번역하여 동아시아의 사회와 전통이 기독교가 결코 수용할 수 없는 이단의 이방인들이 아님을 밝히려는 것이었습니다. 성경의 전통에서 해석하고 받아들일 수 있는 그들의 기존 철학적 사유에 예수의 복음만 더하면 될 것이며, 결국 의구심을 갖고 있는 로마와 유럽의 가톨릭 세계에 자신들의 선교 방식이 틀리지 않았음을 주장하려는 것이었습니다. 그리고 이 새로운 전략은 정말로 성공하여 마테오 리치는 난징을 거쳐 1601년 마침내 베이징에 도달하게 됩니다. 베이징에서 10년을 지낸 후 1610년 눈을 감은 리마더우 마테오 리치는 마치 동서양의 셀러브리티 같은 현자로 그 이름을 남기게 됩니다.

루쿠이는 마테오 리치의 이 모든 일생의 기간 동안 충실한 동반자가 됩니다. 마테오 리치가 유학자들의 인사이더가 될 수 있도록 네트워크를 이어주었고, 1598년 처음 베이징에 진입했다 실패하고 돌아와 병에 걸려 사경을 헤맬 때도 옆에서 돌봤으며, 훗날 조선의 유학자들에게도 영향을 크게 미친 '친구란 무엇인가'라는 마테오 리치의 초기 저서인 『교우론交友論』에도 서문을 썼습니다. 앞의 마테오 리치를 처음 만난 에피소드는 이 『교우론』의 서문에 실린 내용입니다. 루쿠이는 왠지 모르겠지만 거의 생의 마지막에 가서야 세례를 받고 입교를 합니다. 그의 생은 처음에는 그야말로 인생을 낭비하는 탕자의 모습으로 손가락질 받으며 시작하였지만, 훗날에는 현자의 불을 밝히기 위해 없어서는 안 되는 '친구'의 모습으로 살다가 2년 뒤 친구를 따라 눈을 감습니다.

불랑기포와 조선 사신

그런데 마테오 리치의 사후, 그의 방침을 따른 예수회는 베이징 황실에까지 진출하며 순조로운 출발을 하는데, 그전까지 순조롭던 일본에서는 반대로 최종적인 가톨릭 전면 금지를 겪게 됩니다. 그뿐 아니라 내부적으로 상당한 내홍을 겪습니다. 그리고 그 과정에서 우리는 흥미로운 사람들을 만나게 됩니다.

인조 9년(1631) 산둥의 덩저우鄧州에 머물고 있던 조선 사신 진위사陳慰使 정두원에게 등래순무登萊巡撫의 휘하에 있던 어떤 손님이 찾아옵니다. 요동이 이미 후금에 정복되어 길이 막히자 이전의 일반적인 육로가 아니라 황해를 건너 산둥의 덩저우를 경유해서 명 조정에 사신으로 갔다가 다시 그 행로를 따라 귀국하던 참이었습니다. 진위사란 조선시대 사대관계 속에서 중국에 큰일이 생겼을 때 이를 위로하거나 조문하기 위해 파견된 사신을 의미합니다. 정두원이 파견된 것은 그 2년 전인 1629년 후금의 홍타이지가 명의 베이징을 공격하여 명이 큰 타격을 입었다는 소식이 전해지자 이를 '위로'한다는 명분으로 파견되었던 것입니다. 그런데 위로의 명분이야 명분일 뿐이고, 일차적인 목적은 무슨 일이 발생했는지 정보를 얻기 위한 것이었다고 합니다. 특히 명말 청초의 전환기에는 사신의 명분이 무엇이든지 간에 실제 미션은 꽤 다른 경우가 적지 않았습니다. 조선은 정두원의 사행이 있기 4년 전인 1327년 초에 이미 정묘호란을 겪었고 일단 후금과 화약을 맺어 잠시 숨을 돌리고 있었던 시기입니다.

이때 산둥성 동쪽의 덩저우부와 라이저우부萊州府의 방어를 맡고 있던 등래순무 쑨위안화孫元化는 원래 마테오 리치의 후원자였던 쉬광치徐光啟의 제자로 그 역시 가톨릭교도였는데, 마카오의 포르투갈인들을 통해 불랑기포를 구매하였습니다. 그리하여 포르투갈인들이 직접 덩저우에 와서 포를 설치하여 후금에 대치하고 있던 중이었습니다.

여기서 잠시 시간을 건너뛰어 1866년 프랑스가 강화도를 침공한 병인양요로 가보겠습니다. 이 병인양요 때 강화도에 있던 외규장각에 보관된 의궤가 프랑스에 약탈당해 최근까지 파리에 있었고, 이로 인해 한국과 프랑스가 여러 가지 갈등을 겪었던 것은 잘 알려져 있습니다. 그런데 그때 약탈당하여 반출된 서적만 있는 것이 아니라, 상당수의 외규장각 도서들이 프랑스군의 방화로 소실되기도 했습니다. 이렇게 불살라진 책들 중에 정두원이 사신으로 갔다가 가져온 『치력연기治曆緣起』라는 천문역법 책과 『서양통령공사효충기西洋統領公沙效忠紀』라는 꽤 이상한 이름의 책도 있습니다. 『서양통령공사효충기』는 원래 『서양공헌신위대총소西洋貢獻神威大銃疏』라는 책의 외규장각 보관 제목이라고 보고 있습니다. 그나마 최근 외규장각 소실 서적 중 서양 역법에 대한 책들을 추적하는 과정에서 이 책의 내용 전문이 다행히 조경남趙慶男의 『난중잡록亂中雜錄』에 실려 있다는 사실이 밝혀져 2010년에 현대 한국어로 번역 소개될 수 있었습니다.

『서양통령공사효충기』의 제목을 풀어쓰자면 서양 통령인 '공사公沙'가 명나라에 공헌하여 충성한 내용에 대한 기록이고, 또 원 제목인 『서양공헌신위대총소』는 서양인이 나라에 신위총과 대총을 바친 것에 대한 보고서라는 의미입니다. 내용은 명 조정에서 불랑기포를 구매하겠다고 요청하여 이 포를 중국의 전선으로 배달한 과정, 그리고 설치하여 사용하는 방법을 적은 것입니다.

그런데 이 글은 이렇게 시작이 됩니다.

서양西洋에서 와서 마카오에 주재하고 있는, 의義를 권장하고 황제의 은혜에 보답하는 예수회 선교사〔掌敎〕 육약한陸若漢과 총사銃師들을 관리하는 통령統領 공사적서로公沙的西勞 등은 성지聖旨를 받들어 총을 바쳐 충성을 하며, 또한 전투와 수성에 대해 설명드릴 일로 삼가 아뢰오니, 성명聖明으로 받아주시기를 우러러 바라옵니다.³³

이 책은 정두원이 이날 그를 찾아왔던 손님에게서 받은 물품 중 하나입니다. 그런데 도대체 정두원은 어떻게 해서 이런 문서를 조선에 가져오게 된 것일까요?

득도지인 호드리게스

정두원은 베이징에서의 일을 마친 후 배를 타고 황해를 건너 귀국하기 위해 덩저우에서 머무르고 있던 참이라고 말씀드렸습니다. 이런 상황에서 그를 찾아온 사람은 쑨위안화 순무 휘하의 포르투갈인이자 예수회 선교사인 루뤄한陸若漢이라 불리던 주앙 호드리게스João Rodrigues "Tçuzu" 신부였습니다. 예, 바로 『서양통령공사효충기』의 첫머리에 '육약한'이라고 자신을 소개한 사람입니다. 한편 총포수들의 리더인 통령이라고 함께 소개된 공사적서로는 곤살루 테세이라 코헤이아Gonçalo Teixeira Correia의 중국 이름이었습니다.

그 만남에서 육약한 호드리게스 신부는 정두원에게 앞서 말한 서양 역법 서적들과 『서양통령공사효충기』뿐 아니라 천리경, 서양 대포, 자명종, 염초화焰硝花, 자목화紫木花 등을 선물합니다. 제 생각에는 『서양통령공사효충기』는 짐작건대 '우리가 이상한 야만인이 아니라 명 조정에 공헌을 하여 천자로부터 이렇게 인정을 받고 있는 사람들이다'라는 일종의 인증서로 정두원에게 준 것이 아닐까 싶습니다.

그해 7월 조선으로 돌아온 정두원은 인조에게 대륙의 정세를 보고하면서 호드리게스에게서 받은 선물을 올립니다. 그리고 그가 만난 "육약한이란 사람은 어떤 사람이더냐"라는 인조의 질문에 "득도한 사람같이 보였습니다似是得道之人也" 하고 대답을 합니다.[34] 호드리게스는 이때 나이가 70세가 넘었는데, 명 황제가 업적을 치하하여 "군문軍門에서 빈사賓師로 모신다"고 정두원은 전하고 있습니다. 이 표현에 사용된 '빈사'라는 표현은 '군주의 스승과 같은 사람'을 의미하는 단어입니다.[35]

호드리게스 신부는 정두원과의 만남을 다음과 같이 기록으로 남겼습니다.

> 나중에 내가 탈출하였던, 코리아와 바다를 두고 마주보고 있는, 도시에 있었을 때 중국 왕을 찾아왔던 코리아 왕의 사신이 머물렀고, 나는 그들과 친교를 맺게 되었습니다. 그들을 통해 코리아 왕에게 한문으로 쓰인 교리서와 역시 한문으로 쓰인 과학 서적들, 코리아인들도 사용하는 한자가 인쇄된 마테오 리치 신부의 대형 세계지도mappamundi와 그 밖의 것들을 보냈습니다. 왕은 그들이 전혀 알지 못했던 우리의 교리와 세계에 대해 알게 되었고 중국 왕이 우리 사제들에 대해 가진 존경을 보고 매우 흡족해했습니다.[36]

하지만 조선에 기독교 선교의 기회가 열리기를 바란 노신부의 희망은 아시다시피 이루어지지 않았습니다. 덩저우 상황이 급격히 악화되면서 호드리게스에게도 일신상 위기가 닥칩니다. 덩저우에서 병사들이 반란을 일으켜 포르투갈인들이 가지고 온 불랑기포를 후금군에게 넘겨주고 투항해버린 것입니다. 반란의 와중에 간신히 덩저우 성에서 탈출한 호드리게스 신부는 마카오로 돌아갔지만 곧이어 1633년에 사망합니다.

이 정두원과 호드리게스의 만남은 조선인이 이 대항해시대의 서양 유럽인과 의미 있는 첫 만남을 가진 사례로 많이 알려져 있습니다. 아마 이 이후에 여기 비교할 만한 의미 있는 만남은 소현세자와 아담 샬 신부의 교류 정도가 아닌가 싶을 정도입니다. 물론 그 어느 것도 바람처럼 서양이 조선에 발을 들여놓는다거나 가톨릭 선교가 이루어지는 일로 이어지지는 못했습니다.

그런데 이 주앙 호드리게스 신부는 일생을 거쳐 동아시아에서 한중일 삼국 모두의 역사에 이름을 남긴 아주 특이한 사람입니다.[37] 일본의 쇄국에 최종 결정표를 찍은 가톨릭교도들의 반란이었던 시마바라島原의 난이 일어난 남규슈의 시마바라에는 예수회의 신학교가 있었습니다. 그곳에 주재하고 있던 선교사 중 한 명은 무려 17세에 포르투갈의 배에서 일하는 소년 급사로 일본으로 건너와, 사제의 길을 걷기로 하고 나가사키에서 신학교를 마친 다음, 1610년 추방당할 때까지 30년 넘게 일본에 머무른 사람입니다. 그가 바로 이 주앙 호드리게스라는 선교사였습니다. 그가 얼마나 일본어에 능숙하였는지 별명이 '쯔즈Tçuzu'였는데, 이 말은 통사通事의 일본어 발음 '쓰지つうじ'를 의미한다고 합니다. 그래서인지 도쿠가와 이

◆ 호드리게스 신부가 쓴 일본어 문법책인 『일본대문전日本大文典, Arte da Lingoa de Iapam』의 표지.

에야스가 추방된 호드리게스를 다시 불러들이겠다고까지 언급할 정도로 신뢰를 받던 사람이었습니다. 통역사라고 불릴 정도였던 호드리게스는 처음으로 일본어 문법책과 일본어-포르투갈어 사전을 만든 사람이기도 합니다.

호드리게스가 일본에서 추방되고 마카오로 다시 배치된 이후, 일본의 예수회는 결국 최종적으로 폐쇄되고 모두 내쫓깁니다. 이들은 일단 모두 마카오로 돌아오게 됩니다. 마카오에 와 있던 호드리게스는 1613년 무렵 광저우를 통해 중국 내부로 진입합니다. 그리고 1615년까지 약 2년간 그 자신이 '다른 예수회 선교사들은 결코 가보지 못한 중국의 지역들'을 돌아다니면서 사람들을 만나고 중국의 문화를 연구합니다. 원래 일본에 주재하던 예수회 선교사들은 마테오 리치 이후 중국에서의 대성공에 대해 약간 복합적인 반응과 우려를 가지고 있었다고 합니다. 우선 선교회의 조직상 중국 선교부는 일본 선교부의 하위 조직이었습니다. 그런데 마테오 리치의 유교적 접근 방법이 대성공을 거두자 지나치게 현지화를 하여 원래 교리가 왜곡되는 부분이 있는 것이 아닌가 하고 우려의 목소리가 들리기 시작했습니다. 상위 조직이 오랫동안 유지해오던 방침이 더 성공을 거둬버린 하위 조직 때문에 균열이 생기고 있었던 것이라고 할까요.

  2년간의 중국 내 여행을 마친 후 그는 본격적으로 예수회의 중국 선교 방침에 대해 반대 의견을 피력하기 시작합니다. 그는 지도부를 향해 '그동안 선교사들이 중국의 유불선 전통 사상에 대해 정말 제대로 알지 못했다. 물론 마테오 리치는 정말 훌륭하게 일을 해냈다. 하지만 우리가 비록 주님의 섭리를 알 수는 없지만, 마테오 리치는 중국의 전통 사상에 대해 잘못 이해했고 이로 인해 중국에서의 현지화 접근방식이 우상숭배로 잘못 이끌려가고 있다'고 강력하게 주장합니다. 특히 천주天主, 상제上帝, 영혼靈魂, 천선天仙(천사) 같은 용어들은 신자들을 잘못된 신앙으로 이끈다며 사용을 금해야 한다고 주장합니다. 결국 1620년대에 가서는 이 문제를 해결하지 않으면 선교사들 내부의 분열을 막지 못하는 지경에까지 이르게 됩니다.

숨어 있는 크리스탕

그럼 일본에서 추방되기 전까지 예수회 선교사들은 기독교 선교의 화양연화 시절에 그들의 신앙을 어떻게 현지화하고 있었던 걸까요? 종종 어떤 일을 할 때 그 일이 여러 이유로 어그러져 원래 목표를 이루지 못하고 시들어버려도, 가장 혼신의 힘을 다해 정성을 쏟은 부분은 어떻게든 남아 빛을 내는 경우를 봅니다. 일본의 예수회 선교사들이 전혀 다른 사고체계의 세계에 이식한 신앙이 잘못 받아들여지지 않도록 고심했던 노력은 그 신앙이 공식적으로 멸실된 와중에도 끈질기게 남아 있었습니다.

기리시탄이 완전히 금지된 이후 살아남은 기리시탄들 중에 신앙을 감추고 숨어 살던 사람들이 있었습니다. 이들은 이후 250년간 목숨을 걸고 신앙을 지키며 숨어 지내다 19세기 후반 유럽인들이 다시 일본에 왔을 때 모습을 드러내어 세상을 깜짝 놀래켰던 사람들입니다. 이들을 숨은 크리스천이라는 의미로 '가쿠레 기리시탄(隱れキリシタン 또는 隱れ切支丹)'이라고 부릅니다.

17세기 초반 에도 바쿠후가 안정되고 가톨릭을 금지하게 되기까지 주요 크리스천 지역은 역시 규슈와 교토 지역이어서, 대체로 서일본西日本의 상당 지역에 자리를 잡았습니다. 탄압이 시작되던 초창기에는 추방과 단속 정도에서 시작되었다가 점차 금지의 수위가 폭압적으로 변해갔습니다. 결국 1630년대에 최악의 사태랄 수 있는 시마바라의 난이 진압된 후 사실상 일본의 기독교는 '말살'된 것으로 보였습니다.

그런데 최후의 한줌 남은 교인들은 규슈 최서단의 고토五島와 남서단의 아마쿠사天草 일부의 외딴 섬으로 숨어들어갑니다. 워낙 외딴 섬들이기도 하고, 기리시탄을 적발하기 위해 5가구씩 묶어 감시하고 신고하도록 운영했던 '고닌구미五人組'라는 제도가 오히려 이들의 비밀이 오래 유지될 수 있는 역설로 작용합니다. 5가구가 모두 기리시탄이면 이보다 확실히 비밀이 지켜지는 수가 어디 있겠습니까. 그러면서 19세기에 다시 유럽의 가톨릭 사제가 일본에 올 때까지 자신들의 신앙을 공동체로 지켜나갔던 것입니다.

사제가 모두 추방되어 사라지게 되자 어쩔 수 없이 이들은 평신도 공동체 중심의 구조로 바뀝니다. 성사를 대신 주관하는 일종의 우두머리 장로 격인 초카타御帳方와 세례를 주는 미즈카타御水方라는 장로가 중심이 되고, 성경이나 교리서 없이 기도문을 구전으로 전하면서 내려오게 되었습니다. 성상聖像은 적발이 될 경우를 대비하여 불상과 하이브리드가 되어서 아기를 안은 관음보살상의 모습으로 변형된 성모자상을 간직합니다. 이런 불상의 모습을 한 성모자상을 '마리아카논(관음)マリア観音'이라고 부릅니다.

그런데, 이 잠복의 기간 동안 성경이나 교리서, 기도문이 아닌 책 한 권이 이 공동체에 전해 내려왔습니다. 이 책의 제목은 『덴치하지마리노고토天地始之事』 즉 '천지의 시작에 대한 일'입니다. 바로 잡아줄 어느 누구의 도움도 없이 오랜 구전을 통해 전해지다보니 성경의 내용이 꽤 많이 변형되었습니다만, 원래의 메시지는 그대로 전해지고 있습니다. 이 책의 내용을 일부 보면 예수회에서 잘못된 현지화로 우상숭배를 하지 않도록 번역을 고심한 흔적을 볼 수

◆ 마리아카논(관음)マリア観音. 로마 카피톨리니 박물관 소장.

있습니다. 다음은 그 책에서 성모 마리아의 예수 수태를 다룬 부분입니다.

일본에서 남쪽에 있는 로손羅尊이라는 나라에 산젠 제제스三千 ゼジェス라는 왕이 있었는데, 왕비를 구하다 그의 왕국에 총명한 12세의 마루야マルヤ라는 소녀가 있는 것을 알고, 그를 불러 왕비가 되기를 청합니다. 하지만 이미 평생 비루젠ビルゼン으로 살아가면 그가 찾는 구원을 받으리라는 하늘의 계시를 받은 마루야는 왕의 청을 거절하고 천국으로 올라가 천주 데우스デウス를 만나 하늘나라의 위계를 받고 집으로 돌아오는데, 어느 날 산 가무리야 아리간조サンガムリヤ アリガンジョ가 나타나 주가 그녀를 통해 세상으로 내려오실 것이라는 계시를 내립니다. 그리고 2월 중순 주께서 나비가 되어 비루젠 마루야의 얼굴에 빛을 비추고 그녀의 입으로 들어갑니다. 이제 아이를 가진 마루야는 가까운 친구 이자베루나イザベルナ가 역시 먼저 아이를 가졌음을 알고 그를 만나는데, 서로 만나 축복과 기도를 드리고 집으로 돌아옵니다.[38]

우선 로손羅尊은 현대 일본어 한자음으로는 '라손'이지만 당시 이 기록에는 '로손ろそん'으로 읽고 있는데, 짐작하시듯이 여송, 즉 스페인령의 루손을 의미합니다. 선교사들이 추방될 때 상당수의 일본인 기독교도들도 역시 마닐라로 추방당하였습니다. 쇄국이 되고 시간이 지나자 루손이 크리스트교의 무대로 변형된 것입니다. 이야기 중의 비루젠은 포르투갈어로 처녀virgem(영어의 virgin), 데우스는 라틴어 Deus 또는 포르투갈어 Deos, 산 가무리야 아리간조는 포르투갈어 상 가브리엘 아르칸조São Gabriel Arcanjo 즉 성 가브리엘 대천사로, Arcanjo는 영어의 대천사 archangel에 해당합니다. 그리고 이자베루나는 포르투갈어 Izabel이며 『루가의 복음서』에 등장하는 마리아의 사촌 엘리사벳을 의미합니다. 여기서 데우스나 아리간조의 경우를 봅시다. 이런 표기를 번역translation이 아니라 음역transliteration이라고 합니다.

일본에서 처음 세워진 기독교 성당은 보통 남만사南蠻寺라고 불렸습니다. 사비에르 신부의 첫 성당으로, 야마구치현에 있었던 거소는 대도사大道寺였습니다. 무엇보다 사비에르는 기독교 신의 이름을 맨 처음 다이니치大日로 번역을 하였습니다. 하지만 곧 불교의 한 종파로 인식되는 것의 문제점을 인지하고 1550년대에 들어서 불교와 혼동이 되지 않도록 용어를 모두 바꾸는 결정을 내립니다. 예를 들어 대일여래와 혼동되게 만드는 다이니치大日는 Deus의 음역인 다이우스提宇子로 바뀝니다. 이런 과정을 거쳐 일본의 예수교 선교사들은 아예 음역을 택하여서 부처가 아닌 전혀 다른 신으로 가르치고 있었던 거죠. 심지어 지금은 보통 가톨릭의 사제를 신부神父라고 부르지만 당시 일본에서는 『화한삼재도회』의 이스파이야 항목에 등장했던 '바테렌伴天連'이라 불렀습니다. 이 역시 포르투갈어의 아버지라는 의미의 '파드레padre'를 그대로 음역한 것입니다. 그런데 이렇게까지 신경을 쓰며 체계를 만들어왔는데, 일본에서 추방당하고 중국에 와서 보니 여기는 도교의 상제와 마구 혼용이 되어버린 상황이었고요.

신앙의 대도는 무엇인가

우리는 17세기에 유럽의 기독교 서적들이 한문으로 번역되어 동아시아 사회에 상당히 보급되었던 것을 알고 있습니다. 반대로 마테오 리치를 위시하여 중국의 예수회 선교사들은 열심히 중국의 유교경전을 라틴어나 다른 유럽어로 번역하였습니다. 앞에서 이미 말씀드렸듯이, 그 이유 중 하나는 우선 일차적으로 중국 예수회의 방침이 결코 기독교의 전통에 어긋난 것이 아님을 밝히기 위한 것이었습니다. 마치 고대 그리스 철학이 교부신학을 거쳐 기독교 교리에 어긋나지 않게 통합된 것처럼, 유교의 철학이 불완전하기는 해도 중국에 복음이 전해지기 전에 융합될 수 있는 기반으로 있었다는 주장을 뒷받침하려는 것이었다고 합니다.

하지만 동아시아에 나와 있던 예수회는 내부적으로 너무나 심각하게 서로 다른 입장으로 갈려 있었습니다. 호드리게스처럼 일본에서 추방되어 중국에 재배치된 선교사들뿐 아니라 시간이 지나면서 중국에 대한 정보가 축적된 중국 내 선교사들끼리도 서로 신학적 의견이 달라진 것입니다.

이런 반발의 중심에는 룽화민龍華民으로 불린 선교사 니콜로 롱고바르도Nicolò Longobardo가 있습니다. 롱고바르도는 마테오 리치 사후 그의 뒤를 이어 중국 선교 사업을 책임진 사람인데, 선임자이자 중국 선교를 가능하게 한 마테오 리치의 중국 유교-기독교 연결 전략에 대해 강하게 반대하였습니다. 호드리게스와 마찬가지로 그가 보기에 기독교와 달리 유교는 기본적으로 무신론이고 중국의 천제天帝는 기독교의 인격적 신이 아니라 그냥 우주의 법칙일 뿐이었던 것이죠. 신에 대한 인식이란 것이 바로 그 종교의 정체성인데, 말이 안 되는 것을 모른 척할 수 없다는 것이죠.

반면에 마테오 리치의 휘하에 있던 진니거金尼閣 니콜라스 트리고Nicolas Trigault 신부는 마테오 리치 방식에 대한 열렬한 지지자였습니다. 결국 비극적인 일이 벌어지면서 이 갈등이 봉합됩니다. 1612년부터 니콜라스 트리고는 마테오 리치가 이룩한 과업을 잘 지키면서 이 신학적 갈등을 해결하기 위해 노력을 하다 심각한 우울증 증세로 가톨릭에서 가장 죄악시하는 자살을 해버리고 맙니다. 예수회에서는 이 사건이 너무나 충격적이어서 롱고바르도는 이 신학적 갈등 문제를 거의 덮다시피 마무리짓습니다. 물론 그 외에도 좀더 복잡한 여러 배경이 얽혀 있었지만, 중국에서의 현지화 정책은 이렇게 일단락되면서 교황청에서도 어느 정도 조정과 수용을 거치게 됩니다.

1625년, 결국 최종적으로는 그동안의 갈등을 어느 정도 수용하여 '상제' 같은 오해를 줄 수 있는 일부 용어를 쓰지 못하도록 하고 대신에 기존의 방침을 존중해서 운용하라는 결정이 내려집니다. 이런 정책은 이후에도 세세한 조정을 통해 계속 보완됩니다. 예를 들어 교황청 포교성이 1659년 동아시아 지역의 코친차이나, 통킹, 중국 대목구에 적용한 선교지침을 보면 다음과 같은 내용들이 있습니다.

> 항상 전력을 다하되, 선교 지역 백성들의 전통적 의례나 관습, 미풍양속을 변화시키도록 유도하는 방법을 사용해서는 안 되며, 마찬가지로 그들의 종교나 미풍양속에 대해 드러내놓고 반대해서도 안 된다. 사실 중국에 프랑스, 스페인, 이탈리아나 기타 유럽 국가들의 문화를 이식시키는 것보다 더 터무니없는 일이 어디에 있겠는가? 여러분이 전해야 할 것은 이러한 문화이식이 아니라 신앙이기에 어떤 백성의 민족 의례나 관습들을 거부하거나 해를 끼치지 말아야 한다. 왜냐하면 그들의 문화들도 악한 것이 아니기에 보호되어야 하고 그 백성들을 결속시키는 역할을 하기 때문이다. 또한 이것들은 다른 민족들과는 다른, 자신들만이 지니고 있는 고유한 국가 전통이며, 인간 본성에서 나오는 공통된 특징이기 때문이다. 그리고 민족적 관습을 바꾸려 하는 것보다

◈ 당대 유명 화가였던 루벤스가 그린 초상화 〈중국옷을 입은 트리고 신부〉입니다. 한때 한국을 '안토니오 꼬레아'의 상상 속으로 몰아넣었던 루벤스의 〈한복 입은 남자〉와 같은 맥락의 그림입니다.

더 증오심과 원한을 자아내게 하는 일은 없으며, 특히 고대로부터 익숙해져 있고 국가적 전통으로 알려져 있는 것을 누가 대체시키려 할 때는 더욱 그러하다. 그러므로 선교지의 토착적 관습과 유럽의 관습을 비교해서도 결코 안 될 것이다. 따라서 선교 사업에 있어서 무엇보다도 토착적인 관습에 익숙해지는 데 노력을 기울여야 한다. 여러분은 칭송받을 만한 모든 것은 칭송하고 찬미해야 한다. 그러나 우상숭배와 같은 칭송되지 못할 것에는 괜히 호들갑스럽게 칭송해서는 안 되며, 그렇다고 쉽게 판단해서 어떤 동기도 없이 단죄하는 일이 없도록 하는 분별력이 요청된다. 외적으로 드러나는 사악한 관습들에 대해서는 이를 제거해야 하는데 말로 할 것이 아니라 침묵을 지키고 거의 느끼지 못할 정도로 천천히 행동해야 할 것이다. 그리고 한번 그 영혼들이 진리를 받아들일 준비가 된다면 이는 제거될 것이다.[39]

하지만 이런 정책은 이후에도 계속 수정과 조정을 거듭합니다. 18세기가 되어서는 분위기가 많이 달라져서 용어 문제에서 보다 확대되어 전례 문제와 같은 현지 문화의 수용에 분명한 선을 긋게 됩니다. 예를 들어 1715년 발표된 교황령을 보면, 초창기와 상당히 달라진 정책이 확정된 것을 알 수 있습니다.

지고하신 하느님은 중국에서 유럽식 용어로 적절하게 표현될 수 없으므로, 참 하느님을 의미하기 위하여 천주天主라는 용어가 허용되어야 한다. 이 용어는 하늘의 주인이라는 뜻으로, 중국의 선교사들과 신자들에 의해 오랫동안 사용되고 검증된 후 받아들여졌다. 그러나 하늘을 뜻하는 천天이라는 용어와 가장 높은 황제를 뜻하는 상제上帝라는 용어는 전적으로 배척되어야 한다. 따라서 경천敬天이라는 한자가 새겨진 현판懸板을 그리스도교 교회에 달거나 교회 안에 걸려 있는 기존 현판을 그대로 보존하는 것이 용인되어서는 안 된다.

이와 더불어, 그리스도교 신자들이 대제大祭를 관장하거나 이에 봉사하거나 혹은 참여하는 것은 어떤 이유로든 결코 용인되어서는 안 된다. 이 대제는 중국인들이 해마다 춘분과 추분에 공자와 돌아가신 조상들에게 늘 바쳐온 것으로, 말하자면 우상숭배에 물들어 있다. 마찬가지로 그리스도교 신자들이, 매달 초승과 보름, 중국 이름으로 묘廟라고 불리는 공자의 사당祠堂에서 공자를 공경하며 예식, 의례 그리고 제사를 거행하는 것은 용인되어서는 안 된다. 이는 정부 관료들, 즉 일급 고관들과 관리들, 그리고 학자들에 의해 거행되었다. 예컨대 정부 관리들, 즉 총독들과 고관들이 관직을 받은 후 이에 종사하기 전에 이를 거행하였고, 학자들은 직위를 받은 후 사원, 즉 공자의 사당으로 가서 이를 거행하였다.

뿐만 아니라, 사원 즉 조상들에게 바쳐진 사당에서 조상들에게 제사를 드리는 것은 그리스도교 신자들에게 용인되어서는 안 된다. 또한 제사를 관장하거나 어떤 식으로든 시중을 들거나 혹은 다른 의례와 예식을 거행하는 것도 그리스도교 신자들에게 용인되어서는 안 된다. 마찬가지로, 그리스도교 신자들이 그들의 조상들을 공경하며 위패位牌 앞에서 이같은 제사, 의례 그리고 예식을 거행하는 것은 용인되어서는 안 된다. 이들 제사, 의례 그리고 예식은 개인의 집에서나 그들 조상들의 무덤에서나 고인을 무덤에 안장하기 전에, 동향인同鄕人과 함께 거행되거나 혹은 따로 거행되는데, 그리스도교 신자들이 이를 관장하거나 이에 참여하는 것은 용인되어서는 안 된다. 더구나, 앞서 언급한 이들 제사, 의례 그리고 예식에 대한 다양한 측면에서의 검토와 신중하고도 적절한 논의를 통해 볼 때, 이들은 그 자체로 우상숭배와 분리될 수 없는 방식으로 이루어진다는 것이 명백히 드러났다. 따라서, 비록 그리스도교 신자들이 공적이나 사적인 확언을 통해 종교적이 아니라 단지 죽은 자에 대한 시민적이고 정치적인 예절로서 이들 제사, 의례 그리고 예식을 관장하며, 죽은 자들에게 어떠한 것도 청하거나 바라지 않음을 밝힌다 하더라도 그리스도교 전례법에 따라 결코 용인되어서는 안 된다.[40]

그나마 이렇게 조정을 거듭한 예수회의 예외적이었던 중국 현지화정책도 최종적으로 18세기 후반에 모두 금지되고 맙니다. 원래 이 문제의 장본인이었던 예수회가 유럽에서의 갈등에 휘말려 교황청에서 해산 결정이 내려지게 되었기 때문입니다. 그리고 아시듯이 이 후폭풍은 조선에도 불어닥쳐 결국 19세기에 수많은 서학교도의 순교와 희생을 불러옵니다.

찾았다! 전설의 크리스탕

그런데, 이 신학적 논쟁과 관련된 흥미로운 발견이 두 가지 있었습니다. 호드리게스 신부가 1613년에서 1615년까지 2년간 중국을 돌아다닌 후 보고한 서신 중에 이런 내용이 있습니다.

경비 문제로 십자가의 기독교인들을 발견하기 위해 계획 세웠던 대로 가볼 수가 없었다. 후난 지방과 타타르 인근의 성시들에는 이 기독교인들이 많이 있다. 비록 우리가 아직 발견할 기회가 없긴 했지만 이들은 분명히 존재하고 있다. 또한 여전히 많은 유대인들이 그들의 회당을 유지하고 『모세오경』을 지키고 있다. 이들 기독교인들과 유대인들이 언제 어디서 중국에 왔는지는 추후 보내주겠다.

이 두 가지 내용은 실은 확인만 된다면 중국 전통을 수용하려던 예수회에 천군만마가 될 소식이었습니다. 그런데 이 두 가지 일이 모두 실제 확인이 되었던 것입니다.

먼저 그 하나는 1625년 시안에서 공사를 하다 '대진경교유행중국비大秦景教流行中國碑'가 발견된 것입니다. 이 비석은 창세기의 천지창조와 '사탄娑殫'으로 인해 미망迷妄하여 다시 돌이킬 수 없게 되었는데, 삼위일체 '미시하彌施訶'가 인간으로 처녀〔室女〕의 몸을 통해 대진국大秦國에서 태어난 후 공생애를 보낸 후 신이 되어 승천〔昇眞〕하였다는 이야기로 시작됩니다. 미시하는 메시아의 시리아어 '메시하ܡܫܝܚܐ'를 한자로 옮긴 것이고, 대진국은 고대 중국에서 로마 제국을 의미하는 표현이었습니다. 그리고 '신이 되어 승천하였다'를 나타낸 '승진昇眞'이라는 표현은 도교의 표현이라고 합니다. 원래 경교는 431년 에페소스 공의회 이후 신학적 차이로 현재의 서방 기독교와 갈라져서 이후 동쪽으로 전파된 네스토리우스파 기독교를 가리키는 것입니다. 중앙아시아의 실크로드를 따라 7세기 당나라 시대 중국에 전파되었는데, 이어지는 비문의 내용은 중국에서 정착하는 과정을 기록하고 있습니다. 이 비석은 당나라에서 경교가 정식 종교 중 하나로 승인받으면서 이를 기념하기 위해 세운 것입니다. 이 발견은 중국의 과거를 기독교에 연결시키기 위해 노력하던 예수회 선교사들에게 그야말로 크게 도움이 되는 사건이었습니다. 게다가 '도道'나 '승진昇眞'과 같은 도교나 '법계法界' 같은 불교의 용어를 적극적으로 사용하고 있었으니 말입니다.

알바루 데 세메두Álvaro de Semedo 신부는 자신이 쓴 『위대하고 잘 알려진 중국 왕조의 역사The History of That Great and Renowned Monarchy of China』(1665)라는 책의 31장 「중국에 고대부터 심어진 기독교 신앙, 그 확실한 증거인 최근에 발견된 비석에 대하여」에 이 소식을 듣고 처음으로 직접 시안에 가서 흥분된 마음으로 이 비석을 확인했던 내용을 공개하고 있습니다. 이 비석은 한문과 함께 근동 지방에서 사용하던 시리아어로 적혀 있는데, 발견 후 바로 트리고 신부가 1차로 라틴어로 번역하여 유럽에서 출간하였습니다. 세메두 신부는 그 감격을 "그동안 고대 기독교인을 확인하려 했지만 찾을 수 없었던 '논박할 수 없는 증거'as an irrefragable Testimony of the Ancient Christianity in China, which had been so much desired and sought after"인 비석이 마치 "영적인 축제spirituall Jubilee"와도 같았다고 적어놓았습니다.[41] 19세기에 들어 이 비석은 특히 개신교 측에 의해 예수회에서 꾸며낸 가짜라고 공격을 받고 의혹을 품는 사람이 많아졌습니다만, 이후 중국 당나라대의 경교에 대한 연구가 쌓이면서 지금은 사실로 인정을 받고 있습니다. 최근에는 조심스럽게 당시 발해와 신라 같은 한국사의 영역에도 이들이 전래되었을 가능성에 대한 언급과 연구결과가 있습니다.[42]

◆ 대진경교유행중국비(상)와 대진경교유행중국비 비석의 시리아 문자(하).

제3장 남만인의 등장 147

이츠러예족의 발견

또다른 하나는, 시간을 조금 앞으로 당겨서 마테오 리치에게 찾아온 어떤 손님의 이야기에서부터 시작해야 합니다. 1601년 1월 광둥, 난징, 쑤저우를 거쳐 마침내 베이징에 입경한 예수회의 마테오 리치는 자명종과 현재 국악기 중 '양금洋琴'의 원형인 하프시콘이라는 악기를 앞세워 완리 황제의 관심을 끄는 데 성공하여 베이징에 천주당을 세우고 본격적으로 포교를 허락받게 됩니다. 이로부터 대략 35년 정도 지난 1635년 즈음에 씌어진 것으로 추정되는 『제경경물략帝京景物略』이라는 책에 당시 천주당에 대한 설명이 다음과 같이 나옵니다.

천주당은 선무문宣武門 내 동쪽 성 모퉁이에 있으며, 대서양의 예수교인 리마더우를 섬긴다. 그는 구라파에서 바다를 구만 리 건너 중국으로 왔으며, 신쭝(명 완리萬曆)이 거처를 주라고 명하여 그 집을 받았다. 숙소 왼쪽에 천주당을 지었는데, 천주당은 길고 좁은 복도에 천장은 천막을 덮은 것 같고, 벽에 비단을 치고, 기이한 그림으로 꾸몄는데, 그 나라의 장식이다. 야소의 상을 봉안했는데, 그린 것인데도 멀리서 바라보면 마치 흙으로 빚은 것 같다. 모습이 30세쯤 되어보이는데, 왼쪽 손에는 혼천도를 안고 있고 오른쪽 손은 손짓을 하며 이야기를 하고 있는 것 같다. 수염과 눈썹이 곤두선 것은 노한 듯하고 드날리는 것은 기뻐하는 듯하다. 귓바퀴는 커다랗고 콧날은 우뚝하며 눈은 한 곳을 주시하고 있는 듯하고 입으로는 말을 하고 있는 듯한 것이 중국의 그림과 같이가 않다. 향등을 갖추고 휘장으로 덮었으며, 깨끗하게 닦고 형상이 다르다. 오른쪽에 성모당이 있는데, 성모의 모습은 소녀 같은데 손에 한 어린아이를 안고 있으니, 야소이다. 옷은 꿰매어 만든 것이 아니고 머리에서부터 통째로 뒤집어쓴 것인데, 왼쪽과 같이 공경하고 받든다.[43]

이렇게 묘사된 천주당은 지금 베이징에서나 혹은 인터넷의 오래된 19세기 사진에서 볼 수 있는 서양식 건축물이 아닙니다. 18세기에 남당南堂이라고 불리며 홍대용 등의 북학파가 방문했던 서양식 성당이 건축된 것은 1650년대 이후이고, 이『제경경물략』에서 묘사한 천주당은 마테오 리치가 거주한 중국식 저택에 설치된 것입니다.

마테오 리치의 기이한 손님

자, 이제부터의 이야기는 바로 이『제경경물략』이 묘사한 17세기 전반기의 천주당에서 있었던 기묘한 만남입니다.[44] 마테오 리치가 이탈리아어로 쓴 기록을 배경으로 트리고가 라틴어로 옮겨 1615년 아우크스부르크에서 출판된『예수회에 의해 이루어진 중국으로의 기독교 선교여정De Christiana expeditione apud Sinas suscepta ab Societate Jesu』이라는 책이 있습니다. 이 책은 마테오 리치가 중국에서 어떤 과정을 거쳐 인증을 받고 교회를 허락받았으며, 중국이란 어떤 곳인가 하는 당대 최고의 정보를 17세기 유럽에 상세하게 전했습니다. 이 책에서 소개한 과거제도와 같은 유교적 시스템으로 인해 '철학자들이 통치하는 이성적 사회'에 충격을 받아, 유럽

근세의 계몽주의적 사상이 형성되는 데 자극이 되기도 했다고 할 정도입니다. 이 책의 초반부를 보면 「중국 안에서 회교도와 유대인, 그리고 마지막으로 기독교 신앙의 흔적을 찾아서de saracenis ac iudais ac fidei demum christianae apud sinas vestigiis」라는 대략 10쪽짜리의 장章이 있습니다.

천주당이 자리를 잡은 지 4년이 지난 1605년 6월 25일에서 30일 사이의 어느 날, 마테오 리치에게 손님이 찾아옵니다. 마테오 리치는 이 노유학자 손님을 맞이하여 안으로 모신 다음 성상에 무릎을 꿇고 경배를 하였습니다. 기록을 살펴보면 세례 요한의 상이 있었고, 아기 예수를 안은 성모자상이 있었으며, 4명의 성인상이 주위에 있었다고 합니다. 그러자, 이 중국인 노유학자 역시 리치를 따라 무릎을 꿇고 예를 따라 올리는 것이었습니다. 그리고 자신을 호난Honan의 카팜푸Chafamfu(후난성河南省 카이펑부開封府) 출신의 '응아이Ngai'라고 밝힌 진사 벼슬의 60대 노유학자는, 박사 자격을 위한 시험을 치르기 위해 고향에서 베이징으로 올라왔다가 서양인이 도래하여 사원을 열었다는 글을 읽고 이들이 유일신을 믿는다고 하길래 어쩌면 자신들과 같은 종교인가 싶어 찾아왔다고 말합니다. 리치는 처음에는 응아이가 혹시 중국에 일찍이 쿠빌라이 칸의 시대부터 있었다는 기독교인인가 하고 놀라 이야기를 하는데, 더더욱 놀라운 것이 응아이는 이스라엘인 즉 유대인이라고 하는 것이었습니다.

응아이는 처음 세례 요한과 성모자상을 보고 성모 마리아를 구약에 나오는 이삭의 아내 리브가, 그리고 요한과 예수를 이삭과 리

> ANNIS quoque superioribus Iudæam etiam *Iudæi*
> fæcem in hæc regna confluxisse deprehendimus, *ingressi*
> id maxime constitit ex eo quod nunc sum narra-
> turus. Cum iam Societas annis aliquot in Pe-
> quinensi Regia sedem fixisset, vt infra suo loco
> narrabitur, Iudæus quidam natione & profes-
> sione ad P. Matthæum Riccium visitandum ve-
> nit, fama illius permotus, de quo ac reliquis so-
> ciis multa legerat in libro quodam de rebus
> Europæis à Sinensi quodam Doctore conscri-
> pto. Is in Prouincia *Honan*, in eius metropoli
> *Chafamfu* natus *Ngai* cognomento dicebatur, &
> iam in Licentiatorum ordinem adscriptus ad so-
> lita Doctoratus examina Pequinum aduolarat:
> Iudæus igitur quoniam eo in libro legerat, no-
> stros minime esse Saracenos, & aliud nullum Nu-
> men nosse, præter cœli terræ tp Dominum, nihil
> omnino dubitauit, nostros esse legis Mosaicæ
> professores. Ingressus igitur ædes nostras alacri

◈ 표시한 박스 안의 Honan, Chafamfu, Ngai 등의 키워드를 참고하시기 바랍니다. Chafamfu는 Chaifamfu라고도 표기되어 있습니다.

브가의 아들인 에서와 야곱으로 생각했다고 말합니다. 그리고 4명의 성인은 12지파 중 4개 지파를 대표하는 사람으로 보고 나머지 8지파는 어디 있느냐고 묻는 것이었습니다. 마테오 리치가 히브리어와 라틴어가 병기된 플란틴 성서를 보여줍니다. 응아이는 거기 있는 히브리어를 알아보면서 자기는 일찍부터 과거시험을 치르기 위해 한학을 공부하여 이 글자를 읽을 수가 없지만, 자신의 삼형제 중 두 명은 집안의 종교를 따라 이 언어를 배웠으며, 그중 한명은 랍비가 되어 시나고그(유대인의 회당)에서 10~12가문으로 이루어진 이스라엘인들의 지도자로 있다고 얘기를 합니다. 게다가 최근에 1만 냥을 들여 시나고그를 멋지게 증축하였다는 얘기도 곁들입니다. 그리고 더 놀라운 것은 카팜푸 외에 시안툼Sciantum의 린신Lincin(산둥성의 린칭臨淸)에도 십자가를 공경하는 사람들이 외국에서 이주해와 살았었다는 얘기까지 전해줍니다.

아니, 잠깐만요! 지금 이 이야기들이 1605년의 여름 명나라의 베이징에서 오고간 이야기라는 겁니까! 이 놀라운 만남 이후 마테오 리치는 이 카이펑에 있다는 유대인들을 전설 속의 '잃어버린 10지파'라고 생각했습니다. 그래서 우선 처음에는 중국인 평신도를 카이펑에 보내어 조사를 시작한 다음 니콜라스 트리고 신부를 카이펑에 파견하여 히브리어 성서를 확인하도록 합니다. 또한 1610년 마테오 리치 사후 자리를 이어받은 니콜로 롱고바르도 신부 역시 깊은 관심을 가지고 카이펑을 방문하여 이들을 만났다고 합니다. 선교 방침을 두고 서로 다른 비전을 갖고 있던 사람들도 모두 깊은 관심을 보였다는 것입니다.

실은 마테오 리치의 책에는 '응아이'가 어떤 사람인지 더이상 자세히 나와 있지 않습니다. 그러니까 정확히 언제 그를 만난 것인지, 그의 나이가 어떻게 되는지 이런 얘기는 나와 있지 않습니다. 이 카이펑에서 왔다는 17세기 초반의 유대인은 최근의 여러 자료들에는 빠짐없이 마테오 리치가 기록한 응아이Ngai가 아니라 아이 티엔(Ai Tien 혹은 艾田)이라고 소개되어 있습니다. 마테오 리치는 응아이라는 사람에 대해서는 더 자세한 내용을 적지 않았고, 다만 호난의 도시 카팜푸에서 박사 시험을 치러 올라왔다고만 서술하고 있습니다. 게다가 앞에서는 제가 1605년 6월 25일에서 30일 사이라고 적었지만 그 날짜도 마테오 리치의 책에는 실은 적혀 있지 않습니다. 그럼 도대체 인터넷에 떠도는 내용을 포함하여 심지어 제가 쓴 내용까지 이런 얘기들은 도대체 뭐가 출전이란 말인가 하는 의문이 생기실 겁니다. 이 응아이와 이날의 만남에 대해서는 훗날 또다른 자료와 또한 한 세기 전 벽안의 중국학 학자 한 명의 검증으로 상세한 내용이 밝혀지게 됩니다.

펠리오와 응아이

자, 이제 19세기 말에서 20세기로 넘어가는 시기, 중국과 중앙아시아를 마치 '인디아나 존스'의 프로토타입처럼 누비던 어느 벽안의 중국학 학자를 만나봅시다. 한국인들에게 '실크로드'라는 말이 구체적으로 의미를 가지게 된 것은 신라 혜초 스님의 『왕오천축국전』이라는 책 한 권이 전부가 아닌가 생각됩니다. 심하게 말해, 그 책으로 인해 신라의 로만글래스 출토품도 서역인풍의 토용도 모두 외계인이 가져온 것이 아니라 '설명 가능한 유물'이 되어주었다고 해야 하는 것이 아닌가 하는 생각이 들 정도입니다. 그런데, 『왕오천축국전』을 발견하고 소개한 사람이 지금부터 얘기하려는 폴 펠리오Paul Pelliot라는 유명한 둔황학자입니다.

『왕오천축국전』 얘기를 간단하게 마무리하자면, 둔황에 소재한 막고굴莫高窟 제17호굴인 장경동藏經洞에서 발굴된 수만 점의 문서 중에서 1908년 폴 펠리오가 7000여 점을 뇌물을 주고 유출해갔는데, 그중 하나가 『왕오천축국전』이었습니다. 이 문서가 다시 일본의 오타니 고즈이大谷光瑞의 연구로 신라승 혜초의 글로 밝혀진 것입니다. 오타니는 이후 다시 둔황의 유물들을 유출하여 일본으로 가져갔는데, 이중 3분의 1이 결국 조선총독부를 거쳐 지금 한국의 국립중앙박물관에 소장되어 있습니다. 제국주의 시대 유물의 권리와 반환을 둘러싼 논쟁은 실은 이렇게 우리 옆에도 남아 있습니다.

아무튼 폴 펠리오라는 프랑스 아시아학자는 이뿐만 아니라 그 인생 자체가 어찌 보면 '제국주의의 화신'이라고 해야 할지, 아니면 이전 세기 '낭만적 동양학자'의 프로토타입이라고 해야 할지, 상당히 치명적이고 위험한 매력이 있는 사람입니다. 예를 들어 그의 초기 일화 중에서 가장 어드벤처한 것 하나를 소개해보겠습니다. 폴 펠리오는 1900년 하노이의 극동학원École Française d'Extrême-Orient의 연구교수가 되어 도서 구입차 베이징에 갔는데, 마침 의화단사건이 발발하여 외국공사관 지역에서 포위되고 맙니다. 당시 베이징의 외국공사관 지역은 7월 15일부터 8월 15일까지 한 달 동안 8개국 외국인 473명, 군인 451명, 그리고 중국인 기독교인 3000여 명이 이 포위 속에서 완전 고립되어 있었습니다. 엉겁결에 이 포위에 함께 간 펠리오는 마치 인디아나 존스처럼 포위망을 넘나드는 모험을 합니다. 당시 영국 소속으로 대영박물관의 학예위원이기도 했던 훗날의 저명한 중국학자 라이어널 자일스Lionel Giles 역시 그 포위 속에 같이 있었는데, 그의 회고를 보면 다음과 같은 이야기가 있습니다.

펠리오라는 이름의 프랑스인은 공사관 거리의 중국 측 바리케이드 위로 올라가서는 병사들과 차를 나눴다. 중국인이 그에게 자기들 쪽 바리케이드로 넘어와서 자신들의 마 대령을 만나보는 게 어떠냐고 물었다. …… 거기서 그는 푸른 단추를 단 장교들과 얘기를 나누었는데, 그 장교들은 그에게 식량을 주었고, 우리 측의 방어태세와 보급품 양을 그에게서 들어보려고 노력했다. 그는 우리 모두가 멋지게 빠져나올 수

있도록, 우아하게 거짓말을 해댄 것 같아 보였다.[45]

후아! 이 사람 배짱이 두둑한 사람 같아 보입니다. 실제 그의 일대기에는 이때 두 번이나 바리케이드를 넘어 적기를 빼앗아오고 포위된 사람들을 위해 과일을 가져온 공으로 나중에 레종도뇌르 훈장을 받았다고 합니다.

이후 하노이와 베이징을 베이스로 연구와 강의를 하던 폴 펠리오는 중국학 학술지인 『통파오T'oung Pao, 通報』의 편집인 및 기고가가 됩니다. 『통파오』는 1890년에 네덜란드에서 창간되어 가장 오랫동안 발행되고 있는 중국학 학술지입니다. 폴 펠리오는 1920년부터 1942년까지 22년간 주요 편집인으로 활동했습니다.

이중에서 1921년의 제20호 『통파오』의 목차를 한번 봅시다. 목차에는 세 번째 기고문으로 「유대인 응아이, 마테오 리치 신부의 정보제공자Le juif Ngai, informateur du P. Methieu Ricci」라는 제목의 글이 있습니다.

폴 펠리오는 이 글에서 마테오 리치가 언급한 응아이를 추적하고 있습니다. 우선 이 글에는 앞서 소개한 트리고의 책 이외에 몇 가지 다른 출처의 자료가 언급되어 있습니다. 그중 하나는 마테오 리치가 1605년 7월 25일자에 쓴 편지이고, 다른 하나는 카이펑부의 과거급제자 기록이 담긴 지방지 기록이었습니다. 마테오 리치의 편지에는 응아이에 대한 좀더 상세한 정보가 실려 있습니다.

우리는 며칠 전에 우리를 방문한 사람을 통해 유대 종교와 민족과 형

◆ 1921년 제20호 『퉁파오』 「유대인 응아이, 마테오 리치 신부의 정보제공자」. 『퉁파오』에는 광범위한 동양학 기고들이 실려 있는데, 1895년에는 김옥균을 암살한 홍종우의 파리 체류를 소개한 글도 실렸던 적이 있습니다.

태를 알았습니다. 그는 후난성 도시 출신의 응아이라고 하는데, 진사자격을 획득하고 이미 60세나 되었습니다. 이번 해에 양저우ıauceo에 있는 학교에 주어진 자리를 구하기 위해 왔고, 그의 두 다른 형제는 히브리어를 배우고 그중에는 랍비도 있다고……[46]

펠리오는 흔하지 않은 성姓인 '응아이'로 발음이 전사될 수 있는 중국 성 중에서 카이펑부의 과거 합격자 명단을 비교하여 검색하였습니다. 그러자, 보통 잘못 알려진 것과 달리 1605년에 과거를 보러온 것이 아니라 이미 1573년 진사시에 합격했던 '응아이 티엔 艾田'을 찾았고, 그가 1605년 당시 편지와 같이 60세라는 것을 검증하였습니다. 한편 그가 마테오 리치에게 밝힌 상경의 목적이었던 양저우 관련 정보는 장쑤성의 양저우 지지地誌를 확인은 해봤지만, 그가 양저우의 학교에서 자리를 결국 구하였다고 해도 기간이 짧았었는지 그의 이름은 찾지 못했다고 솔직히 밝히고 있습니다.

이것이 지금까지 카이펑 유대인이라고 검색하면 나오는 모든 자료에 올라간 카이펑부 유대인 '애艾' 진사 아이 티엔의 전모입니다. '艾'자의 한국어 한자음은 '애'이고 현대 표준 중국어 발음 역시 '아이'입니다만, 이 글자는 일본어 발음 '가이'에 흔적이 남은 것처럼 원래 중국의 중고음으로는 응아이였습니다. 지금도 베이징관화 외의 다른 중국어 방언에서는 응아이로 발음을 한다고 합니다. 응아이를 찾아내는 과정을 살펴보면 문득 이런 쓸쓸한 생각도 듭니다. 뭐랄까, 20세기 초반 동아시아가 그저 생존이 더 급급하던 시기에 '어이, 너네가 스스로 할 수 없으면 잠시 옆으로 비켜 있어줄래' 하며 조연과 주연이 바뀌어버린 그런 느낌이랄까요. 정작 그 상황을 누가 먼저 만든 건가는 차치하고 말입니다.

명말 청초 관리 자오씨의 일생

호드리게스 신부는 아마 직접 후난성 카이펑을 찾아 이 유대인들을 만나 확인을 했던 것 같습니다. 그리고 트리고나 다른 예수회 신부들도 가서 확인을 하였다고 합니다. 그런데 정말 유대인들이 중국 한복판에 살고 있었단 말인가요? 후난성 카이펑은 우리가 중국의 회교도라고 하면 흔히 연상하는 신장의 위구르 자치구와는 너무나도 거리가 먼 중국의 한복판인데 말이죠. 지금부터 말씀드릴 시간과 무대는 응아이 티엔이 베이징에서 마테오 리치를 만나

카이펑에 유대인이 살고 있다고 얘기한 지 대략 50년 정도 지난 시점의 카이펑에서 있었던 그다음 세대 사람들의 이야기입니다.

잠시 자오잉청趙映乘이라는 어느 17세기 중국인 관리의 일생에 대한 이야기를 먼저 들려드리겠습니다. 자오잉청은 1619년 명 완리 47년에 집안 대대로 살아오던 후난성 카이펑부에서 태어났습니다. 그가 23살이 되던 해인 1642년 '이자성의 난'이 일어나 시안에서부터 출발한 반란군이 파죽지세로 중원을 휩쓰는 와중에 카이펑부가 이들에게 포위되는 사건이 일어납니다. 6개월간 지속된 봉쇄로 갇혀 있던 명군은 포위를 뚫기 위해 엄청난 무리수를 펼치게 됩니다. 카이펑부는 황허변에 있어서 원래 홍수가 자주 나던 곳이고 그래서 제방을 수백 년 동안 강화해온 곳이었는데, 반란군의 봉쇄를 풀겠다고 이 제방을 허물어 인공 홍수를 발생시킨 것입니다. 결과는 참담했습니다. 홍수와 물 빠진 후의 기아와 전염병으로 주민 37만여 명 중에 30만 명 이상이 희생되었다고 합니다. 그리고 카이펑부는 완전히 버려진 도시가 되어 사람들이 살지 않는 폐허가 되어버렸습니다. 이때 살아남은 사람들은 강을 건너 황허 북쪽에 자리를 잡았습니다.

자오잉청은 다행히 이때 목숨을 부지하여 그의 집안 사람들과 함께 황허 이북으로 이주하여 다시 자리를 잡고 과거 준비를 합니다. 1646년 그사이 천하가 바뀌어 이제는 청나라가 된 중국, 인간 승리 자오씨는 마침내 진사시에 합격하여 형부의 낭중 벼슬을 받아 조정에 나아갑니다. 이후 장시江西 3성에서 관직을 돌며 승승장구 커리어를 쌓은 그는 10년 만인 1652년 다시 고향 카이펑부로 갑니다. 10년 전 단지 유생의 신분으로 허겁지겁 식구들과 함께 홍수와 난리를 피해 떠난 그가 마침내 조정의 고위관리가 되어 폐허가 되어버린 고향을 재건하는 책임을 지고 돌아온 것입니다. 카이펑부를 재건하면서 그는 자신의 집안을 설득하여 그들을 모두 원래 살던 카이펑부로 돌아오도록 합니다. 그리고 사비를 털어 자신들의 회당인 청진사清眞寺를 1653년에 재건하고, 홍수 중에 물에 빠뜨렸다 구한 경전을 다시 청진사에 봉하여 커뮤니티를 재건합니다. 자오잉청은 이후 호광강방안찰사湖廣江防按察使를 역임하던 1657년경 사망한 것으로 추정되고 있습니다. 그의 사후 1663년에 집안의 내력과 중건의 과정을 적은 석비가 세워져 자오잉청의 헌신이 전해 내려오게 됩니다.

   명말 청초의 관리 이야기이긴 한데 난데없이 왜? 음, 왜냐하면 말이죠. 자오잉청은 한족漢族이 아닙니다. 자오씨의 집안은 추정하기로 12세기 송대부터 카이펑부에서 살기 시작한 것으로 기록되어 있는데, 다른 6개 씨와 합쳐 7성 8족의 소규모 족속을 이루고 한족이나 같은 인근 지역의 회회족과 구분되는 자신들의 전통을 유지하며 살아왔습니다. 이들은 북송대 서방에서 중국으로 와서 서역의 직물을 바치고 당시에는 볜량汴梁으로 불리던 카이펑부에 땅을 하사받아 살기 시작했다고 합니다. 1163년 남송 샤오쭝孝宗대에 우스다 리웨이五思達利微라는 지도자를 따라 자신들의 종교를 위해 청진사라는 회당을 세우고, 가져온 율법서를 이곳에 안치하였습니다. 이곳에서 만라滿剌라는 종교 지도자 아래 자신들의 문자와 언어를 배우고 전통적인 절기를 지키며 살았는데, 카이펑의 몰락 이

전에는 한때 수천 명에 이를 만큼 번성하였다고 합니다. 송원대에는 주로 상업과 금속 보석 세공업에 종사하였는데, 명나라 후반기에는 상당수 유학자로서 과거를 치르고 관리가 되기도 하였습니다.

그러다, 앞서 설명한 1642년의 홍수가 나자 상당수의 가문이 유실되었고 이중 일부만이 황허 이북으로 피신하여 흩어져 있었습니다. 물론 자오잉청의 카이펑 복구와 함께 다시 고향으로 돌아온 그들은 청진사를 중건하고 살았지만, 그들의 전성기는 이미 지나버려 점차 한족이나 이웃 회회족에 동화되면서 서서히 쇠락하게 됩니다. 19세기 중반에는 커뮤니티의 중심지였던 청진사도 폐허가 되고, 더이상 의미 있는 집단으로 존재하기 어려운 상황이 되어버렸다고 합니다.

이츠러예족의 청진사비

이들은 스스로를 이츠러예족─賜樂業族으로 불렀고, 이들 중 한 명인 자오잉청의 고유 이름은 아브람(아브라함)의 아들 모셰라는 의미의 '모셰 벤 아브람'이었다고 합니다. 아마 자오씨는 요나단을 음차한 것일 거라고 합니다. 예, 그렇습니다. 그러니 이츠러예는 이스라엘을 한자로 옮겨 적은 것입니다. 현재 브리티시 라이브러리에는 이들이 홍수 중에도 물에서 건져 보관하였던 유대교 경전 즉 토라가 있는데, 오른쪽 사진을 보면 흥미롭게도 물에 빠진 흔적이 남아 있을 정도입니다.

1663년의 석비는 현재로서는 소재를 찾지 못해 없어진 것으로 되어 있습니다. 모르죠, 캐나다나 영국의 어느 교회단체 창고 뒷마

◆ 브리티시 라이브러리에 소장 중인 카이펑 유대인의 『토라』. 거짓말 같지만 홍수의 흔적이 남아 있습니다.

당에 처박혀 있을 수도 있고, 아니면 카이펑 포장도로 밑에 잘게 부서져 들어가 있을 수도 있고요. 농담처럼 들리겠지만 실은 둘 다 가능성 있는 이야기입니다. 하지만 이 1663년 비문의 탁본은 다행히 남아서 전해옵니다. 그리고 현재 카이펑에는 이 비문의 탁본 외에도 카이펑부의 유대인과 관련된 석비 두개가 남아 있습니다. 그 석비 중 하나는 앞뒤로 시간이 다른 비문이 새겨져 있어서 실제로는 모두 3개의 비문이 남아 있는 셈입니다. 그러니, 1663년 탁본까지 치면 총 4개의 비문이 남아 있습니다. 각각의 비문은 청진사를 개축하거나 중건할 때마다 이를 기념하기 위해 세운 것입니다. 내용은 대동소이하지만 후대로 가면서 약간 과장되거나 부정확해 보이는 내용들이 들어간 것으로 보입니다. 이 석비문은 우선 1489년의 「중건청진사기비重建淸眞寺記碑」, 1512년의 「존숭도경사기비尊崇道經寺記碑」, 그리고 1679년 같은 이름의 「중건청진사기重建淸眞寺記」 3개입니다. 이중 1489년 명문과 1512년 명문은 같은 비석의 앞뒤에 있습니다.

가장 궁금한 건 도대체 언제 어떤 경로로 이들이 중국 한복판 카이펑에 자리를 잡게 되었을까 하는 것이겠지요. 실은 가장 오래된 1489년의 명문이 어찌 보면 가장 정확한 얘기를 전하고 있습니다. 20세기에 들어와 천위안陳垣이 비문의 원문을 복원하고 작은 글자로 주석을 단 내용을 일부 살펴보겠습니다.

자, 비문의 처음에는 이렇게 적혀 있습니다.

이츠러예교는 아무라한阿無羅漢(=아브라함) 조사祖師가 세웠는데, 그는 반고 아탐盤古阿耽(중국고사의 반고와 히브리의 아담을 같은 인물로 보고 있습니다)의 19세손이다. 천지창조 이후 조사祖師들을 통해 하늘의 도가 전해 내려왔는데, 그들은 형상을 만들어서 섬기거나 사술이나 귀신을 섬기지 않았다. 아무라한이 생각해보니 하늘이라는 것은 맑고 순수하며 그 아래와 비교할 수가 없다. 하늘의 길은 말하지 않으니 사계절을 통해 제 길을 가고 만물이 만들어졌다. 봄이면 생명이 나고 여름이면 자라고 가을이면 추수하고 겨울이면 저장을 한다. 하늘을 나는 새나 바다의 물고기나 땅 위의 소생들이 모두 이 생명의 순환을 따르고

◈ 1489년 「중건청진사기비」, 비문의 첫 부분입니다.

변화하고 색을 낸다. 아무라한이 홀연히 깨닫고 신비를 이해하자 참하늘(眞天)을 도와 정교正教를 추구하게 되었으며, 온 마음으로 섬기고 교를 이어가게 되었으니 이것은 주나라 146년이 되던 해이다. 이 교가 전해 내려오기가 먀섭乜攝(=모세) 조사에게 이르렀는데, 이때가 주나라 제613년이었다. 먀섭이 석나산昔那山(=시나이산)에서 40일 밤낮을 금식하며 기도하여 천심을 감동시켜 53권의 경을 받았는데, 선함이 사람의 선함을 발동시키고 악함을 억누른다. 정교는 다시 이어져서 애자랄藹子剌(에즈라, 구약 『에즈라서』의 주인공) 조사에게 이르렀는데, 그가 하늘을 섬기는 예와 법은 하늘의 신비를 전적으로 드러내었다.

제3장 남만인의 등장 163

이 다음에는 하늘에 예배를 드리는 방법이 적혀 있습니다. 어떤가요? 우리가 알고 있는 구약과 상당히 다른 듯하면서도 그런가 싶은 데가 있지 않습니까? 마치 가쿠레 기리시탄의 신약성서 전래의 구약 버전을 보는 듯합니다. 신의 존재가 완전히 유교적인 '하늘'과 거의 같은 느낌입니다. 한 가지 의아한 것은 모세가 등장하지만 이집트 탈출 같은 이야기가 없습니다. 훨씬 이성적인 느낌이랄까요. 그런 측면에서 본다면 예수회의 마테오 리치계에서 상당히 좋아했을 것 같지 않습니까?

다시 비문은 이어져서 자, 이제 이들의 중국 입조가 기록되어 있습니다.

이렇게 교의 도가 전해 내려오면서 천축에서 명을 받들어왔는데 처음에 리李, 안俺, 아이艾, 가오高, 무穆, 자오趙, 진金, 저우周, 장張, 시石, 황黃, 리李, 니에聶, 주오左, 바이白 등의 70개 성이 송 황제에게 서양포西洋布를 진상하자, 황제가 우리 중하中夏에 찾아왔으니 조상의 풍습을 지켜 벤량汴梁(카이펑의 북송대 명칭)에 살도록 해라, 하였으며 송나라 샤오쭝孝宗 룽싱隆興 원년(1163)에 우스다五思达가 지도자였을 때, 암도랄俺都剌(현대 중국어 발음 안둘라)이 절(유대회당 시나고그)을 짓기 시작했다.[47]

비문의 이후 이야기는 지금부터 하려는 이야기와 크게 관계가 없으니 생략하겠습니다. 대신 위의 마지막 단락을 가지고 이들의 유래에 대해 논쟁을 벌이는 현재 학자들의 설들을 설명드리겠습니다.

우선 이들의 유래를 인터넷에서 검색하면 주나라 혹은 당나라로 언급한 것을 보기도 합니다. 하지만 이런 이른 시기는 이들과 거의 무관하다고 보입니다. 주나라설은 전설의 '잃어버린 10지파'가 주나라 때와 역사적으로 겹치는 데다가, 이 비문이 이후 1512년, 1663년, 1679년으로 카피 페이스트 에러가 반복되면서 '주나라 때 중국에 왔음이요' 하고 오류가 발생한 것으로 보입니다. 그러니 후대 비문을 거꾸로 끼워맞춰 '주나라 때 왔다 카더라' 하는 주대 중국입국설은 거의 의미가 없습니다. 대신 당나라설은 실제 둔황에서 발견된 히브리어 문서라든가 당대 황소의 난 기록에 어쩌면 유대인을 의미하는 것일 수 있는 단어들이 있어 가능성은 있지만, 카이펑 유대인들 자신이 당나라대의 자신들에 대한 인식이 없으니 이들로만 한정한다면 역시 당장 가능하지는 않습니다.

우선 확실한 것은 자신들이 스스로 언급한 대로 송나라 때입니다. 그런데 재미있는 것은 이들이 처음 청진사 시나고그sinagogue (유대회당으로 제사장이 아니라 랍비가 주재하는 곳입니다)를 지은 것이 샤오쫑때라고 얘기하고 있는데, 송 샤오쫑은 남송의 황제입니다. 즉 샤오쫑이 송나라 황제였던 1162~1189년 기간에 카이펑은 금나라에게 점령된 지역이었습니다. 그러니 실제 그들에게 볜량에서 살라고 한 송 황제는 샤오쫑 이전 북송대(960~1120)라고 봐야 할 것입니다.

북송대에 중국에 들어왔다면 어디서 어떻게 들어온 것일까요? 현재로서는 이들이 페르시아와 인도를 거쳐 중앙아시아를 통해 당시 수도 카이펑으로 왔다고 추정하고 있습니다. 웬 페르시아냐구요? 지금 얘기하는 이 페르시아는 기원전 5세기의 아케메네스 왕조입니다. 이때는 성경에 고레스 왕으로 불리는 키루스 왕의 시대입니다. 페르시아는 바빌로니아를 정복하고 난 후에, 바빌로니아에 유폐 중이던 유대인들에게 귀환령을 내려 원래 고향으로 돌아가 성전을 재건하게 했을 뿐 아니라, 페르시아에서 상당한 등용과 함께 우대를 해주었습니다. 결과적으로 상당수의 유대인들이 페르시아 제국 내에서 자리를 잡고 관리로 활약하거나 상업 활동에 종사했다고 합니다.

자, 그런 배경을 두고 위의 단락을 다시 보겠습니다. 아브라함-모세에서 이어지는 조사祖師의 계보가 에즈라에 이르렀을 때 예배가 확립되었다고 하고 있습니다. 에즈라는 일반적으로 바빌론 유폐가 페르시아에 의해 끝난 시기의 사람으로 보고 있습니다. 즉, 에즈라를 페르시아 제국 속의 유대인에게 있어 중요한 지도자로 보고 있다는 얘기이죠. 그런 다음 시나고그를 처음 지은 송 샤오쭝 당시 지도자를 우스다五思達라고 하고, 다른 비문의 기록에는 당시 우스다의 이름을 리웨이利微라고 하고 있는데, 우스다라는 것은 페르시아어 'Usta'의 음역으로 해석하고 있습니다. 원래 페르시아어의 우스타는 직공 장인 중에서 마스터 장인을 일컫는 단어인데, 페르시아 유대인들 사이에서 의미가 약간 변하여 총지도자를 의미하는 것으로 바뀌었다고 합니다. 리웨이는 레위Levi로 해석합니다. 레위 지파가 전통적인 제사장을 맡은 것을 보면 레위는 지도자이며 제사장이라는 의미일 것입니다. 단락 중에 시나고그를 지은 암도랄(안둘라)은 현재 사람 이름 또는 페르시아어로 감독이라는 의견으로 나눠져 있다고 합니다.

그리고 마지막으로 모세가 53권의 경을 하늘에서 받았다고 한 부분을 보시기 바랍니다. 이것은 보통 『모세오경』 또는 『토라Torah』라고 하는 것입니다. 지금 서구권 및 우리나라 기독교의 『모세오경』은 원래 54장을 기준으로 합니다. 그런데, 비문에는 53권이라고 하였습니다. 왜냐하면 페르시아 유대인 버전의 『모세오경』은 서구권에서 사용하는 버전과 구분이 약간 달라 53장으로 이루어져 있다고 합니다. 이처럼 비문에 확실히 페르시아의 영향이 짙게 남아 있는데, 천축은 어인 일일까요? 경로를 추정하면 페르시아에서 일단의 유대인 집단이 아프가니스탄-인도 북부를 거쳐 중앙아시아를 통해 중국으로 들어왔을 가능성이 가장 유력하다고 합니다. 실제 시나고그가 생기고 이 비문을 지을 때까지 카이펑뿐 아니라 중앙아시아에서 카이펑을 이어주는 노선의 시안, 닝샤에도 유대인 커뮤니티가 있었고, 이 라인이 양저우, 닝보에까지 계속 이어진 것을 알 수 있습니다.

금나라, 원나라를 이어 상공업에 종사하던 이들 카이펑 유대인은 이후 명나라에 이르러 본격적으로 유학을 공부하고 과거를 쳐서 중앙 관계에 진출하기 시작하였습니다. 그래서 응아이라는 이름으로 이후 20세기의 펠리오가 카이펑 출신의 나이와 시기를 훑어서 아이 티엔艾田이라는 진사를 찾아낼 수 있었던 것이죠. 하지만 명청대에 이르러서는 처음 17개나 되던 성이 점차 사라지고, 자오趙, 리李, 아이艾, 장張, 가오高, 진金, 시石 의 7개 성, 그리고 한자는 같지만 집안이 다른 두 개 집안의 리 씨를 합쳐 7성 8족밖에 남지 않았다고 합니다. 상당수의 학자들은 비문의 70개 성을 17개 성의 오타로 보고 있는데, 일단은 카이펑의 홍수 때 상당수의 집안이 유실되었다고 볼 수 있습니다.

그래도 이들은 17, 18세기만 해도 커뮤니티를 유지하고 있어서 실제 1772년 예수회 선교사 장 도맹Jean Domenge 신부가 카이펑을 방문하여 시나고그 청진사의 모습과, 시나고그 한가운데에 배치한 모세의 의자에 『토라』를 놓고 낭독하는 변발을 한 모습의 청대 카이펑 유대인을 스케치한 그림도 있을 정도입니다. 한마디로 예수회와 유럽에서 이들을 두고 이스라엘 지파를 발견했다고 난리법석을 떠는 동안 그런 바깥세상 모르고 이들은 그냥 오래오래 몇백 년 동안 중국 사회에서 나름대로 평화롭게 지내고 있었던 것입니다.

그런데, 마테오 리치가 중국 유대인과 조우한 일이 유럽에 전해지자 전혀 무관할 것 같던 곳에서 파장이 일어나게 됩니다. 17세기 '유럽의 예루살렘'이라고 불린 암스테르담의 므나세 벤 이스라엘Menasseh ben Israel(1604~1657)을 소개하겠습니다.

잃어버린 10지파는 시님에서 돌아오리라!

그전에 잠깐 몇 가지 기초 상식을 알려드리면 다음 이야기들이 더욱 재미있어질 것 같아 짧게나마 짚고 넘어가겠습니다.

유럽 문명의 반유대주의anti-semitism 자체가 유대인이란 존재를 전제로 한 것인데, 이게 동아시아는 유대인 커뮤니티가 사회 속에 있었던 적이 없으니 그에 반대하는 반유대주의도 애당초 존재해본 적이 없는 이슈입니다. 그래서인지, 유대인이라는 문제가 그저 참혹한 홀로코스트의 경우뿐만 아니라 왜 그토록 세련돼 보이는 유럽 문명 속에서 끊임없이 반유대주의라는 야만적 형태로 불거져 나오는지 동아시아인으로서는 사실 꽤 이해하기 어려운 것 같습니다. 한국에서 체감하는 유대인 문제는 홀로코스트의 피해자, 이스라엘이라는 근래의 가해자, 세계정복 음모론, 그리고 일부 개신교계의 뭐랄까 좀 난감한 유사동족의식 정도입니다. 대신 서구 역사 속에서 지속적으로 문제가 되었던 진짜 반유대주의에 대해서는 정작 자세히 알려져 있지 않습니다. 마침 제가 전 세계에서 유대인 파워가 가장 강한 지역에 몸담고 살고 있어서 조금 관심 갖고 알게 된 것들이 지금 하는 이야기 시리즈와 관련이 있습니다. 지역적으로 유대인 인구가 텔아비브 다음으로 많은 도시라면 이해가 되시겠죠.

그래서 잠시 마테오 리치가 응아이를 만나고 그런가 했었다는 역사 혹은 전설을 조금이나마 한번 살펴보겠습니다. 어릴 적 동네 교회의 주일학교를 한번쯤 가본 적 있다면 어쩌면 거기서 들었을 법한 얘기들입니다.

잘 알려졌다시피 이슬람, 기독교, 유대교 모두 엄밀히 따지면 수메르인이라고 해야 할 아브라함에서 시작합니다. 아브라함과 이삭과 야곱의 세계를 거쳐 요셉을 포함한 야곱의 아들 12명이 이집트로 갑니다. 이집트에서 수가 불어난 유대족은 대체로 야곱의 아들 12명을 중시조로 하여 12개 지파로 나뉩니다. 그런 다음 지도자 모세를 따라 다시 이집트에서 지금의 이스라엘 지역으로 돌아옵니다. 역사적 사실 검증은 일단 옆으로 미루고 넘어가겠습니다. 이렇게 다시 가나안 지역으로 돌아온 유대인들은 이미 도시국가 연합을 형성한 가나안 혹은 팔레스타인과 치열한 전쟁 후에 결국 왕국을 형성합니다. 유대인의 왕국은 사울 왕에서 다윗 왕과 솔로몬 왕까지 전성기를 거친 다음, 솔로몬의 아들 르호보암이 왕위를 계승한 남쪽 2개 지파만의 유다 왕국과 북쪽의 10개 지파가 반란을 통해 여로보암을 왕으로 한 이스라엘 왕국으로 각각 분열됩니다. 대략 이 분열을 기원전 930년경으로 보고 있습니다.

이후는 거의 드라마 〈무인시대〉 같은 분열 왕국의 뻘짓 릴레이가 이어진 후, 기원전 720년경 아시리아의 침공으로 북쪽 이스라엘 왕국이 먼저 사라지고, 다시 기원전 600년경 전후 바빌로니아의 침공으로 그나마 명맥을 잇던 남쪽의 유다 왕국도 사라집니다. 보통 민족의 이산을 의미하는 '디아스포라diaspora'라는 말이 처음 사용된 것은 이 바빌로니아에 의한 유다 왕국의 해체, 포로, 분산 재배치를 말합니다. 그래서 이후 스스로를 같은 신세로 인식한 흑인 노예들에 의해 흑인 영가로 "바빌론 강가에 앉아 우리는 울었지, 시온을 기억하면서"라는 구절이 자주 불리는 모티프가 되기도 합니다. 70년대 인기 그룹이었던 보니엠의 〈리버스 오브 바빌론Rivers of Babylon〉이라는 곡에도 "바이 더 리버스 오브 바빌론, 데어 위 샛 다운, 예에, 위 웹트, 웬 위 리멤버 자이언By the rivers of Babylon, there we sat down, ye-eah, we wept, when we remember Zion"이라는 구절이 있습니다.

아무튼 처음의 디아스포라를 통해 유다 왕국의 2개 지파는 중근동 지역에 광범위하게 흩어졌다가 페르시아 왕국 시절에 일부가 다시 근거지로 돌아옵니다. 이렇게 다시 근동 지방으로 집결한 유대인은 이후 로마 제국에 의해 다시 한번 흩어지는 두 번째 디아스포라를 겪습니다. 이 두 번째 디아스포라 이후 일부는 유럽의 중부 지방과 독일 지역으로 흘러들어가고, 또다른 일부는 지중해 지역으로 이어져서 이베리아반도로 들어갑니다. 이 두 집단은 이후 역사시대에 두 개의 명확히 나뉘는 유대인 양대 집단으로 구분됩니다. 우연히 유대계 브라질인인 예전 동료가 다른 유대인을 만나 서로 통성명하면서, "나는 세파딤인데 너는?" "아, 나는 아슈케나짐이야" 하고 서로 얘기하는 것을 본 적이 있습니다. 이게 무슨 얘기인가 하면, 세파딤Sephardim은 두 번째 디아스포라에서 나뉘져 지중해 연안에 분포한 유대인들로 특히 스페인과 포르투갈의 이베리아반도를 중간 근거지로 한 유대인을 말하고, 아슈케나짐Aschkenasim은 중부유럽과 독일, 러시아를 근거지로 한 유대인을 의미합니다. 실은 자세히 들여다보면 더 복잡한 이야기이지만 일단 배경 설명이니 극도로 단순화하는 점 양해해주십시오.

유럽 중근세 역사에서 처음에는 세파딤이 상당히 눈에 띕니다. 셰익스피어의 『베니스의 상인』에 나오는 유대 상인 샤일록도 시기적으로 16세기의 지중해 연안 베네치아라면 거의 100퍼센트 세파딤으로 볼 수 있을 정도입니다. 어, 세파딤이라면 이베리아반도가 근거지라면서 웬 베네치아냐고 할라치면 이런 뒷이야기가 있습니다. 스페인과 포르투갈은 레콩키스타 기간, 특히 근세 15세기 후반부터 16세기 동안 종교재판을 통해 이교도를 솎아내면서 골치 아픈 유대인 문제를 해결하기 위해 간단히 두 가지 옵션을 제시했습니다. 개종 아니면 추방. 상당수가 가톨릭으로 개종을 하였지만, 개종을 해도 의심의 눈초리가 완전히 사라진 것도 아니고 해서, 이들 중 일부가 상대적으로 종교적 압박이 적은 네덜란드나 이탈리아의 해양 상업국가로 이주했고, 역시 토지 소유를 할 수 없으니 무역이나 금전대출업에 종사하는 경우가 많았습니다. 샤일록도 그런 케이스로 볼 수 있을 것 같습니다. 베네치아에는 처음으로 유대인들의 구역인 게토가 만들어졌고, 지금도 이 흔적이 관광지로 남아 있습니다.

다른 유럽 국가들도 대동소이하게 역시 비슷한 방식의 유대인 문제 해결, 그러니까 개종 또는 추방을 시도했습니다. 따라서 16세기 이후 상당수의 세파딤 유대인들은 상대적으로 압박이 적은 신대륙으로 건너가거나 혹은 종교개혁의 와중에 스페인·포르투갈과 대적한 신교 국가들로 몰렸습니다. 그중 가장 종교적으로 관용적이었던 곳이 네덜란드공화국이었습니다. 암스테르담은 그래서 한때 '유럽의 예루살렘'이라고 불리면서 자체 율법학교를 갖춘 세파딤 공동체가 형성될 정도로 큰 세파딤 유대인 거주지가 되었습니다. 암스테르담의 세파딤 유대인들은 네덜란드 독립의 지도자 오라녜의 왕자들을 재정적으로 지원했고, 이에 대한 반대급부로 국가 수장과 유사한 스타트허우더Stadhouder의 보호를 받았습니다. 그런 다음 네덜란드의 무역 부흥에 힘을 보태 환지중해 지역에 형성된 기존의 세파딤 유대인들의 네트워크인 모로코-북아프리카-레반트-이탈리아를 연결하는 역할을 담당했을 정도입니다.

자, 그럼 마테오 리치가 앞에서 언급한 '잃어버린 10지파'는 뭔가요? 이것은 그야말로 아서 왕의 성배에 버금가는 유럽 천년의 전설, 잃어버린 10지파입니다. 실은 지금 길게 설명한 디아스포라의 유대인은 모두 남쪽 유다 왕국의 유다 지파와 베냐민 지파 두 개 지파의 후손들입니다. 솔로몬 왕 사후 분열된 북쪽 이스라엘 왕국의 10개 지파의 사람들은 실은 아시리아에 의해 먼저 해체된 후 중근동 일대에 분산되어 흩어져버려 이후 더이상 족族 단위의 역사가 없습니다. 상식적으로 생각한다면, 아시리아 제국 내에서 새로 재배치된 지역에 동화되어 점차 민족이라는 정체성이 없어진 것으로 보는 것이 맞겠습니다만, 그러면 뭔가 신이 선택한 선민들의 결론 치고는 너무 어이가 없으니 이들이 어디론가 이끌려서 저 지평선 너머로 사라졌다는 전설이 형성되었습니다. 그리고 이 전설은 점차 수많은 낭만적 상상을 불러일으킵니다.

유럽인들의 세계에 대한 인식이 넓혀지면서 사라진 이들이 간 곳의 위치를 찾았다는 지역들이 점점 구체적인 전설로 등장하는데, 당연히 이 지역들은 유럽인들이 새로 발길을 넓힌 곳들과 겹칩니다. 처음에는 페르시아 혹은 에티오피아, 아프가니스탄, 인도, 중앙아시아, 그러다 마침내 17세기 초반 지구의 반대편인 중국에 들어갔더니 바로 마테오 리치가 스스로 '이스라엘인'이라고 하는 유대인 응아이와 그가 속한 카이펑의 유대인 커뮤니티를 만났다고 보고한 것입니다.

게다가 생각해보면 응아이가 자신을 이스라엘인이라고 소개하였는데, 잃어버린 10지파는 유다 왕국이 아니라 이스라엘 왕국의 후손이니 뒤에 유다 왕국에서 파생된 유대인이라는 말을 몰라야 하는 것이죠. 오호, 딱 들어맞기까지 합니다! 17세기까지 전설로만 존재하던 이 잃어버린 10지파가 중국 한복판 카이펑에 오랜 세월 동안 거주해왔다는 유대인 집단이 분명하다며 이제 17~18세기 동안 수많은 상상력을 불러일으키게 됩니다. 이들이야말로 잃어버린 10지파의 후손이다! 그러자, 문득 이사야 선지자의 이해할 수 없었던 외침이 맞아떨어지게 됩니다.

내가 나의 모든 산을 길로 삼고 나의 대로를 돋우리니
어떤 사람은 먼 곳에서, 어떤 사람은 북쪽과 서쪽에서, 어떤 사람은 시님 땅the land of Sinim에서 오리라
하늘이여 노래하라 땅이여 기뻐하라 산들이여 즐거이 노래하라 여호와께서 그의 백성을 위로하셨은즉 그의 고난당한 자를 긍휼히 여기실 것임이라.(『이사야서』 49:11–13)**48**

유대인들의 고난 시기, 언젠가 구세주가 와서 모든 유대인들이 다시 돌아와 행복하게 되리라 한 예언자 이사야가 남긴 예언 중에 가장 멀리 '시님Sinim'이란 곳에서도 유대인들이 다시 돌아오리라 하였습니다. 그런데 이 시님이란 곳이 도대체 어딘지 그동안 알 수 없었는데, 라틴어 시나에Sinae 즉 중국을 말하더란 것입니다! '오호, 이 엄청난 스케일의 오묘한 신의 섭리가!'라고 하기에는 그런데 뭔가 좀 의심스럽습니다. 뜬금없이 여기까지만 읽고 책을 덮으면 마치 제가 이게 사실인 양 말한 게 돼버리니 결론을 먼저 말하겠습니다. 물론 잃어버린 10지파 아닙니다. 게다가 시님도 중국 아닙니다. 지금도 이런 얘기를 믿으면 좀 문제가 있겠죠. 하지만 달력을 1650년

대로 돌려놓고 말하자면 그때는 얘기가 완전히 달라집니다.

므나세 벤 이스라엘의 희망

이 정도 간단한 기초 상식을 깔고 이제 예고한 대로 17세기 중반 '유럽의 예루살렘' 암스테르담에서 반유대주의에 대항해 고군분투 중이었던 유대 랍비 므나세 벤 이스라엘을 만나봅시다.

먼저 설명했듯이, 중근세의 유럽사에서 다뤄지고 있는 유대인들은 대부분 '세파딤 유대인'들입니다. 이들은 로마 시절에 원래 근거지인 팔레스타인 지역에서 제국 여러 곳으로 흩어졌는데, 이때 이베리아반도의 로마 제국 지역으로 들어온 유대인들이 바로 세파딤 유대인의 커뮤니티를 세우고 자리를 잡습니다. 엄밀하게 말하면 스페인이나 포르투갈이라는 나라가 생기기 전에 유대인도 이미 이곳에 존재하는 일부분이었던 것이죠. 특히 무어인 즉 이슬람이 이베리아반도를 차지하고 있었을 때는 상대적으로 종교적·사회적으로 대우를 받았던 이들 유대인의 황금시대라고 불릴 정도로 정치, 경제, 문화적으로 활발한 활동을 하였습니다.

이후 유럽 기독교 세력이 이베리아반도를 차지하고 스페인과 포르투갈이 탐험의 시대를 선도하기 시작하자 기존의 지중해 네트워크에 이 새로운 신대륙과 동인도 무역까지 가세하여, 이들 지역에 자리잡은 유대인들은 큰 부를 축적하기 시작합니다. 그렇지만 사회 내의 잠재적 비융합 세력이 돈까지 벌고 있는 것을 좋아할 리 없다는 게 인류 역사의 특징 아닙니까. 1492년 카스티야의 이사벨 1세와 아라곤의 페르난도 2세가 결혼을 하여 강력한 가톨릭 연합

왕국을 이루자, 바로 알함브라의 추억이 아니라 알함브라의 칙령을 선언하여 모든 유대인들의 추방을 명령합니다. 이때 추방을 면하기 위해 기독교로 개종한 유대인은 '콘베르소Converso'라고 불렀습니다.

포르투갈은 상대적으로 유대인들에게 융통성이 있었습니다. 하지만 스페인이 강경 매파로 돌아서자 국내 보수파 가톨릭 세력의 여론 및 바티칸과 무역 이익에 대한 이해관계가 얽혀 역시 1497년 뒤이어 '개종 아니면 추방'의 정책을 집행합니다. 그러자 이 갈 곳 없는 유대인들이 재산을 챙겨 옮겨간 곳은 당시 경제적으로 자신들의 원 고향과 연계가 있으면서도 상대적으로 융통성 있게 가톨릭정책을 실시한 플란데런 지역이었습니다. 게다가 이 지역의 일부가 바로 16세기 후반에는 스페인에 대항해서 독립전쟁을 벌인 네덜란드 연합 공화국이었던 것입니다. 이렇게 하여 암스테르담에는 상당한 규모의 세파딤 유대인 커뮤니티가 형성됩니다.

1610년 6살의 마누엘 디아스 소에이루Manoel Dias Soeiro는 역시 이런 과정을 거쳐 집안이 대대로 살아오던 포르투갈의 리스본을 떠나 부모를 따라 네덜란드의 암스테르담으로 옮겨옵니다. 이 마누엘의 히브리어 이름이 바로 예고해드렸던 '므나세 벤 이스라엘Menasseh ben Israel' 또는 메나세 벤 요세프 벤 이스라엘Menasheh ben Yossef ben Yisrael입니다. 므나세 벤 이스라엘은 이후 유대 교육을 거쳐 율법학자 겸 종교지도자의 역할을 하는 랍비가 됩니다. 그런데 그는 랍비일 뿐 아니라 1630년대 후반부터 구약성경에 대한 신학적 저서를 쓴 저술가이면서, 동시에 출판업자로서 암스테르담

지식인 사회에 상당한 위치를 차지하고 있었습니다. 그게 어느 정도였느냐면, 이때 그와 학문적 교류를 나눈 사람 중 한 명이 바로 이 책의 후반부에도 등장할 당대의 슈퍼 셀럽 지식인 후고 그로티우스랍니다! 게다가 나중에 네덜란드 유대교에서 파문을 당한 철학자 스피노자가 바로 그의 제자입니다.

그런데, 1644년 암스테르담 유대 신학교의 교장이던 므나세는 포르투갈의 탐험가이며 콘베르소인 안토니우 드 몬테지누스 Antonio de Montezinos(히브리 이름은 아론 레위Aron Levi)를 만나 놀라운 얘기를 듣게 됩니다. 신대륙에서 돌아온 안토니우는 므나세에게 남미 에콰도르 키토Quito 지방의 정글에서 어쩌면 잃어버린 10지파의 후손들을 만난 것 같다며 이들과 조우한 얘기를 들려줍니다. '셰마 שמע'는 '들어라'라는 의미로 유대 의식에서 빠짐없이 불리는 단어인데, 이 부족은 '셰마'라는 단어를 외치면서 유대식 의식들을 지키고 있더라는 것이죠. 그러자, 므나세에게는 모든 의문들이 한번에 풀립니다. 바로 중국에서 발견되었다는 유대인들(동인도)과 남아메리카 정글 속의 유대인들(서인도), 이들이 어떻게 이어지고, 이것이 무엇을 의미하는 신의 계시인지를 말입니다. 다음은 1650년 *그가 쓴*『이스라엘의 희망Hope of Israel』이라는 책자의 제16장입니다.[49]

여러 차례 정복당한 10지파는 여러 곳으로 이동되었을 것으로 우리는 생각해야 한다. 그들이 아니안 해협을 건너 서인도제도로 갔다고 믿기 때문에 그들이 타르타르(중앙아시아 유목민)에게 쫓겨 중국으로 가서 유명한 장성의 안에 있게 되었다.

◆ 무려 렘브란트 화백이 그린 므나세의 모습입니다.

우리의 주장은 바로 그 나라에 학교를 세운 두 명의 예수회 신부들의 권위로 증명이 되었다. 네덜란드 출신인 니콜라우스 트리간티우스(즉 플란데런 출신의 니콜라스 트리고 신부)가 예수회에 의해 이루어진 중국Sina에서의 선교 여정에 대해 언급한 책에서 말한 것처럼, 그들(유대인) 10지파가 처음 이 왕국(중국)에 왔었고, 한 유대인이 마테우스 리치우스(마테오 리치) 신부를 찾아왔다.**49-1**

그러고 나서 마테오 리치 신부의 우연한 조우를 담은 이야기가 약간의 철자 차이(예를 들어, 응아이의 Ngai를 Ogay라고 한다든가, 카이펑푸를 의미하는 Chafamfu)와 함께 대동소이하게 이어집니다. 그런 다음 다시 이야기는 이렇게 이어집니다.

3년 뒤 마테오 리치 신부가 형제들 중 한 명을 보내 검증을 하자 모든 것이 사실이었고 그들이 시나고그에 보관하고 있는 책자를 처음부터 끝까지 살펴보았는데 바로 우리가 가지고 있는 『모세오경』과 같았다. 또다른 예수회 신부 알폰수스 심메드로(알바루 세메두)는 중국 서부의 오로엔시스 지방(몽골 오르도스 지방으로 추정)에 다수의 유대인이 있는데, 예수의 왕림과 고난에 대해 전혀 모르고(즉 로마 시대 이전에 이동한 것이라는 의미), 이들 상당수가 유대인 의식을 지키고 있으며, 이것들은 야오히무스 뷔코소르티우스가 소장한 문서들에서 볼 수 있다.[49-2]

이 이후는 이들 중 일부가 누에바 에스파냐 즉 신대륙으로 중국과 아니안, 퀴비라 사이의 해협을 건너 다시 파나마제도와 페루와 그 아래 지역으로 퍼져나갔다는 얘기가 나옵니다. 그리고 유명한 『이사야서』의 '시님' 역시 이 부분에서 등장하는데, 그동안 이집트의 세네Sene라고 해석했던 것이 잘못이며 바로 중국Sinae을 말하는 것이라고 하면서 이 장을 끝맺고 있습니다.

아하! 지금 인터넷에 퍼져 있는 이 이야기는 바로 1650년에 쓰인 므나세의 이야기가 그 원조입니다. 게다가 설마 이 얘기를 믿나 싶은데도 기묘하게 진지한 일본-유대인 동조론과 이 동조론에서 파생된 10지파 중 하나인 '단' 지파의 단檀족 주장이 모두 그 근원을 거슬러 올라가면 이 므나세의 『이스라엘의 희망』으로 귀결됩니다.

자, 그런데, 므나세는 처음 이 책을 히브리어와 라틴어로 암스테르담에서 펴낸 다음 바로 런던에서 영어로 번역하여 출간하였습니다. 이 영어 번역본의 첫 페이지를 보면 "잉글랜드의 의회, 대법원 그리고 국가 중추원의 고귀하신 분들에게, 므나세 벤 이스라엘이 신께서 건강과 모든 행복을 주시기를 기도합니다To the Parliament, The Supream Court of England, and to the right honourable the councell of State, Menasseh ben Israel, prayes God to give Health, and all Happinesse" 라고 시작하고 있습니다. 왜 이 책은 이런 뜬금없는 헌사의 내용으로 시작하는 것일까요?

실은 므나세가 정황상 '유대인들이 온 세상의 끝까지 퍼져나가면 마침내 신의 계획이 완성되고 이들이 이사야 선지자의 예언처럼 돌아오게 되는 메시아적 시기가 이제 도래한다. 그렇게 가나안에서 동으로 중앙아시아와 중국, 신대륙을 거쳐 끝까지 갔다면 그 반대로 서쪽으로는 어디까지 도달했는가, 오호라, 아직 서쪽 세계의 끝에 유대인들이 발을 들이지 못하고 있는데, 그곳이 바로 잉글랜드, 브리튼섬이로구나' 하고 판단을 했다는 것입니다.

영국은 브렉시트에서도 본 것처럼 유럽 대륙의 전체적인 상황에서 일찌감치 독자적인 입장이랄지 아니면 살짝 다른 입장에 있는 경우가 많았습니다. 유대인 문제에 있어서도 이미 350년 전인 1290년 에드워드 1세의 추방령으로 유럽 대륙보다 먼저 공식적으로 유대인이 모두 사라졌던 것입니다. 므나세는 이즈음부터 잉글랜드에 유대인 재입국 허가를 받기 위한 청원운동에 헌신합니다. 마침 시대가 잉글랜드에 어수선한 시기, 바로 올리버 크롬웰의 공화정부 시기였습니다. 크롬웰과 연결된 사람들이 런던에서 사전 정지작업을 하고 난 후 런던에서는 핵심인물인 므나세와 직접 얘기를 하길 원했고, 잉글랜드와 네덜란드 간의 1차 앵글로-더치 전쟁이 끝난 후 1655년에 므나세는 단신으로 특별허가를 받아 해협을 건너 런던으로 갑니다.

크롬웰은 일단은 바뀌어가는 정세 속에서 잉글랜드의 국부國富를 키우려면 유대인 자금이 필요하다는 것과, 가톨릭 왕정과 달리 종교의 자유를 인정해야 하는 명분 등등이 복합적으로 작용하여 유대인 재수용 허가 문제에 대해 우호적인 방향으로 기울게 됩니다.

그때까지 수년 동안 밀고 당기기를 해온 크롬웰은 1655년 12월 초 국가위원회에서 이제는 폐지된 왕권을 대신하여 국가를 대표하게 된 의회와 법의 해석을 맡은 대법원이라는 잉글랜드의 지배체제에 두 가지를 묻습니다.

1. 유대인을 다시 받아들이는 것은 합법적인가?
2. 만약 합법적이라면 어떤 조건으로 그들을 수용해야 하는가?

첫 번째 질문은 대법원과 법률학자들이 연구 끝에 '유대인을 다시 받아들이는 것을 금지하는 법은 없다. 그동안의 관행의 기초는 1290년 에드워드 1세의 유대인 추방 칙령인데 이것은 국왕의 개인적 명령이지 의회의 동의를 받은 게 아니다. 그러니 에드워드 1세의 사망으로 그 왕의 명령은 효력이 다했다'고 결론을 내립니다. 예, 이게 의회 민주주의라는 것입니다. 어떤 국가 결정이 합법적인

지, 의회의 동의를 거친 합법적인 통치권에 의한 것인지를 더디고 번거로울지 몰라도 일일이 따지는 것 말입니다.

그런데 두 번째 문제는 실질적인 이해관계의 문제라서 실은 조금 더 오랫동안 밀고 당기기를 합니다. 특히 시티오브런던, 즉 단순한 행정구역이 아니라 그 자체가 바로 금융과 무역의 이해단체라고 해야 할 런던시와 당시 왕당파들이 자신들의 이해관계에 부정적인 영향을 미친다고 판단하여 엄청난 반대를 합니다.

하지만 이듬해 1656년 스페인과 전쟁에 돌입한 잉글랜드는 런던에 합법적으로 거주하는 이베리아반도 출신의 기독교 개종 콘베르소 유대인들의 무역을 보호하기 위해, 그리고, 실은 결과적으로 잉글랜드의 무역을 보호하기 위해, 유대인들의 조건부 런던 거주를 비공식적으로 허용합니다. 므나세는 전면적이고 공식적인 재개방이 아니라서 대단히 실망을 합니다만, 그래도 유대인 커뮤니티 내에서는 실질적 재진입이 허용되었다고 받아들입니다. 실제로 이로 인해 1657년 유대인들이 공동묘지용 토지를 구입할 수 있게 된다든지, 바로 므나세 본인의 조카가 런던의 왕립거래소에 기독교 신앙 아래 선서를 하지 않고도 증권 브로커가 되는 '사건'들이 일어나게 됩니다. 소중한 진전이 생겨난 것이지요.

크롬웰이 몰락하고 찰스 2세가 왕정복고로 돌아와 잉글랜드의 왕이 되었을 때 그럼 모조리 도루묵이 되었을까요? 아니, 세상은 종종 요지경인 게 찰스의 망명 기간 동안 암스테르담의 유대 무역상들이 심지어 크롬웰과 므나세 둘 다에 반대하면서 망명왕 찰스를 지원하였습니다. 다시 왕위를 회복한 찰스는 그사이 세상이 바꾀었다는 것을 인식하고, 왕당파들의 반유대정책 종용을 모두 뿌리치고 유대인 커뮤니티를 인정하여 이들을 잉글랜드 건설과 발전의 핵심 동력으로 끌어들여 활용하였습니다.

므나세는 1657년 흡족하지 못한 결과에 실망하며 암스테르담으로 돌아왔다가 바로 사망합니다. 스스로는 흡족하지 못하였을지 몰라도 그는 다시 유대인들이 잉글랜드에 받아들여지도록, 그래서 유럽의 반유대주의 속에서 살아나갈 수 있도록 온 힘을 다했습니다. 잉글랜드의 유대인들은 이후 19세기 홍콩과 상하이의 유대 커뮤니티 형성의 주역이 됩니다. 그리고 20세기 국제 금융계 역시 이들을 제쳐두고 얘기를 할 수가 없습니다. 예를 들어, 유명한 로스차일드 가문은 원래 독일계의 아슈케나짐 유대인이지만, 19세기에 이들이 런던 금융 시장에서 활동을 할 수 있으려면 17세기 므나세가 유대인들이 다시 유대인으로서 잉글랜드에서 살 수 있도록 했기에 가능해진 것이지요.

어느 날 소문을 듣고 마테오 리치를 찾아왔던 응아이로 인해, 카이펑의 유대인이 수많은 해프닝을 통해 세계의 다른 쪽 반대 끝에서 또다른 유대인들이 살아갈 수 있도록 도운 셈입니다. 게다가 가톨릭의 중국 현지화라는 문제로 갈등을 겪던 예수회에도 힘을 실어줬으니, 세상일이란 참 기이하게도 이어지죠.

그런데 종교가 아직 교역과 부보다 훨씬 중요한 명분을 가진 시대였다 하더라도, 남만인들의 마음이 종교에만 모든 것을 헌신한 것은 아닙니다. 종교가 부를 추구하는 것과 완전히 분리되지 않은 동전의 양면이었기 때문이기도 합니다. 여기서 이야기는 다시 부를 쫓아서 동아시아의 바다로 돌아가겠습니다.

마카오 신사, 카피탕 모르

마테오 리치의 일생에서 보듯이 마카오는 이후 가톨릭, 특히 예수회의 동아시아 선교 본부가 됩니다. 최초의 한국인 신부 안드레이 김대건 신부도, 물론 이때는 예수회의 통제하에 있었던 것은 아닙니다만, 마카오 신학교에서 공부하고 조선으로 돌아와 사제가 되었죠. 그렇지만 역사상 또다른 신실한 가톨릭 국가였던 스페인이 동아시아에 확보한 마닐라와 비교하면, 마카오의 역할은 확실히 초창기 16세기부터의 예수회와 포르투갈의 영향이 컸다고 볼 수 있을 것 같습니다.

포르투갈은 16세기 후반에 접어들면서 동아시아에 확고하게 자리를 잡습니다. 마카오를 중심으로 포르투갈의 무역 활동을 한번 소략하게나마 정리해볼까요. 먼저 새로 등장한 단어부터 익혀봅시다.

포르투갈 상선의 선장은 '카피탕 모르Capitão-mor'라고 부릅니다. 앞서 소개한 『명사』 '불랑기' 기사에 "[정더] 13년에, [불랑기는] 사신 가필단말 등을 보내어十三年遣使臣加必丹末等"라는 부분이 있습니다. 이 '가필단말加必丹末'의 번역을 찾아보면 토메 피르스 대사인지 확실치 않다고 설명하고 있기도 합니다. 하지만 이 가필단말은 사람 이름이 아니라 바로 '카피탕 모르'를 음차한 것으로 보는

것이 정확할 것입니다. 일본에서는 이를 비슷한 발음의 '카피탄ヵ ピタン'이라 부르고 한자로 甲必丹, 甲比丹, 加比旦으로 표기하였습니다. 이 카피탕 모르는 영어로 직역하면 captain-major인 포르투갈 식민지의 관리이면서 선장이며 상인입니다. 이 용어는 훗날 일본에서 포르투갈인들이 네덜란드인으로 교체된 후에도 관행으로 남아, 나가사키의 네덜란드인 상관장을 일본인들은 여전히 '카피탄'으로 불렀습니다.

먼저 전형적인 인도양-일본 라인의 카피탕 모르의 루트를 따라가봅시다. 먼저 항해는 에스타두 다 인디아 포르투게사Estado da Índia Portuguesa의 동쪽 끝에 해당하는 고아에서 출발하여 말라카로 가는 데서 시작됩니다. 미리 말씀드리는 것은, 이 고아와 말라카에서 포르투갈 왕실은 커미션과 입항세 정도밖에는 징수하지 않아 카피탕 모르는 일단 개인적으로 하기에 따라 상당한 이익을 노릴 수 있었습니다. 이런 면허제도를 '카르타즈Cartaz'라고 부릅니다. 그러니까 카르타즈를 보유한 카피탕 모르는 단순한 선장이 아니라 그 자체가 일종의 기업 역할을 합니다.

고아에서 먼저 인도산 면직물, 와인, 유리제품, 크리스털, 유럽산 탁상시계 등을 싣고 4~5월경 계절풍 몬순을 타고 말라카로 갑니다. 고아에서 실은 화물을 말라카에서는 인도네시아산 향료, 캄포르, 침향목, 동물 가죽 같은 것과 바꾼 다음 목적지 마카오로 갑니다. 말라카 화물은 다시 여기서 중국산 실크, 도자기, 금, 사향 등으로 바꿉니다. 마카오에서 서남계절풍을 놓치거나, 6월과 1월에 열리는 광저우의 큰 실크 시장 중 하나라도 놓치면 마카오에서 1년간 발이 묶입니다. 광저우의 연례 대시장은 현대에 들어와서도 캔톤페어Canton Fair 또는 '중국 수출입상품교역전'이라는 이름으로 이어지고 있습니다. 만약 6~8월 사이에 계절풍을 타게 되면 다음 목적지 일본으로 출발합니다. 마카오에서 실은 물건들은 다시 일본에서 은, 금, 구리, 칠기, 유럽에 일본어 발음 '뵤부byobu'로 알려진 실크 채색 병풍, 칼, 무구류, 노예(!)와 교환하여, 11월 북동 계절풍을 타고 출항! 다시 마카오로 온 다음 1월의 광저우 시장에서 '일본 은'을 금, 구리, 상아, 진주, 실크로 바꿔 고아로 돌아간 후, 이 물건들을 고아에서 인도의 다른 지역으로 팔거나 유럽으로 다시 싣고 갑니다.

보다시피 16세기에 이미 포르투갈 혹은 포르투갈 마카오의 무역이란 단순히 유럽의 금은이나 시계 같은 신기한 물건을 중국에 가져가서 중국 실크와 도자기로 바꿔 가져가는 단순 구조가 아닙니다. 그보다는 16세기 후반 리스본-서아프리카-고아-말라카-마카오-규슈 히라도/나가사키를 잇는 복잡한 무역 구조의 인도양 포르투갈 라인을 형성한 것입니다.

오, 충성스러운 마카오!

초점을 좁혀 그럼 포르투갈의 마카오를 좀더 들여다봅시다. 마카오에 자리를 잡은 포르투갈은 중국으로부터 승인을 받은 다음 1585년까지는 이곳에 완전한 도시체제를 갖추게 됩니다. 처음에는 에스타두 다 인디아의 권한 바깥에 있는 세나두 다 카마라Senado da Camara라는 자치체제에서 시작했습니다. 상원의원senate과 같은 의미의 이 세나두Senado는 주로 이전에 포르투갈 왕실의 관리로 에스타두 다 인디아에서 일하다 은퇴한 후 마카오에 완전히 정착한 카사두스casados라고 하는 전직 관료들로 구성되었습니다. 이들은 중국 상인들의 에이전트일 뿐 아니라, 자체 계정의 무역 상인들이기도 했습니다.

이것은 다시 말해 마카오 무역이 포르투갈 왕실의 재정적 감독권한 밖에 있었다는 의미인데요. 리스본이나 고아의 직접 지시를 받지 않는 마카오에 대해, 포르투갈 왕실에서도 직접 투자한 왕실의 항해이익 지분이나 상인들에게 부과한 관세, 면허세를 거두는 것을 제외하고는 실제 큰 재정적 징세나 영향력을 발휘할 수 없었다는 것입니다. 마카오를 다스리는 것은 처음에는 이 세나두 다 카마라였습니다. 그러다 1623년 에스타두 다 인디아를 건너뛰고 포르투갈의 왕실에서 직접 마카오 총독을 파견하기 시작하여 이후에는 최고 통치권과 군사 통수권은 총독이 갖고 행정적 업무를 세나두 다 카마라에서 맡는 체제로 유지되었다고 합니다.

이 체제는 1999년 중국에 반환할 때까지 300년 넘게 이어지다 끝이 났습니다. 재미있는 것은 16세기 후반부터 17세기 전반까지 원치 않게도 스페인 왕이 포르투갈 왕위를 같이 가지고 있었던 동군연합同君聯合 기간에도 마카오는 스페인 국기를 올리지 않고 전 세계에서 유일하게 포르투갈 국기를 유지했다고 합니다. 이러한 충성스러운 마카오에 대한 상으로 이후 동군연합이 끝나고 포르투갈 왕위가 복원된 18세기에 세나두 다 카마라는 '충성스러운 세나두'라는 의미의 '레알 세나두Leal Senado'라는 명예로운 이름을 부여받게 됩니다. 거기에다가 포르투갈 왕실이 파드로아두 제도 아래 예수회를 지원하고, 마카오의 예수회는 중국과 일본을 자신의 교구 관할권으로 임명받습니다. 근세의 마카오는 규모는 작지만 대단히 파워풀한 존재감을 갖고 있었습니다.

태평양을 건너온 스페인

이렇게 유럽 단일 세력으로서 물자가 너무나 풍부한 아시아 해역을 16세기 초반부터 독점했던 포르투갈에 '네가 왜 여기서 나와' 할 만한 불편한 상대가 등장합니다. 바로 1565년을 시작점으로 보는 스페인령 마닐라의 등장입니다. 『화한삼재도회』의 여송과 이서파이아가 여기에 해당합니다. 포르투갈과 달리 스페인은 반대편 방향인 아메리카 신대륙에서 태평양을 가로질러 바로 동아시아로 도착합니다.

여기서 이제 포르투갈과 스페인은 정작 동아시아의 사람들은 그 누구도 몰랐던 그들만의 갈등에 빠집니다. 포르투갈과 스페인의 해외 팽창은 기본적으로 오래된 명분이 있었습니다. 앞서 잠깐 먼저 등장한 단어입니다만, 왕실이 교황을 대신하여 자신의 주권 지역 내에서 교회를 후원하고 운영한다는 교황과 왕실 간의 합의제도가 있었습니다. 이 제도를 포르투갈어로는 파드로아두Padroado, 스페인어로는 파트로나토Patronato라고 합니다. 영어의 후원자 'patron'과 같은 단어인데, 이게 대항해시대와 맞물려 바다 건너 새로운 식민지에 교회를 세우고 식민지로 건너간 사람들에 대한 성무성사를 하고 신앙을 전파하는 사제를 후원하는 권리로 확장이 됩니다.

15세기에 막 항해가 시작된 처음에는 대서양에서 이해관계가 상충하기 시작한 포르투갈과 스페인은 서로 이 파드로아두/파트로나토가 적용되는 구역을 나누기로 합니다. 그래서 15세기가 끝나가던 1494년 보르자 가문의 교황 알렉산데르 6세와 두 나라 왕실은 포르투갈이 점령한 대서양의 카보베르데에서 서쪽으로 370리그, 대략 1547킬로미터에 있는 자오선을 기준으로 동쪽은 포르투갈, 서쪽은 스페인, 이렇게 지구를 반으로 나눕니다. 이 기준의 명분은 교회를 관리하고 후원하는 것이지만, 결과적으로 보면 앞서 설명한 '정복적 선교' 방식, 그러니까 교회가 들어간다는 건 사람들이 들어가야 하고 들어간 사람들을 지키려면 군대가 들어가 식민지를 만든다는 것, 혹은 군대가 가서 식민지를 만들고 교회가 따라가서 모두 신자로 만든다는 식인 거죠. 어느 쪽이 먼저든 동전의 앞뒷면인 것입니다.

이렇게 결과적으로 세계를 반으로 나눈 조약이 유명한 토르데시야스Tordesillas 조약입니다. 뒤에 다시 설명을 좀더 하겠지만 문제는 처음에는 이 조약이 대서양과 아프리카 해안에 대한 이해관계가 주 대상이었고, 반면 동인도에 대해서는 약간 개념적으로 시작된 것이었다는 것입니다. 그런데 시간이 지나 16세기로 접어들면서 1510년대에 인도와 동인도, 즉 황금과도 같은 몰루카 향신료제도에 포르투갈이 진짜로 도달하였던 것이죠. 그렇게 자리를 잡았는데, 10년쯤 지나 1521년 신대륙을 점령한 스페인도 반대 방향에서 아메리카 대륙 너머 태평양을 가로질러 역시 향신료제도와 필리핀에 도달한 것입니다. 바로 유명한 마젤란의 항해라고 알려진 것인데요, 실은 마젤란은 아이러니하게도 마갈량이스Magalhães라는 이름의 포르투갈 사람이었습니다. 그렇지만 스페인 함대를 이끌고 온 것인 만큼 이 섬들은 토르데시야스 조약에 따르면 스페인 왕실에 속한다고 선언을 합니다.

1524년 두 왕국은 이 지구 반대편에서 벌어진 불확실한 경계의 문제를 풀기 위해, 각각 천문학자 3명, 지도제작자 3명, 항해사 3명, 그리고 수학자 3명씩을 차출하여 자오선을 확인하는 미션을 부여합니다. 하지만, 당시로서는 다녀온 사람도 아직 정확히 내가 어딜 다녀왔는지 모르고 있는 지구 반대편을 어떻게 확인할 수 있겠습니까. 두 나라의 왕은 일단 5년간 몰루카의 향신료제도에 대한 모든 항해를 중지하고 지난한 협상을 거칩니다. 마침내 1529년 다시 자오선을 개정한 사라고사Saragossa 조약을 체결합니다. 이 조약에 의해 말루쿠제도와 필리핀은 스페인의 영역으로 확정됩니다. 일단 다시 선을 긋고 난 다음 스페인 왕은 프랑스와의 전쟁 비용이 급해 인도네시아 동쪽의 말루크제도는 포르투갈에 돈을 받고 넘기고 필리핀만 보유하기로 최종 확정합니다. 뭐, 그때는 몰랐지만 실은 둘 다 조약의 자오선을 엄격히 적용하면 원래부터 포르투갈에 속했다고 합니다.

스페인은 이렇게 1520년대에 태평양을 가로질러 동아시아에 도착해서 자신의 영토를 확보하기도 했지만, 마젤란의 항해 이후

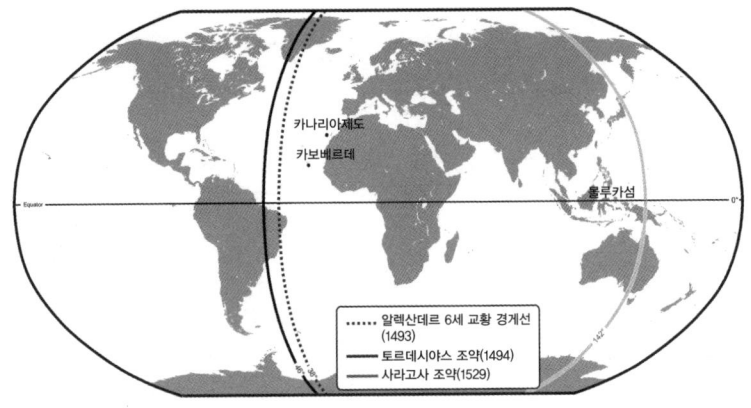

◈ 토르데시야스 조약과 사라고사 조약으로 나눠진 세계.

45년간 실질적으로는 안정적인 태평양 횡단 항해루트를 찾지 못하고 있었습니다. 서쪽으로는 바람을 타고 그럭저럭 갔는데 동쪽으로 돌아오는 것은 아주 간혹 운이 좋으면 살아 돌아오는 그런 지옥 항로였던 거죠. 이 항해 루트는 수많은 사람들과 배를 태평양에 수장시키고 나서 1565년이 되어서야 안드레스 데 우르다네타Andres de Urdaneta라는 바스크계의 수도사이면서 항해사가 멕시코 아카풀코에서 출발해서 필리핀으로 갔다가 다시 돌아오는 4개월에 걸친 항해 루트를 완성합니다. 지도를 보시면 서쪽으로 갈 때는 직선처럼 가지만 동쪽으로 올 때는 필리핀에서 북동쪽으로 더 올라가 북미 대륙의 서북쪽으로 건너간 다음 해안을 타고 내려오는 루트를 타게 되어 있습니다. 이후 이 루트는 조금 더 조정되어 쿠로시오 해류를 이용하여 일본 쪽으로 조금 더 가깝게 붙어서 동쪽으로 태평양을 건너가게 됩니다. 정기적으로 태평양을 가로지를 수 있

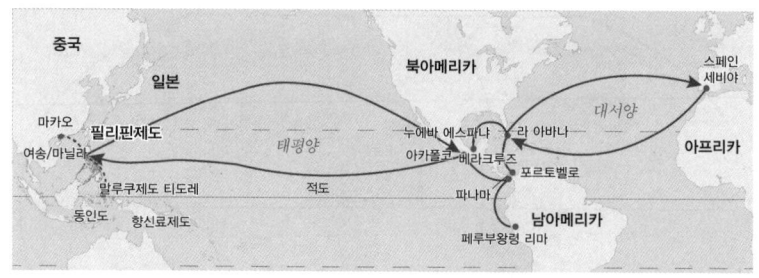

◆ 마닐라-아카풀코 갤리선 무역 항해 루트입니다. 태평양을 한 바퀴 돌며 무역을 하는 것은 무역풍이라고 부르는 바람의 흐름이 있어서 가능해졌습니다. 원래 무역풍은 포르투갈어로 볼타 두 마르Volta do mar라고 하여 바다를 크게 도는 것을 의미했습니다. 처음에는 대서양에서 아프리카 해안을 크게 돌아 리스본으로 다시 돌아가는 것을 의미했는데, 이후 전 지구적으로 확대된 것입니다.

는 항로가 개설되자 이제 스페인은 아메리카 대륙에서 채굴한 은을 가지고 필리핀 마닐라로 와서 중국의 실크 원사와 바꿔가는 마닐라-아카풀코 갤리선 무역을 정례화하게 됩니다.

자, 1600년 당시 여러분이 만약 지구를 모니터링하고 있는 외계인이라면 어떤 제국이 가장 액티브하고 프라이드 뽐내는 지구인이라고 판단하시겠습니까? 명나라와 스페인 제국은 각각 동과 서를 대표하는 대제국이기는 한데, 명나라가 임진왜란을 포함한 16세기 말 제국 판도 내의 혼란을 명목상으로는 성공적으로 진압하고 상대적으로 안정된 '팍스 밍 차이나'를 유지하고 있었다고 한다면, 스페인 제국은 엄청난 영토 확장과 문화적 성취, 그리고 분리할 수 없는 이면의 좌충우돌 점령, 학살과 내란, 게다가 전쟁비용의 증가로 인해 채무불이행을 수시로 선언하는 불안정한 재정 등으로 그야말로 다이내믹하게 돌아가는 아슬아슬한 제국이 아니었을까 생각합니다. 이 다이내믹한 스페인은 16세기 중반 지금의 멕시코인 누에바 에스파냐Nueva España와 페루에서 막대한 은 광산을 발견하는 한편 태평양을 가로지르는 항로를 개척하여, 처음으로 지구를 한 바퀴 돌아서 이어주는 네트워크를 만듭니다.

어처구니없는 비극이 불러온 동군연합

그런데 흥미롭게도 1578년 모로코의 무슬림과 전쟁을 하러 간 포르투갈 왕 세바스티앙 1세와 대부분의 포르투갈 귀족들이 모두 전멸해버리면서, 포르투갈 왕위를 계승할 후계자가 모조리 없어지는 거짓말 같은 일이 벌어집니다. 오랜 친족 관계로 얽히고설킨 스페인의 합스부르크 왕가가 1580년에는 포르투갈 왕위를 빼앗다시피 계승하게 되면서, 이베리안 유니온 혹은 동군연합同君聯合이라고 부르는 스페인-포르투갈 연합국이 형성됩니다.

앞서 소개했던 『화한삼재도회』 '아마항' 항목에서 "남만인(포르투갈인)들이 대다수 이서파이아(스페인)의 속국이 되어"라는 것은 어쩌면 이 동군연합의 정보가 반영된 것은 아닐까 하는 생각도 듭니다. 물론 정치체로서의 국가는 별개로 존재하지만 왕이 하나이고, 해외에서도 서로 각별히 콜라보를 하라는 방침이 내려진 이 상태는 1640년까지 60년간 이어집니다. 그럼에도 앞서의 '충성스러운 마카오'의 경우를 보면 실제로는 스페인 쪽에서 점령자 행세를 했던 게 아닌가 싶은 느낌이 들기도 합니다. 어떤 역사서에는 스페인이 포르투갈을 병합하였다는 표현을 쓰고 있기도 합니다. 그렇지만 이를 통해 기묘하게도 동아시아의 바다에 유럽과 아메리카가 확장

팩으로 이어진 '실버와 실크의 네트워크'가 생겨나게 됩니다.

실버 라이닝 – 일본과 스페인

16~17세기의 세계를 이해하려고 글을 읽다보면 '은銀'에 대한 이야기가 끊임없이 나옵니다. 앞서도 이미 조선까지 휘말리던 왜 은의 다이내믹한 세계에 대해 언급했지요. 16~17세기라고 해서 서기 1500년부터 1699년까지라고 딱 잘라서 말할 순 없지만, 대략 이 시기에 전 세계의 은이 스페인의 신대륙 식민지와 일본에서 생산되어 거의 대부분 중국으로 흘러들어갔다고 할 수 있을 정도입니다. 무리하게 줄여서 말하면, 은이라는 귀금속 때문에 사람들이 목숨 걸고 배를 타고 지구 반대편을 찾아갔다고 할 수 있을 것도 같습니다.

영어 표현에 '실버 라이닝silver lining'이라는 말이 있습니다. 원래는 구름의 가장자리에 햇빛이 비추어 은빛으로 빛나는 부분을 가리키는 단어인데, 나쁜 상황에서도 찾을 수 있는 희망이라는 의미로 사용됩니다. 어쩌면 은은 이 당시 처음 글로벌 수준으로 서로 이어진 인류의 실버 라이닝이었을지도 모르겠습니다.

은은 도대체 왜?[50]

여전히 중요하게 다뤄지는 금에 비해 지금의 은은 그다지 중요한 귀금속도 아닙니다. 그런데 은은 왜 이렇게 근세에 중요한 보물이 되었을까요? 금·은·동, 이 3가지 금속은 모두 인류의 역사와 함께해온 귀금속입니다. 우선 금은 가장 귀하게 여겨지는 것이기는 하지만, 솔직히 일반적인 상행위에 항상 들고 다니며 교환의 수단이나 가치의 평가대상, 즉 통화로 사용하기에는 너무 비싸고 귀하다는 단점이 있습니다. 그래서 항상 상위 통화로서는 존재하였지만, 대규모 경제의 순환 기능의 도구인 유통 화폐로서는 조금 적합하지 않은 점이 있습니다. (물론 왕후장상들은 금화로 뭔가를 거래하였을 거라 생각하지만 여기서는 장삼이사의 세계를 말씀드리고 있습니다.)

여기에 비교하면 은과 동은 둘 다 적당히 가치가 있습니다. 둘 중에 동은 실제 주화로 가장 많이 사용되었으며, 시장 레벨에서의 경제활동에 상당히 적합한 것이 사실입니다. 다만 동은 주화를 만들었을 때 구리 성분이 얼마나 들었는지 함량 분석을 쉽게 할 수가 없다는 단점이 있다고 합니다. 그리고 액면가의 단위가 금에 대비해서 너무 차이가 나는 것도, 한 경제 체제의 본위를 동만으로 삼는 데 무리인 이유이기도 합니다. 다만 그래서 동전은 대부분의 경제 단위에서 보완적인 유통용 통화로서 역할을 했습니다.

아시다시피 중국은 일찍부터 동전을 주조하였고 그런 다음 이를 기반으로 한 지폐 유통을 광범위하게 실시하였습니다. 자오차오交鈔, 차오鈔라고 불렀던 지폐는 처음에는 어음 형태에서 시작되었다가 점차 대부분 구리라든가, 때로는 소금을 일단 오늘날의 지급준비금처럼 태환준비금으로 저장하여두고 이를 기준으로 일정 비율 파생가치를 유통시키는 형태로 진화했다고 합니다. 어쩌면 전래동화 중에 소금이 저절로 나오는 맷돌이 바다에 빠져 바다가 짜졌다고 하는 이야기는 소금이 귀중하여 돈처럼 사용되었던 이런 옛날 제도를 배경으로 하고 있는 것인지도 모릅니다.

보통 단위를 문文이라고 했던 구리 동전을 태환 기준으로 한 경우가 가장 지속적인 시스템이었는데, 문제는 항상 액면가 대신 실질가치가 장기적으로 하락하는 일을 경험해왔다는 것입니다. 그 이유는 대부분 장기적으로 가면 지폐 발행량이 태환준비금으로 커버할 수 없을 정도로 초과 발행되어버리기 때문에, 그 결과로 지폐의 가치가 떨어져 당연히 물가상승으로 이어지게 되어 있다는 것이죠.

중국에서는 15세기 중반에 이런 일을 심하게 겪습니다. 대표적으로 예를 들자면 자크 제르네Jacques Gernet라는 중국학자의 연구에 의하면, 원래 차오鈔의 발행은 명목 가치 1냥(동전 1000문)에서 시작했는데 1445년경에 이르면 실질가치 1냥=1문으로 무려 1000분의 1로 평가절하(디밸류에이션)되었다고도 합니다. 즉 차오의 실질가치가 1000냥에서 1냥 정도로 평가절하된다는 것은 그에 고정되어 태환으로 연계된 동전의 가치도 실질적으로 하락하는 것을 의미합니다. 대부분 이런 경우 동전의 실질가치는 동전 자체의 원료가에 수렴되어버립니다. 한마디로 동전의 구리 무게 값만큼밖에 안 쳐준다는 것이죠. 그런데 이렇게 차오-동전 제도가 실경제를 지탱하지 못하는 지경인데도, 중국 장난 지역을 중심으로 경제는 활발하게 움직입니다.

게다가 대체로 논란이 좀 있기는 한데, 15세기 초 유명한 정허鄭和의 대항해 이후 말라카를 중심으로 대중국 화교 상업망이 생겨났다고 보는 견해도 있습니다. 푸젠성을 중심으로 웨항月港, 안핑항安平港 등이 대동남아 항구로 활발히 번성을 하고 이를 기반으로 푸젠 저장의 장난 지역에 무역으로 인한 외국 물자가 들어오기 시작했다고 합니다. 물론 정허의 대원정이 일회적인 해프닝인지 아니면 이로 인해 중국의 남방 무역 네트워크를 촉발했는지는 논란이 있습니다.

하지만 그건 좀 접어두고 현상만 놓고 보면, 은이 상당히 유용한 금속으로 등장합니다. 중량대비 가치는 구리보다 훨씬 높은 데다가 순도를 확인하는 방법assaying도 구리보다 쉽다고 합니다. 아무튼 서역의 영향을 받은 것으로 보이는 현상으로, 원나라 때에 화북 지역을 중심으로 부분적으로 은으로 세금을 내는 제도가 운영되었습니다만, 전통적으로 중국에서는 은으로 세금을 내는 제도가 전국적으로 실시된 적이 없었다고 합니다. 그런데 16세기에 접어들면서 중국 장난 지역에 은이 슬슬 비즈니스 및 축재 용도로 유통되기 시작하였고, 현물세 대신 은으로 납부하는 경우가 늘어나게 됩니다. 또한 장난 지역을 중심으로 서서히 상단商團이 조성되고 이들이 중국의 여러 지역으로 유통망 및 조세망을 형성하였는데, 이들에게 은은 확실히 유용한 유통매개 수단으로 자리를 잡기 시작했다고도 합니다. 이들 상단을 방幇이라고 부르는데, 중국 무협소설의 협객이 사실 이들 방의 조직원으로서 수송물자의 보안 물류 담당자들이었다는 얘기도 있습니다. 뭔가 그럴싸하기는 합니다.

이러한 은의 유통과 은으로 거래나 세금을 지급하는 '은납銀納'의 흐름을 당연히 명 조정에서는 처음부터 장려하지는 않았다지만,

이미 대세는 기존 지폐시스템의 심각한 평가절하에다가 복잡한 현물세제가 바뀌어가는 명 경제체제를 지탱하지 못하여, 1560년대 말경 결국은 장쥐정張居正이 건의한 새로운 조세제도가 장난을 중심으로 시행됩니다. 이 새 제도는 이름하여 '일조편법一條鞭法'. 서구권에서는 영어로 'single whip tax reform'이라고 부릅니다. 굳이 번역하자면 '채찍질 한 번처럼 간단히 처리하는 개정 세법' 정도? 처음에 이게 뭔가 하다가 보니 일조편법의 직역이더군요. 초간단 버전으로 말하자면 중국 땅을 측량해서 복잡다난한 각종 현물세를 모두 지세와 정세(인두세)로 일괄 적용해서 은으로 대납하도록 했다는 것입니다. 그리고 일단 전통적 해석이나 최근의 수정주의적 경제사 해석이나 할 것 없이 이 일조편법이 이후 거의 4세기에 이르도록 전 세계의 은이 중국으로 흘러들어온 계기가 되었다고 하는 데는 큰 이견이 없습니다. 그럼 그 많은 은은 어디서 흘러들어오는 것이었을까요?

포토시의 반짝거리는 공기

시기적으로 약간 앞선 일본의 은 생산에 대해서는 먼저 얘기를 간략하게 드렸습니다. 일본 은의 경우, 말씀드린 대로, 16세기 초반에 시작돼 17세기로 막 넘어가던 시기에 생산량이 피크를 기록한 후, 서서히 자원이 고갈되면서 17세기 중반 이후에는 사실상 은의 생산과 수출 모두 현저하게 줄어들고 맙니다. 그런데, 그즈음 태평양을 건너 또다른 엄청난 은이 동아시아로 건너오기 시작합니다. 이때 지구 반대편에는 마침 또다른 실버 드림이 피어나고 있었던 것입니다.

지금 이야기하고 있는 화려한 대항해시대의 어두운 뒷면을 잠시만 들춰보겠습니다. 남미 볼리비아에 융가스Yungas라는 지역이 있는데, 이 지역을 중심으로 3만 명가량의 아프로볼리비아노afro-boliviano라고 불리는 아프리카계 볼리비아인들이 살고 있습니다. 볼리비아의 공식 소수민족으로 오랫동안 인정을 받지 못해서 정부의 지원도 못 받았고, 대부분 극빈계층으로 코카인의 원료인 코카잎 농사에 종사해왔다고 합니다. 2009년 모랄레스 정부로부터 마침내 공식적으로 소수민족 인정이 이루어진 상태라고 현재 알려져 있습니다. 그런데 볼리비아는 아프리카와 연결되는 대서양으로는 안데스산맥에 가로막혀 있고, 반대편으로는 태평양 쪽에 있지만 내륙에 위치합니다. 도대체 이들은 언제 어떻게 여기 왔을까요? 이 의문을 잠시 품어두고 다시 16세기의 그늘을 들춰보겠습니다.

리스본과 고아를 오가는 포르투갈 배들은 서아프리카에서 상품으로 흑인 노예들을 선적합니다. 상투메나 카보베르데 같은 서아프리카의 섬들에 베이스를 마련하여 서아프리카의 흑인 왕국들에 무기를 제공하고, 이 무기와 맞바꾸기 위해 그들이 내륙에서 잡아온 인간을 노예로 싣고 리스본으로 가는 노예 무역의 이야기입니다. 리스본은 15~16세기 동안 유럽 최대의 노예 도매시장이었다고 합니다. 16세기에 접어들면, 가격이라는 표현이 참 처참하지만 말 한 마리당 노예 6~8명의 가격이 형성되었다고 합니다. 그러다 노예 수요가 폭증하기 시작했습니다. 대서양 항로를 타고 스페인의 식민지로 또는 포르투갈의 브라질 지역으로 대단위 플랜테이션들이 들어서고, 그동안 노동에 동원했던 남미의 인디오 인구가 급감한 신대륙에 이를 대체할 아프리카인 노예 수요가 늘어나면서 공식·비공식적으로 아프리카 흑인노예들이 공급되기 시작합니다.

17세기로 접어들 즈음 이 노예들 중 일부가 오늘날의 아르헨티나와 우루과이 접경 지역의 리오 데 라 플라타Rio de la Plata라는 강을 타고 올라가 안데스산맥 너머 지금의 볼리비아 지역에도 공급되기 시작합니다. 당시 볼리비아 지역은 스페인령 페루의 일부로 알토 페루Alto Peru라고 불렀습니다. 리오 데 라 플라타는 그대로 번역하면 은의 강, 은하수입니다. 이 은하수를 따라 거슬러 올라가면 해발 4000미터 위의 포토시Potosi라는 곳이 등장합니다. 믿어지지 않게도 16세기 포토시는 인구 20만이 넘는 지구상의 몇 개 안 되는 거대 도시 중 하나였습니다. 1545년 '부의 언덕'이라고 번역할 수 있는 세로 리코Cerro Rico라는 거대한 은광이 발견되면서 포토시의 역사가 시작됩니다.[51]

처음에는 은이 발견된 것을 보고 몰려든 스페인 식민지의 한탕업자 개개인이 주류였고, 채은 과정도 아직 효율적이지 않아 무질서하고 어수선한 노다지탄광 분위기였다고 합니다. 예전 연구들은 스페인 콩키스타도르(Conquistador, 정복자)들이 잉카의 부역 시스템인 미타mita를 이용해서 막장 근로환경에서 초저임금으로 부려먹었다고 설명해왔는데, 최근의 연구들에서는 그보다 좀더 복잡한 관계들이 드러나, 1560년대가 될 때까지는 스페인인들과 인디오 간의 관계가 계약적 채은 및 노동계약이었다고 합니다. 좀더 자세히 말하면, 당시 인디오에게는 야나코나스yanaconas와 엥코미엔다encomienda라는 두 종류의 시스템에 해당하는 노동력이 있었다고 합니다. 야나코나스는 어떤 이유로 부족으로부터 축출되었거나 허락을 받아 떨어져나와 개인적으로 먹고살아야 하는 떠돌이 노동력이고, 엥코미엔다는 부족에 속한 이들이 미타 시스템에 의해 강제로 차출당해서 부역해야 하는 경우를 가리킵니다. 스페인인들은 처음에는 야나코나스에 해당하는 인디오 노동력을 사서 은을 채굴했다는 것입니다.

처음에는 은의 정련을 하는 과정이 인디오에게 독점되어 있었습니다. 따라서 스페인인들은 공물로 수취하거나 아니면 지분을 일부 주기로 하고 받은 은광 원석을 인디오들에게 공급하고 그 대가로 정련한 순은을 교환하였다고 합니다. 그러니까 주도권이 스페인인들에게 전적으로 있는 것은 아니었다고 합니다. 물론 그런다고 인디오들에게 인간적인 근로조건과 적정 임금의 공정계약이었다는 얘기는 아니죠. 오히려 나중에는 스페인인들이 정련한 순은을 자기들이 공급을 쥐고 있던 코카잎으로 교환하였다고 하며, 이 코카잎 교환 규모가 한 해 전체 시장의 반 정도 되는 100만 페소 실버였다고 합니다. 그러니까 노동의 보상이 마약이라고 할까요.

포토시에 뒤이어 1548년에는 지금의 멕시코인 누에바 에스파냐의 사카테카스Zacatecas에서도 은광이 발견됩니다. 바야흐로 남미와 유럽에 은의 광풍이 본격적으로 불어오기 시작합니다.

여기에 1560년대를 지나 1570년대로 접어들면서 때마침 조선의

◆ 포토시의 세로 리코Cerro Rico 은광을 묘사한 그림입니다. 그림 속의 H가 수은을 증류시키는 장치입니다.

단천연은법에 비견할 만한 또다른 새로운 이노베이션이 이 포토시에서 번쩍합니다. 수은 아말감법이라는 수은 정련법이 이곳에 도입된 것입니다. 수은 아말감법은 조선-일본의 단천연은법처럼 납에서 은을 분리하는 게 아니라, 은을 포함한 원석인 생은을 수은에 담가둬서 수은-은 아말감으로 만든 후 가열을 하여 수은을 날려버리고 은만을 추출하는 방식입니다. 듣기만 해도 법정 유해 중금속이 공기 속에 가득 차서 반짝거리는 것 같지 않습니까?

게다가 스페인에 복이 굴러가려고 했는지, 수은 아말감법의 최대 관건인 수은 공급에 있어서 당대 최대 규모의 수은 집적지가 1560년 페루의 우앙카벨리카Huancavelica에서 발견됩니다. 그리고 이 우앙카벨리카의 수은은 고스란히 포토시에 실려 들어가서 은을 남기고 공기 속으로 흩어져갔습니다. 이 수은 아말감법의 도입은 1560년대 이후 페루 총독 프란시스코 데 톨레도가 부임하여 포토시의 인프라를 정비하면서 시작된 일련의 변화의 정점이었다고 합니다. 그 말은 마침내 본격적으로 식민지 정부가 개입하여 생산된 은을 스페인 왕실의 부로 전환하기 시작하였다는 것입니다. 이때부터는 이전의 계약 관계는 사라지고 원래 인디오들의 전통적인 부역 시스템인 미타를 도입하여 엥코미엔다에 해당하는 인디오들을 정련작업에 순환 투입하였습니다. 그 결과로 보다 광범위하고 가혹한 노동 조건/강도의 노동이 인디오들에게 부과됩니다. 대신 몇 배로 증가한 생산성은 본격적으로 스페인에 부를 공급하기 시작하고요.

포토시에서 생산된 은은 우선 스페인 세비야로 실려나갑니다. 18세기 후반 부에노스아이레스 항구가 공식적으로 열리기 전까지, 포토시의 은은 노새에 실려 카야오Callao로 가서 파나마로 다시 이동한 다음, 파나마 지협을 거쳐 포르토베요Portobello로 가서 배에 실린 다음, 쿠바의 아바나로 가서 다시 다른 스페인 배에 환적한 후 대서양을 건너 세비야로 실려 들어갔습니다. 세비야로 실려간 은은 카스티야의 스페인 합스부르크 왕실에 부를 퍼부었고, 그 부는 다시 왕실에 전쟁 비용과 재정을 빌려준 제노아의 은행에 고스란히 들어간 후 스페인령 네덜란드의 거래소를 통해 전 유럽으로 퍼져나갔습니다.

하나만 덧붙이겠습니다. 포토시가 은을 채굴한 약 250년간 매년 30톤씩 총 7500톤의 수은이 사용되었다고 합니다. 1960년대 일본의 미나마타병을 일으킨 수은 방출량이 약 20년간 617톤이었다고 하는데, 포토시는 12배가 넘는 수은이 더 오랜 기간 지속적으로 이 일대에 죽음의 증기가 되어서 퍼졌습니다. 채굴과 정련에 동원된 인디오들은 가혹한 탄광 환경보다 정련 과정의 수은 중독으로 인해 더 많이 죽었다고 하는데, 추정하기로는 800만 명이 이 기간 중에 희생당했다고 합니다. 채은을 시작한 지 60년 정도 지나 1608년이 되자 포토시는 더이상 버틸 수 없을 정도로 노동력이 부족해지게 되었고, 스페인과 포르투갈의 공동 왕위를 차지하고 있었던 왕실에 노예 수입을 요청했습니다. 브라질을 차지했지만 정작 금, 은이 별로 없어 큰 실속이 없었던 포르투갈 상인들이 기회를 잡고 서아프리카의 노예를 '은하수' 리오 데 라 플라타를 거슬러 공식적으로 30만 명가량을 공급했다고 합니다. 앞에서 언제 어디서 온 것인가 했던 아프로볼리비아노들은 포토시의 은광이 문 닫은 후 서부 지역으로 이동하여 코카 재배에 투입된 이들 아프리카인들의 후손입니다.

이처럼, 지금 얘기하고 있는 수많은 업적과 화려한 성취들의 아랫자락을 들추면 이름도 남지 않은 수많은 희생들이 숨겨져 있습니다. 혹시라도 이 이야기를 읽고 계시는 분들이 이 책에 담긴 수많은 이야기들의 화려함에만 너무 마음 뺏기지 않으셨으면 하는 마음이 있습니다.

국제통화 피스오브에이트

그런데 그렇게 해서 유럽에 은이 들어오면 어떤 과정을 거치는 것일까요? 우선 이 은은 기본적으로 은화로 주조됩니다. 한국 역사에서는 국가가 아닌 개인이 허가를 받고 주화를 만드는 '사전私錢'이 그다지 활성화되지 않기도 했고, 사극 드라마에서 주로 악당들이 국가 경제를 어지럽히는 장치로 사용되는 경우가 많아 부정적인 인상을 주기도 합니다. 하지만 유럽 같은 곳의 전통적인 금화나 은화의 주화시스템은 공전과 사전이 공존하는 약간 더 느슨한 형태가 대부분입니다.

만약 흥부가 강남에서 제비가 물고 온 박을 타서 금괴 은괴가 수중에 생기면 왕실 또는 영주 공인의 주조소mint로 가져갑니다. 주조소에서 순도를 분석한 다음 해당되는 분량의 금은에서 먼저 시뇨리지(화폐주조 차익)를 제한 다음 남은 부분에서 첨가하는 합금 및 세공비 같은 민트 제작비용brassage을 떼고, 그리고 남은 부분을 '두들겨서' 코인으로 만들어 흥부에게 주는 겁니다. 이런 금화·은화의 주조는 상당히 일찍부터 시작되었는데요. 보통 금화를 일종의 기준으로 먼저 설정하지만, 설명했다시피 금화는 유통 화폐로서의 기능을 하기에는 너무 고액권이라는 단점도 있어서, 은화나 동화가 실제 매매활동에 사용되는 경우가 대부분이었습니다. 다만 이전에도 설명한 것처럼 동화보다 은화가 보다 여러 가지 이점이 있고 해서 대부분 금-은 복본위제도로 운영되었다고 볼 수 있습니다.

금-은 복본위제도라는 것은 근본적으로 어느 하나의 가치를 고

정해두고(대체로 금이겠죠, 더 비싸니까) 다른 금속의 상대적 가치를 지정하여 유통하게 되는 경우가 일반적입니다. 그래서 반대로, 대체로 은이 더 많이 유통되기 때문에 은이 실질적인 기준이라고 설명을 하기도 합니다. 금화의 경우, 처음 베네치아에서 만들기 시작한 이후 13세기부터 18세기 말까지 전 유럽에서 지속적으로 제조된 두카트Ducat라는 금화가 이런 측면에서 상당히 중요한 역할을 했습니다. 이 기간 동안 누가 주조를 하든지 원래의 순도 0.986퍼센트와 중량 3.4909그램을 꾸준히 지키면서 만들었기 때문에 유럽의 기준 통화 역할을 했다고도 합니다.

거기에다가 스페인에는 원래 레알real이라는 단위의 은화가 몇 종류 있었는데, 아메리카의 은 생산이 본격화되면서 이중에 은이 0.0255킬로그램 포함된 '8레알짜리 조각piece of eight'이라는 별명으로 불린 8레알 은화가 유럽과 아시아, 아메리카 모두에서 통용되는 '국제 통화'가 됩니다. 소설『보물섬』에서 악당 해적 롱 존 실버의 앵무새 플린트 선장이 외치는 "피스 오브 에이트!"가 바로 이 스페인 8레알 은화입니다.

전근대 시기의 통화 시스템 중에 복본위제라는 것은 대략 3가지 유형으로 실시되었습니다. 일단 금속본위제를 실행하려면 해당 금속에 대한 자유롭고 무제한의 주조(민트) 허용이 전제되어야 합니다. 즉 위에서 얘기한 것처럼 해당 금속을 보유한 사람이 그 양이 얼마가 되든 자유롭게 주조소에 가져가서 코인으로 주화할 수 있어야 하는데, 이를 '프리 언리미티드 민팅free unlimited minting'이라고 합니다.

◆ 최초의 글로벌 통화였던 8레알 은화입니다. 지브랄타르의 기둥이 그려져 있어서 필라(기둥)라는 이름으로도 불렸습니다. 이 8레알 은화는 여덟 조각으로 나눠서 사용했는데, 이 한 조각을 비트bit라고 불렀습니다. 그러니까 반으로 분지르면 4비트, 다시 반으로 분지르면 2비트. 최근 세계를 놀라게 만든 '비트코인'의 이름과는 무관하지만 흥미로운 우연이라고 할까요?

복본위제는 먼저 금과 은 둘 다 프리 언리미티드 민팅이 가능하고 교환비율이 법으로 정해진 법정주화 두 가지가 유통되는 경우, 두 번째, 금이나 은 어느 한쪽만 프리 민팅이 가능하고 나머지는 시장조건에 따라 자유롭게 유동하는 경우, 세 번째로는 이중 자유롭게 유동하는 쪽의 금속주화가 법정통화인 경우와 법정통화가 아닌 경우 등으로 구분됩니다.

금-은 비율의 밸런스

유럽의 대부분 주화체계에서는 법정 금-은 교환비율을 지정하였는데, 대체로 1:14에서 1:16의 법정 교환비율을 유지해왔습니다. 인도의 무굴 제국 같은 경우도 일찍부터 금-은 복본위제도로 금화에 대한 은화의 비율을 지정해서 운영했는데, 16세기 초 1:8에서 점차 비율이 하락하여 18세기 중반에는 1:14까지 떨어졌다고 합니다.

대체로 은 가치가 금에 비해 점점 떨어지는 추세였다는 것입니다.

그럼 우리 이야기의 배경인 16~17세기 당시의 전 세계 법정 또는 시장의 금-은 교환비율을 한번 살펴볼까요.

스페인은 1:12.5~1:14이고, 유럽 전반은 1:11~1:12, 페르시아는 대체로 1:10, 인도의 경우 1670년대 가장 비율이 높았을 때 1:8~1:16이었다고 합니다.

그런데 말입니다. 중국은 14세기 후반 1:4~1:5, 16세기 초 1:6, 17세기 초 광둥 지방 1:5.5~1:7. 비율이 전 세계 다른 지역의 반 이상입니다. 이 말은 그러니까 은값이 두 배 이상으로 높다는 얘기죠.

여기서 중국의 경우는 유럽 지역과 인도와는 사실상 경우가 좀 다르다고 볼 수 있습니다. 어느 지역이든지 실제 법정비율과 시장 교환비율은 해당 금은의 수급 사정에 따라 괴리가 생기기 마련입니다. 이제는 없어졌다고 해야겠지만 예전의 관리환율체제 내에서는 은행 고시환율 대신 명동에 암달러상이 있어서 실제 시장 즉 암시장 환율로 달러를 환전해준 것과 비슷한 이치라고 할까요.

그런데, 중국은 이마저도 금은이 '화폐'로 사용되지 않았기에 법정비율로 정해진 경우가 없었다고 할 수 있습니다. 중국에서 화폐로서의 은화는 한참 뒤인 19세기 말 1887년에 가서야 광둥성의 양광총독 장쯔둥張之洞의 건의로 처음 주조되었습니다. 따라서 중국에서 유통되거나 중국으로 유입된 은은 초기의 형태와 상관없이 그냥 은덩어리, 즉 정은sycee 형태로 처리되었습니다. 이를 무게를 달아 사용하는 '칭량화폐'라고 부르기도 합니다만, 이런 경우 유럽의 은화처럼 주조 국가나 주조 기구에 따른 액면가치와 실제가치의 차이로 인해 발생하는 차익거래 기회가 발생하지는 않습니다. 그러니까 중국 근세 시기의 금-은 비율이란 것은 따라서 중앙정부 또는 지방정부가 강제하는 법정비율이라기보다 시장가치에 따라 올랐다 내렸다 하는 것에 가깝습니다. 말하자면 화폐라기보다 상품commodity에 더 가까워진다는 것이지요.

다시 그런 점을 염두에 두고 위의 금-은 비율을 봅시다. 포토시에서 생산한 은을 스페인으로 가져와서 유럽 시장에서 유통시키는 것보다, 마닐라로 가져가서 이런저런 항해의 리스크 비용을 치르더라도 중국에 가져가면 산술적으로 대략 2배의 차익을 가져옵니다. 실제 17세기의 네덜란드가 동인도로 진출하는 데 굉장히 큰 역할을 한 얀 하위헌 판 린스호턴Jan Huygen van Linschoten은 인도 고아에서 근무를 하는 동안 부모에게 보낸 편지에 "여기 인도 고아에서 중국이나 일본까지는 여기서 리스본으로 가는 거리만큼 되는데, 지금 제게 금화 200, 300두카트가 있다면 그곳에서는 바로 600, 700두카트가 됩니다"[52]라고 이 상황을 전하고 있을 정도입니다. 실제로 이 차익의 기회가 스페인과 마카오-마닐라 및 마닐라-푸젠, 일본-마카오-포르투갈 라인들을 모두 일확천금의 광기로 몰고 간 것이라고 보는 연구들이 있습니다.

최근의 연구들은 인도에서도 중국으로 은이 유입되었고, 전통적인 지중해-오스만 제국에서 중앙아시아 루트를 통해서도 은이 상당량 중국으로 유입되었다고 합니다. 심지어 이미 말씀드린 것처럼 조선에서도 은이 중국으로 흘러들어갔다고 했을 정도이니 그야말로 은의 블랙홀이랄까요. 그렇게 보면 이 시기에 은이 중국으로 유입되고 대신 대량의 금이 이 기간 내내 중국에서 유출되어나온 것이 설명이 되고, 왜 '은'인가에 대해서 '유럽이 중국에 팔 물건이 없어서'라고 하는 예전의 주장은 근거가 약해진다고 볼 수 있습니다. 보다 직접적으로 얘기하자면, 은을 생산해서 은화로 만들기만 하면 일단 세수가 발생하고 중국에 가져가면 시세 차익이 생긴다는 것입니다. 그 모든 전 지구적 사건들의 궁극적인 목표는 간단히 말하면 '이익'이라는 것이지요. 뭐, 그게 100퍼센트를 다 설명하지는 못한다는 것은 알고 있습니다만, 그래도 은이 왜 16~17세기의 아시아 무역 네트워크에 그렇게 중요한지 이제 배경을 알고 이야기를 읽으시면 좋을 것 같습니다.

스페인의 불안한 마음

각설하고, 다시 스페인이 전 세계를 이으면서 끌고 나갔던 실버 트레이드의 이야기로 돌아가겠습니다. 1571년을 어떤 학자들은 마침내 전 지구적 네트워크가 시작된 해라고까지 단언하고 있습니다. 지금까지 말씀드린 것처럼 국지적인 네트워크들이 점점 확장되면서 서로 접점을 찾아 지구를 한 바퀴 돌아서 연결되는 과정의 완결점이 바로 1565년에 시작되어 1571년에 완료된 마닐라라는 도시의 성립이라고 보는 것이죠.

볼리비아 고원의 포토시에서 생산된 은은 처음에는 대서양을 건너 스페인으로 건너갔지만, 1560년대 후반부터 마닐라를 거점으로 확보하면서 이제 멕시코 아카풀코에서 태평양을 건너 마닐라로 가는 직항노선이 개설되어 중국 시장에 접근할 수 있게 된 것이었습니다. 포르투갈은 기존의 대서양과 인도양 교역라인을 연장하여 충분한 '은'이 확보되기 전에 먼저 동아시아 바다에 도달한 후 일본을 통해 '은'을 조달하여 중국과 무역을 시작하였다고 보면, 반대로 스페인은 이미 충분히 은 중심silver-centric 거래망이 형성된 시장에 오로지 단일 품목 '은'만을 가지고 등장했다고 할 수 있습니다. 그리고 1570년대부터 1640년까지, 그리고 그 이후에도 거의 매년 공식적인 수치만 연간 200만 페소 즉 50톤 분량의 포토시産은이 마닐라로 실려왔다고 합니다. 그리고 이 은은 마닐라의 중국 상인들을 통해 명나라의 푸젠성으로 들어갔습니다.

스페인이 태평양을 건너와서 루손섬(여송)에 마닐라라는 거점을 확보한 것이 1571년입니다. 그런데 시작부터 상당히 거센 주변의 저항을 받습니다. 16세기 동남 중국해의 최고 악명 높은 해적 두목 중에 림아홍이라는 해적이 있었습니다. 중국 이름은 린펑林鳳인데, 푸젠·저장 지역에서 쓰는 민난어閩南語로는 림홍이라고 읽는다고 합니다. 그래서인지 서구권 자료에는 보통 림아홍Limahong으로 등장합니다. 1574년 마닐라에 아예 자신의 왕국을 만들겠다고 마닐라의 스페인인들을 두 번이나 전면적으로 공격하는 일이 있었습니다. 간신히 중국 해적들의 공격을 이겨내고 역내 무역기지로서 마닐라의 확고한 자리매김을 통해 멕시코 아카풀코에서 마닐라를 오가는 태평양 횡단 노선을 확보하고 나니, 이번에는 일본에서 위협을 가합니다. 도요토미 히데요시는 조선만 타깃으로 삼은 게 아니라 정말 세계 정복을 하려고 했던 것인지, 임진왜란을 일으킨 1592년 마닐라에도 편지를 보내 '이미 레쿠오이(류큐)와 아코라이(조선)를 정복했으며, 동천축(동남아 국가들)에서도 조공을 바치고 있는데 여송국은 아직 조공을 바치지 않는다. 중국을 정복하러 갈 것인데, 그 노정에 마닐라가 조공을 바치고 일본의 무역상들을 수락하지 않으면 군선을 몰고 가서 쳐부수겠다. 내가 두 달 안에 나고야로 내려갈 텐데 그때까지 사신을 보내라, 안 그러면 쳐들어간다'는 식의 편지를 보냅니다.[53]

산펠리페호의 비극

물론 히데요시가 실제로 마닐라를 침공하는 일은 생기지 않았지만, 이후에도 스페인은 일본과 우호적이지 않은 사건들이 계속됩니다. 예를 들어 도요토미 히데요시의 협박편지로부터 4년 뒤인 1596년 마닐라를 출발하여 멕시코로 가던 산펠리페호San Felipe가 일본 시코쿠 도사번에 표착하는 일이 발생합니다. 마닐라에서 멕시코 아카풀코로 가는 항로는 앞에서 말씀드렸다시피 일본 쪽으로 크게 휘어져서 가도록 되어 있어서 태풍을 만나거나 하면 일본에 표착하는 일이 종종 발생하게 됩니다. 도요토미 히데요시의 당시 반가톨릭정책을 이미 알고 있었던 산펠리페호의 일행들은 그나마 자신들이 의탁할 수 있는 나가사키로 가려고 합니다.

그런데 도사번의 다이묘인 조소카베 모토치카長宗我部元親가 이들을 붙잡아 배와 화물을 몰수하는 일이 벌어집니다. 시코쿠는 다른 지역들과 달리 포르투갈이나 명나라 같은 곳의 외래선이 들어오지도 않는 곳으로, 어찌 보면 당시 흥행 100퍼센트의 남만 무역에서 소외된 지역이었습니다. 그래서인지 이 기회를 남만 무역의 화물을 손에 넣을 좋은 기회로 파악했다고 합니다. 그런데 이거 참, 산펠리페호 측에서 이건 부당한 처사라고 항의하면서 일이 점점 커져 이 사건은 결국 교토의 도요토미 히데요시에게까지 올라가게 됩니다. 앗, 그런데 교토에서는 오히려 남만 화물을 자기들 쪽으로 보내라고 명령을 내립니다. 조소카베 모토치카는 원래 반反히데요시파였다가 히데요시의 시코쿠 점령 후 휘하로 들어가 있었던 터라 얄짤없이 모든 것을 내어주게 되었습니다. 그러자 스페인인들은 '이것들이 모두 우리를 뜯어먹으려 하는구나' 하는 상황이 되어 버리고 맙니다.

교토에서 파견된 관리들의 심문을 받는 도중 항해사 한 명이 일반적인 스페인의 선교와 점령 방식이랄까요, 먼저 선교사를 보내고 개종을 시키면 군대가 와서 점령을 할 거라는 얘기를 하게 됩니다. 이 심문 결과의 내용은 도요토미 히데요시의 기독교에 대한 의심을 확정짓게 만들면서 일본 가톨릭 역사상 최초의 박해로 기록된 '26인의 순교 사건'으로 이어지게 됩니다. 흥미로운 것은 26명 순교자 중에 프란치스코 수도회 소속의 선교사 3명과 일본인 재속 직책자 17명이 포함되었는데, 잘못 오인되어 순교당한 예수회 계통의 일본인 신자 3명을 제외하면 모두 스페인 마닐라에서 파송하고 후원하던 프란치스코 수도회 소속이었다는 것입니다.

성문 밖 상레이의 세계

이 일련의 사건들을 통해 일본에 대한 스페인의 심리 상태는 그야말로 공포와 경악! 이렇게 마닐라의 스페인인들은 적들에게 둘러싸여 있다는 위기감이 그 기저에 항상 깔려 있었다는 것이죠. 실제로 이후 스페인인들의 동아시아 해역 내 활동은 모두 이 위기감을 통해서 이해할 수 있을 정도입니다. 마닐라의 도시구조 역시 그래서 '성벽 안'이라는 의미의 스페인인 구역 인트라무로스Intramuros와 파리안Parian de Arroceros이라 부르는 중국인 구역을 엄격히 구분하였습니다. 물론 필리핀 원주민들이나 일본인들 역시 각각 구분된 구역으로 나눴습니다.

중국 상인들을 수용하기 위해 만들어진 이 파리안 구역에 거주하던 중국인들은 주로 푸젠 출신의 민난인閩南人들로 '상레이Sangrey'라고 불렸습니다. 이들은 마닐라와 중국 사이를 에이전트처럼 왕복하며 마닐라의 은을 중국에 공급하고 중국의 실크원사를 사오는 역할을 했습니다. 상레이라는 용어는 몇 가지 다른 학설도 있지만 가장 유력한 것은 푸젠인들이 쓰는 민난어로 비즈니스, 무역, 거래를 의미하는 '승리生理'라는 단어를 스페인인들이 그 중국인과 중국인 혼혈 후손들에 대한 통칭으로 사용하게 되었다는 것입니다. 언어에도 반영되었다시피 대단히 특정 지역의 현상이었다고 할 수 있을 것 같습니다.

약간 구체적으로 상레이에 대해 설명하겠습니다. 이 당시의 남중국해에 대해 우리가 아는 것은 명나라는 해금海禁정책을 폈다는 것입니다. 해금정책이나 일본의 쇄국정책은 그 이름만 가지고는 실상을 혼동하기 쉽습니다. 명나라의 해금정책은 그저 진취적인 해양개척 정신이 없어서가 아니라 중국이 동아시아의 종주국으로 소위 '조공 책봉 체제'를 바로 세우기 위한 것이었다는 설명도 있습니다. 번방藩方의 국가들이 조공 책봉 시스템에 들어오면 제후국으로서의 책봉을 내려주고 이에 조공을 하면 반대급부로 중국의 상품으로 '회사回賜'합니다. 조공과 책봉은 반드시 같이 이루어지는 것은 아니고 책봉 없이 조공만 하는 경우도 있기는 합니다.

하지만 조금 무리하게 요약해서, 조공과 회사는 외교적 수사를 걷어내면 결과적으로는 국가적 차원의 상품 교역이 됩니다. 이 무역 부분만을 얘기할 때 그 무역 라이선스 증서의 이름인 '감합勘合'을 따서 감합 무역勘合貿易이라고도 합니다. 이 시스템이 문제없이 효과적으로 운용되려면 이전 송·원대에 여러 무역항에서 자유롭게 이루어지던 '무역'이 반대로 시스템 내에서 통제가 되어야만 합니다. 해금정책이란 결국 이런 명대의 중화질서 구축이라는 동전의 뒷면에 해당한다고 할 수 있습니다. 그런 연장선상에서 왜구倭寇란 현상도 이 조공 책봉 시스템에 편입되지 못한 일본 같은 여타의 세력이 중국에서 합법적인 무역 대신 밀거래와 해적질을 한 것이라고 볼 수 있습니다.

그러고 보면 반대로 남중국해에는 이미 오랜 기간 해상에서 무역 및 해적일을 해온 사람들이 존재했습니다. 이들은 국가라는 체제의 경계선에서 이해타산에 따라 중국의 해방海防 시스템에 들어가기도 하고, 일본의 왜구에 합류하기도 하고, 유럽인들이 나타나자 이들의 에이전트가 되기도 했습니다. 조공 책봉 체제에 들어간 그룹은 마카오의 포르투갈처럼 직접 중국과 교역을 할 수 있지만, 이 체제에 들어가지 못한 그룹은 결국 이들을 에이전트로 활용해서 대중국 중개무역을 하는 겁니다. 예를 들어, 이들이 닝보나 샤먼 같은 항구에서 마닐라 스페인인을 대신하여 같은 중국인끼리 거래를 한 다음 스페인인에게 상품을 넘겨주는 것이죠. 1990년대까지 중국과 직접 거래를 할 수 없었던 한국 종합상사들이 홍콩의 중국인 에이전트들을 통해 중국 본토에서 물량을 확보하여 홍콩을 거쳐 부산으로 선적하던 실제 사례가 있습니다.

황금의 산을 지키는 로스에스파놀레스[54]

한편 주위의 동아시아 사람들에게 바다를 건너 등장한 스페인인들은 어떤 모습이었는지 볼까요. 일단 지구를 돌아온다는 게 아직 상식이 아니던 시기이니, 당연히 대부분은 아메리카 대륙에서 은을 실어온다는 것을 알지 못했습니다. 대신 마닐라에 황금산이 있어 그 산에서 엄청난 황금과 은이 난다고 생각을 했습니다. 이쯤 되면 공공의 타깃이 되는 거죠.

1603년 5월 23일, 마닐라에 3명의 중국 관리와 일행이 도착합니다. 이들은 자신들을 '판관'이라고 소개하며 마닐라 지사를 만나기를 요청합니다. 지사를 만난 관리 3명은 마닐라에 도착하기 4일 전 항해 도중에 작성한 서신을 제출합니다. 푸젠의 군사령관이라는 '찬치안'의 서명이 있는 이 서신은 '이 방문의 목적은 루손섬의 카비

테에 매년 금 10만 냥과 은 30만 냥이 나는 산이 있다는 루머를 확인하고, 이미 중국인들이 엄청난 양의 금은을 중국으로 반입하고 있으니 만약 이 황금산이 사실이라면 누구든지 가서 금은을 캘 수 있어야 할 것'이라고 하면서 "일행 중 한 명인 '티오헹'이 이 산의 존재에 대해 황제에게 상소를 올려 환관 '코차이'가 황제로부터 이 내용을 확인하라는 임무를 띠고 같이 왔다"는 내용이었다고 합니다. 또다른 한 명의 관리는 '지사가 두려워할 것은 없다, 우리도 이 내용을 믿기는 어렵지만 확인하라고 하니 임무는 수행하려 한다'는 등의 말을 합니다.

제11대 마닐라 지사 페드로 데 아쿠냐Pedro Bravo de Acuña는 중국의 고위급 관리 사절단이라니 이들에게 인트라무로스 내에 숙소를 제공하고 임무 수행에 필요한 편의를 봐줍니다. 다음 날부터 26일까지 사흘간 이들은 느닷없이 중국인 구역에서 각종 재판과 송사를 집행합니다.

한편 당시 마닐라의 식민지 법원 아우디엔시아Audiencia의 판사들은 하필 신임 마닐라 지사의 반대파였습니다. 이들은 이들 나름대로 이 일에 대한 자체 조사에 들어갑니다. 27일 법정에서 1차 조사 결과가 보고되고, 조사를 계속해야 한다는 이유로 지사에게 중국 관리의 활동을 중지시키게 합니다. 이어지는 날들 동안 마닐라 내부에서 지사와 법정판사들 간에 이 문제로 서로 치킨게임을 하는데, 이로 인해 중국 관리들과 마찰이 계속 발생합니다. 이들은 출발 전날 기어이 카비테를 찾아가 산을 찾기까지 하는데, 결국 아무 일도 없이 끝나긴 했지만 스페인인들에게는 중국이 뭔가 자신들을 노리고 있다는 의심이 이제 확신으로 바뀌게 됩니다.

이 일은 사실 중국 측의 기록도 있습니다. 『명사』의 '여송' 항목에는 이 일에 대한 명나라 측 자초지종이 상세하게 기록되어 있습니다. 조금 길지만 한번 읽어봅시다.[55]

이 당시, 광세사礦稅使가 사방으로 파견되자, 간교하고 악독한 무리들이 다투어 [광산의] 이익에 대해 말하였는데, 옌잉룽閻應龍·장이張嶷란 자가 여송의 지이산機易山은 본래 금과 은이 생산되는데, 그것을 채취한다면 1년에 금 10만 냥·은 30만 냥을 얻을 수 있다고 말하면서, [완리] 30년(1602) 7월에 궁궐에 이르러 상주를 올리자, 황제는 곧 이를 가납하였다. 이 명령이 하달되자, 모든 조정이 크게 놀랐다. [이에] 도어사都御史 원춘溫純이 상소를 올려 다음과 같이 말했다.

"근래 조정 내외의 여러 대신들이 광세의 폐해를 다투어 언급하고 있으며, 폐하께서도 그러한 소문을 점점 더 많이 듣고 계십니다. 현재 광둥의 리펑李鳳은 66명의 부녀자를 욕보였으며, 사사로이 재물을 운반한 양이 커다란 배로 30척에 달하고 300명이 지고 나를 정도가 되어, 그 사정이 분노가 쌓인 백성들에게 분명 살육당할 지경입니다. 이제 어떻게 해서라도 [그의 만행을] 중지시켜야만, 권위와 은혜로써 통제할 수 있는 수단을 잃지 않게 될 것입니다. 면전緬甸(현재의 미얀마)의 추장은 보물이 나온다는 갱도를 차지하기 위해 10만의 병사를 이끌고 내지內地를 침범하려 하니, 서남 지역의 만족들이 [그들의] 위협 때문에 근심하고 있습니다. 그리고 푸젠의 간악한 무리들도 또한 지이산의 일을 들어 알게 될 것입니다. 이러한 것은 모두 [그들의] 헛된 말이며 진정 우스운 일이지만, 총명하신 황상께서 뜻하지 않게 그러한 상황을 오해해서 들으실지도 모릅니다. 저희 신하들은 매우 놀라 갈피를 잡을 수 없어, 침식寢食을 편안히 할 수 없는 지경입니다. 장차 변란이 발생하여 화가 생긴다면, 국가의 재정 소모가 수백만 [냥]에 달할지도 모르니, 만약 [그들의 폐해를] 일찌감치 없애지 않는다면, 그 근심 또한 [단순히] 재정을 소모하는 데 그치지 않을 것입니다.

신이 듣자옵건대 하이청海澄의 시박사市舶使 가오차이高宷가 이미 매년 3만 금을 징수했다고 하니, 여력이 없어 결코 이익을 낼 수 없습니다. 지이산은 멀리 해외에 있으며, 또한 결코 사방에 금은이 널려 있지 않고 간악한 무리들이 [그것을] 채취하는 이치이니(것은 합당하지 않으니) 어찌 금 10만·은 30만을 얻을 수 있으며, 그 말을 실현할 수 있겠습니까? [이것은] 조정의 명을 거짓으로 빌리는 것에 불과하고, 외부로 유출하지 말아야 하는 물건들을 함부로 반출하고 여러 번국들을 유인하여 불법적인 음모를 펼치려 하는 것이오니, 어찌 국가와 개인에게 미치는 폐해가 단지 하이청 한 곳에 그칠 뿐이겠습니까?

이전에 왜구의 환란이 있었는데, 분명 간민들이 바다로 나아가서 유력자들과 은밀하게 연락하여 무리한 가격을 강제하니, 왜적들이 원한을 품게 되어 병사들을 이끌고 반란을 일으킨 것입니다. 지금 조정의 명령이라는 구실하에 그러한 짓을 행하고 있으니 그 피해는 마땅히 더욱 커질 것입니다. 병란兵亂이 계속되고 재앙이 이어지자 여러 간악한 무리들은 왕즈汪直·청이번曾一本 같은 무리의 해묵은 수법을 모방하여, 바다를 근거지로 왕이라 칭하고 병사들을 거느린 채 진영을 열지어 세우니, 가까이는 많은 이익을 도모할 수 있으며, 멀리는 틀림없이 웨이튀尉佗 같은 사람이 될 것입니다. 갖가지 망명하는 계책을 얻어, 만약 국가에 커다란 화를 미친다면 어찌하겠습니까? 청하옵건대 급히 적절한 조치를 내리시어 화근을 없애야 합니다."

언관言官 진중스金忠士·차오위볜曹于汴·주우비朱吾弼 등도 계속 상주를 올려 강력하게 이 문제를 거론했지만, [황제는 이들의 말을] 모두 듣지 않았다.

이 사안이 푸젠 수신에게 내려졌는데, [그 수신은 자신의 뜻을] 고수한 채 행동에 나서지 않으려 했으나 [결국] 조정의 명령으로 압박을 받게 되어, 곧 하이청의 현승縣丞 왕스허王時和·백호百戶 간이청干一成을 장이張嶷와 함께 보내어 조사에 나섰다. 이 소식을 들은 여송 사람들은 크게 놀랐다. 중국 사람으로 [여송에] 유망하여 살고 있는 사람이 [여송인들에게] 이르기를, "중국의 조정은 별다른 의도가 없으며, 단지 간악한 무리들이 함부로 말썽을 일으킨 것입니다. 지금 사신을 보내 조사를 실시하여 간악한 무리들이 스스로 궁지에 몰리게 되면, 곧 돌아가 보고할 뿐일 것입니다"라고 했다. [그러자] 그 총독의 마음이 점차 풀어져, 여러 신부들에게 명하여 길 연변에 꽃을 뿌리도록 하고, 조정의 사신들을 존경하는 의미로 많은 병사들을 열병시켜 그들을 호위하고 영접하였다.

왕스허 등이 들어오자, 총독은 연회를 베풀고 묻기를, "명 조정은 사람을 보내 채광採鑛을 원하고 있습니다. [그런데] 산에는 각각 주인이 있는데, 어찌 채광을 할 수 있겠습니까? 예를 들어 명나라의 산을 채광하는 것을 우리나라에게 허용할 수 있겠습니까?"라고 했다. 또 말하기를, "나무에 금두金豆가 열린다 한들, 어찌 나무가 [이를] 만든 것이겠습니까?"라고 했다. 왕스허가 대답을 할 수 없어 여러 번 장이를 바라보자, [이에] 장이가 이르기를, "이 지역은 모두 황금이 있는데, 하필이면 금두가 어디에서 나느냐고 묻는가?"라고 했다. 상하 모든 사람들이 [그 대답을 듣고] 크게 웃었지만 [총독은] 장이를 억류시켜 죽이려고 하였다. [그런데] 여러 중국 사람들이 함께 화해시켜, 마침내 석방되어 귀환하였다. 왕스허는 귀국 뒤, 바로 가슴이 두근거리는 병을 얻어 사망하였다. 수신이 이 소식을 조정에 보고하면서, 장이를 망언죄로 다스릴 것을 청하였다. 이 일의 사태는 이미 끝났지만, 여송 사람들은 스스로 [명을] 끝내 의심하였고, 명이 장차 그 나라를 습격하여 취할 것이며, [명이 습격할 경우] 여송에 있는 중국인들 역시 명과 내통하리라 여겨, 몰래 그들을 죽일 계획을 세웠다.⁵⁵⁻¹

공문을 작성한 찬치안은 간이청干一成, 이름이 언급되지 않았던 두 번째 관리는 왕스허王時和, 환관 코차이는 가오차이高寀라고 합니다. 중국 측에서는 이 일을 지방민 세력이 해외 무역을 하기 위해 거짓 정보로 조정의 고위층을 움직인 것으로 결론 내리고, 나중에 상소를 하여 일행을 이끈 장이張嶷 즉 티오행 등을 효수하고 본보기로 삼았다고 합니다.

그렇지만 그걸 알 리 없는 마닐라 측은 이 상황을 전혀 다르게 받아들였습니다. 고조된 위기감으로 인해 성벽에 붙어서 지어진 중국인 구역의 집들을 허물고, 성벽을 수선하며, 중국인 구역의 수령들에게 정착민들의 인물정보와 무기 소유 여부 등을 모두 제출하게 하는 등 일촉즉발 상황에 대한 대처를 하기 시작합니다. 이에 자극받은 중국인들 역시 11월 반란을 일으키려고 준비를 하다가 스페인인들이 미리 준비에 들어가자 일정을 앞당겨 10월 3일 저녁 2000명이 성문 앞에 모여 방화를 하면서 폭동을 일으키기 시작합니다. 다음 날 아침 성문을 열어달라는 요구가 거절당하자 본격적으로 스페인 군인들과 무력 충돌이 시작됩니다. 충돌이 이어지는 와중에 스페인인들은 일본인을 동원해 중국인을 진압하기 시작합니다. 게다가 군함까지 지원 포격을 시작하면서 중국인들은 마닐라에서 퇴각하여 바탕가 지방의 산파블로로 도망을 칩니다. 결국 지리멸렬해진 중국인들은 10월 20일 스페인 군대와 일본인, 필리핀 원주민 부대에 의해 최종적으로 진압되어버리고 맙니다. 사면을 받은 사람은 300명 정도이고 나머지는 갤리선의 노예가 되었다고 하는데, 이 중국인 학살 사건으로 중국인 2만 5000명 정도가 희생을 당했다고 합니다.

반란과 학살이 지나간 후 마닐라는 조사에 착수합니다. 먼저 이 처음의 반란이 3명의 중국 관리의 방문과 관련이 있는 것인지, 그래서 중국 측의 의도에 의한 것인지를 조사했는데, 그렇다 아니다로 의견이 나뉘었고 증언도 나뉘어졌습니다. 하지만 결국 그 중국 관리들과 관련이 없는 마닐라 정착 중국인들의 돌발적인 폭동이었다고 결론을 내리며 사건을 덮게 됩니다. 대신 사실상의 동아줄인 중국과의 무역 재개를 위해 마카오에 도미니코회 선교사를 사신으로 보내 중국 광둥과 푸젠 정부에 자초지종을 설명하는 미션을 실행합니다. 이에 대한 응답으로 푸젠성 촨저우泉州의 대마닐라 무역상들이 방문하여 상황을 파악하고 푸젠 조정에 상황을 설명한 후

길고 긴 1년이 지나 1604년 5월 마침내 다시 13척의 중국 배가 마닐라를 찾게 됩니다. 마닐라에서는 반란에 가담하여 재산을 모두 몰수당했던 중국인 상레이를 다시 분류하여, 몰수하였던 재산을 이들의 가족에게 돌려주는 굿 제스처도 취합니다.

『명사』에서는 이 방문 이후 학살 사태와 교역이 재개되는 과정을 이렇게 기록하고 있습니다.

이듬해, 병사들을 모아 이웃나라를 침략한다고 선언하고, 철기를 비싼 가격으로 사들였다. 중국인들은 이익을 탐내어 이를(가지고 있는 철기) 모두 팔아치웠으며, 이 때문에 집 안에는 쇠붙이 한 조각도 남아 있지 않았다. 이에 총독은 명을 내려 중국인들의 성명을 기록하도록 하여, 300명씩을 [단위로] 하나의 원院을 조직한 다음, [그 원에] 들어온 즉시 그들을 죽였다. [이러한] 일이 차차 드러나자, 중국인들은 떼를 지어 채원茶園으로 도주하였다. 추장이 병사들을 보내 공격했는데, 중국 사람들 대다수가 무기가 없었기 때문에 죽은 자가 헤아릴 수 없이 많았으며, [살아남은 자들은] 대륜산大崙山으로 도망갔다. 만인들이 다시 공격해오자 여러 사람들이 사투를 벌였으며, [이에] 만인 병사들의 기세가 약간 수그러들었다. 총독은 곧 후회하고 사신을 파견하여 화의를 청했다. 중국인들은 그것을 거짓이라 의심하여 사신을 참살하였다. 총독은 크게 노하여, 다시 무리들을 모아 성으로 들어가 성 옆에 매복병을 두었다. [성 안에 있는 사람들] 대다수가 극심한 기아를 겪었으며, 마침내 산을 내려와 성을 공격하였다. 매복한 병사들이 나오니, [중국인은] 크게 패하여 차례로 죽은 인원이 2만 5000명이었다.

총독은 곧 명령을 내려, 중국인들의 재산을 약탈하고, 재물 창고는 모두 봉인하도록 하였다. 푸젠의 수신에게 문서를 보내, 중국인들이 난을 일으키려는 음모를 꾸며 부득이하게 그들을 먼저 죽였다고 말하고, 죽은 사람들의 가속이 와서 그들의 처자妻子와 재산을 가져가도록 청하였다. 순무 쉬쉐주徐學聚가 급히 이 변고를 조정에 알리자, 황제는 대단히 놀라고 슬퍼하면서 형부刑部에 명을 내려 간사한 무리들의 죄를 논하라고 하였다. [완리] 32년(1604) 12월에 [신하들의] 논의가 올라오자 황제가 이르기를, "장이 등이 조정을 기만하고 해외에서 죄를 지어, 2만 명에 달하는 상인과 일반인들이 칼날에 모두 죽어나가고 국위를 손상시켰으며 나라를 욕되게 했으니, 죽어도 그 허물이 남아 있는즉, 효수하여 바다에 내걸도록 하라. 여송의 추장은 함부로 상인과 백성을 죽였으니, 무안관撫按官은 그 죄를 논하여 보고하도록 하라"라고 했다. 이에 쉬쉐주 등은 여송에 격문檄文을 보내, 함부로 살인한 죄를 여러 차례 물었으며, 죽은 사람의 처자妻子를 송환하도록 했지만 결국 그들을 토벌하지는 못했다. 그 후, 중국인들이 다시 조금씩 [그곳으로] 건너갔으며, 만인들은 중국인과의 무역을 통해 이득을 보았기 때문에 [중국인들이 그들 나라로 오는 것을] 거부하지 않아, 오랜 세월이 지나자 다시 마을이 형성되었다.**55-2**

이렇게 마닐라의 스페인인들은 통합 이베리안 동료인 포르투갈인들이 동아시아에서 그동안 이익을 누리며 맘껏 즐겨왔듯이, 우여곡절을 겪은 자신들도 이제 본격적으로 중국과 일본 시장에 직접 진입하려고 시도합니다. 게다가 잠시 동안이나마 우연한 행운과 인연으로 인해 스페인의 또다른 불안 요인이던 일본과도 우호적인 관계를 맺게 됩니다.

일본과 스페인의 짧은 밀월

하세쿠라 쓰네나가의 대모험

제가 좋아하는 만화 『마스터 키튼』에 '기도하는 태피스트리祈り タペストリー'라는 제목의 에피소드가 있습니다. 교토의 기온마쓰리祇園祭り가 열리는 동안 마침 교토에 간 키튼이 우연히 스페인에서 온 살바도르 리베라를 만나게 되는데, 그에게 기온마쓰리 때 사용되는 꽃차 하나구루마花車를 장식하는 양탄자 태피스트리 중 하나가 중근세 유럽에서 전해진 것임을 알려줍니다. 키튼은 이렇게 하여 리베라의 가문과 17세기 일본에 전해진 벨기에산 태피스트리의 인연을 추적하는데요. 키튼으로 인해 태피스트리의 원래 담겨 있던 숭고한 정신을 알게 된 리베라는 결국 일본의 부동산 리조트 개발업자에게 매각하려던 가문의 성을 팔지 않고 스스로 선조의 정신을 이어가게 된다는 얘기입니다.

그 에피소드에서 처음 두 명이 마주치는 장면에서 나눈 대화입니다.

"훌륭한 태피스트리군."

"16세기 벨기에제입니다."

"그렇게 오래되고 비싼 물건이 왜 일본에 있는 거지?"

그러자 키튼이 "일본 동북부의 영주 다테 마사무네伊達政宗의 가신 하세쿠라 쓰네나가支倉常長라는 무사가 17세기 초에 유럽에서 가지고 돌아왔습니다"라고 대답합니다.

지금은 한국 사회에도 근세 일본에 대한 여러 책들을 통해 잘 알려진 센다이번의 가신 하세쿠라 쓰네나가가 등장합니다. 1613년부터 1620년까지 7년 동안 일본에서 멕시코로, 스페인과 프랑스, 그리고 로마의 바티칸을 다녀왔던 사실이 만화에서 이야기의 배경으로 사용된 것입니다. 이 사람의 에피소드는 종종 조선의 폐쇄성과 비교하는 예로 자주 사용되고 있습니다만, 이 세계여행의 전후 사정이 그렇게까지 잘 알려져 있지는 않습니다.

때는 1613년 초여름 어느 아침, 센다이번의 번주 다테 마사무네(또는 유럽 쪽 기록에는 이다테 마사무네라고도 남아 있다고 합니다)가 하세쿠라 쓰네나가를 호출합니다.

"하세쿠라여, 하세쿠라여, 어젯밤 나 이다테 마사무네는 꿈을 꾸었는데, 꿈속에 큰 빛이 하늘에서 내려와 큰 소리로 외치노니, 이제 큰 배를 만들어 저 태평양을 건너가면 이른바 법왕이 살고 있는데 그를 찾아 이다테 너의 신심을 전하라 하시니, 그 광음을 좇아 이제 이 센다이를 들어 법왕에게 바치고자 하노라." 그러자 하세쿠라가 "주군의 말씀이 차마 그러하오니 신을 바다 건너 보내시어 법왕을 만나 주군의 성심을 전하게 하소서" 하니, 이에 허락하여 방주를 지으매, 게이초慶長 18년 9월 15일 마침내 돛을 올려 바다를 건너 법과 태피스트리를 구해 일본으로 돌아왔다……

잠깐! 당연히 세상 일이 이렇게 진행되었을 리는 없겠죠. 먼저

17세기 초반 일본의 가톨릭 신자 다이묘, 즉 기리시탄 다이묘들은 주로 선교사가 먼저 도착하여 시작된 규슈와 교토를 중심으로 한 긴키近畿 지역에 분포했습니다. 그렇게 보면 일본 혼슈 동북쪽의 센다이는 상당히 의외의 지역이죠. 17세기 초의 구도에서도 이미 일본에서는 기리시탄 박해를 슬슬 시작했던 시점이고, 오히려 다테 번주의 경우 딱히 기리시탄 다이묘로 알려진 것도 아닙니다. 그러니 무리해서 도쿠가와 이에야스에게 거슬릴 만한 행동도 하지 않았다고 보는 게 더 맞을 겁니다. 그러면, 도대체 어떤 일이 있었길래 하세쿠라의 길고 긴 여정이 시작되었던 걸까요?

로드리고 데 비베로의 표착[56]

잠시 눈을 돌려 누에바 에스파냐, 즉 지금의 멕시코로 가봅시다. 1564년 누에바 에스파냐의 유력 가문에서 로드리고 데 비베로 이 아베루사Rodrigo de Vivero y Aberrucia라는 인물이 태어납니다. 그의 아버지 로드리고 데 비베로 이 벨라스코는 스페인 카스티야의 귀족 출신으로 누에바 에스파냐의 부왕으로 임명된 외삼촌 루이스 데 벨라스코를 따라 건너와서, 코르테스 정복단 멤버의 직계 후손의 미망인인 멜초라 아베루사와 결혼합니다. 멜초라 아베루사는 당시 누에바 에스파냐 최대의 장원이었던 테카마찰코 엥코미엔다Tecamachalco encomienda를 소유하고 있었습니다. 뭐, 시작부터 로드리고 데 비베로는 부와 명예의 실버스푼을 입에 물고 태어나 고속도로를 달리는 인생이었던 것이죠.

본격적으로 사회 경력을 쌓기 시작하면서 군대와 정부의 요직을 맡아 네덜란드 해적을 물리치고, 은광을 관리하고, 원주민의 반란을 진압하면서 남미 스페인 식민지 사회의 엘리트 코스를 섭렵한 그는 1608년 이제 44세의 나이로 마닐라 임시 총독으로 임명됩니다. 마닐라는 당시 누에바 에스파냐의 관할 소속이었습니다.

로드리고 데 비베로는 실은 앞서 등장한 1603년의 중국인 학살 사건을 일으켰던 전임자 페드로 데 아쿠냐가 급작스레 죽는 바람에 그를 대신하여 마닐라의 임시 총독으로 부임한 것이었습니다. 그런데 그가 도착했을 당시 마닐라에는 일본인들과 관련된 모종의 사건이 발생해서 그의 처리를 기다리고 있었습니다. 당시 일본은, 이후의 에도시대보다 상대적으로 덜하다고는 해도 16세기 후반 도요토미 히데요시의 시대부터 수차례 기독교 금교령과 처형 및 추방이 이뤄졌습니다. 이렇게 추방당한 일본인 기리시탄들은 동남아로 퍼져나갔는데, 가톨릭 종주국의 식민지 마닐라가 최대 피난처가 되었습니다. 아직 일본의 해외 무역은 주인선朱印船 무역이라는 형태로 시행되고 있던 시기이기도 해서, 마닐라의 일본인들은 대일본 무역에 종사하면서 처음 300, 400명으로 시작한 인구가 17세기 초에는 3000명가량으로 수가 불어나 있었다고 합니다.

그 몇 년 전에 있었던 중국인 학살과 그리 다르지 않은 맥락에서 이들도 차별적인 대우에 항의하며 1606년에서 1607년 사이에 반란을 일으킵니다. 물론 반란은 진압되었지요. 그런데 중국인 상례 이들의 폭동이 학살로 마무리된 것에 비해 가톨릭 신자들이 대부분이었던 마닐라의 일본인들은, 특히 프란치스코 수도회의 노력으로 오히려 진압이라기보다는 다시 스페인 정권에 협력하는 쪽으로 진정이 되었습니다. 마닐라에 갓 부임한 로드리고는 이 사건에 대한 처리를 맡아 막 정권을 잡은 에도 바쿠후와 프란치스코 수도회에 비선으로 연락하여 반란을 일으킨 일본인 60~70명을 일본으로 재추방하는 외교수완을 발휘합니다. 그리고 그와 함께 필리핀 해역에서 활동 중인 왜구의 처벌에 대한 합의도 이끌어냅니다.

이렇게 뛰어난 성과를 올려 입지를 다진 로드리고는 1620년 파나마의 총독으로 영전되어 마닐라를 떠나게 됩니다. 파나마는 지금도 중요한 교통 요지이지만, 당시 스페인 제국의 부가 아메리카에서 유럽과 아시아로 흘러가게끔 하는 요지 중의 요지였습니다. 그러니까 볼리비아나 멕시코의 은광에서 생산된 은이 파나마를 거쳐 아카풀코로 해서 마닐라로, 또는 파나마를 거쳐 쿠바 아바나로 해서 스페인 세비야로 옮겨졌던 것입니다. 그리하여 소위 꽃보직으로 영전을 하게 된 로드리고는 산프란시스코호를 타고 1609년 7월 25일 마닐라를 떠나 아카풀코로 출발합니다.

그런데 두 달이 지난 후인 1609년 9월 30일, 그와 316명의 승객이 탄 이 배는 태풍을 만나 일본의 조그만 마을 이와와다岩和田, 지금의 지바현 온주쿠마치御宿町 앞 해상에서 난파되어버리고 맙니다. 다행히 마침 마을 사람들이 몰려와서 이들을 구조했고, 이 사건은 그곳의 영주였던 오타키大多喜번의 다이묘 혼다 다다토모本多忠朝에게 보고되었습니다. 37일 후 로드리고와 일행은 에도에 가서 2대 쇼군 도쿠가와 히데타다德川秀忠를 만납니다. 아카풀코로 가야 하는데 눈떠보니 여기는 어디, 나는 누구랄까요. 그리고 며칠 후 시즈오카에 가서 쇼군 자리를 아들에게 물려주고 오고쇼大御所라는 이름으로 여전히 실권을 쥐고 있던 도쿠가와 이에야스를 만나게 됩니다.

얼떨결에 일본에서 10개월가량 체류하게 된 로드리고는 아마 일본이 19세기에 개국을 할 때까지 일본을 찾은 최고위직 외국관리였던 것 같습니다. 비록 조난을 당해 흘러들어온 일본이지만, 로드리고는 특유의 외교술을 발휘해서 기회를 놓치지 않고 일본과 통상 관계를 맺기 위해 협상에 들어갑니다. 그런데 도쿠가와 이에야스는 쇼군이 되기 전에도 마닐라의 스페인과 관계를 만들고 싶어 했다는 설이 있고, 실제 프란치스코 수도회의 선교사들을 통해 서로 연락을 시도하기도 했었다고 합니다. 문제는 일본도 나름의 이런저런 내부 사정이 있었다면, 스페인도 내부적으로 에스파냐 본국과 누에바 에스파냐의 입장이 달랐다는 것이죠. 아무튼 로드리고는 도쿠가와 이에야스를 두 번 방문하는데, 두 번째 방문에서 라스 카피툴라시오네스Las Capitulaciones라는 6개의 제안을 합니다.

1. 네덜란드는 스페인의 적이므로 일본 영해에서 추방을 해주십사.
2. 쇼군의 이전 요청을 받아들여 누에바 에스파냐에서 50명의 은광 전문가를 보내고, 그들의 전문기술이 적용된 곳은 이익의 반은 그 기술자들에게, 그리고 나머지 반은 다시 일본 국왕과 스페인 국왕이 나누는 것으로 하고,
3. 모든 스페인 및 마닐라 배들에 대해 일본 항구를 개방하고 안전한 체류를 보장하여주시압.
4. 필요할 경우, 일본 영내에서 배를 건조할 허가를 내어주고, 조선 비

용은 내국인과 동일하게 하도록 보장해주시고,
5. 스페인인들의 신앙은 자유로이 허용하고 이들을 위해 가톨릭 사제를 일본에 체류하게 하소서.
6. 스페인 국왕이 보낸 대사를 일본에서 제대로 왕의 대리인으로 정중하게 접대하며, 일본 내에 체류하는 모든 스페인인들의 사법권을 허용해주시압.

위의 6개 요구가 그 내용이었는데, 물론 이 6개 조항은 채택된 것이 하나도 없습니다. 로드리고의 기록에 의하면, 쇼군은 은광개발의 이익 분배와 네덜란드인 추방, 이 두 조항 외에는 모두 동의를 했다고 하지만, 내용상으로 사실 뭐 하나도 동의했을 리가 없다고 생각됩니다. 아마 일본 특유의 표현인 '……긍정적으로 검토해보겠으니, 추후 대답을 들려주겠다'라지만 실은 거절을 의미하는 대답에 그냥 넘어간 게 아닌가 하는 생각이 들기도 합니다. 그래도 쇼군은 특별대사까지 임명하고, 로드리고에게 4000페소의 은화를 임시 변통해준 뒤 돌아가는 배까지 제공해줍니다. 이 배가 바로 산 부에나 벤투라San Buena Ventura호라는 배입니다. 이 배는 이전에 일본에 표류한 후 정착하여 쇼군의 어드바이저가 된 잉글랜드인 윌리엄 애덤스가 자기가 타고 왔던 네덜란드의 데 리프데de Liefde호를 복제해서 건조한 서양 원양선이었습니다.

1610년 8월 1일 우라가浦賀를 떠난 산 부에나 벤투라호에는 마침내 귀국길에 오른 로드리고와 은광개발에 관심 있는 교토·오사카 지역 상인 20명이 동행했습니다. 3개월가량 뒤인 10월 27일 멕시코 마탄첼에, 다시 2주 정도 더 나아가 11월 13일 아카풀코에 도착합니다. 그런데 돌아온 로드리고가 그의 제안을 누에바 에스파냐 부왕과 스페인 국왕에게 올리자, 이해관계가 얽힌 이곳저곳에서 반대가 터져나옵니다. 심지어 일부 스페인 선원들은 일본이 언젠가 원양 조선술을 배워 필리핀을 침공할지도 모른다는 이유로 반대하기까지 합니다. 그러고 보니 20세기에 실제로 그렇게 되었군요. 그래도, 누에바 에스파냐의 부왕은 이 제안에 동의합니다. 아무래도 누에바 에스파냐의 이해관계랄지 입장이 반영된 것이겠죠.

하지만, 정작 반대는 더 고위급인 궁극의 결정자 스페인 국왕에게서 나옵니다. 우선 명목상으로는 종교적으로 일본의 천주교 금교령 자체가 해소되지 않았다는 것, 그리고 비기독교 국가를 국가로 상호 인정해본 적이 없다는 전례를 들어 통교를 하는 것이 무리라고 결론이 내려집니다. 물론 이상하게 이 문제에 적극적이지 않은 스페인 왕실 입장은 아카풀코-마닐라 노선을 보면 '아하' 싶은 약간 다른 측면이 있었습니다. 실은 경제적인 문제였다는 것이지요. 스페인 왕실 입장에서는 시뇨리지Seigniorage라고 하는 유럽의 전통적인 통화 발행에 부과되는 세금제도로 인해 더 많은 은이 생산되기만 하면 스페인 왕실의 재정이 늘어나는 것이었습니다. 그런데 마닐라로 가는 것보다 세비야로 실려오는 것이 오히려 징세 측면에서 훨씬 안전하다고 할 수 있었습니다. 그래서 스페인 왕실의 아바타로 세워진 누에바 에스파냐의 부왕은 엄격하게 태평양 노선을 통제하려고 했었고, 심지어 갤리선도 1년에 1대까지로 운항 횟수를 계속 줄여나갔습니다.

시뇨리지는 보통 화폐 주조세, 주조이익이라고 번역이 되는 개념입니다. 현대의 지폐본위제도하에서는 통화량 증가를 통한 정부 재정의 확보를 의미하는데, 미국에서 달러를 찍어내면 액면가에서 종이 및 인쇄비용을 제외한 가치가 미국 재정을 바로 채워주는 시뇨리지가 된다고 할 수 있습니다. 물론 개념 없이 마구 찍어내면 통화량 증발로 인한 화폐가치 하락이 당연히 나타나니까 반드시 이익이라고 번역하기 좀 민망하기는 합니다. 좀더 그럴싸하게 표현하면 '화폐의 액면가와 실제 본원가치의 차이로 인한 차익을 징수하는 권리'라고 할 수 있습니다.

하지만 시계를 지금 얘기하고 있는 금이나 은 또는 금-은 복본위제로 굴러가던 16세기로 돌려서 이 정의를 보면, 요즘 개념으로서의 시뇨리지와는 상당히 다른 보다 직접적인 시뇨리지를 볼 수 있습니다.

앞에서 유럽의 주조 과정을 설명하면서 주조소에 은괴를 가져가면 순도 분석 후 해당되는 분량의 금은에서 먼저 시뇨리지를 떼어낸 다음 남은 부분에서 제작비용을 다시 떼고, 그리고 남은 부분을 '두들겨서' 코인으로 만들어준다고 말씀드렸습니다. 이 과정에서 시뇨리지와 주조원가가 처음의 금괴나 은괴에서 원천징수되는 것이라고 할 수 있습니다. 그런데 스페인의 시뇨리지는 무려 총 생산가치의 27.5퍼센트에 도달했다고 합니다. 포토시에서 생산을 하면 무조건 시뇨리지부터 떼고 실어가는데, 아카풀코에서 마닐라로 실어 보내는 대신 세비야로 실어와서 왕실의 재정을 채운 다음 유럽으로 뿌리는 게 훨씬 파악하기도 용이합니다. 일단 카스티야 왕실의 현물로 잡혀 직접적 재정으로 확보되니까요.

그러니까, 오히려 감시도 안 되고 손 타기 쉬운 태평양 노선에 그렇게까지 크게 이해가 우선되는 것이 아니었던 것입니다. 게다가 동아시아의 바다에서 보면 이 시기의 스페인과 일본은 '은'이라는 같은 상품을 가지고 중국산 실크를 손에 넣기 위해 경쟁하는 상대였다고 보는 게 더 정확합니다.

비스카이노의 실책

그런 연유로 누에바 에스파냐의 부왕 루이스 데 벨라스코는 우선 특별대사 세바스티안 비스카이노Sebastian Vizcaino를 보내서 로드리고 데 비베로를 도와준 감사를 표시하고, 그가 데려온 일본 상인들을 돌려보내기로 합니다. 세바스티안 비스카이노 일행은 1611년 3월 아카풀코를 떠나 6월 10일 우라가에 다시 도착합니다. 그런데 비스카이노는 딱히 외교 수완이 좋은 사람이 아니었는지 좌충우돌 끝에 쇼군의 환심을 사지도 못했다고 합니다. 게다가 그에게는 원래 일본 북쪽에 있다는 전설의 보물섬인 '금의 섬' 리카 데 오로Rica de Oro와 '은의 섬' 리카 데 플라타Rica de Plata를 탐사하겠다는 비밀 미션까지 있었습니다. 일본에서 기대한 만큼의 환영도 받지 못하고 다시 출발한다고 했다가 풍랑에 떠내려오는 과정을 몇 차례 거치면서 그나마 있던 쇼군의 신뢰마저 완전히 잃어버리고 맙니다. 대신 2년이 지난 후에야 스페인식 메이드인재팬 갤리선을 타고 이번에는 일본의 다른 사절단을 대동하고 아카풀코로 돌아오게 됩니다.

그리고 이 새로 동행한 사절단과 새로 만든 스페인식 배가 앞에 언급한 하세쿠라 쓰네나가와 그가 탄 배인 산 후안 바우티스타San Juan Bautista호입니다. 하세쿠라 쓰네나가 또는 하세쿠라 로쿠에몬 쓰네나가支倉六右衛門常長[57]는 지금의 미야기현과 이와테 및 후쿠시마현 일부를 포함하는 구 센다이번의 번주 다테 마사무네의 가신으로 임진왜란에도 출병했던 인물입니다.

이런 스토리들을 거쳐 그는 1613년부터 1620년까지 7년간 아득히 먼 미지의 바다와 땅을 찾아가는 퀘스트를 수행합니다. 먼저 태평양을 건너 누에바 에스파냐의 아카풀코에서 베라크루스로 가서 센다이 은광 개발을 위한 기술지원을 약속받습니다. 그리고 다시 쿠바의 아바나에서 대서양을 건너 스페인으로 가서 펠리페 3세를 만나 다테 마사무네의 편지를 전달하고 무역에 대한 조약을 제시합니다. 마드리드에서 기독교인 세례를 받은 후, 다시 프랑스를 거쳐 이탈리아 로마로 가서 교황 바오로 5세를 알현하여 선교사를 요청하고 다시 스페인으로 와서 스페인 국왕에게 일본과의 무역을 허락해줄 것을 요청합니다. 스페인에서 누에바 에스파냐로 돌아온 일행은 태평양을 건너 마닐라로 간 후 거기서 다시 일본으로 돌아오는 무려 7년에 걸친 대장정을 하게 됩니다.[58]

그런데, 하세쿠라 일행이 유럽에서 한창 기리스탄에 귀의하고 있을 1614년에 쇼군 도쿠가와 히데타다는 보다 강력한 기리스탄 반대정책으로 방향이 바뀌었고, 1620년, 그런 줄도 모르고 일본에 돌아온 하세쿠라와 그의 주군 다테 마사무네는 일단 훗날을 도모하기 위해 납작 엎드리게 됩니다. 그리하여 하세쿠라의 유럽 여행은 실은 일본에서 오랫동안 잊혔는데, 한참 뒤 일본이 쇄국에서 벗어난 19세기에 이와쿠라 사절단이 유럽을 갔다가 이탈리아에서 이들 일행의 방문에 대한 얘기를 전해듣고 다시 세상에 알려지게 되었다고 하는군요. 정작 로마 교황청에는 교황이 주로 거주하던 퀴리날레 궁전Palazzo del Quirinale의 살라 레기아Sala Regia실의 프레스코 벽화에 하세쿠라와 그의 일행, 그리고 프란치스코회 선교사 루이스 소테로가 그려져 있었습니다.

이것이 실패의 해프닝으로 끝난 하세쿠라 사절단과 그 이전의 누에바 에스파냐와 일본의 에피소드입니다. 하지만 하세쿠라의 에피소드에서 흥미로운 점은 우선 그의 여행 자체입니다. 그 여행의 범위가 17세기의 동아시아인으로서는 상상이 잘 안 되는 스케일로 진행이 되었다는 게 사람의 마음을 끕니다. 그로부터 1세기가 지난 후에도 여전히 유럽국가에게 일본은 『걸리버 여행기』에나 등장하는 머나먼 '산해경'의 나라 같은 곳이었는데 말입니다.

또다른 의미에서 그의 에피소드가 흥미로운 것은 일본의 에도시대가 점차 안정되면서 체제가 완전히 확립되기 전인 에도 초기에 뭔가 기득권을 확보하기 위한 다양한 움직임이 있었다는 것입니다. 그가 유럽에 갔을 때 한편으로는 일본 우수Wuxu 왕의 사절단이라고 알려졌는데, 이 우수는 바로 다테 마사무네의 영지인 센다이번이 속한 오슈奧州 즉 일본 혼슈의 동북부인 무쓰노쿠니陸奧國를 의미합니다. 에도 초기만 해도 다이묘의 세력이 도쿠가와 바쿠후와 무관하게 독자적 대외 무역 채널을 시도할 수 있었다는 방증이 아닌가 싶습니다. 조선과 연결된 쓰시마번이나 류큐 왕국과 연결되어 중국 채널을 장악한 사쓰마번은 그런 의미에서 바쿠후가 전적으로 간섭할 수 없었던 독자적 채널 형성에 성공한 것이고, 센다이번의 다테씨도 스페인과의 무역을 시도했지만 역시 무리였나 싶을 정도로 일이 너무 커진 느낌이 든다고 할까요.

그런가 하면 또 한 가지, 하세쿠라는 당시 서양인들의 지휘 아래 스페인의 갤리선을 모델로 한 원양범선 '산 후안 바우티스타'를 건조하여 이 여행에 타고 갔습니다. 한국 일부에서는 이 배를 건조한 데 대해 일본이 이렇게 개방적이었다는 식으로 해석하여 부러워합니다만, 실은 이 기술은 계승되지 못하고 역사의 미아가 되어버리고 맙니다. 게다가 16세기 말 17세기 초 스페인의 갤리선을 원형으로 습득한 원양선의 조선 기술은 혼슈 동북부 지방에서 시도되었다 사장되었고, 이후 19세기의 원양선 조선 기술은 제가 알기로는 완전 단절된 후 새로이 다른 계통의 기술이 도입되었습니다. 현재

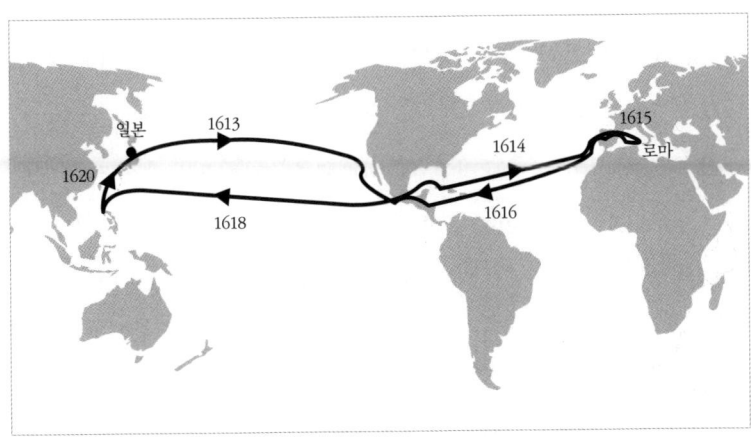

◈ 하세쿠라 쓰네나가의 여정입니다. 흥미롭게도 이 여정의 지점마다 이때 잔류한 일본인의 후예에 대한 기록들이 전해옵니다.

까지 제가 이해하기로는 에도 일본 국내에 전국적으로 이 기술이 보급 전파되어서 계승되었을 가능성은 거의 없습니다. 심지어 산후안 바우티스타호도 귀국길에 마닐라에서 스페인에 매각해버리고 맙니다.

마지막으로, 최근의 다분히 멕시코 내셔널리즘적 해석으로는 로드리고 데 비베로는 누에바 에스파냐에 대해 스페인 왕실과는 생각이 달랐을 거라고도 합니다. 특히 로드리고 같은 누에바 에스파냐 태생의 노보이스파노Novohispano는 아무리 재산이 많거나 해도 기본적으로 스페인 본토에서 온 페닌술라레스Peninsulares에게 고위 요직이 돌아가는 유리천장이 있었고, 그래서, 보다 독립적인 무역과 지역의 이해관계를 반영한 액션으로 마닐라를 통한 일본과의 통교와 교역을 추구한 게 아닌가 하는 것입니다. 물론 이 짧은 밀월은 하세쿠라가 일본으로 돌아왔을 때는 모두 사라지고 말았습니다만.

그런데 스페인과 일본 사이의 에피소드들을 보면 아시아 최강 네트워크였을 예수회의 이름이 잘 언급되지 않습니다. 오히려 산 펠리페호 사건이나 로드리고 데 비베로 일화는 프란치스코 수도회가 깊숙이 관여하고 있습니다. 사람 일이 다 그렇듯 이때 일본뿐만 아니라 중국에서도 가톨릭 그룹들이 오직 하나의 가톨릭이란 목소리를 내지는 않았습니다. 그 갈등은 어느 정도 파드로아두/파트로나토와도 관련이 있었고 선교사들의 출신 국가와도 관련이 있었습니다.

토마스[59]의 바다

먼저 가톨릭 그룹 간의 갈등이라니, 무슨 얘기일까요? 가톨릭은 로마 교황청에서 지시한 대로 일사불란하게 활동하는 게 아니었나요? 여기 어느 조선인 청년의 이야기가 전해져옵니다.

앞에서 스페인 제국은 당시 가톨릭 신앙의 종주국이었다는 얘기를 했습니다. 같은 파드로아두/파트로나토 체제가 적용된 포르투갈의 마카오와 스페인의 마닐라는 비슷할 거라는 생각과 달리 실제 여러 가지 차이점을 많이 보였는데, 그중 하나가 가톨릭 교회와 세속 체제의 관계입니다. 말을 거창하게 해서 그렇지, 정리해서 말하면 마카오의 공적·사적 사회 시스템은 일찍이 이곳에 진출하여 중국·일본 선교와 무역 패키지에 깊숙이 관여한 예수회와 분리하기 어려울 정도로 밀접한 관계였다면, 마닐라는 모든 가톨릭 하위 조직들, 수도회들이 원하면 모두 들어올 수 있었고, 어느 하나를 특히 밀어준다고 할 수 없는 만큼 국가와 교회가 거리가 있었다는 것입니다.

루손섬에 진출하여 마닐라가 확보되자 처음 진출한 수도회는 아우구스티노회의 수도승 선교사였습니다. 아우구스티노회가 마닐라의 스페인 사회의 초창기에 거의 독점적인 역할을 하고 난 이후, 1578년 누에바 에스파냐에 있던 프란치스코회가 마닐라로 진출을 합니다. 이들은 마닐라의 중국인 상레이 커뮤니티를 대상으로 한 선교에 집중하면서 한편으로 선발주자 예수회의 '영적인 독점'을 깨고 중국에 직접 진출하기 위해 기회를 타진하고 있었습니다. 나중에는 도미니코 수도회뿐 아니라 예수회에서도 필리핀에 진출하기는 합니다. 물론 이중에 특히 도미니코 수도회는 다른 조직들보다 좀더 마닐라 정부 측의 에이전시 역할을 했던 것은 사실입니다. 1579년 도미니코 수도회 소속의 도밍고 데 살라사르Domingo de Salazar가 필리핀 교구 초대 주교로 부임하면서 자신이 소속된 수도회 사람들을 불러모을 수 있었기 때문입니다.

하지만 수도회들도 서로 여러 가지로 사정이 달랐습니다. 예를 들어, 일본에 16세기 후반부터 진출한 여러 수도회들 중 예수회의 경우 마카오의 전적인 재정 지원을 받아 상대적으로 운신의 폭이 넓었던 반면, 마닐라에 선교센터본부를 둔 다른 탁발수도회들, 즉 프란치스코회나 아우구스티노회의 경우 기본적으로 신도들의 지원, 특히 기리시탄 다이묘들의 후원에 거의 전적으로 의존하였습니다. 그래서 후원이 미치는 특정 다이묘의 세력권 내로 제한되는 경우가 많아, 예수회처럼 일본의 여러 지역을 연결하는 활동도 하기 어려웠고 결국 17세기 기리시탄 다이묘들이 모두 몰락하자 심각한 타격을 입었습니다. 반면에 사비에르의 선교 과정에서 언급했듯이, 나가사키는 도요토미 히데요시에게 몰수당하기 전까지 아예 예수회와 포르투갈인 전용 항구로 만들어져 운용되기도 했을 정도로 예수회의 운신의 폭이 좀더 넓었습니다.

제가 살펴본 자료들로는 17세기로 넘어가면서 마카오에서의 예수회처럼 도미니코회 역시 좀더 적극적으로 마닐라의 스페인 왕실 대리정부에 개입하는 경향이 보입니다. 나중에 이야기하려는 타이완의 스페인 요새들도 거의 도미니코회가 주도하였습니다.

1640년에 처음 출간된 『필리핀, 일본 및 중국의 선교자 로사리오회 교구의 역사Historia de la provincia del Sancto Rosario de la Orden de Predicadores en Philippinas, Iapon y China』라는 책이 있습니다. 예, 지금 이야기하고 있는 바로 그 당대의 책입니다. 책의 내용은 기본적으로 필리핀 마닐라의 도미니코 수도회 소속 로사리오 기도회의 선교 역사입니다만, 이게 스페인 마닐라 정부와 사회의 전반적인 사안에 전부 관련되어 있어서, 뭐랄까 필리핀의 『조선왕조실록』 비스무리한 위치에 있는 책이 아닌가 싶을 정도입니다. 당연히 이 책에는 마닐라 정부와 도미니코회가 같이 진행한 정책적·선교적 활동들이 연대기로 구성되어 있습니다. 이게 마카오의 예수회 선교사들이 남긴 기록과는 미묘하게 다른 시점들이 들어 있다고 할까요. 그런데, 이 책에 한국인들에게 아주 흥미로운 이야기가 하나 들어 있습니다.

이때(1618), 코레아 왕국에 대한 또다른 선교 계획이 수립되었다. 그 선교를 위해 그 왕국의 위대하고 고귀한 개종이 이루어진 것만 같아 보였다. 그 나라 사람들은 품성이 매우 선하며, 단순하여 이중적이거나 속임수를 쓰지 않는다. 그 왕국은 대중국과 일본 사이에 있는데, 서로 너무나도 가깝게 붙어 있어 매우 좁은 바다가 마치 좀 큰 강 정도의 거리로만 떨어져 있다. 그 사람들은 중국인들의 지성과 능력을 갖추었으면서도 그 (중국인의) 이중성은 없다. 그들은 대부분 대지의 쟁기를 끄는 농부들이다. 그들은 일본인의 어떤 용감함은 가지고 있으나 그 (일본인의) 잔인함은 없다.

이 일은 1593년 다이코사마 도요토미 히데요시(당시 서양인들은 도요토미의 관직 다이코太閤로 그를 불렀습니다)가 자신의 나라에 있는 여러 프린스(다이묘를 의미)들을 그들의 경비로 전쟁을 치르게 해서 힘을 약화시키기 위해 코레아 왕국에 전쟁을 일으키기로 결정했을 때 일어났다. 전쟁은 가장 잔혹하고 파괴적이었고, 일본 왕국은 코레아 노예로 가득 차게 되었다.

이들 중의 한 사람이 개종하여 마닐라로 오게 되었다. 토마스라고 불리는 이 개종자의 아버지는 왕의 비서직에 이르렀는데, 자신의 부와 직위를 이용해 아들을 찾기 위해 전심전력을 다하였다. 그 아들은 고국과 아버지에 대한 사랑과 그가 돌아가면 물려받게 될 그 모든 부에도 불구하고 그 자신의 영혼에 더욱 헌신하고 있었으며, 그래서 그의 종교를 가지고 돌아가지 않는다면 귀국하지 않으려 했다.

교구의 사제가 이는 (그 나라의) 개종을 시작할 좋은 기회라고 생각하고, 1618년 6월 13일 세 명의 선교사를 임명하여 우회해서 코레아로 가기 위해 일본으로 가는 배에 태워 보냈다. 나가사키에서 이들은 해협을 건너갈 준비를 하고 있었는데, 나가사키의 수령인 대관(長崎代官) 4명 중 한 명이, 이들의 성스러운 여정을 방해해서는 안 되는 어떤 이들에 의해 동요되어, 이들의 선교 목적을 알아채고 이들을 억류시키고 더이상 가지 못하도록 제지하였다. 이들은 수령들 중 기리시탄 대관인 안토니오 토안(무라야마 도안村山等安을 의미)의 아들 안드레 토쿠안(무라야마 도쿠안)의 힘을 빌어 상황을 바꿔보려고 했지만, 결국 토마스는 그들과 헤어져서 돌아갈 수밖에 없었다. 토마스는 그들에게 선편을 보내오겠다고 약속하고 (코레아로) 갔다.

◈ 『필리핀, 일본 및 중국의 선교자 로사리오회 교구의 역사』. [▭▭▭]으로 표시된 부분에서 토마스 일화를 소개하고 있습니다.

하지만 이후 일본의 사정이 급속도로 나빠졌고 더이상 토마스의 소식을 들을 수 없게 되었다. 그들을 돌봐주던 안토니오 토안 대관도 실각하여, 코레아로 가려던 선교사 세 명 중 두 명은 다시 마닐라로 돌아갔으며, 일본에 남았던 나머지 선교사 후앙 데 산토 도밍고 신부는 일본어를 배우며 박해받는 그곳 신자들을 돕다가 1618년 12월 오무라에 구금된 후 1619년 3월 '주께서 순교의 종려나무로 보상하여주셨다'(순교하였다는 의미입니다).[60]

임진왜란 때 일본군에 잡혔다 기리시탄이 되고, 마침내 자유의 몸이 되어 필리핀으로 가 1617년 마닐라의 로사리오 기도회에서 신앙생활을 하던 조선 청년이, 그를 돌봐준 신부들과 함께 조선으로 가서 자신을 살린 그 신앙을 전하려고 저 험난한 남양 바다를 헤쳐 나가사키로 가 역경을 무릅쓰고 기어이 조선으로 돌아왔더라는 실화입니다. 이건 소설 아닙니다.

　실은 이 사건의 조선 측 기록을 아직 확인하지 못했습니다. 일단 『실록』, 『승정원일기』 등에서는 1618년 광해 10년에 일본에서 고위 관직자의 아들을 송환했다는 기록을 찾지 못했습니다. 하지만 1617년에 제2차 회답겸쇄환사, 즉 일본과 국교정상화를 조율하고 피로된 조선인들을 데리고 오려는 조선 사신이 거의 반 년 넘게 일본에 체류하면서, 이미 난리가 나고 강산이 변해버린 시간 동안 살아남아 일본에 정착하기 시작한 조선인들을 찾아서 데려온 일이 있었습니다. 1607년에 제1차 쇄환사가 있었고 1617년이 그다음 번 두 번째 쇄환사였습니다. 1차와 2차가 지난 다음부터는 외국에서 사람들을 데리고 돌아오는 임무를 맡은 외교사절이라는 의미의 쇄환사刷還使가 아니라 정부 간에 외교적 커뮤니케이션을 한다는 의미의 통신사로 사신의 타이틀이 바뀌었습니다. 토마스가 1617년 연말의 귀국 일행에 포함되었는지, 혹은 이듬해 다시 쓰시마를 통해 추가로 귀환하였는지 현재까지 더이상 알려진 것은 없습니다.

　"이들을 억류시키고 더이상 가지 못하도록 제지"한 나가사키 다이칸은 아마도 당시 무라야마 도안과 경쟁관계로 충돌을 하던, 한때 기리시탄이었다는 스에쓰구 헤이조末次平蔵로 추정됩니다. 원래 예수회에 희사되었다가 도요토미 히데요시에게 몰수당한 후 그 이후에도 바쿠후 직할지로 운영된 나가사키에는, 에도 바쿠후가 파견하여 교대로 순환근무하는 수령인 2명의 나가사키 봉행長崎奉行(나가사키 부교)과 그 아래 상업과 민정을 맡은 4명의 현지인 대관

代官(다이칸)에 의한 이중구조로 지배체제가 구성되어 있었습니다. "성스러운 여정을 방해해서는 안 되는" 어떤 이들은 도미니코회와 갈등관계에 있었던 예수회 선교사들을 암시하는데, 당시 나가사키의 대관 중 한 명이었던 스에쓰구도 원래는 기리시탄이었고, 그래서 포르투갈인들이나 예수회와는 이미 밀접한 관계가 있었습니다. 한편 예수회 측의 기록에는 토마스가 신부들을 조선에 불러들이기 위해 국왕의 허락을 받으러 조선으로 돌아갔다고 전하고 있다고 합니다. 도미니코회 쪽에서 공공연히 암시하듯이 예수회에서 방해를 했다기보다 스에쓰구가 이미 기리시탄과 손을 끊기로 하고 중지시켰을 가능성도 물론 있습니다.

이 토마스의 일화는 실은 가톨릭 전래사 쪽에서는 이미 알려져 있습니다. 심지어 영국왕립아시아학회 한국지부에서도 이미 1957년에 이 자료가 영어로 발표되기도 했습니다. 문제는 이게 한국 천주교회 역사에서 보면 약간 미묘한 입장의 차이가 있을 수밖에 없다는 것입니다. 한국 천주교의 자부심이랄까, 조선 후기 양반 지식인들이 서학 서적을 공부하다 세계 선교사상 유례없이 자생적으로 교회가 성립되어 시작되었다는 것이 공식 입장입니다. 그리고 임진왜란부터 17세기 일본으로 끌려간 조선인 피로인들의 개종은 일본 사회 내에서 소진되어 조선사회의 교회 수립에는 영향이 없었다는 것이죠. 그런데, 이렇게 조선으로 돌아온 사람들이 있어서 만약 조선에도 '가쿠레 기리시탄' 즉 숨은 크리스첸이 있었다면, 이 공식 입장에 미묘한 균열이 갑니다. 그래서인지는 알 수 없지만 16~17세기 일본 포로 출신의 조선인 가톨릭에 대한 연구에 대해 국내 교회사가들은 약간 거리를 두는 경향이 보이는 것 같습니다. 게다가 교회사에도 다분히 민족주의적 경향이 없지 않고요. 가톨릭 교회란 본시 이름처럼 보편catholic 교회라서 어느 나라의 역사 속에서든지 항상 비국민적이라고 비난을 받던 조직인데 말입니다. 그렇다고 해도 실은 토마스는 더이상 조선에서 신앙생활을 펼치지 못했을 가능성이 더 큽니다. 저는 후대의 조선 천주교회와는 무관하게 결국 일회성의 에피소드로 끝나고 말았다고 생각합니다.

그래도 1617년 마닐라의 도미니코회 소속 로사리오 기도회 수도원 건물, 거의 10여 년 만에 저 바다 끝에 있는 조선에서 아버지로부터 부탁을 받은 조선 사신들이 일본에서 자신을 수소문하고 있다는 소식을 전해들은 아들. 아마 일본에 끌려갈 때는 소년이었을 청년이 이제 저 먼 고국으로 돌아갈 생각을 하며 로사리오(묵주)를 손에 쥐고 망망한 북쪽 바다 너머를 멀리 멀리 내려다보고 있다고 한번 생각해봐 주시면 좋겠습니다.

제4장

두 왕자와 거지

그러자 니데를란트의 왕자 지크프리트는 아버지의 말이 떠올랐다, "절대 부르군트의 땅에만은 들어가지 말아라!" 하지만 이미 뒤돌아가기에 너무 늦어버려 그들은 부르군트 왕에게서 며칠만 머물기로 했다.

Then Siegfried remembered again his father's words,—"Only go not into Burgundy-land." But it was now too late to go back, and they determined to stop for a few days with the Burgundian kings.

— 『지크프리트 이야기』, '아홉 번째 모험, 지크프리트가 부르군트의 땅에 들어가다'에서[1]

그런데 16세기가 끝날 무렵 새로운 유럽인들이 동아시아의 바다에 등장합니다. 바로 홍모인紅毛人이라 불리었던 북서유럽의 네델란드와 잉글랜드입니다. 200년 뒤에는 해가 지지 않는다고 할 정도로 무소불위의 힘을 과시했던 잉글랜드는, 하지만 17세기까지는 동아시아 바다에서 그다지 큰 존재감이 없었습니다. 그래서 이 17세기에 홍모인이라면 거의 대부분 네델란드인을 부르는 호칭이었습니다. 그런데 네델란드인은 앞서 말씀드린 남만인 스페인과 포르투갈에 여러 가지로 은원이 얽혀 있었습니다. 한마디로 요약하면 세계 최강 제국 스페인으로부터 독립하기 위해 80년 동안 치열한 전쟁을 했던 사람들입니다. 그러면 얼마나 복잡한 사정이 있을지 짐작이 가지 않습니까!

그래서 이쯤에서 잠시 진도를 멈추고, 당시의 동아시아 기록들이 결국 이리저리 오해를 할 정도로 너무나도 혼란스러운 스페인

제4장 두 왕자와 거지 249

과 포르투갈, 그리고 여기저기 슬슬 등장하는 네덜란드의 등장인물 관계도에 대해 잠시 이야기를 하고 다시 돌아오려고 합니다. 그러니까 이들은 도대체 왜, 어떻게 해서 17세기에 같은 왕 아래 누구는 반란을 일으키고 누구는 서로 한편이 되어 동아시아의 바다에서 서로 피 튀기는 경쟁을 하게 된 것일까요. 이제부터 소개하는 두 명의 왕자, 카를 5세와 빌럼 1세의 길고 복잡한 이야기를 들어봐 주십시오. 한때 서로 너무나 의지했던 왕자들이지만, 사람의 일이 늘 그렇듯 때로 전혀 다른 길을 가게 합니다.

이제부터 롤러코스트를 타기 전에 미리 알려드릴 주의사항들이 있습니다. 서양사를 보다보면 같은 이름의 왕이나 귀족들이 번호만 다르게 붙이고 끝없이 나와 혼동이 됩니다. 게다가 같은 사람이 여기서는 존, 저기서는 장, 주앙, 후앙처럼 무한 변신하여 도대체 누구를 얘기하는 건지 알 수 없게 만듭니다. 아, 또 다른 예라면 찰스, 카를로스, 카를, 샤를 같은 이름도 있습니다. 뭐, 물론 이런 유럽 언어 특징인 변주곡의 내용을 상세하게 모두 잘 알면 좋겠지만, 그 말고도 알아야 할 게 많은 세상에 이건 분명히 상당한 진입 장벽이라고밖에 할 수 없습니다. 게다가 이 허들을 넘어가면 또 더 혼동되는 것이 같은 사람을 여기서는 2세인데 저기서는 같은 이름에 3세라고 하는 경우도 있습니다. 그래서인지 책을 어느 나라 사람이 썼느냐에 따라 그 사람이 이 책에서 말하는 저 사람인가 저 책에서 말하는 이 사람인가 결국 혼동이 되어, 다 읽고 나도 머릿속이 멍해집니다. 게다가 이런 내용을 한국어로 다시 번역하면 그야말로 총체적인 난국이 되어버립니다.

그런데 정작 유럽 사람 본인들도 헷갈리기는 마찬가지였나봅니다. 그래서 좀 특이한 왕이나 귀족은 이름 뒤에 별명을 붙여 구분하는 경우가 있습니다. 예를 들어 지금부터 얘기하려는 수많은 펠리페와 장과 테레사와 이사벨라에 각각 별명들이 붙어 있습니다. 용맹한 필리프의 아들이 '겁없는 장'이고, 그의 아들은 '선한 필리프'이고 다시 그의 아들은 '용감한 샤를', 뭐 그런 방식입니다. 그리고 이 왕후장상들은 물려받은 작위가 여러 개 되다보니 같은 사람이 어느 가문의 순서에 맞춰 이야기되고 있는가에 따라 번호가 달라지는 경우가 있습니다. 그래서 스페인 왕이었던 'Phillipe(펠리페)' 2세는 같이 가지고 있었던 부르고뉴 공작의 가계에서 순서를 따지면 윗대에 다른 'Phillipe'가 이미 많아서 'Phillipe(필리프)' 5세가 됩니다. 이럴 때는 가능한 한 가장 상위 작위의 경우를 따라 표기하겠습니다.

유럽의 귀족제도를 동아시아의 언어로 옮길 때 또 한 가지 알아두면 좋을 내용은 바로 귀족 작위의 순서입니다. 원래 주나라와 당나라의 제도를 따라 동아시아에서는 제帝와 왕王, 아래로 왕실의 혈연관계이거나 정치·군사적 영향력을 따라 공公, 후侯, 백伯, 자子, 남男이라는 다섯 가지의 작위가 있었습니다. 이를 오등봉작제五等封爵制라고 하는데 물론 실제로는 나라마다 시대별로 좀더 복잡합니다. 하지만 요약하면 나라마다 이런 고대 중국 봉건제의 위계 순서에 대체로 맞는 시스템을 사용했습니다. 그런데 19세기 이후 유럽의 작위를 동아시아 언어로 번역하면서 이 오등봉작제를 서양의 귀족제도와 비슷한 순서끼리 일대일 대응하여 차용을 했습니다만, 유럽의 작위가 오등봉작제와 딱 들어맞지는 않게 됩니다. 예를 들어 보통 공公으로 번역하는 유럽의 작위는 프린스prince와 듀크duke를 모두 포함하는 경우가 있습니다. 가급적 이 책에서는 일반적으로 사용되는 표현을 따르도록 하겠습니다. 또한 실제 영지의 소유권을 보유한 귀족은 군주 혹은 영주라고 번역하는 로드lord라는 단어를 사용합니다. '로드'란 작위에 부수되는 것이기도 하지만 포커스가 소유한 토지에 좀더 맞춰졌다고 보면 대체로 이해될 것 같습니다. 실제 역사상에서는 부르고뉴 공작처럼 실제 영지는 나중에 없어지고 명함만으로 작위가 이어지는 경우도 많이 생깁니다.

이제부터는 이 책 속의 이야기를 풀어나가는 데 꼭 알아야 할 내용이라 엄청나게 길고 복잡한 이야기를 최대한 명료하게 열심히 줄여보겠습니다. 그럼 안전벨트를 단단히 매어주십시오.

부르군트의 왕자와 공주들

먼저 '갑자기 뜬금없이 왜지' 하실지 모르겠지만, 유럽 근세사에서 너무나 중요한데도 불구하고 헷갈려서 파악하기 힘들게 하는 어느 집안 얘기부터 시작하겠습니다. 그러니까 아주 먼 옛날 로마 제국 근처에 있던 게르만족 중에 부르군트족Burgund이라고 원래 발트해 부근에서 이동하여 나중에 지금의 프랑스 남동부에 정착한 부족이 있었습니다. 원래 살던 곳이 지금 덴마크의 부르군다르홀므르Burgundarholmr라고 불리던 곳이라 고향을 떠나와서도 부르군트라고 불리게 됩니다. 물론 나중에 프랑스 쪽에 정착한 뒤에 '부르고뉴Bourgogne'라고 프랑스식으로 불리기도 합니다. 잘 알려져 있다시피, 로마 제국 말기에 로마의 게르만 용병이 되었다가, 5세기 초반 부르군트 왕국을 세웁니다. 기세등등하게 영토를 확장하면서 법제도도 갖추고 기독교도 받아들이고 6세기까지 잘나가다 프랑크족에게 복속되어버리고 맙니다.

얼마 안 가 프랑크 왕국이 쪼개질 때 군트람Guntram이라는 왕자가 부르군트 왕국의 영토와 프로방스, 알프스산맥 인근의 발레다오스타, 그리고 중북부 프랑스 지역까지 모두 손에 넣어 두 번째로 다시 부르군트 왕국을 세웁니다. 두 번째 부르군트 왕국은 동프랑크 왕국과 서프랑크 왕국의 중간에서 중재자 역할 같은 것을 하면서 8세기까지 존속했는데, 또다시 동프랑크에 합병되고 맙니다. 약간의 변동이 있다가 843년 베르됭 조약으로 이 두 번째 왕국의 옛 영토는 손Saone강을 좌우로 동쪽은 게르만계 프랑크에, 서쪽은 프랑스계 프랑크로 넘어가 분할됩니다. 그래서 이때부터 프랑스식으로는 부르고뉴 또는 게르만 계통에서는 부르군트라는 두 개의 이름으로 불리게 됩니다.

먼저 서쪽의 프랑스에 속한 부르군트는 공작령이 됩니다. 편의상 현재의 프랑스에 있는 지명이니 앞으로는 '부르고뉴 공국'이라고 하겠습니다. 그런 반면 손강 동쪽의 게르만 프랑크에 속했던 부르군트는 9세기에 백작령이 되었다가 11세기에 신성로마제국을 거쳐 독립성을 인정받아 부르군트 자유백국(프랑스어로는 Franche-Comté 또는 Comté de Bourgogne; 독일어로는 Freigrafschaft Burgund)이 됩니다. 부르군트 왕국에서 나눠진 더 남쪽, 지금의 프랑스 프로방스 지방은 부르고뉴 시쥐랑Bourgogne Cisjurane 또는 그냥 시쥐랑이라고 불립니다만, 일단 그쪽은 빼고 얘기하겠습니다. 이렇게 공작령과 백작령으로 나눠진 부르고뉴/부르군트는 잠시 통일된 적도 있지만, 이후 역사 속에서 각각 별개의 작위와 영토로서 여러 왕후장상의 손을 거쳐 내려오게 됩니다.

그러다 나눠졌던 부르고뉴 공작과 부르군트 백작의 작위가 14세기가 되면서 한 사람에게로 통합됩니다. 이것이 앞으로 풀어나갈 이야기의 아주 중요한 불씨로 작용하게 됩니다. 원래 유럽의 작위는 남자 후손이 없으면 여자 후손이 이 작위와 영토를 계승합니다. 이때 그 여자 계승자의 남편이 아내의 작위와 통치권을 공동 혹은 대리 통치를 하는 유레 욱소리스Jure uxoris라는 시스템을 통해 통치하다가 다시 적절한 아들이나 딸에게 이 작위를 계승해왔습니다. 그러니까 아들이나 딸이 아버지와 어머니 양쪽으로부터 여러 개의 작위를 계승하는 경우가 종종 있습니다. 물론 아버지나 어머니가 어떤 집안 출신이란 것만으로 승계를 하는 게 아니라 승계 자격을 가진 부모를 만나 승계 일순위의 자식이 되어야 하는 것이긴 합니다. 또 여러 개의 작위와 영지를 물려받았다고 해도 특정의 경우를 제외하면 각각의 영지와 작위는 하나의 패키지로 엮이지 않고 각각 별개의 개체로 운영되고 승계되었습니다. 또 승계자가 자식이 없이 죽으면 집안 가계도에서 다시 승계순위가 가까운 사람을 찾아 승계가 이루어졌는데, 승계자가 마땅찮을 경우 간혹 그 영지가 속한 국가의 왕이 이 영지를 회수하는 경우도 있었습니다.

잘생긴 펠리페까지[2]

1312년에 '키 큰 왕' 필리프 5세가 프랑스 왕이자 나바르란 나라의 왕이 되었습니다. 그러니까 아버지가 프랑스 왕이고 어머니가 나바르의 여왕이어서 원래는 장자인 형이 이 두 나라의 왕위를 승계했는데, 그만 후계자 없이 일찍 죽어버리자 동생 필리프가 그다음 순위로 왕위에 오르게 된 것입니다. '키 큰 왕' 필리프는 왕이 되기 전에 부르군트 백작 작위를 승계받은 잔 2세와 결혼을 했었습니다. 둘 사이에 태어난 아들과 딸 들이 모두 일찍 죽어 잔 3세와 마르그리트 1세라는 두 자매만이 살아남았습니다. 큰딸 잔 3세는 부르고뉴 공작인 외드Eudes 4세와 결혼을 하고, 둘째 딸 마르그리트 1세 공주는 플란데런의 백작 로데베이크 1세와 결혼을 합니다.

'키 큰 왕' 필리프가 사망하자 프랑스 왕위는 자매의 삼촌이자 필리프 왕의 동생인 샤를 4세에게로 넘어갑니다. 어머니가 갖고 있던 부르군트 백작 작위는 처음에 언니 잔 3세에게 갑니다. 그런데 언니 잔 3세의 아들 필리프는 아버지 외드에게서 물려받은 부르고뉴 공작 작위를 갖고 있었는데, 그만 일찍 전사를 하는 바람에 부르고뉴 공작 작위와 부르군트 백작 작위가 그다음으로 손자인 '루브르'의 필리프 1세에게 넘어갑니다. 아, 이 루브르는 'Rouvres'로, 루브르박물관의 Louvre가 아닌 프랑스의 다른 지방입니다. 루브르의 필리프는 플란데런의 마르하레타 3세와 결혼을 하였는데, 다시 후사 없이 15세의 어린 나이로 세상을 뜹니다. 미망인이 된 플란데런의 마르하레타 3세는 잔 3세의 동생인 마르그리트 1세 공주와 플란데런의 로데베이크 1세의 손녀이고, 역시 어쩌다보니 플란데런 백작의 유일한 후계자였습니다. 그러니까 결혼을 하면 어디든지 플란데런 백작의 작위를 지참하고 다니는 거죠. 아, 유럽 군주들의 결혼은 이처럼 집안이 마구 얽히는 경우가 많습니다.

여기까지 정리하면 잔 2세(어머니)—잔 3세(첫째 딸)—아들 필리프(일찍 전사, 건너뛰고)—루브르의 필리프 1세로 이어지는 부르군트 백작의 승계 부분입니다. 부르고뉴 공작의 승계는 외드 4세(잔 3세의 남편)—아들 필리프(일찍 전사)—루브르의 필리프 1세입니다. 여기에 루브르의 필리프 1세의 아내 마르하레타 3세는 플란데런 백작위 소지자입니다.

문제는 일찍 전사한 잔 3세의 아들 필리프가 승계하였던 부르고뉴 공작령이 프랑스 왕국에 속해 있어서 작위 승계 문제에 다른 일들이 좀 꼬이게 됩니다. 언니 잔 3세의 아들이자 일찍 전사했다는 부르고뉴 공작 필리프는 오베르뉴의 잔과 결혼을 해서 '루브르'의 필리프를 낳았던 것인데, 이 오베르뉴의 잔은 남편이 죽자 노르망디 공작하고 재혼을 합니다. 그런데 그 노르망디 공작이 프랑스 왕이 되어버렸어요! 게다가 오베르뉴의 잔은 오래지 않아 흑사병으로 세상을 뜨고, 그녀의 아들 루브르의 필리프도 말씀드린 것처럼 어린 나이에 죽고 맙니다. 졸지에 이 15세 소년 루브르의 필리프가 가지고 있던 친가의 부르고뉴 공작, 외가의 부르군트 백작, 게다가 위임받았던 처가의 플란데런 백작 자리가 모두 공석이 되어버린 것입니다.

그런데 프랑스 왕이 된 노르망디 공작 '선한 왕' 장 2세가 선한 왕이라는 별명이 무색하게, 주인이 모두 없어졌으니 '내가 그나마 제일 가까운 사람이야' 하고서는 프랑스 영토 내의 부르고뉴 공작 작위를 가져가버립니다. 그러고는 자신의 막내 왕자 '용맹한' 필리프 2세에게 전쟁에서 공을 세운 상으로 이 작위와 영지를 부여합니다.

한편 루브르의 필리프가 가지고 있던 부르군트 백작 작위는 승계 순서를 따져 다시 원 주인이었던 할머니 잔 3세에게서 가장 가까운 여동생인 마르그리트 1세에게 돌아갔습니다. 이렇게 되돌아온 작위는 마르그리트 1세의 아들 로데베이크 2세에게, 그리고 다시 그의 유일한 혈육 마르하레타 3세에게 돌고 돌아 다시 주어집니다. 손녀 마르하레타 3세는 1384년 기준 할아버지의 유산으로 플란데런의 백작 작위와 함께, 원래 사별한 남편의 작위였다가 돌고 돌아 할머니의 유산이 되어 다시 돌아온 부르군트의 백작 작위를 동시에 갖고 있습니다.

자, 여기서 다시 한번 역사의 반전! 마르하레타 3세는 부르고뉴 공작이 된 '용맹한' 필리프 2세와 재혼을 합니다. 루브르의 필리프가 가지고 있던 3개의 작위가 헤쳐 모여를 하며 다시 한자리에 모인 것이지요. '용맹한' 필리프 2세와 마르하레타 3세의 단독 상속자 '겁없는' 장부터 시작해서 그의 아들 '선한' 필리프 3세, 손자 '용감한' 샤를 1세까지 3대가 내려가면서 모두 부르고뉴 공작이며, 부르군트 백작이며, 플란데런 백작인 것입니다! 이 집안은 다들 전쟁터에서 겁 없이 뛰어다녀서 그랬던 건지 별명이 모두 '용맹한', '겁없는' 같은 식입니다.

아, 실은 이때 서유럽은 실제로 '백년전쟁'이라고 불리는 전쟁을 계속하고 있었습니다. 이들은 프랑스 왕의 진영에서 상당히 중요한 군사적 역할을 맡고 있었고, 이 귀족의 아들들은 14, 15세의 청소년이 되면 이미 전쟁터에서 전투에 참가하고 있었습니다. 그래서 이런 전쟁과 흑사병 같은 병으로 사망률이 높았던 것이 끝없는 승계 문제가 일어난 연유이기도 합니다.

마르하레타 3세의 손자인 '용감한' 샤를 1세 때가 되어서는 아들이 없이 마리라는 공주만 있었습니다. 용감한 샤를이 죽자 호시탐탐 부르고뉴 공국을 노리던 프랑스 왕 루이 11세는 프랑스 영토 내 부르고뉴 공국의 승계권을 문제 삼아 또다시 군주에게 귀속시키는 몰수를 선언합니다. 적법한 우선순위로 부르고뉴 공작의 작위를 승계한 마리는 이에 불복하고 결국 1477년부터 5년간 부르고뉴 승계전쟁을 치르게 됩니다. 마리 공주는 대신 프랑스 왕을 견제할 수 있는 신성로마황제 막시밀리안 1세와 결혼을 합니다. 상황이 이렇게 되자 루이 11세와 막시밀리안은 결국 조약을 맺고 승계전쟁을 끝내기로 합니다.

그 결과 대부분의 부르고뉴 공국의 영지는 프랑스 왕실에 귀속되지만, 플란데런과 부르곤트 백작령은 마리에게 다시 귀속됩니다. 이 막시밀리안 1세가 바로 오스트리아의 합스부르크 가문 출신입니다. 그리고 마리와 막시밀리안 사이에 아들 '잘생긴 펠리페'가 태어납니다. 아, 뭔가 슬슬 수렁이 되어가는 기분이 들지 않습니까. 일단 여기서 '잘생긴 펠리페'를 기억하고 있어주십시오.

스페인과 포르투갈이 나눠진 이야기

이번에는 프랑스에서 피레네산맥을 넘어 조금 남쪽으로 건너가겠습니다. 5세기에 게르만의 부르군트 왕국이 세워지던 즈음, 또다른 게르만족인 서고트족이 로마 제국 내 지금의 프랑스 남서부에 자리를 얻어 서고트 왕국 혹은 비시고트 왕국을 세웁니다. 피레네산맥을 넘어 이베리아반도 북쪽에는 그보다 먼저 역시 게르만족의 일파인 수에비족이 자리를 잡고 갈라티아국을 이루고 있었는데, 서고트 왕국은 갈라티아국을 점령하면서 이베리아반도로 영토를 확장합니다. 대략 부르군트 왕국과 비슷한 시기에 비슷한 과정을 거쳐 이들도 왕국의 모습을 갖추게 됩니다. 7세기에는 이베리아반도 거의 전부를 차지하면서 기세등등했는데, 역시 대세 프랑크 제국에 패배하면서 기세가 꺾입니다. 그런데 정작 적은 다른 곳에 있었다고 해야 할지, 8세기 초반 711년 정반대인 남쪽 북아프리카에서 올라온 이슬람국인 우마이야 칼리파국의 침입으로 721년 즈음에 서고트 왕국은 완전히 멸망하게 됩니다. 이때부터 대부분의 이베리아반도는 이슬람 칼리파국이 차지하고 때로 이 무어인이라 불린 무슬림 세력은 피레네산맥을 넘어 프랑스 지역으로까지 쳐들어가는 무시무시한 위력을 발휘합니다.

한편 서고트 왕국이 이슬람 칼리파국에 멸망한 후, 이슬람 칼리파국에서 아랍어를 쓰고 세금을 내기는 하지만 이슬람으로 개종하지 않은 서고트 출신의 기독교인들을 모사라베mozárabe라고 불렀습니다. 모사라베는 칼리프 통치가 오래 지속된, 특히 알함브라 궁전으로 유명한 안달루시아 지역을 중심으로 8세기부터 15세기까지 존속했다고 합니다. 그러던 중 서고트 왕국이 멸망한 지 얼마 지나지 않아 서고트 왕국의 장군이었다고 전해지는 모사라베 출신의 펠라요Pelayo가 이베리아반도 북쪽에서 우마이야 칼리프의 군대를 격파하고 718년 아스투리아스Asturias 왕국을 세웁니다. 이 나라는 이베리아반도가 이슬람에 정복된 후 처음으로 다시 등장한 기독교 국가입니다. 여기부터 세기 시작해서 600년간 기독교 왕국이 이슬람을 이베리아반도에서 몰아내는 과정을 유럽사에서는 재점령이라는 뜻의 '레콩키스타reconquista'라고 표현합니다.

아스투리아스 왕국은 이후 도읍을 레온Leon으로 옮기고 레온 왕국으로 이어집니다. 9세기가 끝날 무렵 아스투리아스 왕국의 서쪽에 이슬람과 싸우기 위해 포르투갈 백작령이 설치되고, 동쪽에는 역시 이슬람에서 빼앗은 영토로 카스티야 백작령이 생겨납니다. 이 백작령들은 레온 왕국의 제후령이지만 무슬림과의 전쟁을 통해 점차 꽤 독자적인 국가로 성장을 합니다.

한편 스페인과 프랑스 사이에는 아시다시피 피레네산맥이 있습니다. 여기에는 지금도 다른 유럽인들과 계통이 다른 바스크족이 살고 있는데, 이베리아반도에 가장 오래전에 정착한 민족이라고 합니다. 바스크어 자체가 인도유럽어와 관계가 너무 없다보니, 한때 이들은 네안데르탈인의 후손이라는 주장도 있을 정도였습니다만, 최근의 연구에 의하면 신석기시대에 가장 먼저 유럽 지역에 진입해서 농경을 하며 정착한 현생인류의 한 갈래가 남은 것이라고 합니다. 이들은 원래는 국가 단위라기보다는 부족 단위 혹은 도시

단위로 해당 바스크 지역에 거주해왔는데, 역시 국가를 만드는 과정을 거쳐 9세기에 들어서 팜플로나Pamplona 왕국으로 발전하게 됩니다. 팜플로나 왕국은 처음에는 이베리아반도의 이슬람 칼리파국인 코르도바 에미리트 제후국으로 있다가 점차 독립된 왕국으로 성장합니다. 아, 하지만 팜플로나는 기독교 국가입니다.

이제 시간을 좀더 빨리 돌려 11세기를 볼까요. 팜플로나 왕국에 산초 3세라는 왕이 있었는데 죽기 전에 아들들에게 나라를 나눠줍니다. 큰아들이지만 적통이 아닌 라미로 1세는 동쪽 아라곤Aragon의 왕이 되고, 둘째이지만 적통인 가르시아 산체스 3세는 이후 나바르Navarre라고 부르게 되는 피레네산맥 서남쪽의 본가인 팜플로나 왕이 됩니다. 셋째 곤살로 산체스는 가장 멀리 아라곤의 동쪽 지역인 소브라르베Sobrarbe와 리바고르사Ribagorza라는 영지를 부여받았지만 얼마 지나지 않아 큰형의 아라곤에게 흡수당하고 맙니다. 그리고 마지막으로 막내 페르난도에게는 카스티야 백작 자리를 만들어줍니다. 물려준 게 아니라 만들어줬다고 표현하는 게, 실상이 이렇습니다.

카스티야 왕국의 탄생

카스티야 백작령은 팜플로나 왕국이 아니라 먼저 얘기한 것처럼 레온 왕국의 제후국이었습니다. 물론 이때쯤엔 카스티야 백작령이 레온 왕국보다 훨씬 더 커져 있기는 했습니다만. 그런데 카스티야와 팜플로나는 국경을 접하고 있었고 왕족들은 서로 결혼을 하여 합종연횡에 나섰습니다. 산초 3세의 왕비는 카스티야 백작의 누이

무니아돈나였습니다. 마침 그 남동생인 카스티야 백작 가르시아 산체스가 레온 왕국의 산차 공주와 결혼을 하러 레온에 가서 결혼식장 교회에 들어가는 도중, 그곳에서 망명 중이던 카스티야의 반대파들에게 살해당하는 일이 벌어집니다. 이때다 싶어 산초 3세가 백작 작위 계승권을 내세워 아들을 외삼촌의 뒤를 이어 카스티야 백작으로 만든 것입니다. 카스티야 백작이 된 페르난도는 결혼식장 입구에서 암살당한 외삼촌 대신 레온의 산차 공주와 결혼을 하고, 뒤이어 레온 왕과 영토 분쟁에서 승리한 후 스스로 레온과 카스티야의 왕이 됩니다. 이렇게 해서 카스티야와 레온의 왕이 된 페르난도 왕은 이슬람과의 레콩키스타 전투들을 이어가는 한편 아라곤과 나바르(팜플로나)의 형들마저 모두 복속시켜 스스로 '스페인의 황제'라고 자칭할 정도로 기세가 등등해졌습니다. 카스티야는 이때부터 백작령이 아니라 왕국으로 승격됩니다.

포르투갈 왕국의 탄생

페르난도 왕이 죽고 나라는 다시 전통에 따라 아들들에게 레온과 카스티야, 그리고 갈리시아로 나눠서 물려주게 되었습니다. 그중에 레온을 물려받은 아들은 알폰소 6세라는 왕입니다. 뭐, 이렇게 나눠지자마자 아들들은 다시 상속을 둘러싼 싸움을 시작합니다. 아, 끝없는 후계자의 난이랄까요. 어머니 산차마저 죽자 형제들의 승계 전쟁은 7년이나 이어지고 최종 승리는 레온의 알폰소 6세에게 돌아갑니다.

이베리아반도 서해안에는 갈리시아 백작령이 있었습니다. 이곳은 지금 스페인의 갈리시아 지방과 포르투갈의 북부가 포함된 지역이었습니다. 페르난도 왕이 셋째 가르시아에게 물려준 곳이었는데, 가르시아는 그곳의 토착 귀족들을 장악하고 갈리시아 왕국의 왕이 됩니다. 하지만 가르시아의 왕국은 형들의 협공으로 결국 레온과 카스티야의 왕이 된 알폰소 6세에게 모두 빼앗기고 맙니다.

알폰소 6세는 부르고뉴 공작의 딸 콘스탄사와 결혼을 합니다만, 왕비 콘스탄사와의 사이에 공주 한 명만 남기고 세상을 뜹니다. 알폰소 6세는 남자 후계자를 남기지 못하고 대신 여러 명의 딸 중에서 콘스탄사 왕비와의 사이에서 난 적녀인 우라카 공주를 부르군트 백작 빌헬름 1세의 아들인 라이문트와 결혼을 시키고, 또다른 서녀 테레사는 이 라이문트의 사촌이면서 부르고뉴 공작의 손자인 앙리와 결혼을 시킵니다. 결혼과 함께 우라카와 라이문트에게는 갈리시아 왕국을 맡기고, 테레사와 앙리에게는 갈리시아 안에 속해 있던 포르투갈 백작령을 부여합니다.

테레사와 결혼한 프랑스 출신의 앙리는 이제 역사 속에서 엔히크가 됩니다. 결국 같은 이름입니다만 본가에서는 앙리이고 처가에서는 엔히크, 뭐 그런 거죠. 엔히크는 백작령을 확장하기 위해 노력했고 그가 죽자 남겨진 테레사도 아들 아폰수의 섭정으로 포르투갈 백작령의 독립을 위해 힘을 쏟았습니다. 그런데 막장 드라마처럼 테레사에게 연인이 생깁니다. 권력과 치정이 얽히면 결국 비극적인 사극이 되죠. 어머니와 아들이 맞붙게 되고 여기서 권력을 지켜낸 아들 아폰수 1세는 1139년, 기세를 몰아 이제 포르투갈 왕국을 선포하고 왕위에 오릅니다. 그러니까 그동안 합쳐서 '스페인'이라 불리던 여러 왕국과 귀족 영지의 집합체에서 벗어난 독립 포르투갈 왕국이 탄생한 것입니다.

통합 레온·카스티야·갈리시아 왕국

한편 레온의 우라카 공주와 결혼한 부르군트 출신의 라이문트는 갈리시아 왕으로 지내다 먼저 세상을 뜹니다. 우라카 왕비는 통합 레온과 카스티야 및 갈리시아 역사상 첫 번째 여왕이 됩니다. 그런데 여왕이 왕이 되면 나라가 어지러워진다는 말은 이때도 먹혀 들어갔다고 합니다. 지금까지의 이야기에서 눈치를 채셨겠지만 이때 이 사람들의 결혼이란 정략과 야망의 수단이라고 해야 합니다. 그러니 아무리 여왕이라도 미망인이 된 우라카로 그냥 있을 수 없으니 당연히 재혼을 합니다.

재혼 상대는 이베리아반도 북동쪽의 다른 두 왕국인 아라곤 왕국과 나바르 왕국을 다스리던 또다른 알폰소 1세입니다만, 사랑하는 정인을 두고 정략적으로 맺어진 결혼생활은 결국 '사랑과 전쟁' 풍의 파국으로 끝납니다. 그리고 이 여파로 카스티야에서는 정국이 불안해지고 심지어 반란도 일어나게 됩니다. 게다가 이 반란의 뒤에는 배다른 동생 테레사와 엔히크 포르투갈 백작이 있다는 소문도 있었습니다.

이런저런 많은 일들이 지나가고 결국 우라카와 라이문트의 아들인 알폰소가 왕위에 올라 알폰소 7세가 됩니다. 알폰소와 아폰수는 실은 같은 이름을 스페인어와 포르투갈어 식으로 부른 것입니다. 둘 다 어쩌면 결국 할아버지 알폰소 6세의 이름을 이어받은 것인지도 모릅니다.

스페인 카스티야 왕실과 포르투갈 왕실은 12세기에 이렇게 서로 혈연이 얽힌 두 사촌형제의 두 개의 독립된 왕국으로 역사를 시작했습니다. 게다가 여기에 부르군트/부르고뉴 공국의 지파가 이름을 올리게 됩니다. 훗날 1580년 포르투갈의 국왕 세바스티앙 1세와 승계라인에 있던 대부분의 포르투갈 귀족들이 모로코에서 전원 전사해버리면서 왕위 계승자의 맥이 아예 끊어지자, 스페인 왕 펠리페 2세가 왕위 계승을 주장하여 1640년까지 이후 60년간 포르투갈과 스페인 두 나라의 공동 왕으로 통치를 하였던 것에는 이런 집안의 얽힌 사정이 있습니다.

스페인과 합스부르크 왕자의 탄생까지

그런데, 자, 여기까지 같이 오셨으면 조금 더 나가봅시다. 시간이 흘러 15세기 당시 이베리아반도에는 서쪽 대서양 연안에서부터 동쪽 지중해까지 순서대로 포르투갈 왕국, 갈리시아-레온-카스티야 연합왕국, 나바르 왕국, 아라곤 왕국의 네 개 기독교 왕국, 그리고 남쪽에 여전히 세력이 남아 있는 이슬람의 그라나다 에미리트가 있습니다.

스페인의 완성[3]

여기서 원래 팜플로나라는 같은 뿌리를 가진 나바르 왕국은 아

◈ 15세기 스페인 지도.

라곤 왕국과 연합왕국이 되었다가 갈라졌다를 반복하다가 15세기 후반 이베리아반도에 속하는 남부 지방이 아라곤의 영향에 완전히 들어가면서 스페인이라는 통합체로 16세기 이후 흡수되고 맙니다.

한편 1451년 카스티야 왕 후안 2세와 포르투갈 왕 주앙 1세의 손녀 이사벨 데 포르투갈 왕비 사이에 이사벨 공주가 태어납니다. 이사벨은 아버지가 죽고 이복오빠가 왕이 되는 과정에서 파란만장한 왕위 계승전과 고난을 이겨내고, 이복오빠가 정략결혼으로 준비한 포르투갈 왕과의 결혼을 거부하는 대신 아라곤의 왕 페르난도 2세와 전격 결혼을 합니다. 그리고 이복오빠 카스티야 왕 엔리케 4세가 사망하자 정략결혼을 할 뻔했던 포르투갈의 아폰수 5세와 카스티야를 놓고 최후의 왕위 계승전을 치르게 됩니다. 4년에 걸친 이 지루한 왕위 계승 전쟁의 결과, 1479년 알카소바스 조약을 맺어 포르투갈의 아폰수 5세는 이사벨을 카스티야의 여왕으로 인정하고 대신에 대서양과 아프리카의 해안지대에 대한 포르투갈의 권리를 인정하는 것으로 합의하고 물러납니다. 이 조약으로 스페인은 처음으로 아프리카에 진출했던 카나리아제도를 지배하고, 대신 그 이남의 바다는 포르투갈의 영역으로 모두 넘겨주었던 것입니다. 포르투갈은 이미 아프리카 서해안에 진출하고 있었기에 어쩌면 이때다 하고 이해관계의 선을 그은 것이라고 할 수 있습니다. 이 조약은 이때부터 슬슬 여러 가지 문제를 드러내기 시작합니다.

여기서 제가 이제 슬슬 단독의 '스페인'이라고 부르기 시작하는 이유는 이사벨과 페르난도 2세의 결혼으로 카스티야-아라곤 연합왕국이 쪼개진 합종연횡의 국가들이 아니라 실질적인 스페인이라는 하나의 나라 단위로 역사 속에 등장하게 되기 때문입니다. 그리고 이 둘의 연합왕국 시기인 1492년 마침내 마지막으로 남아 있던 이슬람 국가인 그라나다 에미리트를 점령하고 600년간의 레콩키스타를 완성하여 이베리아반도에서 무슬림 세력을 모두 몰아내게 됩니다.

세계의 분할[4]

게다가 바로 같은 해에 이사벨과 페르난도 부부는 콜럼버스라는 이탈리아인에게 포르투갈의 허락이 없으면 갈 수 없게 되어버린 아프리카를 돌지 않고 대서양을 건너 바로 인도로 가는 항해를 후원합니다. 이 항해는 실은 먼저 맺은 알카소바스 조약의 해석상에 이런저런 문제를 제기하게 됩니다. 예를 들어 위도상으로 카나리아제도의 남쪽은 포르투갈의 영역이라고 합의를 했는데 쿠바의 위치는 카나리아제도보다 남쪽에 해당하니까 스페인이 먼저 도달했지만 포르투갈에게 양보를 해야 하는 것인가 같은 해석상의 문제들이 생긴 겁니다. 결국 포르투갈과 스페인은 알카소바스 조약으로부터 15년이 지나고 콜럼버스가 신대륙을 발견한 지 2년 후인 1494년 앞서 얘기한 토르데시야스 조약을, 그리고 다시 35년 후

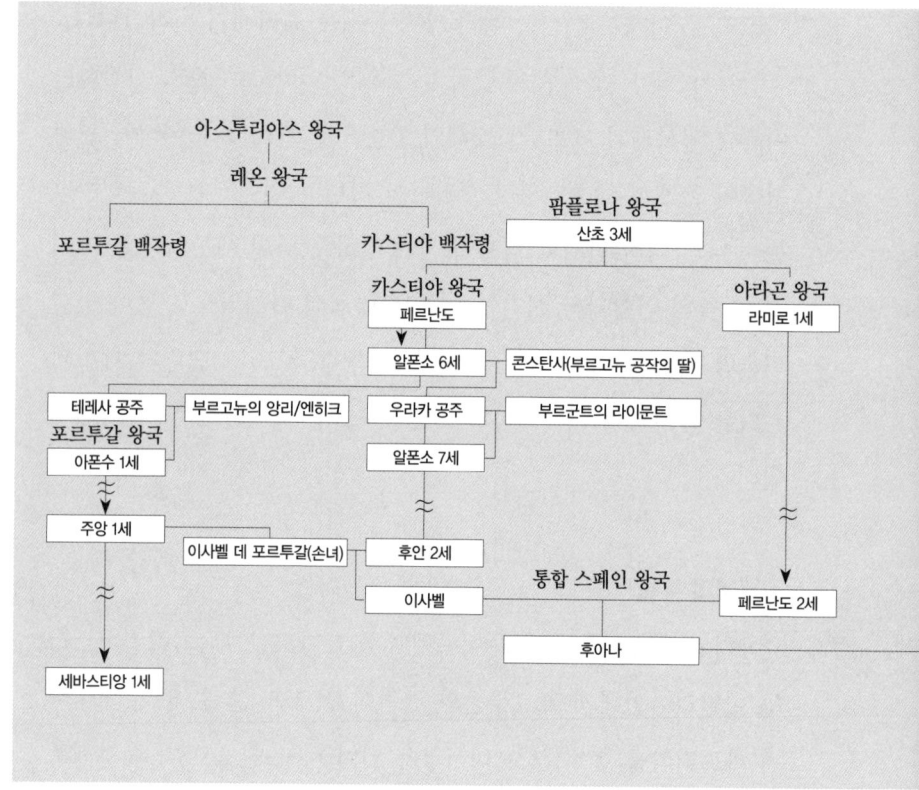

◈ 왕실 계보도.

1529년에 이를 개정한 사라고사 조약을 연달아 체결하며 세상의 바다를 반으로 나눠 가집니다.

합스부르크 왕자의 탄생

이미 충분히 헷갈리시겠지만 거의 다 왔습니다. 뇌에 힘을 주시고, 조금만 더 나가봅시다. 자, 아까 등장했던 한 집안이 다시 등장합니다. 카스티야의 이사벨은 첫째 딸은 포르투갈 왕과 혼인을 시

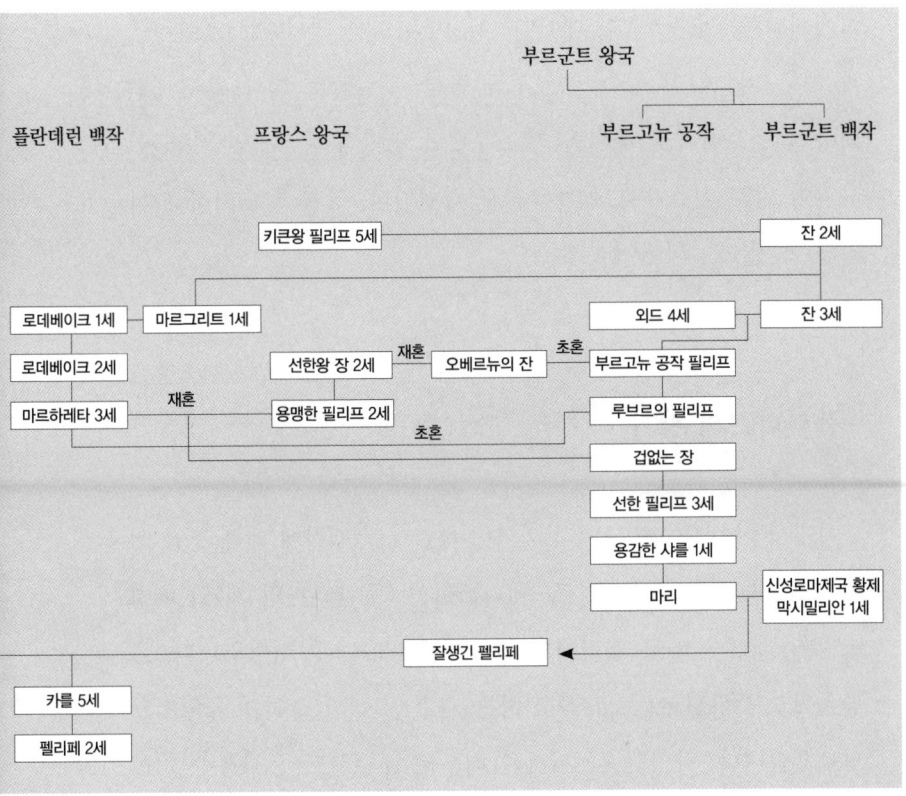

켰지만, 둘째 후아나는 중부 유럽에 자리를 잡고 있던 신성로마제국의 황제 막시밀리안 1세의 아들 '잘생긴' 펠리페에게 결혼을 시킵니다. 이 후아나의 결혼은 역시 프랑스가 위협이 되고 있었던 스페인과 신성로마제국의 이해가 일치했다는 것입니다만, 아무튼 전하는 이야기로는 후아나 공주는 펠리페를 만나자마자 사랑에 빠졌다고 합니다. 우선 별명이 '잘생긴' 펠리페 아닙니까. 이 펠리페는 먼저 부르고뉴/부르군트 이야기의 마지막에 등장한, 아까 기억해두시라고 했던 바로 그 인물입니다. 그리하여, 후아나와 펠리페 사이에서 아들 카를 5세가 태어나는데 이 사람은 태어나보니 아라곤과 레온-카스티야 왕국, 부르고뉴 공작, 부르군트 백작, 플란데런 백작, 신성로마제국 황제 및 합스부르크 왕가의 상속자인 거죠. 이 사람이 바로 합스부르크 제국의 시작입니다. 정말 금수저라고 하려면 이 정도는 되어야겠죠.

플란다스의 왕자

여기서 이야기에 슬그머니 끼어든 플란데런 백작에 대해 조금 더 얘기하겠습니다. 어릴 적 TV 애니메이션 〈플란다스의 개〉의 배경인 플란다스가 바로 벨기에의 플란데런Vlaanderen 지방입니다. 프랑스어로 플랑드르Flandre라고 하는 게 조금 더 익숙하게 들릴지도 모르겠습니다. 하지만 이 지역은 대부분 네덜란드어 사용 지역이라서 일단 네덜란드어식으로 부르도록 하겠습니다.

낮은 땅의 사람들

지금의 벨기에는 '플란데런과 브라반트Brabant'라는 두 개의 지역 위에 세워졌다고 해도 크게 무리는 아닙니다. 플란데런은 원래 '홍수'라는 의미의 게르만어 '플라우마flauma'라는 단어에서 그 뜻이 유래되었다고 할 정도로 지면이 낮아서 쉽게 범람하는 곳입니다. 여기 도착한 게르만족은 이 일대 전체를 낮은 땅이라는 의미로 '니데르-란트niederland'라고 불렀습니다. 플란데런은 엄밀히 말하면 이 저지대의 땅 중에서 상당히 특정한 지역을 가리키지만, 역사상으로는 오늘날의 네덜란드와 벨기에를 모두 통상적으로 지칭하는 표현으로 사용되기도 했습니다. 이 좀더 광역의 지대를 네덜란드어로는 '네데르-란트neder-land'라고 합니다. 영어로는 보통 저지대라는 의미의 '로우컨트리low country'라고 하는데, 모두 각각의 나라말로 그냥 직역한 표현이라고 할 수 있습니다. 저는 앞으로 현재의 네덜란드가 아니라 이 광역의 낮은 땅 지역을 의미할 경우에는 '네데를란트'로 표기하겠습니다.

한편 로마인들은 처음 이곳으로 와서 접한 켈트 사람들이 화가 엄청나게 많이 나서 열 받은 사람들이라는 의미로 이들을 벨가이Belgae 사람이라고 불렀기 때문에, 플란데런과 인근 브라반트 같은 네데를란트 지역을 통칭하여 라틴어로는 벨기쿠스belgicus라고도 불렀습니다. 물론 현재의 벨기에는 이 표현을 국명으로 사용하는 것입니다.

아무튼 좁은 의미로서의 플란데런은 바로 이웃에 접한 내륙의 브라반트와 함께 일찍부터 서북 유럽 지역의 중요한 곡물 도매 상업 중심지가 되어, 여기서 더 북쪽의 한자동맹으로 곡물을 실어 보내는 무역을 하고 있었습니다. 그런데 14세기 이전만 해도 유럽의 대외 무역은 지중해를 통했고, 이 네트워크를 이탈리아 상인들이 독차지하고 있었습니다. 그러니까 지중해가 중요한 교역의 장으로서 실크와 향신료 등을 주요 상품으로 취급했습니다. 중세에는 이탈리아 상인들이 지중해 연안의 항구도시로 가져간 이런 상품들이 육로를 통해 유럽 내륙의 왕실과 귀족들에게 공급되다가, 14세기가 시작될 무렵 플란데런의 중심지인 브루게Brugge에서 배로 이탈리아의 제노바와 베네치아 같은 주요 항구를 직접 연결하게 됩니다. 이렇게 고급 상품들이 모이고 재분배되는 상업 센터가 되고 보니 다음 수순으로 당대의 첨단산업인 직물업에 눈을 뜨게 됩니다. 예를 들면 잉글랜드에서 반半가공된 직물을 수입한 다음, 염색이나 마무리 공정 작업을 하여 고부가가치의 상품으로 유럽 전역에서 판매를 하는 거죠.

원래 플란데런은 프랑크 왕국에서 바이킹의 침략을 막기 위해 임명한 플란데런의 변경백 후작령이었는데, 이 변경 지방이 점점 성장하여 플란데런 백작령이 되었습니다. 그 동쪽 옆의 '습지대 땅'이라는 의미의 브라반트 역시 프랑크 제국을 거쳐 신성로마제국에서 공작령으로 성장합니다.

플란데런 백작령은 앞서 얘기한 것처럼 최종 승계자였던 마르하레타 3세가 1369년 부르고뉴의 용맹한 필리프 2세와 결혼하면서 이후에는 부르고뉴 공작에게 속하게 됩니다. 부르고뉴 집안은 플란데런의 중요성을 누구보다 잘 알고 있었습니다. 이곳은 그야말로 군주에게 있어 금전출납기인 셈이었지요. 그래서 15세기 프랑스 왕이 부르고뉴 영지를 회수하려고 할 때 마리와 막시밀리안이 프랑스 내 부르고뉴 영지를 넘기는 대신 이 플란데런은 지켜낸 것입니다. 마리와 막시밀리안의 아들 '잘생긴' 펠리페와 손자 카를 5세 모두 플란데런에서 태어나 자랐고, 스스로를 플란데런 사람으로 간주했다고 합니다.

네데를란트의 탄생[5]

이렇게 보통 14세기 후반에 시작되어 마리 공주까지의 기간을 부르고뉴령 네데를란트라고 부르고, 마리가 막시밀리안과 결혼해서부터 아들 '잘생긴' 펠리페, 손자 카를 5세, 그 아들 펠리페 2세까지를 합스부르크 네데를란트라고 부릅니다. 이 두 시기 동안 넓은 의미로 저지대의 네데를란트라고 불리던 조각보 같던 작은 영지들이 통폐합을 하기 시작합니다. 오랫동안 플란데런과 함께 네데를란트의 양대 주축으로 브뤼셀이 위치한 브라반트 공작령은 '선한' 필리프 3세의 사촌 브라반트 공작이 1430년 후사 없이 죽으면서 일찌감치 물려받아 네데를란트에 담아두었습니다.

이 두 지역의 북쪽에는 홀란트 백작령이 있습니다. 홀란트 백작은 중세의 승계 과정을 통해 인근의 에노Hainaut 백작령과 제일란트Zeeland 백작령을 함께 가지고 있었습니다. 홀란트는 나중에는 네덜란드를 일반적으로 부르는 이름이 될 정도로 강성해지지만 처음에는 남쪽의 플란데런이나 브라반트에 비할 바가 아니었습니다. 홀란트에서 가장 큰 도시라고 해봐야 도르드레흐트Dordrecht와 하

◆ 네데를란트 지도(16세기).

를럼Haarlem 정도인데, 위트레흐트나 브루게, 헨트 같은 남쪽의 도시에는 비교도 할 수 없었고, 암스테르담은 심지어 아직 대도시라고 할 수도 없을 정도였습니다. 그런데 홀란트가 점점 성장하기 시작합니다. 치즈로 유명한 고다나 델프트가 부상하고 암스테르담도 이때 한자동맹에 가입하여 곡물 무역으로 급성장하기 시작하면서 이제 제노바나 베네치아 같은 이탈리아 무역국들보다 선박의 톤수를 추월하기 시작합니다. 그러니까, 라고 해야 할지 그런데, 라고 해야 할지 홀란트 백작의 자리를 두고 꽤 오랫동안 이 지역 군웅들의 소규모 전쟁 시리즈가 이어집니다. 이 전쟁을 어업이 전통적으로 발전했던 지역적 특성을 반영해서인지 '낚싯바늘과 대구의 전쟁Hoekse en Kabeljauwse twisten'이라고 하는데, 농촌 귀족 중심의 낚싯바늘파와 도시민을 중심으로 한 대구파가 여러 차례의 결전을 벌인 다음 결국은 플란데런 백작이자 부르고뉴 공작인 '선한' 필리프 3세의 손으로 들어갑니다.

그 홀란트의 북쪽에는 자위더르 바다Zuiderzee 건너 프리슬란트Friesland가 있습니다. 북해로 이어지는 프리지아 지역의 서부에 해당하는 프리슬란트는 너무 외지고 험한 곳이어서 그런지 로마 제국도 진출을 하지 않은 곳입니다. 그 말인즉슨 그 이후 이어진 프랑크 제국이나 신성로마제국의 시스템에 들어가본 적이 없었던 곳이라는 얘기입니다. 오히려 이 프리슬란트(서프리지아)는 중세 유럽의 일반적인 봉건제도가 아니라 더 고대의 게르만족 부족연맹 체계의 형태로 되돌아가, 잘게 쪼개진 지역의 소규모 '귀족'들이 요새 같은 집을 짓고 그 주위의 토지를 보유하고 농사를 짓는 그런 시스템으로 운영되고 있었습니다. 원래 프랑크 제국의 샤를마뉴 황제가 로마를 공격할 때 참전한 프리지아인들이 공을 세웠고, 그 보답으로 금은보화 대신 프랑크 제국의 봉건제도에 속하지 않는 독립적인 위치를 요청하여 자유를 유지하게 되었다는 전설이 있습니다. 그래서 이 전설을 근거로 유럽 중세를 뒤흔든 십자군 전쟁에도 차출되거나 하지 않았던 그 소규모 귀족들은, 역시 소규모 전투를 서로 피 튀기게 치르며 나름대로 소소하지만 확실한 '프리지아의 자유Friese vrijheid'를 누렸습니다. 프리슬란트는 경제적으로도 접근이 어려운 남쪽의 곡물거래센터들 대신 북해를 건너 더 북쪽의 스칸디나비아와 농산물을 직교역하고 있었습니다.

홀란트는 여러 가지 정치·경제적 이유로 바로 북쪽에 맞닿은 프리슬란트를 손에 넣고 싶어했고, 그 때문에 둘 사이의 전쟁은 13세기부터 15세기 초반까지 간헐적으로 계속 이어졌습니다. 그런데 홀란트가 부르고뉴-합스부르크의 시스템 안에 들어가자, 프리슬란트의 일부가 홀란트를 견제하기 위해 그 상위에 있게 된 합스부르크의 막시밀리안 1세가 보낸 플란데런-홀란트-브라반트 총독 gubernator인 색슨의 알브레히트 공작에게 접근을 합니다. 알브레히트는 그런데 프리슬란트의 원래 의도와 다르게 그냥 이 핑계로 프리슬란트 전체를 점령해버리고 맙니다. 그리고 뒤이어 비슷한 상태의 프리슬란트 동쪽의 호로닝언Groningen도 역시 점령합니다. 돌고 도는 회전목마라고 해야 할지, 결국 자기 목을 조르게 된 프리슬란트는 자신들의 자유를 찾기 위해 다시 한번 또다른 강적에게 도움을 요청합니다.

헬데를란트Gelderland 공작령은 홀란트의 동쪽, 오버레이설의 남쪽에 있는데, 알브레히트 공작이 점령한 호로닝언에 대해 오래전부터 나름의 종주권을 갖고 있었다고 합니다. 아무튼 프리슬란트와 호로닝언의 사정이 이러하여 헬데를란트 공작은 부르고뉴-합스부르크의 대항마로 프랑스 왕의 힘을 끌어들여 알브레히트의 군사와 맞서게 됩니다. 그리고 헬데를란트 공작은 상당한 성과를 올리며 세력을 확장할 수 있었습니다.

마침 낚싯바늘파와 대구파의 분쟁으로 갈라져 있던 위트레흐트 주교후국 역시 헬데를란트 공작에게 도움을 청했는데, 일이 삐끗하면서 배상금 문제로 심각한 재정난에 빠지게 됩니다. 결국 1527년 잘생긴 펠리페의 아들 카를 5세에게 위트레흐트와 종주권을 가지고 있던 오버레이설을 넘기게 됩니다. 그리고 1543년 막강한 카를 5세의 군대가 그때까지 합류를 거부하고 있던 헬데를란트를 최종적으로 점령하면서, 네데를란트 전체 총 17개의 영지가 부르고뉴-합스부르크의 손에 들어가 통합 영지로 완성됩니다. 이를 네데를란트 17주Zeventien Provinciën라고 부릅니다.

통합 영지라는 의미는 이후로는 상속 승계로 더이상 각각 나뉘지 않는 하나의 단위로 영지와 작위가 승계된다는 것입니다. 그리고 이 17주의 영주는 네데를란트의 군주landsheer van de Nederlanden라고 하고, 이 작위는 이때부터 다른 왕위나 작위와는 무관한 독립적인 작위로 승계가 되었습니다.

그런데 한편으로 중세 이후 이탈리아에서 지중해 무역으로 공급하는 실크와 향신료들이 직접 네데를란트 지역으로 들어와 배분되어 유럽 각지로 유통되면서, 이 플란데런과 브라반트 지역에서 경제가 급속도로 성장하고 상업과 공업의 중심지가 되는 도시들이 생기기 시작했습니다. 이렇게 성장한 도시는 세금을 충분히 낼 테니 자신들에게 자치를 달라는 요구를 하게 됩니다. 그리고 그저 공작님이 말만 하면 냉큼 돈을 바치는 것이 아니라 점차 요구사항을 걸고 협상을 하는 방향으로 흘러가게 됩니다. 그래서 이런 협상을 하기 위해 대표를 뽑고, 선출된 대표가 정기적으로 군주와 만나서 현안을 협상하고 의논하는 보다 체계적인 기구가 생겨났습니다. 이 기구는 1464년 브루게에서 부르고뉴 공작 '선한' 필리프 3세와 협상을 하기 위해 열린 스타텐헤네랄Staten Generaal이라는 협의체로 시작하여 이후 점차 정례화됩니다. 반대로 부르고뉴 공작, 즉 네데를란트의 군주는 이들을 상대하기 위해 고위 귀족들로 구성된 라트판스타터Raad van State라는 자문위원회를 설치하였습니다. 네데를란트의 통치 체제가 이러한 형태로 자리잡자, 이 스타텐헤네랄과 라트판스타터 양쪽에 속한 자로서 소통을 담당하는 스타트허우더Stadhouder라는 자리가 생겨납니다.

한편 네데를란트 17주의 통합 과정에서 가장 큰 과제였던 부르고뉴-합스부르크와 헬데를란트의 전쟁은 특히 홀란트에게 경제적으로 상당히 중요한 의미를 지니고 있었습니다. 홀란트 동쪽과 북쪽으로 헬데를란트의 세력이 확장되면 홀란트의 생명줄인 자위더르 바다를 통한 교역 루트에 문제가 생기기 때문입니다. 결국 헬데를란트와의 전쟁에 들어가는 막대한 비용을 홀란트가 부담하게 되었고, 이 부담은 고스란히 세금 부담으로 옮겨갔습니다. 홀란트는 이 세금 부담을 줄이려고 여러 방식들을 시도해봅니다. 이 노력은 이후에도 독립전쟁의 비용 부담으로 이어져 근대적 공공채무의 시작이라든가, 연금제도의 시작, 복권제도의 시작으로 이어집니다만, 결국 부르고뉴-합스부르크의 여러 전쟁 비용에 자동인출기처럼 돈을 대는 대신 반대급부로 정치적 자유를 사고 있었다고 할까요.

그런데, 이런 일을 마무리한 카를 5세는 너무나도 지쳤던 것인지

40년간의 여러 개의 왕위를 마무리하고 1555년 55세의 나이에 모든 왕위와 직책에서 은퇴하고 양위하겠다는 발표를 합니다. 물론 그렇게 단순한 이유가 아니라 조금 더 정치학적인 설명을 하자면, 너무나 강대해져버린 합스부르크 왕가에 대한 유럽 파워들 간의 동역학이 합스부르크로부터 일종의 양보를 이끌어낸 것이라고는 합니다만. 아무튼 쇠약해진 카를 5세는 역사의 무대에서 물러나기로 합니다. 그리하여 이듬해 스페인의 왕, 네데를란트 군주, 그리고 이탈리아의 나폴리와 시실리 국왕 및 밀라노 공작 자리를 아들 펠리페 2세에게 양위하고, 신성로마제국 황제의 자리는 동생 페르디난트에게 양위합니다. 이리하여 이때부터 오스트리아-합스부르크 왕가가 스페인-합스부르크와 나눠지게 됩니다.

앞서 얘기했듯이 카를 5세 때까지만 해도 원래 플란데런 출신으로, 카를 5세는 플란데런의 헨트Ghent에서 태어나고 자라 '헨트의 카를'이라고 불릴 정도였습니다. 할머니집이라고 해야 할 플란데런에서 자라면서 모어가 플란데런어였다고 하고, 스스로 '플란데런 사람'이라고 생각했다고도 합니다. 하지만 아들 펠리페 2세는 스페인에서 태어나 스페인어를 사용하는 '스페인 사람'이었습니다. 그에게는 네데를란트의 자유분방함이 이해도 되지 않고 고려의 대상도 되지 않았던 것입니다. 거기에 신실한 가톨릭교도였던 펠리페 2세가 보기에 종교개혁의 광풍이 불어닥쳐 이교도 지옥이 된 네데를란트는 더욱 참을 수 없는 곳이 되었습니다. 결국 펠리페 2세의 네데를란트 정책은 믿기 어려울 정도의 비극적인 폭력으로 이어지고, 그 결과 '성공적'으로 '평화'를 가져옵니다. 그런데 너무

성공적이었던 걸까요. 펠리페 2세의 성공적인 '평화'는 정작 가장 가까운 곳에서 네데를란트를 함께 만들어온 사람을 반란군의 수괴가 되도록 만들고야 맙니다.

거지와 오렌지 왕자

네덜란드의 축구팀을 보통 스포츠신문에서 '오렌지 군단'이라고 부릅니다. 네덜란드가 오렌지의 원산지라든가 많이 생산되는 곳이 아닌데도, 우리는 네덜란드 하면 오렌지색이라는 이미지가 딱 떠오릅니다. 여기에는 길고 긴 이야기가 있습니다. 카를 5세가 양위를 선포한 1555년 10월 25일, 그날 그가 자신의 쇠약해진 몸을 어깨에 기대며 의지한 22세의 젊은 왕자가 있었습니다. 카를 5세의 충신이자 총애받던 이 사람은 원래 신성로마제국 아래 독일의 나사우-딜렌부르크 백작령에서 태어났는데, 사촌인 오랑주 공Prince of Orange으로부터 작위를 승계하여 오라녜-나사우 가문을 시작한 오라녜 공 '과묵한' 빌럼Willem van Oranje de Zwijger이라고 합니다.

오렌지 왕자의 등장

오랑주공국La principauté d'Orange은 프랑스 남쪽 부르고뉴-시쥐랑이라고 불리기도 한 지금의 프로방스 지방에 있던 공국으로, 옛날 신성로마제국 초창기에 부르고뉴 공작령에서 따로 떨어져나와 신성로마제국 제후국인 자치 공국이 되었고 이후에는 '과묵한' 빌럼에게 승계되면서 네덜란드와 인연이 생기게 되었습니다.

프랑스어 오랑주Orange, 네덜란드어 오라녜Oranje는 모두 영어로 오렌지로 번역이 되는데, 실은 과일 오렌지가 아니라 그 지역에 원래 살던 켈트족 물의 신 아라우시오Arausio의 이름을 딴 것이라고 합니다. 이 '아라우시오'의 발음이 시대에 따라 아우렝가, 오렝가, 오렝제 같은 식으로 변하다 어느 시점에 오랑주와 같은 발음으로 사용되었고, 네덜란드에 가서 오라녜가 되었다고 합니다. 과일 오렌지는 그러는 와중에 얼떨결에 딸려온 것이고요.

아무튼 '과묵한' 빌럼은 신성로마제국 제후국인 오랑주공국을 물려받으면서, 아주 어린 나이에 브라반트로 거주지를 옮기게 됩니다. 이후 신성로마제국 황제이기도 했던 카를 5세의 총애를 받으면서 플란데런-브라반트의 중심지인 안트베르펀의 궁정에서 성장하며, '과묵한'이란 별명이 붙을 정도로 신중하고 말을 내지 않는 믿을 만한 사람으로 알려지게 됩니다. 16세기 중반 이후 카를 5세가 은퇴하고 왕위를 이어받은 펠리페 2세는 거대 제국의 '본국'인 스페인에 좀더 집중을 하면서, 네데를란트 17주는 플란데런에서 나고 자란 여동생 파르마Parma 공작부인 마르가리타를 총독으로 임명하여 맡깁니다. 그러면서, 라트판스타터의 멤버이기도 했던 '과묵한' 빌럼을 홀란트와 자일란트, 위트레흐트의 스타트허우더Stadhouder로 임명합니다. 제국 왕실과 현지의 민심을 중간에서 조정하고 협상을 해나가는 일에 그보다 인내심 많고 양쪽에서 신망을 받는 사람은 없었기 때문입니다.

거지들의 등장

네데를란트의 총독이 된 파르마 공작부인 마르가리타는 결과적으로 보면 그 사람 자체가 정치적으로 대단히 유능했던 것 같지는 않습니다. 아이러니하게도 스페인이 황금시대를 구가하게 되면서 네데를란트는 점차 세금 부담이 커지고 당시 유럽에 불어닥친 종교개혁의 바람에도 격하게 휘말리게 됩니다. 스페인은 뭐랄까 이 종교개혁의 바람을 철퇴를 가하면 진압된다는 정책으로 밀고 나가는데, 네데를란트는 '이렇게까지 할 것 없잖아' 하는 반응을 보입니다. 그러다 1565년 네데를란트 지역의 일부 귀족들이 모여 청원서

◈ 귀족들의 맹세단 행진을 그린 에칭화입니다. 기세 좋게 행진을 하여 갔지만 돌아온 것은 '거지'라는 조롱이었습니다.

를 총독 파르마 공작부인에게 제출하기로 하고 '귀족들의 맹세단'이라고 번역할 수 있는 '에이드페르본트 데르 에델런Eedverbond der Edelen'이라는 결사를 조직합니다. 이 결사에는 빌럼의 배다른 동생 나사우의 로데베이크Lodewijk van Nassau도 주요 인물로 포함되어 있었습니다.

그리고 마침내 1566년 4월 5일, 300명의 맹세단 단원이 길게 줄을 맞춰 청원의 행진을 시작합니다. 마르가리타 총독은 일단 청원을 받아들였습니다만, 라트판스타터의 귀족들은 이들을 '거지geuzen'라고 조롱합니다. 청원이 일단 받아들여지자, 굴욕적으로 거지라고 불렸던 이들은 네데를란트를 위해서라면 기꺼이 자랑스러운 거지가 되겠다며 스스로를 '거지'를 의미하는 '회전geuzen'이라고 부르기 시작합니다.

80년 전쟁의 시작

그런데 일은 그렇게 아름답게 돌아가지 않았습니다. 분위기가 유화하게 흐르자 그동안 피신했던 개신교도들이 다시 돌아오고 숨어 있던 개신교도들도 전면에 나옵니다. 그제야 수면 위로 떠오른 갈등은 성상파괴 같은 가톨릭교도와 개신교도들 간의 충돌로 터져나오며 사회가 흉흉해지는 일들이 이어지게 됩니다. 이럴 때 뭐든 평계는 사회질서의 안정이죠. 청원을 수용하기로 한 약속은 무참하게 휴지통으로 가버리고, 펠리페 2세는 자신의 수하에서 가장 매파에 속하는 페르난도 알바레스 데 톨레도Fernando Álvarez de Toledo, 통칭 알바 대공작을 네데를란트의 총독으로 파견합니다.

처음에는 다들 그 정도로 상황이 나빠질 것이라 생각하지는 않았습니다. 귀족들의 경우 신성로마제국 시스템 내에서 지위도 있는 데다가 어느 정도 보호 장치도 있다고 생각해서 그대로 영지에 머물며 새 총독의 행보를 지켜보는 정도였습니다. 그런데 알바 공작은 그야말로 경악과 공포를 몰고 옵니다. 종교적으로 이단으로 의심되어 알바 공작의 심의회에 소환당하면 열에 열은 체포, 유죄 확정, 재산 몰수 그리고 사형에 처해졌습니다. '피의 심의회'로 불린 이 소환에 고위 귀족들도 예외가 아니었고, 심지어 '과묵한' 빌럼도 소환이 되었는데 그는 독일에 있는 자신의 영지로 급히 피신을 한 상황이었습니다. 게다가 1568년 2월, 펠리페 2세는 아예 모든 네데를란트인, 심지어 가톨릭교도들도 모두 포함하여 전체 인구를 이단으로 선포하고 총독의 손에 모든 것을 맡기겠다는 결정을 합니다. 그러자 1568년 5월 23일, 나사우의 로데베이크를 중심으로 일부 '거지' 귀족들이 병력을 모아 소규모로 스페인 군대와 전투를 벌여 승리를 하는 일이 발생합니다. 그리고 이날부터 길고 긴 80년간의 전쟁이 시작됩니다.

반란의 불길[6]

80년 전쟁은 처음의 호기로운 시작과 달리, 예상대로 압도적인 우위에 선 세계 최강의 제국 군대가 소규모 산발적인 반란군을 진압하는 과정으로 진행됩니다. 게다가 알바 공작은 1569년 이듬해 고갈된 군비 문제를 해결하기 위해 새로운 세금을 부과합니다. 또한 군대가 개입하여 점점 세금을 강제 징수하게 되는데, 이에 저항하면 한마디로 종교나 어떤 요인도 고려하지 않고 지역 전체를 섬멸해버리는 정책을 펴기 시작합니다. 심지어 도시를 포위한 다음, 항복을 하면 죽이지는 않겠다고 하여 문을 열면 그냥 다 몰살해버리고 폐허로 만드는 경우가 비일비재했습니다. 이리 되자 서서히 네데를란트의 사람들에게는 무얼 하든지 어차피 죽음이라면 이제 단순한 반항이나 협상이 아니라 완전히 이들을 물리쳐야 한다는 공감대가 형성됩니다.

바다거지의 등장

1568년 기세 좋게 시작되었던 반항은 시작과 동시에 막강 스페인 군대의 위력만 실감하게 합니다. 마치 영화 〈스타워즈〉의 에피소드 5 〈제국의 역습〉에서처럼 끊임없이 제국군에게 몰린 반란군은 거의 궤멸 상태가 되어버립니다. 반란의 주동자였던 '거지' 귀족들은 외국이나 네데를란트 북쪽의 변경으로 피신하고, 일부는 배를 타고 도망을 쳐서 '바다거지'가 되어 프랑스나 잉글랜드의 항구를 전전하게 됩니다.

그런데 한편으로 1571년 스페인이 주도하는 신성로마제국 함대가 그동안 대적조차 할 수 없었던 지중해의 무적 오스만튀르크 제국의 함대를 레판토 해전에서 크게 무찌르며, 펠리페 2세가 그야말로 기독교 문명의 PTSD를 마침내 극복한 승자로 떠오릅니다. 처음에 스페인을 견제할 요량으로 네데를란트의 반란군에 대해 호의적이었던 프랑스나 잉글랜드는 너무나 막강해진 스페인의 군사력에 부담을 느끼며 네데를란트에 대한 지원을 접기로 합니다. 특히 엘리자베스 1세는 아예 잉글랜드의 항구에서 그나마 배를 타고 떠돌던 반란군 세력의 입항을 금지하고 모두 해협 바깥으로 몰아내어 버립니다.

그런데, 세상일은 좀 재미있는 데가 있습니다. 한때 '문명하셨습니다' 하는 밈으로 잘 알려진 '문명Civilization'이라는 게임을 해보신 분들이라면, 아마 〈문명 5〉에 등장한 네덜란드의 유닛 중에 '제고이센'이란 유닛이 있었던 것을 기억하실지 모르겠습니다. 이 제고이센이란 원래 네덜란드어 '제이회전Zeegeuzen'을 왠지 모르겠지만 뜬금없이 어정쩡한 독일어식으로 발음 표기한 것입니다. 회전geuzen이 거지라고 했으니 짐작하시듯이, 그러니까 '바다거지'란 의미입니다. 역시 대동소이한 의미로 이들을 바터르회전Watergeuzen이라는 이름으로 부르기도 합니다. 이들은 스스로를 '바다의 거지'라고 하면서 스페인에 대항하여 싸우던 반란군들이었습니다만, 이때쯤 냉혹한 현실은 해적 잔당에 더 가까운 패잔병들이었습니다. 그런데, 엘리자베스 1세의 추방령으로 어쩔 수 없이 다시 해협을 건너가야 했습니다.

만우절의 불씨

일단 해협 건너 네데를란트의 해안에 잠입하려 하던 1572년의 4월 1일 만우절 날, 정말 거짓말 같은 일이 일어나버립니다. 마침 더이상 조심할 필요조차 없어졌다고 생각한 스페인 군대가 내륙에서의 다른 분쟁을 해결하러 자리를 비운 사이, 바다거지 반란군 잔당들이 홀란트의 작은 항구 브릴러Brielle에 상륙하여 점령하는 일이 있었습니다. 원래 빨치산의 보급투쟁처럼 치고 빠지는 작전을 수행하러 갔는데, 어라! 현지의 네데를란트 사람들은 환영을 하는데, 지키는 스페인 군인은 아무도 없었던 것이죠. '좋았어, 여기를 점령하고 근거지로 삼자' 하며 다시 홀란트에 발을 들이고는, 이어지는 소규모 전투에 연달아 승리를 거두게 됩니다.

브릴러의 점령은 그 자체는 큰 전투가 아니었지만, 때로 세상일이란 게 그렇지 않습니까, 어떤 큰 변화의 격발점이 되는 사건 같은 것 말입니다. 이들은 그러면서 나사우의 로데베이크와 다시 연결되어 지원을 받게 되고, 일이 점점 눈덩이처럼 커져 희망의 불씨를 피워올리게 되었습니다. '과묵한' 빌럼도 독일에서 병력을 다시 꾸려 네데를란트로 복귀하여, 1576년부터 정규전이라고 할 수 있을 만한 군사적 항쟁이 본격적으로 재점화되어 1587년까지 내전 상태가 지속됩니다.

공화국 만들기

그런데 원래 합스부르크 네데를란트 17주란 카를 5세와 펠리페 2세의 기간에 여러 개의 패치워크를 묶어서 형성된 것이었죠. 내부적으로 독립전쟁이 시작된 이때부터 본격적인 국민국가 건설, 즉 '네이션 빌딩'이 시작됩니다.

1579년에는 기존 부르고뉴의 핵심이자 원래 가톨릭 세력이 우세한 플란데런-브라반트 중심의 남부와 신교 세력이 우세한 북부가 서로 종교적·정치적 견해의 차이로 입장이 서로 나뉘게 됩니다. 어떤 이데올로기나 종교 같은 명분이 갈라놓은 사람들 사이에 물리적인 충돌, 폭력이 뒤따르고 내란으로 전개되어 아침저녁 밀물 썰물처럼 진영이 바뀌면, 결국 그 사이에 복잡하게 얽힌 인간의 갈등과 은원의 골이 메울 수 없게 깊이 생겨나게 됩니다. 한국 현대사에서도 내전이 치열했던 지역들에서 비슷한 일들을 많이 보지 않습니까. 지구 반대편, 게다가 시간상으로도 400년이 지난 일이라 딱히 크게 와 닿지는 않겠다 싶지만, 그래도 종교와 권력과 금력을 내세워 수만 명이 무고하게 학살을 당한다는 것은 조금만 들여다보고 생각해보면 여전히 가슴이 진정되지 않는 무섭고 슬픈 비극입니다. 결국 남부 지역은 제대로 자신들의 입장이 반영된다면 기존의 질서 내에서 무리하지 않겠다는 길을 가게 되고, 북부는 그래도 우리는 더이상 이 제국의 질서 속에서는 있을 수 없다는 서로 다른 결론을 내립니다.

스페인은 이 와중에 1580년 완전히 반란군의 수괴가 되어버린 '과묵한' 빌럼을 공식적으로 제국의 적인 불법자로 포고합니다. 이에 맞서 빌럼은 북부의 여러 주들을 모아 다음 단계로 프랑스의 힘을 이용하기로 결정합니다. 프랑스의 힘을 끌어들인다는 것은 외세를 몰아내기 위해 또다른 외세를 불러들이는 게 아닌지 의아해하실지도 모르겠습니다만, 아직 국민국가가 완전히 형성되지 않은 중세와 근대의 전환기라는 점을 이해해주시기 바랍니다. 빌럼은 프랑스의 앙주 공을 초빙하여 독립 네덜란드의 왕위를 제안합니다. 그리고 뒤이어 1581년 북부 지방 7개주가 드디어 독립을 선언합니다.

아, 네덜란드 공화국인가 하면 아직 아닙니다. 동아시아 바다의 뉴비였던 네덜란드가 일본에 외교적으로 접근하는 과정을 추적한 애덤 클러로 같은 학자는 아예 네덜란드의 독립 과정이 처음부터 어떤 시스템이나 정체政體에 대한 방향이나 구상이 있었던 게 아니라, 반란에서 독립으로 이어지는 과정을 거치면서 하나씩 안 되는 것을 제외하다보니 남은 옵션이 공화국이었다는 설명을 하기도 합니다.[7]

군주로 초빙한 앙주 공은 당시 프랑스 국왕의 아들이자 잉글랜드 엘리자베스 1세의 정혼자였습니다. 네데를란트 사람들의 여론은 그래봐야 가톨릭 프랑스인 아니냐며 그리 호의적이지 않았다고 합니다. 그래도 앙주 공이 이 복잡한 구도에 등장하자 그의 뒤에 있는 군사력은 스페인조차도 찔끔하고 물러서게 하기에는 충분했습니다. 하지만 앙주 공이란 사람이 뭐 대단한 지도자도 아니고 제안 받은 자리의 권력이 스스로 보기에 불충분하자 프랑스 군대의 힘으로 일종의 점령군이 되려고 안트베르펜에서 쿠데타 시도를 하다 실패하는 일이 발생합니다. 프랑스 내부적으로도 신구교 종교개혁으로 발생한 분쟁이 국가적 문제였고, 어느 정도는 이 프랑스 국내의 종교 분쟁과 권력 투쟁의 영향도 있었다고 합니다만. 그렇다고 프랑스를 당장 적으로 돌릴 수는 없고 그냥 앙주 공이 이쯤에서 돌아가는 것으로 하고 이 '왕 추대' 계획은 해프닝처럼 끝이 납니다.

빌럼의 암살[8]

그런데 이듬해 1584년 가톨릭 과격파 청년에게 '과묵한' 빌럼이 암살당하는 일이 벌어집니다. 그리고 그때까지 반란의 지도자였던 빌럼은 이제 신생 네덜란드의 영원한 아버지가 되어버립니다. '빌헬뮈스Wilhelmus'라는 제목의 현재 네덜란드 국가國歌는 이렇게 시작합니다.

"나는 나사우의 빌헬뮈스, 네덜란드 인민의 혈통이며, 죽을 때까지 조국에 충성을 다할 것이다Wilhelmus van Nassouwe ben ik, van Duitsen bloed, den vaderland getrouwe blijf ik tot in den dood."

예, 이 첫 구절은 바로 '과묵한' 빌럼의 선언입니다. 이 노래의 원 가사는 네덜란드어로 인민을 의미하는 'Duitsen'이 아니라 독일을 의미하는 'Duytschen' 즉 '독일의 혈통'이었다고 합니다. 원래 오라네-나사우 공 빌럼은 독일에서 태어난 독일인이기 때문입니다. (물론 독일이란 국가는 이때 아직 존재하지도 않았습니다만.) 하지만 이런 사실은 점차 네덜란드라는 국민국가로 탈바꿈하면서 가사가 살짝 바뀌었다고 합니다.

1585년 다음 오라네-나사우 공이 된 빌럼의 아들 마우리츠Maurits van Oranje 왕자가 군사적 지휘자의 성격이 강해진 스타트허우더 자리를 승계하여, 1588년에는 마침내 흐로닝언, 프리슬란트, 오버레이설, 헬데를란트, 위트레흐트, 자일란트 그리고 홀란트의 7개 지역으로 네덜란드 공화국을 선포합니다. 여기서부터 북쪽 7개주 독립 지방은 더이상 저지대의 지역을 의미하는 네데를란트가 아니라 이제 국가명인 네덜란드라고 표기하겠습니다.

그 와중에 프랑스로 돌아갔던 앙주 공이 사망하면서 프랑스와 스페인이 승계 문제로 전쟁을 하게 되자, 이 틈에 네덜란드는 약간 숨통이 트입니다. 게다가 스페인은 아메리카대륙에서 은을 실어와 부어도 부어도 감당할 수 없을 정도로 커진 전쟁 비용으로 인해 국고가 비어 채무불이행의 모라토리엄을 선언하는 일이 여러 번 벌어질 정도로 재정 압박을 받고 있었습니다. 한편 네덜란드는 이전 프랑스와의 연대가 앙주 공 에피소드를 겪으며 실패한 후 다시 잉글랜드의 엘리자베스 1세와 협상을 추진하면서 다행히 후원을 이끌어내는 데 성공합니다. 이 후원은 결국 1589년 잉글랜드와 스페인 무적함대의 해전으로 이어지게 됩니다. 잘 아시다시피 잉글랜드는 여기서 승리하면서 신흥 세력으로 떠오릅니다. 그리고 1598년 펠리페 2세의 사망으로 펠리페 3세가 즉위하면서 숨가쁘게 달리던 정세가 조금 달라지게 됩니다.

12년 정전협정

그렇게 스페인과 네덜란드 공화국 7개 반란 지방의 전쟁은 양편 모두 소모진으로 이어가다, 17세기로 넘어가면서 스페인은 더이상 재정을 감당할 수 없는 지경까지 가게 됩니다. 결국 1609년에 12년의 기간 동안 전쟁을 중지한다는 정전협정을 맺습니다. 12년 정전협정이 체결되자 프랑스와 잉글랜드, 베네치아가 네덜란드 공화국을 인정하고 대사를 파견합니다. 스페인은 당연히 이를 인정하지 않았지만 네덜란드 공화국은 이제 본격적으로 정식 이름을 역사에 올리게 됩니다.

독립전쟁이 시작되었을 때 스페인은 반란군을 무력으로 진압하는 것뿐 아니라 당연히 경제 제재도 시행했습니다. 대표적으로 네덜란드의 배가 스페인이나 포르투갈의 항구에 진입하지 못하게 됩니다. 네덜란드의 경제적 번영이 결국 유통과 무역이었으니 이 제재는 당연히 상당한 타격을 주게 됩니다. 네덜란드가 그 이전에 통틀어 플란데런이라고 불리던 시기부터 이 지역은 이베리아반도와 경제적으로 많이 얽혀 있었거든요. 게다가 15~16세기에는 이베리아반도의 국가들이 대서양과 아프리카, 아메리카, 그리고 인도와 동인도, 궁극의 중국과 일본까지 진출했는데, 이 먼바다의 대항해에는 부르고뉴 플란데런 혹은 합스부르크 네데를란트의 사람들도 적극적으로 참여하고 있었습니다. 그런데 독립전쟁을 하면서 네덜란드 공화국의 배와 사람들은 완전히 배제가 되어버린 것입니다. 물론 현실적으로 전면 스톱이라고 할 수는 없지만, 근대식 금융제도가 도입되고 상업의 발전으로 경제가 급속도로 성장하던 네덜란드로서는 상당한 타격을 입게 됩니다.

하지만 전쟁은 전쟁이고 사람들의 삶은 이어져야 하는 것이죠. 반란 초기의 혼란이 어느 정도 정리되면서 전선이 형성되자, 네덜란드는 다시 무역 국가로 재정비를 하고 극도로 기업가 정신이 넘치는 모습을 다양하게 보여주기 시작합니다.

제5장

홍모인의 나라

남쪽에서 몰려오는 집채 같은 파도를 뚫고
나의 아가씨여, 나는 여기에 있다오!
나의 아가씨여! 남풍이 없다면
나는 결코 그대에게 돌아가지 못하네;
아, 사랑스러운 남풍이여, 다시 한번만 불어다오!
나의 아가씨가 나를 기다린다네.

Über turmhohe Flut vom Süden her –
mein Mädel, ich bin da!
Mein Mädel, wenn nicht Südwind wär,
ich nimmer wohl käm zu dir;
ach, lieber Südwind, blas noch mehr!
Mein Mädel verlangt nach mir.

— 리하르트 바그너 작, 〈방황하는 네덜란드인Der fliegende Holländer〉 제1막[1]

블루오션

 독립전쟁 이전의 네데를란트는 어찌 보면 이베리아반도의 절정기일 때 중요한 한 채널을 담당하면서 경제적 이득을 누리고 있었습니다. 그러다가 독립을 하겠다고 나서자 이제는 경제적으로 완전히 배제의 대상이 된 것이죠.

 한번 생각해봅시다. 어떤 시장을 두고 경쟁하는 회사가 있는데, 기존 대기업이 전체 시장과 유통망을 장악하고 시장점유율 선두로 신생 회사를 배제하고 있다면 어떻게 해야 할까요. 기존 시장에서 피 튀기는 경쟁을 할 수도 있지만, 틈새의 블루오션을 찾아 새로운 시장을 만들어내서 기존의 시장을 엎어버리는 것도 중요한 방법 중 하나입니다. 혹은 그런데도 경쟁력이 충분히 있다면 이미 검증된 레드오션을 파고들어가 파이를 나눠먹고 점유율을 늘리는 방법도 가능합니다. 독립전쟁으로 경제 제재를 당하기 시작한 네덜란드 공화국은 '어차피 이리 된 거' 하면서 대제국에 맞짱을 뜨기 시작한 것 아닙니까? 그럼 자신들도 스페인이나 포르투갈처럼 동인도로 가면 되는 것 아닌가 하는 시도를 하기 시작합니다. 그런데 우선 대서양에서는 아래로 서쪽이든 동쪽이든 모두 스페인과 포르투갈에 장악되어 있으니 거긴 레드오션이라고 하고, 아직 채 완성되지도 않은 세계 지도를 연구해서 블루오션을 찾아보기 시작합니다. 그러자 '전문가'들에 의해 북쪽으로 넘어가면 바로 동인도에 도달할 수 있다는 희망에 찬 결론이 나옵니다.

'지리부도'라는 말을 들으면 혹시 '메르카토르 도법'이라고 자동으로 머릿속에 떠오르시지 않는지요. 우리가 일상적으로 세계지도라고 부르는 지도는 대부분 메르카토르 도법으로 그려진 것입니다. 북반구의 서구권 국가들의 크기가 너무 과장된 이 도법이 지금은 20세기의 서구 제국주의와 연관되어 비판을 많이 받긴 합니다. 그때 지도제작자 본인은 그런 생각까지는 없었을 테니 좀 억울하겠지만, 그 '메르카토르'는 바로 이 지도 그리는 법을 개발한 플란데런 출신 지도제작자의 이름입니다.

그리고 바로 이 '북쪽 블루오션'의 결론을 낸 이들 중에서도 메르카토르가 대표적인 전문가였습니다. 확실히 전문가적 결론에는 뭔가 권위가 있지 않습니까. 그중 하나는 북동항로라고 부르는 길이고, 다른 하나는 북서항로라고 부르는 길입니다. 북동항로는 북해를 거슬러 올라가 스칸디나비아반도를 넘어 동쪽으로 가면 아니엄 해협이란 곳을 지나 마르코 폴로가 말한 황금의 나라 카타이와 시나를 지나 인도에 이르게 되는 항로입니다. 북서항로는 대서양을 반대로 서북쪽으로 건너 아메리카 대륙의 북쪽 너머로 돌아가면 역시 아니엄해협에 도달하고 그 해협을 내려가 건너면 역시 같은 목적지에 도달한다는 항로입니다.

인도로 가는 관문, 아니엄협

흠, 북극 지도를 놓고 생각해보면 왠지 설득이 되는 이야기입니다. 게다가 아니엄해협이란 곳은 대부분 지금은 잘 모르는 이름이지만 아마 맥락상 베링해협을 말하는 것 같고 말입니다. 그런데, 실은 아니엄해협은 베링해협이 아니었습니다. 더 정확히 말하자면 그냥 환상 속의 이름입니다.

여기 다산 정약용 선생을 잠시 소환해보겠습니다. 18세기 후반 실학자 아정 이덕무는 왜국에 대비해야 한다는 주장을 하였습니다. 그러자 친구였던 다산 정약용은 마테오 리치가 동아시아에 던진 충격파인 세계지도 『곤여만국전도』에서 이덕무가 걱정하는 북방 지역을 하나하나 짚어가면서 이런저런 코멘트를 남긴 『이아정비왜론평李雅亭備倭論評』이라는 글을 썼습니다. 여기에 보면 이런 구절이 나옵니다.

> 또 곤여도坤輿圖를 보면, 조선 동북쪽에 여진女眞이 있으며, 또 그 동쪽이 노아간奴兒干이 되고 또 그 동쪽이 백호白湖가 되는데 그 사이가 10도에 지나지 않으니, 우리나라 서수라西水羅로부터 백호에 이르기까지는 3000리에 불과하다. 백호의 남쪽에서 (중략) 몹시 험하여 통래

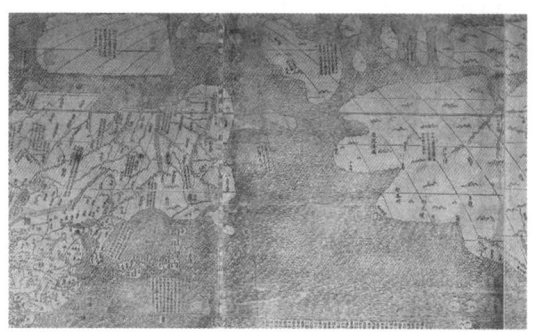

◈ 〈곤여만국전도〉 동북아시아 부분. 요즘의 세계지도와 한번 비교해보세요. 〈곤여만국전도〉의 전체 이미지에서 제가 내용에 해당하는 부분 위주로 확대하였습니다. 〈곤여만국전도〉는 내용이 조금씩 달라진 몇 개의 버전이 있습니다. 그중 이 도판의 원본은 미국 국회도서관이 소장하고 있는 마테오 리치의 원본이라고 알려져 있습니다.

할 수가 없다. 백호 동쪽으로 2000리를 가서 하나의 조그마한 바다를 건너면 곧 북아묵北亞墨 땅인데, 처음 건너는 곳을 아니엄국亞泥俺國이라 한다. 또 그 동쪽을 (중략) 황원荒遠하므로 탐문할 수 없다.

백호와 아니亞泥 사이는 그 바다가 마치 선線과 같고 양쪽 해안에는 큰 산이 서로 끼고 있는데 이를 일러 아니엄협亞泥俺峽이라 한다. 이 아니엄협 서쪽은 중국의 대륙과 연접되었고, (곧 흑룡강黑龍江 부락을 말한다.) 아니엄협 동쪽은 따로 일대주一大洲를 이루었으니, 이것이 이른바 북아묵北亞墨이다.[2]

북아묵은 〈곤여만국전도〉에 보면 원래 북아묵리가北亞墨利加라고 표기되어 있는 북아메리카입니다. 그러니까 조선의 북동쪽으로 올라가서 아니엄협을 건너면 북아메리카가 된다는 이야기입니다. 분초를 나눠 변동이 생기는 지금 눈으로 보면 조선 사람들의 시간

감각은 한 200, 300년은 엊그제로 생각하는 것인지, 19세기 초반의 정약용 선생도 16세기 정보로 만들어진 지도를 보고 이야기를 하고 있으니 좀 애매하다는 생각은 듭니다. 그래도 설명을 듣고 보니 금세 '아니, 역시 베링해협이잖아' 하고 생각이 들 것인데, 죄송하지만 실은 이 아니엄해협이란 곳은 처음에는 전설상의 지명이었다가 나중에는 멕시코의 칼리포르니아만으로 혼동이 되었던 곳입니다. 그러니까 유럽인들의 지도상에서 이곳저곳 왔다갔다하던 전설상의 지명일 뿐이었습니다.

예수회의 선교사들이 16세기에 남쪽 바닷길을 거쳐 중국에 들어갔을 때만 해도 유럽인들의 의식 속에는 시나China 말고 별개의 황금의 나라 카타이가 있었습니다. 카타이Catai(혹은 영어 표기로 캐세이 Cathay)는 실은 키타이, 즉 거란의 유럽어화한 이름으로 파악됩니다. 마르코 폴로가 거란의 요나라를 카타이라고 하고 남송을 시나라고 표현했다고 보면 될 것 같습니다. 마테오 리치가 베이징에 입성하여 명 조정의 핵심 정보들을 접하고서야 시나와 카타이가 같은 중국이라는 것을 확인하게 되었습니다만, 16세기 중반까지는 주로 타르타르 즉 중앙아시아와 만주족 모두를 포함하는 유목계 국가들과 마르코 폴로가 전해준 부귀의 왕국 카타이와 남중국의 시나가 각각 다른 것인 줄 아는 경우가 많았다고 합니다. 중앙아시아를 거쳐 몽골 제국으로 갔던 마르코 폴로가 황홀하게 묘사한 카타이는 그러니까 이론적으로 시나의 북쪽에 있어야 했던 것입니다.

마테오 리치의 〈곤여만국전도〉를 만드는 기초 자료 중 하나라고

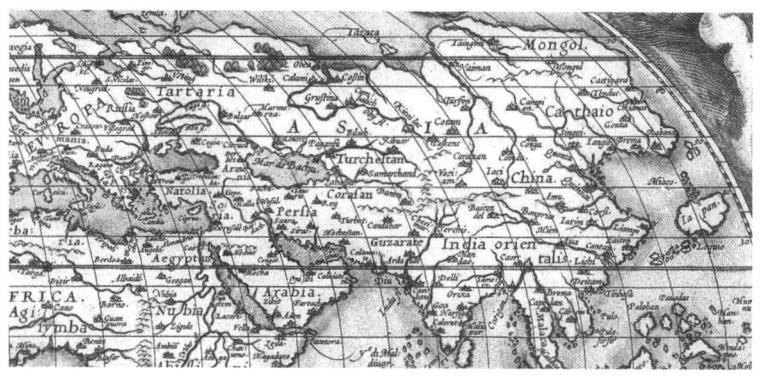

◆ 〈테아트룸 오르비스 테라룸〉의 동북아시아 쪽 부분. 오르텔리우스의 세계 지도 〈테아트룸 오르비스 테라룸〉에서 역시 동아시아 부분을 제가 확대하였습니다. 도판의 원본은 미국 국회도서관 소장본이라고 합니다.

추정되는 오르텔리우스Abraham Ortelius의 세계 지도 〈테아트룸 오르비스 테라룸Theatrum Orbis Terrarum〉의 동북아시아 쪽 부분을 보면 맨 위에 몽골, 그 아래 카타이오Cathaio, 그 아래 시나China와 동인도India Orientalis가 배열되어 있습니다. 마테오 리치와 예수회 선교사들이 막상 마카오에서 중국으로 진입해서 보니 몽골의 위치는 서북쪽이고, 중국의 북쪽은 어쩌면 황금의 나라 카타이가 아니라 유목계인 타르타르인 것을 알게 된 것입니다. 그래서 〈곤여만국전도〉는 당연히 중국이 대명국大明國이라는 하나의 이름으로 정정된 버전입니다.

그런데 아니엄해협은 카타이와 그 동쪽의 북아메리카 사이에 있어야 하는데, 카타이가 없어지니 위치가 그때부터 이상하게 왔다 갔다하기 시작합니다. 원래 유럽 전설에 인도의 동쪽에 칼리포르니아California라는 여인국이 있었다고 합니다. 대서양을 건너 아메리카 대륙에 도착한 후 마침내 태평양에 도달한 스페인인들은 여기서 아메리카 대륙 서해안 너머에 있는 큰 섬과 마주칩니다. 그리고 그 섬과 아메리카 대륙 서해안 사이에 남북으로 길게 해협이 형성되어 있었던 것입니다. 나중에 탐사 결과 여기가 미국 캘리포니아의 남쪽에서 이어지는 멕시코의 칼리포르니아만이란 게 알려졌지만, 처음에는 이 만을 아니엄해협으로 생각하고 북쪽으로 올라가면 북극해가 나오고 그 너머 유럽으로 이어진다고 믿었습니다. 실제 아시아와 아메리카를 나누는 베링해협이 유럽인들에게 발견된 것은 한참을 지난 18세기에 접어들어서였습니다. 아, 그리고, 원래 마르코 폴로가 말한 아니우Aniu 혹은 아니움Anium은 아마도 정반대 방향으로 남쪽인 통킹만의 안남을 의미하는 것이 아닌가 하고 최근에는 추정하고 있습니다.

하지만 이건 21세기의 이야기이고, 1580년대에 이제 막 독립적으로 바다로 나가 스페인과 포르투갈을 우회해서 동인도로 가보려던 네덜란드인으로서는 어쨌든 북쪽으로 가면 아니엄해협을 지나갈 수 있을 거라 생각했습니다. 흥미로운 것은 스페인인들이 이게 해협이 아니란 것을 알고 난 후에도 비밀에 붙여서인지, 네덜란드인들은 여전히 칼리포르니아만을 아니엄해협으로 간주하고 있었습니다.

바람의 계곡 - 바이하트

원래 동북항로를 처음 시도한 것은 북해의 섬나라인 잉글랜드였습니다. 1551년 휴 월로비 경과 리처드 챈슬러, 서배스천 캐벗 등의 사람들이 주동하여 이름이 뭔가 만화책에 등장할 것 같은 '미지의 지역, 영토, 섬과 장소를 발견하러 나가는 모험 상인들의 신비한 회사 및 동료들The Mystery, Company, and Fellowship of Merchant Adventurers for the Discovery of Regions, Dominions, Islands, and Places Unknown'이라는 회사를 만듭니다. 이 회사는 배를 3척 준비하여 노르웨이를 넘어 분명히 거기 있을 저 북동쪽의 바다를 향해 출발했습니다. 우선 결론부터 짧게 말하겠습니다. 스칸디나비아반도를 넘어간 탐험선은 풍랑에 서로 헤어지고, 월로비 경이 이끄는 배 2척은 그만 유빙에 갇혀버리고 맙니다. 그리고 이들의 운명은 아쉽게도 비극적으로 끝이 나서 이듬해 날이 풀려 그곳에 고기 잡으러 온 러시아인 어부들이 동사한 이들의 자취를 발견하게 됩니다.

그런데 헤어진 배 한 척은 리처드 챈슬러의 지휘하에 다행히 지금 러시아 연안, 즉 전설의 비아르미아Biarmia라는 곳으로 흘러들어가게 됩니다. 다행히 이들은 살아 있는 채로 러시아 어부들에게 구조되어 무스코비Muscovy로 가게 됩니다. 이 무스코비는 모스크바 공국, 즉 오늘날의 러시아를 의미합니다. 당시 무스코비의 제1대 차르는 바로 유명한 이반 뇌제입니다. 행운이 이어져서 이반 뇌제와 우호적인 관계를 만드는 데에 성공한 챈슬러는 무사히 귀국한 다음, 회사 이름을 아예 '무스코비 컴퍼니Muscovy Company'로 바꾸고 본격적인 러시아 전문 무역상사로 전환합니다.

물론 동북항로를 완전히 포기한 것은 아니었습니다. 1556년 당시 항해의 항해사 스티븐 보로가 다시 원정대를 이끌고 좀더 동쪽으로 나가서 '노바야제믈랴와 바이가치' 사이의 카라해협까지 접근합니다만, 또다시 얼음왕국이 길을 가로막습니다. 무스코비 컴퍼니는 17세기로 넘어와서도 1607년과 1608년 두 번에 걸쳐서 다시 동북항로 원정대를 출발시킵니다. 이 두 번의 항해는 모두 실패합니다. 당연하죠. 이때의 지구는 지금 21세기보다 1.5도 정도 기온이 낮았다는 소빙기였으니까요. 북극해는 꽁꽁 얼어붙어 있고, 당연히 쇄빙선도 없던 때이니 이게 가능할 리가 없죠. 무스코비 컴퍼니는 러시아 무역에 더 집중하기로 하고 프로젝트는 중지됩니다.

스티븐 보로가 접근했다는 '노바야제믈랴와 바이가치'라는 곳은 이 동북항로에서 대단히 중요한 곳입니다. 바이가치Vaygach/Вайгáч는 러시아 북부 바렌츠해와 카라해를 나누는 노바야제믈랴Novaya Zemlya/Нóвая Земля́라는 섬과 마주보고 있는 곳입니다. 16세기 말의 네덜란드에서는 바이하트(Waaigat, 혹은 Weygates)라고 표기하였는데, waaien은 '바람이 불다' 혹은 '바람이 심하다'라는 의미이고, gat는 '통로, 해협'을 의미합니다. 오호! 그렇다면 바람계곡이랄까요. 물론 나우시카는 등장하지 않습니다만, 바람이 심한 해협 부근의 네덜란드계 지명으로 지도 이곳저곳에 등장합니다. 검색을 해보면 가장 자주 나오는 곳이 카리브해 퀴라소의 수도 빌렘스타트의 항구 쪽에 있는 지역인데, 바로 이 이름을 가지고 있습니다. 물론 여기서 17세기 초반의 네덜란드 뱃사람들이 말하는 바이하트는 러시아에 있는 바이가치입니다. 그런데 네덜란드도 1590년대에 접어들면서 하나의 대안으로 동북항로에 관심을 갖기 시작합니다.

잉글랜드의 동북항로 탐사에는 런던의 리처드 해클루트Richard

Hakluyt라는 지리학자이자 지도제작자, 해양학자가 배경에 있었습니다. 해클루트는 16세기 후반에서 17세기에 잉글랜드의 블루오션 전략의 핵심 전략가입니다. 무리해서 말하자면, 해클루트가 주축이 된 버지니아 컴퍼니가 결국 북미 대륙에서 잉글랜드의 교두보를 선점하였고 이로 인해 결국 현재 미국이 영국계의 라인을 따라 형성된 것이라고도 볼 수 있을 정도입니다. 그런가 하면 네덜란드에는 앞서 언급한 메르카토르가 있었습니다. 동시대의 두 거장은 경쟁도 하고 정보 공유도 했던 것으로 알고 있습니다. 메르카토르는 각종 정보를 취합하여 북극해의 지도를 만들었고 그가 죽은 다음 해 1595년 『북극 지도Septentrionalium Terrarum』가 출판되었습니다.

이 『북극 지도』는 북위 60도에서부터 북극까지를 위에서 내려다본 형상으로 제작되었습니다. 가운데 북극에는 거대한 자석산이 있습니다. 여기서 네 방향으로 바닷길이 있고 이를 뺑그르 둘러서 바닷길이 나 있습니다. 서유럽에서 북동쪽으로 스칸디나비아반도를 넘어 펼쳐지는 바다를 뮈르만스코이Myrmanskoi 바다라고 부르고 있습니다. 그리고 그 바로 위의 섬에 S. 후고 윌로비의 섬이라고 되어 있습니다. 바로 무스코비 컴퍼니 최초 원정에서 그만 얼음에 갇혀 죽은 윌로비 경의 이름입니다. 그 위쪽에 노바야제믈랴의 당시 네덜란드식 표기인 노바젬라Nova Zemla라는 섬이 있고, 그 너머로는 서북유럽의 지역과는 차이가 나게 정보가 듬성듬성해집니다. 지도의 맨 위쪽 즉 유럽의 반대쪽 태평양의 위쪽은 지금의 베링해 북쪽입니다만, 확실히 거의 정보가 없다고 해야 할 정도입니다. 오른쪽 윗부분, 그러니까 동아시아에 해당하는 지역에 아시아라든가

◆ 『북극 지도』. 이때는 북극에 거대한 자석산이 있다고 믿었습니다.

그 안에 타르타르, 몽골 등의 지명이 보이고, 베링해협에 해당하는 부분에 'El streto de Anian'이라고 해서 아니안해협이 있습니다. 여기가 앞서 말한 아니엄협亞泥俺峽입니다. 그리고, 앞서의 설명처럼 아니엄해협의 정보가 부정확하여 이로 인해 북미 대륙의 현재 알래스카가 있어야 할 곳에 칼리포르니아California라는 지명이 등장합니다.

지금 보면 이 지도는 뭔가 엉성합니다만, 1595년에는 당대 최고의 정보로 작성된 북극 지도였습니다. 서유럽에서 반대 방향인 그린란드를 거쳐 아니엄해협에 이르는 서북항로는 지명도 지형도 모두 너무 간략해서 시도를 하기에는 아직 무리가 있어 보입니다만, 실은 17세기로 넘어가 동북항로를 거의 포기할 즈음에는 잉글랜드, 네덜란드, 프랑스 등에서 상당히 활발하게 원정을 시도했습니다. 그리고 이 시도들의 결과로 북미 대륙에 뉴잉글랜드, 니우 네덜란트, 누벨 프랑스 등이 형성되었습니다. 물론 중국에 간 팀은 하나도 없습니다. 안 되는 건 안 되는 거죠.

메르카토르의 유작인 『북극 지도』가 공개된 1595년 즈음, 실은 이미 용감한 네덜란드인 팀이 동북 방면으로 열심히 항해 중이었습니다. 이 항해팀은 훗날 무르만스크해를 바렌츠해로 개명하게 만든 빌럼 바렌츠Willem Barentsz가 지휘하는 탐사대였습니다. 바렌츠는 1593년부터 1597년까지 세 번의 동북항로 탐험을 실행합니다. 처음 두 번은 당시 네덜란드 공화국의 지원으로 갔지만, 마지막은 더이상 국가 차원의 동북항로 탐험을 지원받지 못하고 대신 암스테르담시에서 지원을 받아 나갔습니다. 이들은 말씀드린 대로 노바야제믈랴섬과 바이하트곶 사이의 바람부는 해협을 지나면 중국과 인도로 이어지는 아니엄협곡이 나온다고 믿었습니다.

바렌츠는 1594년의 첫 번째, 1595년의 두 번째 항해는 노바야제믈랴의 서쪽 연안과 바이하트까지는 진출했지만 바이하트 너머의 동쪽으로는 진출하지 못하였습니다. 세 번째 항해에서는 어떻게든 노바야제믈랴의 동쪽을 넘어 타르타르와 카타이로 가는 길을 찾으려고 이전 항해보다 한 달 앞선 1596년 5월 10일 암스테르담에서 출항합니다. 바렌츠는 이 세 번째 탐험 때 노바야제믈랴에서 얼음

◈ 바렌츠 탐사대의 세 번째 탐험. 통나무집을 만들고 곰을 잡아 겨울을 넘기는 장면입니다.

에 갇혀 배가 난파당한 후 지옥같이 혹독한 겨울을 얼음땅에서 넘기고, 다행히 이듬해 1597년 봄에 보트를 만들어 탈출을 하던 도중 숨을 거둡니다. 이 항해의 팀원으로 살아남아서 귀환한 헤릿 더 페이르Gerrit de Veer가 남긴 항해 기록 덕분에 항해의 상세한 정보와 바렌츠의 최후가 알려졌습니다. 이 기록에는 탐사대가 혹한의 북극 겨울을 넘기면서 그야말로 추위와 북극곰과 기아와 사투를 벌인 내용이 생생하게 그려져 있습니다. 그리고 이로부터 한참의 시간이 흐른 후 1871년 노르웨이의 배 솔리드호가 이곳으로 왔다가 완전히 얼음에 뒤덮인 통나무집을 발견합니다. 바로 바렌츠 일행이 겨울을 넘겨 살아남았던 그 통나무집이 다시 발견된 것입니다.

이후 1876년 영국의 배가 와서 이 통나무집을 다시 발굴하여 아직 남아 있던 바렌츠 일행의 물품과 도구들을 찾아 인간 세상으로 가져왔고, 이 물건들은 지금 암스테르담의 레익스뮤지움에 소장되어 있습니다.

바렌츠의 모험은 결국 원래의 목적을 이루지 못하고 실패로 끝났습니다. 이 모든 험난한 모험을 거치고 난 후의 기록인 헤릿 더 페이르의 일지라면 왠지 장대한 감상으로 끝맺을 것 같은데, 일지의 마지막은 암스테르담으로 돌아와서 "그곳에서 돌아온 모든 인원은 '임금을 모두 받을 때'까지 임시로 꽤 좋은 곳에서 숙박을 하였다가 (돈을 받은 후) 다들 각자가 속한 곳으로 떠나갔다"[3]라며 읽는 사람이 당황할 정도로 대단히 건조하게 끝을 맺고 있습니다. 그리고 네덜란드는 비로소 동북항로를 포기하게 됩니다. 비슷한 과정을 거쳐 그보다 나중에 시도된 서북항로 역시 몇 차례의 시도 끝에 프로젝트를 접습니다. 이때 서북항로 프로젝트에 참가한 사람 중에 헨리 허드슨이라는 선장이 있었습니다. 그리고 헨리 허드슨의 항해는 니우암스테르담 즉 오늘날의 뉴욕으로 이어집니다만, 그건 나중의 이야기라 일단 미뤄두겠습니다.

2011년에 개봉된 〈노바 젬블라 Nova Zembla〉라는 네덜란드 영화가 있습니다. 노바 젬블라는 노바야제믈랴의 네덜란드식 표기입니다. 영화는 바로 이 바렌츠의 모험을 영화화한 것입니다. 영화로 각색을 하다보니 3번의 모험을 하나의 모험으로 각색하긴 했지만 그래도 헤릿 더 페이르의 일지를 기본으로 해서 고증도 훌륭하고, 하얀 눈보라가 끝없이 부는 와중에 북극곰들의 습격에 악전고투하며 서바이벌을 해나가는 모습을 실감나게 그렸습니다. 그런데 영화의 마지막에서 그려지는 장면을 보면, 암스테르담으로 마침내 살아돌아온 일행은 전혀 예상 못한 대접을 받습니다. 왜냐하면 그때 마침 다른 배가 같이 항구에 들어오는데 바로 그 배의 선원들이 그야말로 엄청난 대환영을 받는 바람에 간신히 살아돌아온 바렌츠의 일행은 일약 찬밥 신세가 되어버리기 때문입니다. 실제는 물론 그렇게 딱 떨어지는 게 아니지만, 영화적 상상력이라고 감안하면 그래도 꽤 적절한 연출이라고 생각되었습니다. 왜냐하면 1597년 같은 해의 그 또다른 귀국선은 그야말로 네덜란드의 숙원 사업을 처음으로 이뤄낸 터닝포인트가 되었기 때문입니다. 바로 1597년 레드 오션 대서양 남단을 정면으로 뚫고 인도양을 거쳐 포르투갈의 눈을 피해 동인도를 다녀온 배가 들어온 것이었습니다.

동인도로 가는 길

바렌츠의 선원들이 북극해에서 간신히 살아돌아온 1597년, 텍셀 항에 처음으로 네덜란드의 배 3척이 동인도의 바다에서 후추를 싣고 돌아옵니다. 이 배는 2년 전 1595년에 암스테르담의 상인들이 조직한 '콤파니 판 페레Compagnie van Verre'라는 회사의 동인도 상선 선단의 배들이었습니다. 이 항해 자체는 영화에서 묘사한 것처럼 해피엔딩이라기에는 사실 좀 애매합니다. 기록을 자세히 들여다보면 선장들의 분열, 선상 반란, 살인, 음식과 식수 공급 부족, 섬에 버리고 떠나버린 선원들 같은 항해 괴담의 스토리가 다 들어가 있는 막장 드라마인 데다, 무엇보다 그 와중에 가지고 온 향신료 자체가 그리 손익분기점을 누릴 수 없는 상태이기도 했습니다. 하지만 포르투갈이 장악한 바다를 가로질러 향신료제도에 직접 가서 물건을 실어올 수 있었다는 그 결과 자체가 네덜란드 공화국의 사람들에게 큰 희망을 불러일으켰습니다.

지금은 인공위성을 이용한 GPS와 항해 무선통신 같은 게 너무나도 당연하지만, 이 당시의 바다는 무지가 빚어내는 공포 그 자체였습니다. 게다가 그나마 포르투갈과 스페인이 사람을 갈아넣어가면서 만들어낸 대양 항로의 상세한 정보를 적성 반란자들의 손에 호락호락 나눠줄 리가 없는 것이죠. 그런데 1592년에 페트뤼스 플란시우스Petrus Plancius라는 지도제작자가 놀랍게도 동인도로 가는 해도를 편찬합니다. 원래 브뤼셀 사람이었던 페트뤼스는 스페인군이 진압하러 들어오자 암스테르담으로 피난 와서 자리를 잡고 해도를 연구하다 포르투갈의 해도를 손에 넣게 됩니다. 너무나도 엄청난 국가 기밀을 확보했는데 당시 네덜란드에는 이를 검증할 인력조차 없었습니다.

린스호턴의 『항해 일정』[4]

그런데 여기 29세의 새로운 인물이 등장합니다. 얀 하위헌 판 린스호턴Jan Huygen van Linschoten이란 인물로, 홀란트의 하를럼에서 태어나 가족이 옮겨간 홀란트의 엥크하위전Enkhuizen에서 자랐습니다. 아직 반란이 시작되기 전이라 스페인이나 포르투갈과 함께 합스부르크령이었던 시절, 16세가 되자 형들이 먼저 가 있던 스페인 세비야에 가서 스페인어도 배우고 상술도 배우다가, 포르투갈령 인도 고아 교구를 맡아 부임하는 대주교의 비서로 채용되어 따라가게 됩니다. 고아에서 대주교의 비서로 4년을 일한 후 리스본을 거쳐 다시 고향 엥크하위전으로 돌아옵니다. 그리고 1594년과 1595년에 빌럼 바렌츠의 첫 번째와 두 번째 항해에도 참가하였는데, 그 이후 1596년에는 이전 인도 고아에서의 경험과 일기를 정리하여 보통 『항해 일정(이티네라리오)』이라고 줄여서 불리는 『동인도 혹은 포르투갈 인도로 가는 항해 일정Itinerario, voyage ofte schipvaert, naer Oost ofte Portugaels Indien』이라는 책을 씁니다. 이 책은 간단한 자기소개 후에 인도 고아의 대주교를 따라 대서양에서 아프리카를 돌아 모잠비크를 거쳐 인도양에서 고아까지 가는 여정, 자신이 겪은 일들, 그리고 고아에서 체류하면서 수집한 말라카, 자바 같은 동인도와 중국, 일본에 대한 정보를 아주 상세히 서술하고 있습니다.

그런데 이 책에는 네덜란드 역사에 대단히 중요한 「레이스-헤스흐리프트Reys-gheschrift」라는 문서가 실려 있었습니다. 1595년 초에 먼저 출간된 이 문서의 제목은 단어 그대로 '항해 기록'입니다. 그런데 이 문서에 포르투갈이 장악한 바다의 각 여정에 대한 항로가 적혀 있었습니다. 심지어 중국과 일본에 가는 항로도 포함되어 있었지요. 이듬해에 풀 버전으로 출간된 『항해 일정Itinerario』 책에 부분적으로 실려 있는 이 문서의 내용이 얼마나 상세했는지, 예를 들어 인도 동쪽의 아라칸, 페구, 시안의 해안에서 싱가푸라곶을 지나 말라카 마을과 요새까지를 다룬 장의 마지막에 "……말라카 마을과 요새가 있는데, 북쪽 2.5도 아래, 그다음 남쪽으로 20마일에 '카푸 데 싱가푸라capo de Singapura'라고 불리는 곳이 멀리 코너에 있고 1도 아래에 놓여 있다"[5]처럼 배가 가는 방향과 거리를 대단히 구체적으로 기록해놓았을 정도입니다.

이「레이스-헤스흐리프트」문서를 통해 페트뤼스의 포르투갈 동인도 해도의 정확성을 인증받자 일사천리로 일이 진행되어 정면으로 포르투갈의 바다에 도전해보기로 한 것입니다. 그렇게 해서 그해 봄에 바로 '멀다'는 의미의 네덜란드어 단어 페레verre를 쓴 '멀리 가는' 회사라는 의미의 콤파니 판 페레Compagnie van Verre를 만들어서 4척의 배를 파송한 것이었습니다. 이 탐험단의 성과는 먼저 언급한 것처럼 실질적인 상업적 성공이라기보다는 상징적인 성과만 올립니다. 하지만 '가능하다'는 것이 입증되자, 1598년에서 1600년 사이에 배를 두 배로 늘려 8척의 두 번째 선단이 동인도를 다녀옵니다.

때는 바야흐로 12년의 휴전도 아직 요원하고 독립전쟁이 치열해지고 있던 시기, 포르투갈과 스페인이 장악한 동인도산의 향신료가 더이상 플란데런 지역으로 공급되지 않으면서 그동안의 상업 채널이 막혀버린 상태였습니다. 공급망에 문제가 생기면 다음 현상은 인플레이션입니다. 21세기의 우리도 팬데믹 이후 전 세계가 물류 대란과 그에 이은 인플레이션을 겪었지 않습니까. 향신료 가격은 이미 오를 만큼 올랐는데 갑자기 그 물량이 다른 곳에서 들어왔다고 생각해보십시오. 그리하여 두 번째 동인도 탐험단은 무려 400퍼센트의 레전드 수익률을 올리게 됩니다.

물론 대서양에서 아프리카 남단을 돌아 인도양을 거쳐 가는 길은 포르투갈과 스페인의 동군연합의 카르텔을 정면돌파해야 하는 일이라 한두 번의 성공으로 모든 것을 걸기란 여전히 쉽지 않은 일이었습니다. 하지만 포기하기에는 너무 큰돈이기도 한 거죠. 포르투갈의 배들은 아프리카 동부와 인도 해안선을 따라 여러 군데 기지가 있으니 항해 자체가 연안에 붙어서 진행되어 항해의 리스크가 적었습니다. 하지만, 네덜란드의 배들은 이 포르투갈 기지들을 빙 둘러서 멀리 원양을 가로질러야 했기 때문에 난파의 위험도 더 클 수밖에 없었습니다. 그래서 인도양을 크게 둘러가다가 표류도 많이 하면서 이후 오스트레일리아를 발견하게 되고, 니우 제일란트도 오늘날의 뉴질랜드가 된 것이긴 합니다만, 그때 네덜란드 동인도회사는 수익성이 없다고 과감히 버린 땅들입니다. 오직 중요한 것은 주주의 이익!

그런데 동인도의 향신료가 보장해주는 고수익률, 게다가 아시아에 대한 정보가 늘어나면 늘어날수록 또다른 꿈도 커져갔습니다. 린스호턴의 책에는 중국에 대한 정보 역시 많습니다. 그중에 이런 구절이 있습니다.

돈을 환전하는 것을 이용하는 이들도 있는데, 돈을 사서 묵히고 있다가 다시 파는 것이다. 포르투갈에서 배가 들어오면 8레알 은화를 적어도 1000~1200개를 사서 4월까지 가지고 있다가, 중국으로 배를 타고 갈 때 가지고 가서 25~30퍼센트의 이윤을 남기고, 다른 돈으로 바꿔 오르무스에 가서 다시 8~10퍼센트 이윤을 남기고, 9월에 포르투갈에

갈 때까지 가지고 있다가 다시 8레알 은화로 바꿔서 20~25퍼센트의 이익을 남긴다.[6]

앞에서 설명했다시피, 금-은 가격 비율의 비대칭성으로 인한 차익거래라는 것입니다. 중국의 금-은 교환비율이 다른 곳보다 낮아서 은의 가치가 더 높고, 그래서 스페인 은화를 가지고 가면 몇 번의 환전 거래를 통해 큰 이윤을 남길 수 있다는 것이죠. 그야말로 다른 상품의 가격 변동에 신경쓸 필요가 없는 확실한 거래인 셈입니다. 실은 지금도 금융 시장에서 계속하고 있는 외환 차익거래의 기법입니다. 그렇게 중국은 동인도를 넘어 꼭 도달해야 하는 또다른 곳이 되었습니다.

중국통 디르크 시나

린스호턴에게는 같은 엥크하위전 출신인 디르크 헤리촌 폼프 Dirck Gerritszoon Pomp라는 친구가 있었습니다. 이 사람 역시 어릴 적에 린스호턴과 비슷한 경로를 거쳐 포르투갈에 가서 항해술을 배워 뱃사람이 되었습니다. 일찌감치 리스본에서 무역상인을 하는 친척에게 가서 견습으로 있으면서 포르투갈어와 상업을 배운 그는 22세가 된 1568년에 포르투갈 배를 타고 인도의 고아로 가서 그곳에 자리를 잡고 무역상인이 됩니다. 디르크 헤리촌 폼프는 고아에서 더 나가 포르투갈의 마카오를 여러 차례 다녀왔는데, 여기서 멈추지 않고 1585년에 두 번째로 일본에 갔다는 기록이 있습니다. 그 이전에도 이미 포르투갈의 배를 타고 일본에 다녀온 것이겠지요.

그래서 현재까지 알려진 네덜란드인 중 처음으로 일본에 간 사람이라고 알려져 있습니다.

그런데, 노련한 선원이자 상인이었던 이 사람은 포르투갈이 동인도의 바다에서 하는 비즈니스의 핵심을 꿰뚫었습니다. 그것은 포르투갈 상인들이 마카오에서 중국산 실크와 금을 잔뜩 싣고 일본의 나가사키에 가서 일본의 은으로 바꿔 다시 중국에 가져간 후 차익을 크게 얻은 후에 다시 실크와 중국 도자기를 싣고 유럽으로 돌아온다는 거죠. 1590년 즈음 고향 엥크하위전에 돌아온 디르크는 주변 사람들에게 중국과 일본, 마카오와 나가사키에 대해 열심히 전도합니다. 아예 사람들에게서 디르크 시나Dirk China라고 불릴 정도였습니다. 이 디르크 시나의 중국과 일본 이야기가 린스호턴에게 그대로 전해져 그의 책에 그 정보가 고스란히 들어가게 됩니다.

아, 그리고 린스호턴의 『항해 일정』 책에는 '코레아' 역시 등장합니다. 일본에 대한 설명을 길게 하고 난 다음 코레섬과 마카오에 대한 설명이 이어집니다. "야판의 약간 위쪽 34도 및 356도에 시나의 해안에서 그리 멀지 않은 곳에 '코레섬Insula de Core'이라고 불리는 곳이 있다. 이 섬에 대해서 그 크기나 인구 혹은 어떤 물산이 있는지 아직 전혀 알려져 있지 않다"[7]라는 소략한 기록이 있습니다. 이는 서유럽 대항해시대의 기록 중에서 한국에 대해 설명한 첫 번째 기록이라고 현재 알려져 있습니다.

이 『항해 일정』에 언급된 한국에 대한 정보는 28년 후에도 별로 업데이트 되지 않아서 제주에 표착한 벨테브레이는 심지어 코레아에서는 사람을 구워먹는다고 알고 있었습니다. 그런데 이 책이 출간된 지 10년이 채 되지 않은 1604년에 포르투갈인 주앙 멘데스는 이미 조선에 처음 발을 디뎠고, 벨테브레이와 비슷한 시기에 호드리게스 신부는 덩저우에서 정두원을 만나 코레아에 대해 이보다는 제대로 알고 선교를 할 기회를 만들려고도 했습니다. 생각해보면 같은 유럽에서도 스페인과 포르투갈이 이 동아시아 지역에 대해 알고 있던 내용들은 후발주자가 섣불리 끼어들기 어려울 정도로 수준이 달랐던 게 아닌가 싶습니다. 물론 17세기가 끝나갈 즈음에는 하멜 일행 중 생존자들을 통해 다양한 정보들이 보다 널리 공개되어 상당히 정확한 조선에 대한 정보가 서유럽 지역에 알려지게 되기는 합니다. 다만 우리가 한국과 일본과 중국을 동일한 아시아라고 뭉뚱그리지 않는 것처럼, 과거의 유럽도 너무 일반화해서 마치 하나의 '유럽'이 있었던 것처럼 간주하면 간혹 놓치는 것이 생긴다는 점은 조금 생각해볼 필요가 있을 것 같습니다. 아무튼 디르크 시나를 다시 따라가봅시다.

새옹지마 원정대

원래부터 뱃사람이었던 디르크 시나는 1598년 로테르담 상인들이 결성한 마헬란스헤 콤파니Magelhaensche Compagnie에 합류하여 다시 바다로 나갑니다. 앞서 설명드린 것처럼 아직은 네덜란드가 독자적으로 강고한 인도양 항해노선에 쉽게 뛰어들지 못하고 있었던 때입니다. 유럽 본토에서도 네덜란드 반란군이 겨우 전열을 정

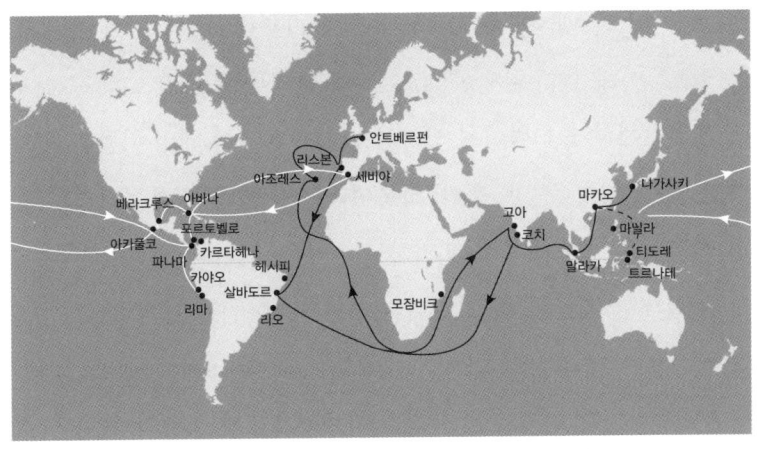

◆ 짙은색은 포르투갈의 교역로이고, 흰색은 포르투갈과 경쟁하는 스페인의 갈레온 데 마닐라 항로입니다.

비하여 고비는 넘겼지만, 앞서 언급한 12년의 휴전을 하기까지 아직 10년은 더 지루한 소모전을 해야만 했던 시기입니다. 바다에서는 아직 압도적으로 밀리고 있으니 포르투갈이 장악한 해로인 아프리카 해안을 따라 인도를 거쳐 동인도와 중국으로 간다거나, 아니면 스페인처럼 대서양을 건너 중앙아메리카를 가로질러 태평양을 건너가는 그런 노선 대신에 다른 노선을 계속 찾아보려고 합니다.

그리하여 이 항해단의 목적은 포르투갈과 스페인을 피해서 대서양 남쪽으로 내려가 아메리카 대륙의 남단에 있는 마젤란 해협을 지나 태평양으로 나가 대양을 가로질러 동인도에 도달하는 것이었습니다. 그러다 만약 동인도까지 가는 게 여의치 않으면 중국이나 일본에서 은銀 무역을 하는 것이었습니다. 1598년 6월 27일 경량급 야트 한 척을 포함한 총 5척의 배로 꾸려진 탐험대가 출발

제5장 홍모인의 나라 317

합니다. 5척의 배, 데 호프De Hoop, 데 리프데De Liefde, 헷 헬로프 Het Geloof, 데 트라우에De Trouwe, 데 블라이더 보트스합De Blijde Boodschap에 총 500명이 승선하였습니다. 이 5척 배의 이름은 순서 대로 희망, 사랑, 신앙, 충심, 복음이라는 뜻인데, 결론부터 말하자 면 이름이 무색하게 중도 포기하고 돌아온 '신앙'의 헬로프만 남고 모두 실패한 비극이 되고 맙니다. (데de와 헷het은 영어의 더the와 같은 네덜란드어 관사입니다. 이 아래의 이야기에서는 생략해서 표기하겠습니다.)

출발하자마자 아프리카 서해안 카보베르데에 도착한 일행은 식 량 부족과 풍토병, 열사병으로 죽어나가기 시작합니다. 문제는 원 정대의 총 대장인 야콥 마후Jacob Mahu마저 사망해버린 겁니다. 게 다가 브라질에 가서야 '비밀 미션이었어' 하면서 선원들은 이 배들 이 남아프리카 희망봉을 돌아 인도로 가는 게 아니라 반대로 마젤 란해협을 지나 태평양을 가로질러 동인도로 가게 된다는 얘기를 듣게 됩니다. 칠레 남단과 티에라델푸에고섬 사이의 마젤란해협은 해도에서 보면 이게 지나갈 수 있는 길인가 싶은 생각이 들 정도로 좁고 험난한 해협입니다. 게다가 이들 일행은 미처 생각 못한 파타 고니아의 무시무시한 원주민들과도 끊임없이 사투를 벌여야 했습 니다. 물과 식량을 채우려면 육지에 내려야 하는데, 내리기만 하면 독화살이 날아오거나 원주민이 습격해오는 것이었습니다.

블라이더 보트스합 '복음호'에 승선한 디르크 시나는 항해 도중 사망한 선장을 대신하여 후임 선장으로 임명됩니다. 그런데 마젤 란해협을 건너가는 미션에서 예상했던 바람이 아닌 역풍을 맞아 제일 먼저 대열에서 떠내려간 블라이더 보트스합호는 칠레에 주둔

하고 있는 스페인군에 포획당해 배는 압수되고 선원들은 죄수가 되어버립니다. 디르크 시나와 선원들은 5년 뒤 스페인-포르투갈과 죄수교환을 할 때에서야 풀려나서 유럽으로 돌아옵니다. 헬로프 '신앙호'는 아르헨티나 파타고니아까지 갔다가 그곳의 기후와 원주민에 의해 거의 대부분이 죽고 태평양으로 나갔습니다. 하지만 역풍에 도로 마젤란해협으로 밀려 돌아가자 항해 중단, 귀국의 결단을 내리고 유일하게 로테르담으로 살아서 돌아갑니다. 블라이더 보트스합호와 헬로프호를 빼고 마젤란해협을 무사히 통과한 3척의 배 앞에 기다리는 상황은 그렇다고 행복한 상황도 아니었습니다. 눈앞에는 망망한 태평양. 트라우에 '충심호'는 간신히 동인도의 몰루카까지 갔는데 포르투갈군에 잡혀 선원들은 모두 허망하게 사형을 당합니다. 둘이서 보조를 맞추며 태평양을 건너던 호프 '희망호'와 리프데 '사랑호'는 하와이 인근에서 폭풍을 만나게 되고, 사랑의 눈앞에서 희망이 그만 바닷속으로 사라집니다. 희망을 잃고 남은 사랑호는 이제 '우리는 어디로 가야 하나' 고민한 끝에 스페인이 장악하고 있는 바다를 피하여 동인도가 아니라 가까운 일본으로 방향을 돌리기로 합니다. 일본이라면 더운 동인도와는 달리 그나마 가져온 모직물이라도 팔 수 있을 거라고 판단했습니다.

  1600년 4월 29일, 당시 일본 규슈 지방 오이타현에 배 한 척이 난파당합니다. 바로 이렇게 일본까지 간신히 도착한 리프데 사랑호였습니다. 선장이었던 헤릿 판 베우닝헌은 진즉에 사망하고 대리 선장으로 임명된 야콥 얀손 콰케르나크Jacob Jansz. Quaeckernaeck를 포함한 24명만이 목숨을 부지하고 살아남아 일본에 표착했습니다.

그나마도 걸을 수 있을 정도의 컨디션인 사람은 겨우 6명이었다고 합니다. 규슈는 그런데 포르투갈 마카오를 근거로 한 예수회의 본거지 같은 곳이었죠. 이들의 표착 소식에 포르투갈 예수회 선교사들은 미리 네덜란드라는 곳은 나라가 아니고 그저 반란자들의 소굴이며, 이들은 뭣도 아닌 그냥 해적이라고 일본 바쿠후에 고자질을 합니다.

그런데 여기서 반전입니다. 도요토미 세력과 일본 천하를 걸고 맞붙었던 세키가하라 전쟁을 불과 6개월 앞두고 있던 도쿠가와 이에야스는 이들을 직접 불러올립니다. 이단 해적이라고 주장하는 예수회 선교사들의 고발에 맞서서 오히려 "우리는 종교는 관심없고 장사만 하러 다니는 장사치입니다"라고 한 선원들의 주장이 아이러니하게도 손톱 밑의 가시 같은 기리시탄 문제로 골치 아프던 도쿠가와 이에야스의 환심을 사게 됩니다. 그뿐 아니라 실제 이들 배에 실려 있던 대포는 바로 세키가하라 전쟁에 투입이 됩니다.

이 배에서 살아남은 사람들 중 대표적으로 야콥 얀손 콰케르나크와 멜키오르 판 산트보르트Melchior van Santvoort, 윌리엄 애덤스William Adams, 얀 요스턴 판 로덴스테인Jan Joosten van Lodensteyn의 이름이 알려져 있습니다. 이중에 콰케르나크는 네덜란드로 돌아가고, 멜키오르는 일본의 동남아시아 무역을 대행하다 인도네시아의 바타비아에서 생을 마칩니다. 영국인 윌리엄 애덤스는 제임스 클라벨의 소설 『쇼군』과 소설을 원작으로 한 영화 〈쇼군〉, 그리고 영화를 리메이크하여 최근 에미상에서 18관왕을 휩쓴 드라마 시리즈 〈쇼군〉의 원 모델로 잘 알려진 사람입니다. 일본어 이름으로 미우라 안진三浦按針이라고 불리면서 도쿠가와 바쿠후 초창기 대외 관련 자문을 한 것으로 유명합니다. 윌리엄 애덤스보다는 스포트라이트를 덜 받았지만 역시 도쿠가와 바쿠후의 대외 자문과 무역에 상당한 역할을 한 것으로 알려진 얀 요스턴 판 로덴스테인도 역시 일본 이름 야요스耶楊子로 불리면서 사무라이 계급, 그리고 녹봉과 무역 허가증인 주인장을 받아 이후 몰려오는 유럽인들 중 특히 네덜란드의 동인도회사가 연착륙하는 데 도움을 준 사람입니다. 세간에 알려지기로는 도쿄역 근처의 야에스八重洲에 원래 그의 저택이 있어서 그곳의 지명이 그렇게 지어졌다는 얘기도 전하는데, 그게 사실이든 아니든 아무튼 나가사키와 에도에 무역사무소/저택을 소유하고 있었다고 합니다. 아, 이때의 나가사키는 도요토미 히데요시가 예수회에서 압수한 후 도쿠가와 시대에 바쿠후 직속의 영지로 바꾼 다음입니다.

야요스와 두꺼비 요술

얀 요스턴 판 로덴스테인의 이야기는 흥미롭게도 일본 18세기의 어느 유명 가부키와 연결이 됩니다. 지라이야自來也라는 이름의 주인공이 두꺼비를 타고 활약하는 당시 인기 절정의 가부키 레퍼토리가 있었습니다. 이 캐릭터는 21세기의 인기 만화 애니메이션 시리즈 〈나루토 질풍전〉에도 두꺼비를 타고 나오는 닌자 캐릭터로 등장합니다. 지라이야란 원래 중국과 한국에서는 보통 아래야我來

也라고 하는데, 근세 동아시아 여러 나라에 꽤 널리 퍼져 있던 신출귀몰한 도둑 스토리입니다. 아래야 혹은 지라이야 모두 '내가 왔다간다'라고 글씨를 남겨놓는다는 도둑 이야기입니다. 한국에서는 아래야가 일지매라는 또다른 도둑 이야기와 나중에 결합됩니다. 그런데 일본에서는 재미있게도 도둑 지라이야와 두꺼비가 결합하게 됩니다.

두꺼비 신선

두꺼비를 부리는 신선은 원래 도교 전통에서 두꺼비를 데리고 다니는 리우하이찬劉海蟾이라는 신선의 이야기가 원류입니다. 다음 그림을 다시 한번 보십시오.

약간 사오정풍의 사람이 두꺼비 위에 앉은 그림인데, 조선시대 16세기 후반부터 17세기 초반에 주로 활동한 화가 이정李楨이 그린 〈기섬도騎蟾圖〉, 즉 두꺼비를 탄 신선 그림입니다. 이 두꺼비 위에 탄, 사오정처럼 머리를 짧게 한 사람은 실은 신선입니다. 원래의 인물 프로필은 10세기 중국 당나라와 송나라 사이의 시대인 오대 국가 중 후량後梁대 연왕燕王의 재상[8]을 지낸 리우솬잉劉玄英이라고 합니다. 도교책을 늘 옆에 두고 지내던 도교 마니아 리우솬잉의 집에 어느 날 신선 중 A급 리그인 8선八仙 중 한 명인 중리촨鍾離權이 찾아옵니다. 중리촨은 그에게 신선의 도를 강의하고 도력으로 엽전 열 개와 계란 열 개를 수직으로 세운 보탑을 만들어 보였다고 합니다. 이 보탑이 바로 '누란지위累卵之危', 즉 엽전 위에 계란을 쌓은 탑보다 인생이 더 위태롭다는 의미라는데, 이에 퍼뜩 깨달음

◈ 이정이 그린 〈기섬도〉입니다. 종이에 수묵, 17세기, 이화여대박물관.

을 얻은 리우쌴잉은 그날 밤 잔치를 열고 재산을 어려운 사람들에게 모두 나누어준 후, 떠돌아다니며 명산에서 수련하여 신선이 되었다고 합니다. 이후 앞머리를 자른 동자의 모습으로 두꺼비 등에 타고 다녔다고 해서 리우하이찬/유해섬劉海蟾 혹은 해섬자海蟾子라고 불렸습니다.

리우하이찬이 타고 다니던 두꺼비는 발이 셋 달린 금빛 두꺼비인데, 가끔 심술을 부려 물속으로 도망치면 리우하이찬이 가지고 다니는 엽전꾸러미의 엽전에 끈을 매달아 낚아 올렸다고 합니다. 그래서 이렇게 두꺼비를 엽전으로 희롱하는 모티브가 회화로 많

제5장 홍모인의 나라

이 그려져서 동아시아 회화의 테마 중에 '유해희섬劉海戱蟾' 즉 '유해자가 두꺼비를 놀린다'라는 것이 있습니다. 예를 들면, 이 테마를 그린 그림 중에 18세기 조선조 심사정의 〈하마선인도蝦蟆仙人圖〉가 유명합니다. 리우하이찬/유해섬 혹은 하마선인은 최상위 신선 등급인 8선仙에는 들지 못하는 마이너 리그의 B급 신선이었습니다. 그렇지만, 중국 도교에서 엽전과 금두꺼비를 데리고 다녀 재물의 신선으로 포지셔닝이 되었는데, 그 때문에 역시 조선에서도 일찍부터 재물복의 상징으로 받아들여집니다. 그런데, 여기까지 등장한 섬蟾, 하마(蝦蟆, 蝦蠆)라는 한자는 모두 두꺼비라는 의미입니다. 일본어로는 '히키가에루' 또는 '가마'라고 읽습니다.

두꺼비 신선과 기리시탄

역시 18세기에 중국에서 일본으로 전해진 두꺼비 신선 리우하이찬은 그런데 조금 다르게 수용이 되었습니다. 다들 잘 아시는 만화 『개구리 중사 케로로』의 주인공 케로로는 '가마 성운'에 사는 '개구리 군인'이지요. '가마' 성운이 그러니까 '두꺼비' 성운입니다. 두꺼비 성운의 개구리 병사. 개구리는 일본뿐 아니라 한국에서도 고대 혹은 중세시대에 군대를 상징했습니다. 개구리 떼가 시끄럽게 울며 서로 올라타고 싸우는 형상이 군대가 싸우는 것으로 보인 것이지요. 한국에서도 선덕여왕의 일화 중에 개구리가 울어 백제가 쳐들어오는 것을 미리 알았다는 기록이 있습니다. 그래서 개구리와 그 대장 격인 두꺼비는 일단 군사적 이미지가 있는 데다, 천적인 두꺼비와 뱀이 서로 잡아먹는 것이 발전하여 구전 이야기 속에서

◆ 우타가와 요시토라가 그린 우키요에 〈니쿠시센닌肉芝仙人〉. 확실히 군대의 이미지가 생생히 보여집니다.

두꺼비는 이무기 같은 큰 뱀의 카운터파트로 등장합니다. 종종 로컬 전설 중에 두꺼비에게 밥을 준 소녀가 이무기에게 잡혀가자 거대 두꺼비가 나타나 이무기를 물리친다는 유의 이야기들을 들어본 적이 있을 겁니다. 그러고 보면 애니메이션 〈나루토〉의 캐릭터 지라이야의 숙적도 오로치마루大蛇丸, 즉 큰 뱀입니다. 그런 호전적인 동물인 두꺼비를 데리고 다니는 중국의 신선 하마선인은 일본에 소개가 되자 원래의 성격 대신에 곧 두꺼비 요술을 부리는 무력계통의 신선으로 탈바꿈합니다.

19세기 중반의 우키요에 화가 우타가와 요시토라歌川芳虎가 그린 그림 중에 니쿠시센닌肉芝仙人에게서 요술을 배우는 장면을 묘사한 것이 있습니다. 니쿠시센닌은 역시 두꺼비 선인의 다른 이름입니

제5장 홍모인의 나라   325

다. 가운데에 니쿠시센닌이 앉아 있고 개구리들이 괴이한 표정으로 마구 몰려드는 그런 그림입니다. 뭐랄까, 이렇게 이국異國의 요사한 군사적인 이미지를 가지게 된 두꺼비 요술은 마침내 에도 일본의 가장 큰 공포 하나와 결합합니다. 그것은 바로 기리시탄!

시마바라의 난

에도 바쿠후가 기독교를 금지하고 선교사들을 추방하던 17세기. 가톨릭이 가장 번성한 규슈 지방의 아마쿠사天草 시마바라島原에서 1637년부터 1638년까지 가톨릭교도가 주동이 된 반란이 일어납니다. 에도 바쿠후는 이 시마바라의 난을 진압하고부터 전 일본에 대해 본격적인 통제를 시작합니다. 에도 바쿠후는 앞서 박지원의 글에서도 보았듯이 심지어 조선에도 혹시라도 기리시탄이 준동하지 못하도록 협력해달라고 요청할 정도였습니다. 시마바라의 난으로부터 거의 70년이 지난 1712년 신묘년 통신사행단의 임수간任守幹이 일본에서 수집하여 제출한 국제정세 보고서『해외기문』에도 가톨릭의 추방과 시마바라의 난을 언급하고 있습니다.

> 남만 사람 미소종문彌蘇宗門(예수를 의미하는 야소耶蘇 혹은 이소爾蘇를 잘못 적은 것으로 생각됩니다)이란 자가 맨 처음 장사치로서 장기長崎(나가사키)에 왔는데, 그가 요술을 잘하여 (중략) 도리어 서로가 속이고 유인하여, 그를 높이 섬기는 자가 왜국 내에 많았었다.
> 그리하여 마침내 동무東武의 봉행奉行을 통하여 반란을 기도했는데, 어떤 사람이 그 글을 얻어 관백關白에게 고함으로써, 곧 군사를 풀

어 체포하게 하니, 그들 무리 보기步騎 수천 명이 바다를 평지처럼 건너가는데 그 가는 방향을 알 수가 없어 온 나라 사람들을 다시 한번 놀라게 하였다. 그 후 그 얼굴을 모사하여 네거리에 던져두니 그를 항상 섬기던 자들이 혹 통곡하다가 칼에 찔려 죽기도 하였다. 지금도 도시와 촌락에 게시판[制札]을 달고 상을 주어가면서 그 도당을 체포하고 있다. 또 우리나라에도 서한을 보내어 바다에서 선박을 이용해 건너가는 수상한 자가 있거든 부디 꼭 죽여달라고 했다.

그리고 왕년에 남만에서 표류한 수십 인을 체포하여 일본에 보냈더니 일본으로부터 후한 사례가 있었다(아마도 하멜 일행의 얘기로 보입니다). 그 뒤 장기에서는 종문宗門의 동상銅像을 만들어두고 여러 나라에서 표류해온 자들로 하여금 그 동상을 발로 차게 하여 시험해본 결과 난색難色이 있으면 꼭 죽여버렸다 한다. 〔누가 말하기를, 종문이 맨 처음 왔을 때 조그만 금불金佛을 왜인들에게 나눠주어 그들로 하여금 숭봉하게 하고 화복禍福으로 유인한 다음, 그 대중을 이끌고 반란을 일으켜 나라의 군사와 크게 싸우다가 실패하여 바다 위를 도보로 달아났는데, 40년 뒤에 다시 수만 명을 인솔해와서 풍전주豐前州를 습격하다가 불리하자 도망갔다 한다.〕⁹

여기서 유명한 성상 밟기 '후미에踏み繪'에 대해서까지 언급하고 있습니다. 후미에는 십자가 성상이나 성모자상을 밟게 하여 숨어 있던 기리시탄을 적발하는 것인데, 유럽에서는 일본의 반기독교 문화를 상징하는 것으로 유명하여 『걸리버 여행기』에 에피소드가 등장하기까지 합니다.

그런데 이 시마바라의 난은 지금 보면 중세적 광신과 미신이 마구 혼합되어 여러 가지 흥미 있는 이야기가 많습니다. 그중에 이 난의 지도자였던 아마쿠사 시로天草四郎라는 인물의 이야기는 궁지에 몰린 사람들이 구세주를 찾는 심리가 반영된 대표적인 예처럼 보입니다. 아마쿠사 시로는, 원래 기리시탄 다이묘 장수였던 고니시 유키나가의 가신으로 세키가하라에서 패하여 고니시가 참수당한 후 낙향한 마스다 진베에益田甚兵衛라는 무사의 아들이었습니다. 그런데, 예수회 선교사들이 추방당할 때 남겼다는 "25년 뒤에 신동이 태어나 기리시탄들을 구해줄 것"이라는 예언의 '신동'이 바로 그라는 얘기가 나돌게 됩니다. 그리하여 아마쿠사 시로는 거의 구세주로 신격화되고 반란의 최고 수괴가 되어 난을 지휘하게 됩니다. 이때 나이가 18살인가. 게다가 실제 모습은 물론 알 수 없지만, 전설 속 아마쿠사 시로의 이미지는 아름다운 미소년의 모습으로 형상화되어 있습니다.

워낙 센세이셔널한 사건이라 난이 진압된 지 30년도 안 되어 1666년 〈아마쿠사 시로 시마바라 모노가타리天草四郎島原物語〉라는 인형극 조루리淨瑠璃 작품에 시마바라 반란의 수괴 아마쿠사 시로가 두꺼비 선인에게서 요술을 배우는 내용이 등장했다고 합니다. 조금 더 시간이 지난 1719년에도 예능작가의 대표주자 중 하나인 지카마쓰 몬자에몬近松門左衛門이 〈게이세이 시마바라 가에루갓센傾城島原蛙合戰〉[10]이라는 일종의 풍자극을 씁니다. 이 〈시마바라 가에루갓센〉의 조금 자세한 줄거리를 읽어보았습니다.

우선 이 가부키극은 직접적으로 시마바라의 난을 언급하고 있지 않습니다. 주인공의 이름도 아마쿠사 시로가 아니라 '나나쿠사 시로七草四郞'이고, 무대도 12세기 가마쿠라鎌倉시대 초기, 심지어 배경이 교토의 시마바라 유곽입니다. 시마바라 유곽은 실은 일본에서 현존하는 유곽 지역 가운데 가장 오래된 곳인데, 이것 참 공교롭게도(?) 반란이 났던 규슈의 시마바라와 한자 이름이 같습니다. 미나모토노 요리토모源賴朝에게 패한 후지와라노 히데히라藤原秀衡의 아들 나나쿠사 시로가 두꺼비를 타고 요술로 사람들을 현혹시켜 미나모토노 요리토모에게 복수를 시도하는 이야기인데, 당연히 실제 역사와는 무관한 픽션입니다. 오히려 짐작되듯이 이름을 슬며시 감추고 시마바라의 반란을 다룬 것입니다. 그러자 눈 가리고 아웅이라고 바쿠후에서 크게 진노하여 공연은 단 1회로 끝나고 상연 금지당했다고 합니다. 하지만 이렇게 '기리시탄 반란+두꺼비 요술'의 한 세트는 대중의 인상에 깊게 남아 18세기 중엽인 1757년, 또 다른 이국적 인물과 결합하여 크게 흥행에 성공하게 됩니다. 바로 덴지쿠 도쿠베에天竺德兵衛라는 인물입니다.

실제 인물이었던 덴지쿠 도쿠베에에게 아마쿠사 시로의 이미지가 덧씌워져, 1757년 처음으로 덴지쿠 도쿠베에라는 인물이 나미키 쇼조並木正三의 가부키 〈덴지쿠 도쿠베에 기키가키오라이天竺德兵衛聞書往來〉라는 공연에 등장합니다. 이 이야기는 점점 살이 붙어 심지어 임진왜란의 경험까지 가미됩니다. 이 덴지쿠 도쿠베에 소재의 가부키 중 어쩌면 가장 유명한 〈덴지쿠 도쿠베에 이코쿠바나시天竺德兵衛韓噺〉에는 인도를 의미하는 천축(天竺을 일본어로 읽으면 덴지쿠)을 다녀온 도쿠베에가 사실은 진주성 전투의 지휘자 진주목사 김시민의 아들이라는 이야기로까지 확장됩니다. 그는 사실 기리시탄인데, 조선과 아버지의 복수를 하러 일본에 두꺼비를 타고 왔다는 겁니다. 이 가부키극은 심지어 2023년 일본을 대표하는 가부키 공연장인 가부키자歌舞伎座에서 이노에 쇼로쿠尾上松綠 주연으로 다시 무대에 올라가기도 했을 정도로 중요한 작품인데, 재미있게도 극의 제목은 '이국異國의 이야기(이코쿠바나시)'라고 읽지만 한자로는 조선을 의미하는 한韓자를 쓰고 있습니다.[11]

19세기로 들어와서도 덴지쿠 도쿠베에의 이야기는 반복되어 서술되는데, 이중에 산토 교덴山東京傳이라는 유명작가가 있습니다. 이 사람의 작품 리스트 중에 『가타키우치 덴지쿠 도쿠베에敵討天竺德兵衛』라는 작품이 있습니다. 이 책에는 덴지쿠 도쿠베에가 아예 두꺼비와 결합하여 병사들과 대결하는 삽화도 있을 정도입니다.

그런데, 이 산토 교덴의 문하생 중에 마에노 만시치前野曼七라는, 전직 하급무사였다가 예능작가가 되려고 에도로 올라온 서생이 있었습니다. 이 서생은 간와테이 오니타케感和亭鬼武라는 필명으로 처음 지라이야[12]라는 인물에 대한 소설 독본 『가타키우치키단 지라이야 모노가타리報仇奇談自來也說話』를 쓴 인물입니다. 오니타케는 스승인 산토 교덴도 작품 목록에 이름을 올릴 정도로 이미 에도인에게 익숙한 덴지쿠 도쿠베에의 두꺼비 요술과 중국 소설에서 착안한 도둑 지라이야를 결합하여 두꺼비 요술을 부리는 신출귀몰한 도둑을 창안한 것으로 보입니다. 게다가 극에 등장하는 영험한 부적이 바로 세이텐소西天草 즉 일본식으로 풀어서 읽으면 '서쪽의 아마쿠사'라니, 그렇다면 기리시탄 반란군도 여기 등장합니다! 그리하여 최종적으로 '두꺼비 술사=지라이야=덴지쿠 도쿠베에=기리시

◆ 『가타키우치 덴지쿠 도쿠베에』. 에도 후기에 유행한 에혼繪本이라는 형식의 대중 독본입니다.

탄'이라는 무시무시한 에도 일본의 빌런이 완성됩니다. 한마디로 요약하면 여러 가지 전설과 사실이 국경을 넘어 혼합되어 대중문화에서 재해석되고 이용되었다고 할까요. 그런데 아직 리프데호를 타고 온 요스턴과의 접점은 나오지 않았는데요? 조금만 기다려주십시오!

천축을 다녀온 덴지쿠 도쿠베에

그런데 여기 마지막에 등장하여 여러 인물의 이미지가 덧씌워져 악당으로 이름을 올린 덴지쿠 도쿠베에라는 인물은 실제로 인도를 다녀왔다고 하는 실존 인물입니다. 실은 지라이야 소재의 가부키와 소설들이 등장하기 100년쯤 전인 1707년으로 연대가 기록된 문서가 하나 있습니다. 그 문서는 1707년 오사카 가미시오마치上塩町에 거주하는 소신宗心이라는 승려가 에도 바쿠후에서 파견된 나가사키의 수령인 나가사키 봉행에게 제출한 보고서입니다. 이 소신이라는 승려는 당시 89세로 원래 지금의 효고현兵庫県에 해당하는 하리마노쿠니播磨國의 다카사고高砂 출신 상인-뱃사람이었습니다. 그리고 이 사람은 승려가 되기 전에는 덴지쿠 도쿠베라고 불리면서 천축에 다녀왔다고 문서는 이야기를 시작합니다.

1626년 10월 16일, 이때 도쿠베에의 나이 약관 15세, 해외무역의 허가를 받은 교토의 대상인 스미노쿠라 요이치角倉與一 선단의 선장인 마에바시 기요베에前橋清兵衛의 배에 서기로 고용되어 처음으로 먼 이국으로 출항합니다.

나가사키를 떠나 여인의 섬과 남자의 섬을 지나 에도시대에 다카사고高砂라고 불린 다카산쿠たかさんく 즉 타이완섬의 지룽基隆에서 다시 서쪽으로 광둥의 입구에 있는 항구 아마가와天の川 즉 마카오에서 정박합니다. 아마가와항의 수심이 너무 깊어 닻을 내리는 데 어려움을 겪기도 했지만, 남쪽 하늘에 걸린 '큰십자성(남십자성)'을 보게 됩니다.

아마가와의 남쪽으로 300리 아래 '효'의 경계ひやうのはな에 도착했을 때 난킹南京(이본異本에는 통킹東京)의 경계에 도달하였고, 여기서 다시 서쪽으로 진행하여 달마 조사의 고향이라고 전해들은 교치交址(하노이로 비정)의 도론카산とろんか嶽 정상을 봅니다. (베트남 중부 호이안 지역으로 비정하는 학설도 있습니다.) 여기서 다시 남쪽으로 카보차(캄보디아)의 카콘토로かこんとうろう라는 섬에 도달한 후 다시 북서로 800리 가서 중천축 '마카타국'의 류사流沙강 입구에 도착하는데, 여기까지 일본에서 모두 3800리(대략 1만 4900킬로미터)입니다. 류사강은 현재의 메남강으로 비정하고 있습니다.

류사강을 거슬러 올라가 샤무국(샴 즉 현재의 태국)에 한테이야はんていや(이본에는 반테이야)라는 성이 있는데, 여기서 작은 배로 갈아타고 가서 마카타국의 왕에게 일본의 무역허가증인 주인장朱印狀을 제출하였습니다. 여기서부터 마카타국에 있는 불교 사원들과 석가모니의 유적들을 보고 들은 이야기가 이어집니다. 그리고 2년이 지난 1628년 4월 3일 마카타국의 류사강 하구를 떠나 그해 8월 11일 나가사키로 돌아옵니다.

일본에 돌아온 후 1630년 11월 14일 이번에는 일본에 정착해서 살고 있던 네덜란드인 얀 요스턴おらんたのやふよふす의 배를 타고 다시 출항하여 이듬해 1631년 2월 18일 중천축 마카타국에 도착하였고, 그 다음해 1632년 8월 18일 나가사키로 다시 돌아옵니다. 드디어 얀 요스턴이 등장했습니다!

이 여정에 있는 한리가세万里が瀨는 난킹과 통킹의 경계인데 효의 경계와 한리가세의 경계가 서로 한 라인처럼 이어져 경계를 이루며, 한리가세의 끝에 쟈카타라(자카르타의 옛 이름)가 있으며, 마카타국 영역 내에는 직물이나 가죽 등을 거래하는 상업의 중심지 산토메さん留라는 곳이 있는데, 산토메로 이어지는 3000리의 길은 너무나도 더워서 모두 수레를 타고 다니고, 혹시 수레에서 떨어지면

그만 뜨거워 죽어 미라가 된다는 이야기들이 적혀 있습니다. 산토메는 인도 동해안에 있었던 포르투갈의 기지 상토메São Tomé로 비정합니다.

이야기는 다시 천축의 각종 물산과 사람들, 풍속에 대해 이어집니다. 그중 특히 우룡雨龍의 비늘에 대한 이야기가 나옵니다. 모베이茂兵衛라는 일본인이 천축을 두 번이나 다녀오면서 한번은 우룡의 비늘을 몰래 종이에 싸서 감춰 밀반입하려 했는데, 류사강의 입구에서 그만 배가 꼼짝도 않고 멈추자 누군가 우룡의 비늘이나 뼈를 몰래 가지고 나가려 한다며 수색을 하는 바람에 급히 강물에 몰래 던졌더니 갑자기 배가 다시 움직였다는 것입니다. 이 이야기를 직접 모베이에게서 들었다고 적혀 있습니다.

또한 당시 일본에서 천축으로 보내는 물품은 모기장, 우산, 부채, 칠기, 총포, 구리, 도구류, 도검, 장검 들이었는데, 이런 물품들은 보고서의 제출 시기인 1707년 당시에는 엄격히 금지하는 품목들이며, 당시 천축에서 들여온 물품은 실, 직물, 약품, 향목, 상어가죽이었다고 기록하고 있습니다.

야마다 니자에몬과 태국의 일본인들

또한 이어지는 기록의 뒷부분에는 특히 야마다 니자에몬山田仁左衛門[13]이라는 일본인이 샴국의 어느 지방 수령으로 있는데, 그는 원래 일본 이세의 대관을 모시는 교사 휘하의 사제였다가 에도를 방문하던 중에 문제가 생겨 체포될 위기에 빠지자 나가사키로 도망을 쳐서 샴으로 왔고, 샴 국왕을 위해 여러 번의 전투를 치르고 왕

의 사위가 되었다는 이야기가 이어집니다. 이 야마다 니자에몬은 또 오야코혼オヤコウホン이라고 불리게 되었는데, 오야코혼은 한 지방의 대장이라는 의미이며 좌승상의 위치와 동격이라고 전하고 있습니다.

이 야마다 니자에몬은 17세기 동안 아유타야의 일본인 커뮤니티를 이끌고 아유타야의 내정에도 활약했던 야마다 나가마사山田長政를 의미합니다. 야마다 나가마사는 해외에서 민족 커뮤니티를 이끌고 해운 무역에 종사하는, 어찌 보면 한국사의 장보고와 비슷한 인물입니다. 야마다 나가마사는 대략 1585년 무렵 출생한 것으로 알려져 있습니다. 태국의 아유타야로 간 것은 1611년 또는 1612년경으로, 포르모사를 거쳐 갔다고 합니다. 포르모사는 덴지쿠 도쿠베에가 다카사고高砂라고 부른 지금의 타이완을 말합니다. 타이완은 의외로 일찍부터 규슈에서 동중국해의 류큐열도를 통해 일본인들이 쉽게 배로 오가던 곳이었습니다. 1620년대 초반 아유타야의 일본인 커뮤티니의 수장으로 부각된 그는 마침 전운에 휩싸인 동남아시아의 정세를 타고 송 탐Song Tham 왕에게 발탁되어 중앙정계에 진출하게 됩니다. 일본의 은과 태국의 사슴가죽 무역의 중계를 하면서 세력을 굳힌 야마다 나가마사는 1628년 샴 왕국의 오프라Opra라는 정부 고위직에까지 올라 커리어의 최전성기를 맞이합니다. 휘하의 일본인 군사도 이때 800명에 도달했다고 합니다.

그런데, 1630년 그의 정적에 해당하던 시 워라웡Si Worawong의 간계로 남부 지방의 반란을 진압하러 출동한 후 전투에서 부상당하여 죽고 맙니다. 그리고 시 워라웡이 송 탐 왕을 뒤이어 새로 쁘

라삿 통Prasat Thong 왕이 된 후 그동안 야마다의 후원으로 번성하던 아유타야의 일본인들은 모두 캄보디아로 추방당하거나 일부는 일본으로 돌아가게 됩니다. 이후 일본과의 무역을 다시 회복하기 위한 유화정책으로 일부 일본인들이 캄보디아에서 다시 아유타야로 돌아오기는 했지만, 이전처럼 샴 왕국 국내 정치에 영향력을 행사하지는 못했습니다. 대신 일본 관련 무역에만 종사하다가 그나마도 이후 태국인들이 스스로 이 무역 채널을 차지하면서 태국의 일본인 커뮤니티는 역사에서 사라지게 됩니다. 대신 이 빈자리는 네덜란드 동인도회사가 바타비아-아유타야-나가사키 라인을 맡아서 중개인 역할을 하였고, 그나마도 아유타야가 이후 버마에 망하면서 일본과의 무역 역사는 끝이 납니다.

쇄국의 문턱을 넘은 덴지쿠 도쿠베에

다시 덴지쿠 도쿠베에의 이야기로 돌아가겠습니다. 이 문서의 마지막은 관련 인물들, 선원의 구성, 천축의 지명들, 천축 무역의 주인장을 가진 상인들의 목록이 이어지고, 84세에 소신이라는 법명의 승려가 되어 은퇴하였다는 말로 마무리하고 있습니다.

자, 어떻습니까? 이 문서는 『덴지쿠 도카이 모노가타리天竺渡海物語』[14]라는 제목으로 알려져 있습니다. 기년이 조금씩 다르게 적힌 1694년의 『덴지쿠 모노가타리天竺物語』, 1702년의 『모로코시 덴지쿠 도카이 모노가타리唐土天竺渡海物語』, 그리고 1707년의 『덴지쿠 도쿠베에 모노가타리天竺徳兵衛物語』의 세 가지 판본군이 형성되어 있을 정도로 18세기에 상당히 인기를 끈 문서라고 합니다. 하지만 연구 결과, 기년을 앞선 연도로 표시한 문서군보다 오히려 가장 나중의 1707년 기년으로 적힌 문서가 가장 기재가 상세하고 사실적이며 허구가 적은 '저본'으로 판명났다고 합니다. 그러니까 나중에 씌어진 문서들이 원래 문서보다 연도를 빠르게 적어서 마치 진짜 원본처럼 보이게 했다는 얘기입니다.

그리고 50년이 지난 1757년, 처음으로 앞서 소개한 덴지쿠 도쿠베에라는 인물의 이국 모험을 담은 나미키 쇼조並木正三의 가부키 〈덴지쿠 도쿠베에 기키가키오라이〉가 등장합니다. 이후의 가부키 같은 예능을 통해 민간에 널리 퍼진 덴지쿠는 원래의 남만 무역을 하던 상인이었다는 사실은 어디론가 사라지고, 대신 두꺼비를 타고 마술을 부리는 기리시탄이자 조선인의 복수의 화신으로 일본을 위협하는 빌런으로 받아들여지게 된 것입니다.

그런데, 과연 덴지쿠는 정말 천축 인도를 다녀온 것일까요? 그가 다녀왔다고 하는 마카타국, 즉 중천축의 나라는 과연 인도 동부 비하르/벵갈 지방의 고대 왕국 마가다국을 의미하는 것일까요. 원래 오랫동안 덴지쿠가 인도를 다녀왔다고 문서대로 해석하여 설명을 해왔습니다만, 최근의 연구 경향은 덴지쿠가 말하는 마카타는 어쩌면 인도 동부의 마가다가 아니라 지금의 인도차이나 반도, 특히 태국 지역을 의미하는 것이 아닐까 하는 쪽으로 보는 견해도 있습니다.

원래 동아시아에서는 전통적으로 『구당서舊唐書』의 기록 이후 천축을 다섯 개의 천축으로 나누어왔습니다. 그러니까 천축에는 동서남북 천축과 중간의 천축이 있다고 하는데, 이 지명들에 대해서는 실은 약간씩 차이가 있습니다. 중천축의 경우도 『완당전집』 제 1권 고攷에 실린 「천축고天竺攷」라는 글을 보면 추사 김정희는 "오늘날에는 오천축이 서로 통하지 못하는 곳이 없다. 운남성으로부터 월주越州를 지나 동천축을 경유하여 중천축에 도달하는데, 만일 곧은길로 계산한다면 1900리에 불과할 정도로 가깝다. 남천축은 조금 한쪽으로 치우쳐 먼데 지세가 뚝 떨어져 바다로 굽어 들어가서 마치 키의 혓바닥과 같이 생기었다"15고 하고 있습니다. 지도를 펴놓고 김정희의 설명을 보면 인도 아대륙의 가운데라기보다 방글라데시와 미얀마의 경계 부근으로 보입니다. 한편 에도시대의 중천축은 지금 인도차이나를 의미했다고 대부분 해석하고 있습니다. 덴지쿠 도쿠베에는 과연 어느 천축을 다녀왔던 것일까요?

덴지쿠 도쿠베에가 일본으로 돌아온 것은 1630년대 초반입니다. 그리고, 이미 에도 일본은 기리시탄 추방과 박해를 시작하고 나라의 빗장을 걸어 잠그기 시작합니다. 덴지쿠 도쿠베에는 어쩌면 이미 닫히기 시작한 마지막 문을 넘어 돌아와 그나마 평온한 여생을 보낸 행운의 사나이일지도 모릅니다.

이후 쇄국정책이 행해진 에도 일본은 이렇게 멀리 다녀온 덴지쿠 도쿠베에나 야마다 나가마사처럼 이국에 자리잡은 일본인들을 해외 네트워크로 활용하면서 진취적인 일본인의 기상을 휘날리는 케이스로 받아들였을까요? 생각과는 달리 16세기 말에서 17세기 초의 주인선 무역을 제외하고 실제 에도 일본에서 이들을 자국의 보호 대상이라든지 활용 대상으로 간주한 것 같지는 않습니다. 17세기 중반 이후 쇄국정책이 실행되었다지만, 실제 무역거래는 거래선이 바뀌기는 하여도 외국 물품의 수입이 적어지지는 않았습니다. 대신 쇄국이란 일본인들이 더이상 일본 국내를 벗어나지 못하도록, 그리고 외부에서 일본으로 들어오지 못하도록 한 인적 장벽에 더 가깝다고 보입니다. 여기 이 동남아시아에 이런저런 이유로 약 1세기 동안 퍼져나갔던 일본인들에게도 빗장을 걸어 잠가 이들이 다시 일본으로 돌아오지 못하도록 했다고 합니다. 그야말로 사람의 쇄국입니다. 바깥에 남은 이들은 정말로 본국과 연결이 끊어진 채 표류하게 되고, 점차 동화되어 역사에서 사라집니다.

그런데 아이러니하게도 이들이 다시 각광을 받은 것은 한참 뒤인 1940년대입니다. 미국과의 갈등으로 석유와 천연자원 공급선이 필요해진 일본 제국으로서는 역사에서 찾아낸 동남아시아 일본인들의 행적이 "이야말로 대일본 제국의 씩씩한 모범이 아닌가" 하게 되고, 그리하여 야마다 나가마사는 교과서에서 선각자로 다뤄지며 스포트라이트를 받게 됩니다. 동남아시아에 이런 연고를 주장하면서, 소위 대동아전쟁의 전선 확대를 교묘한 논리로 꿰어 맞춥니다. 현지인들과 함께 서양 세력에 대항하는 아시아의 만형이라는 논리로 말이지요. '진취적'이라는 말이 국가나 민족과 결합하면 거의 대부분 이면의 폭력을 덮는 데 사용됩니다. 화려한 근대란 이름의 화장은 실은 늘 잔인한 맨 얼굴을 숨기고 있습니다.

얀 요스턴의 배

덴지쿠 도쿠베에의 보고서를 보면, 1628년 스미노쿠라의 배를 타고 천축을 처음 다녀온 다음 1630년에 다시 두 번째로 천축으로 향했다고 합니다. 여기서 "이번에는 일본에 정착해서 살고 있던 네덜란드인 얀 요스턴의 배를 타고 다시 출항하여"라고 했던 부분의 원래 현대어역을 참고하여 원문을 좀더 자세하게 살펴보겠습니다. 원문을 번역하면 이렇습니다.

그다음에 나갈 때는 오란다의 야후요후스라는 사람의 배를 타고 건너갔다. 야우요후스는 나가사키에 야시키가 있고, 또한 에도에도 야요스 강가라는 곳에도 야시키가 있다. (나가사키의 선장 비토토 이치우에몬びㅇうと市右衛門은) 오란다 배를 사요부네さよ船라고 불렀다. 우리 배는 승조원 380명(혹은 384명), 그때 나는 19살에 떠나 21살에 나가사키로 돌아왔다.[16]

원문의 '야시키屋鋪'는 한자로 屋敷라고도 적는데, 보통 '저택'으로 번역합니다. 그런데 여기서는 야요스의 상단商團 조직을 의미하는 것으로 보는 것이 더 정확합니다. '오란다 배'라는 것은 홀란드 배, 즉 네덜란드식 배를 말합니다. 사요부네의 '사요'는 '어두움, 밤'을 의미하는 말입니다. 그러니까 서양 선박의 일반적인 묘사였던 '검은 배'라는 뜻입니다. 그리고 여기 '야후요후스' 또는 '야우요후스', '야요스'라고 기록된 네덜란드인은, 바로 앞서 이야기한 리프데호의 생존자로 일본에서 도쿠가와 바쿠후 정부에 발탁된 얀 요스턴 판 로덴스테인입니다. 그리고 바로 그 얀 요스턴이 일본인 덴지쿠 도쿠베에 일행이 동남아시아 혹은 동부 인도까지 먼 원양 항해를 할 수 있도록 배를 제공해준 선단의 주인이었다는 것입니다.

보통 인터넷의 간단 자료들을 검색하면 덴지쿠 도쿠베에가 요스턴과 함께 인도를 갔다고 되어 있는데, 이것은 실은 틀린 이야기입니다. 우선 요스턴은 1623년에 인도네시아 바타비아에서 돌아오는 길에 남중국해에서 배가 침몰하여 죽었습니다. 덴지쿠가 두 번째 천축에 갔다는 것은 1630년이죠. 실은 덴지쿠의 기록에도 야요스야시키, 즉 야요스 소속의 무역상단에서 배를 빌렸다고만 되어 있지 야요스와 같이 갔다고는 하지 않고 있습니다. 오히려 요스턴이 죽은 후에도 상단이 계속 그 이름으로 유지되고 있었다는 것을 알 수 있습니다.

조생 완벽의 모험담

그런데 말입니다. 덴지쿠 도쿠베에가 처음 항해를 할 때 그를 고용하였던 스미노쿠라 상단의 남만 무역선에 덴지쿠 도쿠베에처럼 서기가 되어 동남아시아를 다녀온 조선 사람이 있었다면 어떨까요? 생각만 해도 재미있지 않습니까!

조선시대에 지방에는 향안鄕案이라는 것이 있었습니다. 기본적으로 조선시대의 지방 수령은 중앙에서 부임하는 것이라 로컬 사정에 어두울 수밖에 없었습니다. 그래서 현지 사정을 어드바이스하는 자문기관으로서 지역 양반들의 단체인 향청鄕廳이 있었는데, 이 향청에 이름이 올라가 있는 양반들의 멤버십 리스트가 향안입니다. 당연히 이름값이 중요한 팩터이니 향안의 순서는 집안의 위상이나 전직 벼슬의 품계, 재산 등등이 모두 고려되는 것입니다.

2004년 진주의 강태중이라는 분이 집안에 전해오던 고문서들을 국립진주박물관에 기증하였는데, 그중 1634년에 제작된 진주 지역의 향안 한 부가 있었습니다. 그런데, 이 향안에 유학幼學, 즉 과거를 거치지 않은 선비 한 명이 꽤 상단에 기록되어 있었습니다. 이 사람에 대해 한국향토문화전자대전의 데이터베이스에는 "이 책에 등재된 인물 중에는 '진주 출신으로 임진왜란 중에 포로로 잡혀가 동남아 등지에서 거금을 모았다'는 조완벽趙完璧이 유학幼學으로 기록되어 있어 눈길을 끈다"라고 설명하고 있습니다.

이 향안으로부터 27년 전인 1607년. 왜란이 끝나고 9년이 지난 후 에도 바쿠후와 교린을 다시 회복하고 피로인, 즉 왜군에 납치된 조선인들을 데리고 오기 위해 처음으로 '회답겸쇄환사回答兼刷還使'라는 이름의 조선 사신단이 일본을 방문했습니다. 이 쇄환사 사신단의 정사는 여우길呂祐吉이었고 부사는 경섬慶暹으로, 귀국 시에 일본으로 납치된 조선인 1418명을 데리고 돌아왔습니다. 이때 부사 경섬이 쓴 사신단의 일기 『해사록海槎錄』이 있습니다. 이 기록의 윤 6월 1일자의 기록을 잠시 보겠습니다.

큰 비. 왜경에 머물렀다. 일로一路에서 쇄환刷還된 남녀가 100여 명이나 되는데, 모두 맨손으로 따라와서 우리 일행의 지공한 나머지 쌀로써 날짜를 계산하여 양식을 주었다. 포로 진주晉州 선비 조완벽趙完璧은 영리하여 믿을 만한 사람이었다. 유문諭文 1통을 주어 초유招諭하여 쇄환하게 하였다.[17]

여기서 유문諭文은 일종의 포고문, 공지문 같은 것입니다. 당시 조선인 피로인을 조선으로 송환한다는 바쿠후의 명령이 일본 각지에 잘 알려지지 않아, 조완벽에게 공지문을 주어 그로 하여금 조선인 포로들을 모아오라고 시켰다는 것입니다.

자, 이번에는 진주 선비 조완벽을 소개합니다. 위의 향안과 『해사록』, 두 기록에 언급된 서생 조완벽은 지금이야 그런 사람이 있었나 싶은 정도로 별로 알려지지 않았지만, 17세기 초반에서 18세기까지 조선 선비들 사이에 꽤 잘 알려진 인물입니다. 왜냐하면 처음으로 베트남을 다녀와 현지의 한류 붐을 소개한 사람이기 때문입니다. 조완벽에 대한 이야기는 여러 책에 언급되어 있지만, 크게 두 개의 문헌이 최종 정보 소스입니다. 하나는 지봉 이수광의 『지봉집芝峯集』에 실린 「조완벽전」이고, 또다른 하나는 매창 정사신의 『매창선생집梅窓先生集』입니다. 이 두 문헌은 같은 조완벽의 이야기를 다루지만 관점이나 전하는 콘텐츠가 조금 다르게 구성되어 있습니다. 그래서 제가 이 두 문헌을 섞어 재구성해서 '조완벽전' 통합 버전을 소개해드리겠습니다. 『지봉집』이 출처면 【지】, 『매창선생집』이 출처면 【매】라고 표시를 하겠습니다.[18, 19]

【지】 조완벽은 진주 출신의 선비이다. 약관의 나이 20살에 정유재란(1598)으로 왜군에 잡혀 포로로 왜황이 산다는 교토로 갔다. 왜인에게 복속되어 일을 하는 것이 힘이 들고 늘 고향을 생각하며 돌아가기를 바랐다. 왜놈들은 목숨을 가벼이 여기고 이익을 중요시 여겨 상업을 농사로 삼고 배의 노를 말안장 삼아 바다 밖 남쪽의 여러 나라를 다니

기에 도달하지 않는 곳이 없었다. 그런데 조완벽이 문자를 잘 알아 배에 태우고 다녀 갑진년(1604)부터 3년간 연달아 안남국(베트남)을 왕래하였다.

【매】조완벽은 진주의 선비인데, 장령 하진보의 조카손녀사위이다. 정유재란 때 왜인에게 잡혀 일본으로 가서 사환使喚으로 일을 했는데, 우리나라 노비와 같은 것이다. 왜인이 안남국으로 장사를 하러 가서 큰 이익을 얻으려고 하면 반드시 절강인으로 바다와 바람을 잘 아는 자와 글을 잘 아는 자를 구하고, 그런 다음에 출발을 했다. 완벽의 주인 왜인이 먼저 바람을 잘 아는 뱃사람을 구했는데 글을 잘 아는 자를 구하지 못해서 걱정을 했다. 완벽은 진주에서 글공부를 하여 글을 좀 읽을 수 있었는데, 주인 왜인이 그를 데리고 가려 하면서 약정을 써주기를 안남을 다녀온 후에는 완벽을 어디로 가든지 풀어주기로 했다. 완벽은 고국으로 돌아오고 싶어서 죽음도 피하지 않고 그를 따라나섰다.

이 왜인 주인은 1604년부터 1610년까지 안남을 6번 다녀온 스미노쿠라 료이角倉了以로 밝혀졌습니다. 조완벽은 스미노쿠라 선단이 처음으로 안남을 갈 때 서기로 갔던 것입니다. 이 스미노쿠라 료이의 장남이 스미노쿠라 요이치인데, 이후 덴지쿠 도쿠베에가 처음 서기로 고용되어 천축으로 갔을 때 배의 선주였습니다.

【지】안남은 일본에서부터 해로로 3만 7000리 떨어져 있다. 사쓰마에서 바다로 나아가 중국의 장저우漳州, 광둥廣東을 거쳐 안남의 흥원현興元縣(지금 베트남 북부의 흥옌Hưng Yên)에 도착하는데, 여기서 그 나라

의 동경(통킹Đông Kinh. 통킹은 도시의 이름이라기보다 국가/지역의 이름입니다. 여기서 말하는 동경은 통킹의 수도였던 하노이를 의미하는 것으로 추정합니다)까지는 80리를 더 가야 하고 그곳이 수도이다. 나라는 두 개로 나뉘져 있어서 하나는 안남국安南國이고 다른 하나는 교지국交趾國인데, 서로 전쟁을 벌여 승부가 나지 않고 있다.

당시 형식상의 왕조는 레黎씨였지만 실권은 북의 쩐鄭씨와 남쪽의 응우옌阮씨가 대립하여 나라를 나누고 있었다고 합니다.

이어지는 글은 항해술에 대한 설명입니다.

【지】조완벽이 또 말하기를 광동까지 70리이고 해중에는 계룡산이 있는데 산이 대단히 높고 험하며 땅은 모두 얕아서 위험하다. 계룡산의 동쪽은 물이 동으로 흘러 배가 진행하기 대단히 어렵다. 반드시 산을 따라 안으로 지나가지 않으면 표류하여 동중국해까지 이르게 된다. 해류는 대략 이처럼 급하다. 일본에서 밤낮으로 40일 또는 5, 60일을 가면 안남에 도달한다. 돌아올 때는 해류를 타고 15일 밤낮으로 가면 일본에 도달한다. 그래서 매 3, 4, 5월에 갈 수 있고 6월 이후에는 갈 수가 없다. 또한 왜선은 소형선이어서 큰 바다에는 나갈 수 없기 때문에 <u>백금 80냥을 주고 당선唐船을 구입하는데</u>, 배의 선원은 모두 180여 명에 달했다. 중국인의 관습에는 해로를 잡는 자를 선주(선장)로 삼으며, 지남침을 사용하여 동서 방향을 잡고, 또한 노끈에 추를 달아 떨어트려 바다 밑바닥의 흙을 건져올려 그 색을 판별하여 가깝고 먼 방위를 정했다.

【매】절강인과 함께 배를 타고 안남국으로 향하는데 해로가 수천 리인지 알기 어려울 정도로 대양이 망망했다. 잠시 배를 대고 정박할 섬이 없이 가는데, 절강 출신 뱃사람 후풍인候風人은 항상 배 위에 있으면서 오량선五緉扇과 해시계로 바람을 살피며 밤에는 분방위分方位로 별을 관측했다. 항상 긴 노끈에 쇄추를 달아 바다에 떨어뜨려 바다 흙을 끌어올려 색이 거무스레한지 흰지를 살펴보고 어떤 지방에 있는지 판단했다. 바닷물의 색도 푸르거나 희기도 하고 혹은 핏빛처럼 붉거나 먹물처럼 검은데, 검은색이 가장 안 좋은 것이었다.

항해 도중에 기이한 풍습을 기록한 것도 있습니다. 그런데 창룡이란 것은 어쩌면 용오름을 가리키는 회오리바람 같은 것이었을까요?

【지】기괴한 일들을 보는 일이 대단히 많았는데, 바닷속에서 용이 놀다가 나타나는 것을 보기도 한다. 하루는 수십 보 밖에 창룡蒼龍(푸른 용)이 다가오는 것을 보고 선원들이 대경실색하였다. 갑자기 검은 안개가 공중에 피어오르고 오색 무지개가 걸리더니 비와 우박이 교차하면서 퍼붓고 파도가 끓어오르더니 배가 아래위로 여러 차례 오르락내리락했다. 이러기를 서너 차례 하였는데, 이것은 용이 하늘로 오르려고 하다가 실패하면 그렇다고 하며, 선원들은 매번 용을 마주치면 유황과 닭털을 태웠는데, 용이 이 냄새를 싫어하여 피하기 때문이라고 한다. 그날은 창졸간에 생닭 수십 마리를 태워 던졌는데도 용이 배를 향해 다가오자, 선원들이 어찌할 바를 몰라 허둥대다가 총포를 수십 발 일제히 발사했다. 그러자 용이 갑자기 물속으로 사라져서 벗어날

수 있었다.

【매】바다에서 기괴한 일을 만나게 되면 반드시 유밀과와 떡 들을 바쳐 제사를 지내고 파도 위에 던져야 갈 수 있었다. 어떤 곳에 이르러서 후풍인이 말하기를 이곳은 배 젓는 소리가 없는 이상한 곳이다 하였지만, 배는 이미 지나가고 있었는데, 갑자기 파도 위로 여성의 모습을 한 괴이한 것이 보였다. 후풍인이 크게 놀라며 바로 제사를 지내자 그 괴물은 즉시 사라져서 근심에서 벗어날 수 있었는데, 이는 한나라 때 물에 빠져 죽은 귀신이라고 한다. 바다를 가로질러가는 도중 거대한 고래가 하늘까지 물을 뿜으면 즉시 닻을 내려 배를 멈추었다가 고래가 멈춘 다음에 배를 다시 움직였다. 후풍인은 고래를 기다리는 것이 손쉬운 방법이라 믿었다. 용이 나타날 때는 반드시 물을 한길이나 내뿜으며, 선원들이 매번 정신없이 대단히 놀란다. 남해는 항상 안개와 비가 많아 바닷속에 큰 용이 많이 살고 있는데, 용이 바닷속에 있으면 반드시 뭔가에 몸을 걸친 다음에 구름을 얻어 변화하여 하늘로 올라간다. 용이 배에 걸치면 배는 반드시 침몰한다. 그래서, 용이 오는 것을 선원들이 보면 대경실색하여 생닭을 5, 60마리 태워 냄새를 피우고 뜯어 뱃머리에서 파도에 던지면 용이 물속으로 돌아가고 위험에서 벗어날 수 있다. 그래서 배에는 항상 닭을 수백 마리 데리고 다닌다. 완벽이 다시 안남을 다녀올 때 청룡을 만났는데, 그 비늘갑의 색이 휘황찬란했으며 꿈틀꿈틀한 게 올라오자 닭을 제물로 바쳐 벗어날 수 있었다. 배가 50여 일을 가자 안남국의 경계에 도달하였다.

닭을 제물로 바쳐가며 바다를 건너 마침내 안남에 도착합니다.

이 다음에는 안남의 풍습을 묘사하고 있습니다.

【매】그 풍속을 보니 모두 머리를 풀고 맨발로 다니는데, 그 나라의 흙은 진흙이나 돌이 없고 연한 흰 모래뿐이며, 겨울에도 따뜻해서 맨발로 다녀도 다치지 않았다. 그 나라의 남자들은 처첩을 여러 명 두는데 부유한 자는 수십 명을 두었다. 매년 봄이 시작되면 그 남자들이 처첩들에게 금은 약간 냥을 나눠주고 물자를 사고팔게 하는데, 그 처첩들은 이 금은으로 후년을 보내는 관습이 있다. 고로 그 처첩들이 이국 상선이 왔다는 얘기를 들으면 고위관리의 처첩이라고 하더라도 반드시 모두 휘장달린 가마〔屋轎〕를 타고 일가 여자권속들을 데리고 나란히 앉아서 왜인들과 상거래의 값을 흥정하는데, 혹 처녀가 있으면 얼굴값〔面幣〕을 더 쳐달라고 하며, 그 들고나며 여럿이 문지기를 따르는 게 대단히 성하였다.

【지】그 나라의 남녀는 모두 머리를 풀고 맨발로 다니며 신발을 신지 않는데, 비록 고귀한 신분도 그렇다. 어른들은 이를 검게 물들이고 오래 사는 사람이 많다. 어떤 노인은 머리가 희고 난 다음에 다시 노랗게 되면서 이가 어린아이같이 되어, '노란머리 어린아이 이빨을 가진 자〔黃髮兒齒〕'라고 했다. 나이를 물으니 120살이라고 하며 백 살이 넘은 이들이 비일비재하였다. 또 세간에는 독서를 숭상하며 시골에도 학당이 있어 소리내어 읽고 들으며, 아동들이 모두 『몽구蒙求』와 『양절반씨론陽節潘氏論』을 외우거나 또는 시문을 습득하였다. 글을 읽을 때 합구성合口聲을 사용하는데 우리나라의 자음字音과 비슷하다. 다만 종이가 매우 귀하며, 책은 즉 모두 중국책들이다. 또한 조총을 즐겨 익

혀 어린이들도 능히 사용한다.

그 땅이 대단히 따뜻하여 2~3월에 서과西瓜, 감과甛瓜 등이 있고, 논을 경작하는 것은 때가 없어서 3월 중에도 농사를 짓기 시작한 사람, 농산물을 키우고 있는 사람과 수확하는 사람들이 있다. 날씨는 낮에는 뜨겁고 밤에는 시원하며, 땅은 비록 바닷가지만 해산물이 많지는 않다. 과일은 귤과 리치가 있으며, 그 외 다른 과일은 없다. 곶감을 주었는데 무엇인지 모르더라. 누구든지 항상 빈랑檳榔을 먹으며, 푸른 잎도 함께 먹는데 무엇인지는 모르겠다. (『소설小說』에 이르길, 남쪽 사람들은 빈랑을 먹는데, 등나무를 같이 곁들여 씹으면 떫지 않다고 하였다.) 대략 이런 것들인데, 빈랑은 높이가 몇 장이나 되고 대나무 마디가 있는 것처럼 곧게 자라며 이파리는 파초와 비슷하다. 식물들은 모두 높고 크게 자라며, 길쌈으로 짠 천은 대단히 견고하고 질기다. 뽕나무는 매년 밭에 심어 누에를 치는데 비단이 풍부하여 귀천 없이 비단옷을 해 입는다. 목이 마르면 사탕풀[蔗草]을 씹으며, 밥은 겨우 배를 채울 정도만 먹고 술은 항상 넉넉히 마신다. 침향가루로 고약을 만들어 몸과 얼굴에 바른다.

모습이 맷돼지 같은 물소가 있는데, 색은 검푸른색이고, 민가에서 키워 농사도 짓고 잡아먹기도 한다. 날씨가 더운 날은 물소가 물속에 들어갔다가 해가 지고 나면 나온다. 그 뿔이 대단히 크고 검은데, 왜인들이 와서 사가지고 간다. (『오대사五代史』에는 점성占城(크메르)에 수시水兕(물 꼬뿔소)가 있다고 하였는데 이 물소를 말한다. 코뿔소는 왠지 의문이다.) 코끼리는 노과老撾 지방에서 난다. 그래서 상산象山이라고 한다. 덕있는 코끼리가 있어 그 상아가 최고 5, 6척은 된다. 국왕은 70마리 정도

제5장 홍모인의 나라

까지 기르고 있으며 나갈 때 코끼리를 타고 다닌다. 코끼리는 사람처럼 무릎을 꿇고 절한다. 공작, 앵무, 흰 꿩(白雉), 호초 등이 많이 난다.

자, 이제부터 이 조완벽이 조선 사회에 셀럽이 될 정도로 주목을 끈 중요한 부분을 소개합니다.

【매】여러 곳에서 지봉의 시를 애송하는 것을 보았는데, 선비들이 완벽에게 "어느 나라 사람이오" 하고 물으면 "조선인이요" 하고 답을 하며 "왜인에게 잡히어 일을 맡아서 오게 되었다" 하고, 선비들이 "당신이 조선인이면 동국의 이지봉의 시를 아시겠군요" 하자 완벽이 "들어본 적이 없어 잘 모릅니다" 하고 사실대로 답하면, 그 선비들이 "이지봉은 귀국의 문장가인데 어찌 당신이 모를 수 있소" 하며 이지봉의 작품을 읊었다. "멀리 중역을 통해 군왕을 알현하니/한나라 때 새 동주가 세워진 지역이며/주나라 때 조공 바치던 옛 월상국이라오/산은 기물을 내니 호골이 넉넉하고/땅은 영기를 뿜어 용향이 생산되네遠憑重譯謁君王. 提封漢代新銅柱. 貢獻周家舊越裳. 山出異形饒虎骨. 地蒸靈氣産龍香." "마지막 구 처음과 끝이 잘 맞지 않는다"고 하자 완벽이 글을 좀 알아서 "호랑이 호虎자가 아니라 코끼리 상象이 되어야 한다" 하고 바로잡아주었다.

【지】문리후文理侯 정초鄭勦라는 사람이 있었는데, 환관으로 일들을 맡아보는 이였다. 나이는 80세이며, 거처가 웅장하여 문리후의 집만 기와로 지붕을 이었고, 기와는 유회油灰로 이어붙였으며, 공작의 꼬리 깃털로 짠 장막을 치고 있었다. 하루는 문리후의 집에 초청받아 갔는

데, 고관 수십 명이 열을 지어 앉아 연회를 벌이고 있었다.

그들은 조완벽이 조선인이라는 말을 듣고 후하게 대하며 술과 음식을 접대하였고, 일본에 포로로 잡혀간 이유를 묻고 왜놈이 조선을 침략한 사정을 듣자 측은한 마음을 자못 표시하였다. 거듭 책 한 권을 꺼내 보여주면서 "이것은 귀국의 이지봉李芝峯의 시입니다" 하였다. (지봉은 이수광의 호이다. 시는 이수광이 정유년 중국에 사신으로 갔을 때 안남의 사신에게 증정한 시였다.) "당신이 고려인이라고 하니 능히 이지봉을 아시겠죠" 하였다. 조완벽이 시골 출신으로 어린 나이에 포로가 되어 지봉이라 칭하는 분의 성함을 들어보지 못하여 "지봉이 어느 분인지 알지 못합니다" 하자 좌중이 모두 탄식하며 의아해했다.

조완벽이 그 책을 넘겨보니 고금의 명작 수백 편을 많이 실어두었는데, 그 첫 번째에 조선국 사신 이지봉의 시를 두었으며 모두 붉은 점으로 비점批點(일종의 하이라이트)을 찍어두었다. 또 그 시에서 "기묘한 모습의 산에서 코끼리 뼈(상아)가 많이 난다山出異形饒象骨"라는 한 구절을 가리키며 "이곳에 상산象山이 있는데 이것 참 더욱 신기하군요" 하며 서로 더불어 칭송하기가 끊임이 없었다.

다시 며칠 후 유생들이 또 그를 집으로 초대하여 술과 음식을 성대히 대접하며, "귀국은 예의의 나라라 우리나라와 서로 통합니다"라며 극진히 위로하였다. 책 한 권을 보여주면서 묻기를 "이것은 귀국 재상 이지봉의 작품입니다. 우리나라 모든 서생들이 베껴 쓰고 암송하고 있으니 가히 한번 보십시오" 하였다. 조완벽은 진실로 아침 저녁 언제 죽을지 알 수 없이 사는 사람이기는 하나 권유를 무시하지 않고 기록을 살펴보고는 다시 종이와 붓을 청하여 수편을 받아적어 배로 돌아왔다.

그런 후에 학교를 방문하여 여러 선비를 보았는데, 이 책을 가진 선비들이 실로 많았다.

그런데 조완벽은 인생에 여러 가지 일들을 겪어서 그런지 어리숙하지도 않고 의심도 많습니다.

【지】 문리후가 조완벽에게 말하기를 "귀하가 본국으로 돌아가기를 원한다면 이곳 안남에서 중국으로 쇄환刷還해야 풀려날 수 있으니 이곳에 모름지기 머무르시게 하자" 하니 조완벽은 그 말을 따르고 싶어했다. 그런데 보니 이 나라 사람들이 속임수가 많고 믿기가 어려움을 보고 다시 "우리나라가 여기서 너무 멀어 아무래도 안 되겠습니다" 하고 답했다.

【매】 또 그 나라는 세간에서 문장을 높이 사는 것이 성하여 집집마다 읽고 외우는 것이 끊어지지 않는 것을 보았다. 향거鄕擧라는 것은 우리나라의 고을, 읍, 도시의 회시會試로 사람을 뽑는 것과 같은 것인데, 그런 다음 왕도로 보내게 된다. 또 그 나라 사람은 겉은 온순하게 보이지만 마음은 속임수가 있고 욕심이 많음을 완벽이 보고, 이 나라로 도망쳐서 사신을 통해 중국을 거쳐 조선으로 돌아가라는 제안을 받았지만, 그 속임수와 신뢰하기 어려움을 보고 결국 따르지 않았다고 한다.

조완벽은 또 여송과 류큐, 즉 필리핀과 오키나와도 다녀왔다고 합니다.

【지】 조완벽은 이전에 여송국呂宋國을 가는 일도 있었는데, 이 나라는 서남해 중에 있으며 보화가 많은 곳으로 사람들은 모두 스님처럼 머리를 깎았다. 류큐 지방은 대단히 작은 곳인데, 그곳 사람들은 모두 편발을 하고 두건을 썼으며, 검술과 총술을 연습하지 않았다. 사쓰마에서 300리 거리에 유황산(이오지마硫黃島)이 있는데, 멀리서 바라보면 산이 모두 황색이다. 5~6월 항상 연기가 피어오른다. 일본에 있을 당시 교토에 있는 서복사徐福祠(진시황의 명으로 불로불사의 약을 찾아 동으로 간 서복을 제사지내는 사당)를 보았는데, 서복의 후예가 그 주인으로 불교를 공부하고 식읍이 있었으며 나라의 정사에는 참여하지 않았다. 또 왜인들은 조선의 서적을 가장 귀중히 여기고 소중히 보관하는 일이 많았는데, 안남인들 역시 큰돈을 들여 조선의 서적을 구하였다.

그리고 마침내 이름처럼 '완벽'하게 해피엔딩으로 이어집니다!

【매】 완벽이 다시 일본으로 돌아갔는데, 그 왜인 주인이 약속을 지키지 않고 풀어주지 않으면서 안남을 다시 다녀오면 반드시 풀어주겠다는 약조를 문시로 작성해주었다. 완벽은 부득이 다시 갈 수밖에 없었는데, 그다음에도 돌아온 다음 놓아주지 않았다. 인근의 이웃 왜인들이 약속을 지키지 않음을 비난하며 부글부글 끓어오르자 어쩔 수 없이 왜 주인이 그를 풀어주었다. 그런 다음 완벽이 편안히 은량을 스스로 모아 본국 고향으로 돌아가게 되자 그 어머니와 처가 별탈 없이 살아 있었다. 지금은 평안하게 살며 터를 잡고 처음처럼 돌아갔으며, 이런 일들로 부자가 되어 부유하게 조용히 살아간다고 한다.(『매창선생

집』의 전은 여기서 끝.)

【지】 정미년(1607) 회답겸쇄환사回答兼刷還使 여우길 정사 일행이 일본에 갔을 때 조완벽이 왜 주인에게 눈물로 간청하여 고향으로 귀국하였는데, 노모와 처가 그대로 살아 있었다고 하니 과연 놀라운 일이다.

무릇 안남은 우리나라에서 수만 리나 떨어져 있어 옛날부터 통행이 없었는데, 하물며 바닷길로는 얼마나 멀겠는가! 조완벽이 동쪽 끝에서 남쪽으로 가로질러 험난한 바람과 파도를 무릅쓰고 야만인의 땅에 갔다가 만 번의 죽음을 이기고 목숨을 건져 무사히 돌아왔으니 이는 과거에 정말 없던 일이다. 공자 왈 "충성과 믿음[忠信]을 말하고 진심과 공경함[篤敬]으로 행하면 오랑캐의 땅이라도 갈 테다"라고 하였는데, 또 그는 이름 또한 '완벽完璧'이니 어찌 그 이름을 저버리지 않은 자라 하지 않으리요!(『지봉집』의 전은 여기서 끝.)

어떻습니까. 서생 조완벽은 정유재란에 끌려가서 교토의 스미노쿠라 상선을 타고 그렇게 베트남과 필리핀, 오키나와의 동남해를 주유하고 자유의 몸이 된 다음, 재산을 모아 첫 번째 조선 사신들이 오자 사신들을 도와 조선인 포로들을 모아서 고향 진주로 돌아와, 다행히 무사했던 어머니와 아내를 만나 이름처럼 퍼펙트하게 그 후로 행복하게 살았다는 그야말로 소설 같은 이야기입니다.

현재의 연구에 의하면, 1607년 귀환한 다음 적어도 1611년 이전 3년 사이에 조완벽이 진주에서 자신의 이야기를 매창 정사신의 친구인 김윤안에게 해주었는데, 김윤안이 이를 듣고 서울로 올라와 이준과 정사신에게 해주었으며, 이준은 『기조완벽견문記趙完璧見

聞』이란 글을 쓰고, 정사신은 위에 번역한 『매창선생집』의 「조완벽전」을 썼다고 합니다. 이 두 글은 거의 내용이 일치하는데 정사신의 글이 좀더 자세합니다. 이에 반해 이수광의 글 「조완벽전」은 이 『매창선생집』 계통의 글과 다른 내용들이 많습니다. 일단 이수광 본인의 이름이 등장하게 되는 부분은 『매창선생집』과 비교할 수 없을 정도로 자세합니다. 그래서 최근 연구는 정사신과 이준이 베트남에서 이수광이 동아시아 최고의 문사가 되어 있는 사실을 알리자, 이에 이수광이 직접 조완벽을 만나 자세한 얘기와 안남의 풍속을 전해듣고 정리하여 별도의 「조완벽전」을 구성한 것으로 보고 있습니다. 이후의 「조완벽전」이 인용된 다른 문서들은 대략 이 두 문서의 내용을 요약해서 언급한 것으로 보입니다.[20]

교토의 길모퉁이 창고

그런데 궁금증은 다시 꼬리를 물고 이어집니다. 도대체 덴지쿠 도쿠베에와 조완벽을 모두 이이주는 스미노쿠라는 어떤 상인이었는지, 어찌하여 교토에서 그런 해외 무역 상인이 나온 건지, 이수광은 왜 그리도 베트남에서 셀럽이 된 것인지, 도대체 조완벽이 만난 문리후 정초라는 관리는 누구인지, 궁금하지 않으신가요?

먼저 소개했던 덴지쿠 도쿠베에와 조완벽을 천축과 안남으로 다녀오게 한 연결고리인 스미노쿠라 집안으로 시작해보겠습니다. 덴지쿠 도쿠베에를 서기로 고용한 스미노쿠라 요이치는 조완벽을 안남에 데려간 것으로 알려진 스미노쿠라 료이[21]의 장남으로, 본명은 스미노쿠라 소안角倉素庵이라고 합니다. 자세히 보시면 이 두 모험가 이야기가 시작되는 공통 무대가 바로 일본 교토입니다. 두 이야기 모두 상인商人 스미노쿠라 집안의 베이스가 교토라고 했습니다.

17세기 당시 교토는 일본 역사에서 사실 실질적인 정치적 수도로서의 기능은 전혀 없었습니다. 무로마치 바쿠후 이후 오랜 전국시대와 에도시대 동안 왕과 정치인과 장군 들의 정치사를 중심으로 한 역사책에서는, 교토는 실권 없는 허울뿐인 덴노와 과거의 귀족들인 공가公家들이 허망한 명분만 붙잡고 앉은 껍데기 도시처럼 보일 정도입니다. 하지만 경제사의 눈으로 들여다보면, 교토는 이때 아주 흥미 있는 움직임들을 보여준 주요 경제 거점이었습니다. 예를 들어, 에도시대 초기에 대규모 자금을 동원한 국제 무역인 주인장朱印狀 무역을 제대로 할 수 있었던 자본가들도 스미노쿠라 가문처럼 교토가 중심이었습니다. 호오! 한마디로 정리하면 교토에는 황족, 귀족, 공가, 무가武家 같은 높은 신분만 살고 있었던 게 아닌 거죠. 이들 아래서 이 시스템을 '몸'으로 받치고 있던 중간계급, 하층계급도 살고 있었습니다.

교토의 상업자본은 중세시대에 이들 중간 계급인 세금징수 대리인들과 양조업자들에게서 시작되었습니다. 농업이 기본 산업인 전근대 사회는 농업 사이클을 따라 경제가 움직입니다. 그 말은 수확기까지는 현금 흐름이 말랐다가, 수확기에 갑자기 잉여가 발생하는 현상이 나타나게 됩니다. 세금징수인이나 양조업자 모두 내용을 보자면 결국 현금 흐름이 지속적으로 발생하고 자금 회전이 빠른 곳들입니다. 이들에게서 잉여자본이 형성되면서 비로소 금전대부업이 시작됩니다. 이들을 일본 경제사 용어로는 '도소土倉'라는 이름으로 부릅니다.[22]

도소가 처음 등장한 것은 가마쿠라시대인데, '흙[土]으로 만든 창고[倉]'라는 이름 그대로 흙담을 견고하게 쌓아 화재나 도둑을 막은 창고 건물에서 유래된 것입니다. 이 창고가 물건을 담보로 받아두고 돈을 빌려주는 고리대금업으로 점차 발전하면서 현금 회전이 빠른 양조업이 결합하여, 종종 후대에는 사케야도소酒屋土倉라는 이름으로 불리는 하나의 업종으로 자라납니다. 이렇게 자본이 지속적으로 형성되자 나중에는 지방으로 상품을 유통하는 해운업으로 확장한다든가, 다시 확장된 자금으로 운하 공사를 하거나 관개 수로를 만든다거나 하는 대규모 토건 공사의 프로젝트 파이낸싱을 담당하고 대신 사용료를 받아 투자를 회수하는 식의 금융업으로 발전합니다.

거기다, 교토에는 귀족들뿐 아니라 엔랴쿠지延暦寺 같은 대형 사찰도 있습니다. 장원을 보유하고 경제력을 가진 이들 사찰들에 의해 물자 수요가 형성되어 있었기 때문에, 이들이 결국 자신들에게 돈을 빌려줄 수 있는 대금업자들을 제도권 안으로 편입시킵니다. 이미 13세기부터 교토의 양조업-금전대부업자들은 최대 사찰이었던 엔랴쿠지와 그 산하 사찰들에 연계한 일종의 길드를 형성합니다. 그런데, 교토가 중세에서 근세로 넘어가던 15세기에 결정적으로 이들 기존 시스템의 수혜자들이 쇠퇴하는 사건이 발생합니다. 바로 '오닌의 난應仁の亂'이라고 하는, 10년 넘는 내전 상태가 교토

를 무대로 전개된 것입니다. 그로 인해 메인스트림 도소 가문들이 상당한 타격을 입고 몰락하게 됩니다.

한편 15세기 전반, 아직 오닌의 난이 발생하기 전 교토에 요시다 吉田라는 중하급 계층인이 '상락上洛'하여 자리를 잡습니다. 아, 상락이라는 일본어 용어는 '조라쿠じょうらく'라고 읽는데, '낙양에 올라오다'라는 뜻입니다. 말 그대로 '낙양'이라 불렸던 수도 교토에서 자리를 잡는 것을 의미하는 표현입니다. 그리고 그의 가족은 '길모퉁이[角]에 창고[倉]'를 짓고 양조장 대금업 '도소' 비즈니스를 시작합니다. 그리고 상호는 그대로 '스미(角, 길모퉁이)의 쿠라(倉, 창고)'가 되었습니다. 이게 바로 스미노쿠라 집안의 시작입니다.

스미노쿠라 집안은 아무래도 교토의 후발 군소업자라서 엔랴쿠지 길드 같은 메인 스트림 비즈니스에 들어가지는 못합니다. 그런데, 전화위복이랄까요. 오닌의 난이 나고 그동안 200년 이상 자리를 잡았던 메인스트림 엔랴쿠지 연계 도소 가문들이 몰락하게 되자, 반대로 그동안 크게 드러나지 않았던 독립 군소 도소들이 기회를 잡고 성장하게 되었고, 특히 당시 스미노쿠라 집안의 리더였던 스미노쿠라 료이는 이후 도요토미 히데요시와, 다시 그 이후의 도쿠가와 바쿠후의 서포터가 되어 기회를 잡습니다. 그리하여 17세기에 들어서 교토의 단연 탑3 호상豪商 가문 중 하나로 성장한 다음, 다카세가와高瀬川 운하 수로의 건설 등을 완공하여 수상운송업마저 장악했을 뿐 아니라, 무엇보다 이 이야기들의 배경이 되는 해외 주인장 무역의 주역이 됩니다.[23]

붉은 도장이 찍힌 증서를 들고

앞에서도 몇 번 등장했지만 이제 본격적으로 설명드리려는 무역 허가증의 주인장 시스템은 면허장에 붉은[朱]색 도장[印]이 찍혀 있어 '주인장朱印狀'으로 불렸습니다. 그 주인장을 가지고 해외 무역을 나가는 배를 주인선이라고 합니다. 주인장은 여러 설명에 의하면 원래 1592년 도요토미 히데요시 시대에 시작되었다고 하지만, 실제 본격적인 해외 무역의 주인장이 처음 발급되어 주인선이 출발한 것은 1604년이 시작이라고 합니다.

이 해가 바로 갑진년, 즉 조완벽이 처음으로 왜의 주인 간청으로 안남행 배를 탄 그해입니다. 즉 「조완벽전」에 전하는 서술을 해석하자면 처음 동남아 무역을 시도하면서 일본 배가 갈 수 없어 중국 배와 항해사, 선원을 구하였는데, 그중 상업 내역을 기록하고 관리를 맡기려면 글을 읽고 쓸 수 있는 서기를 구해야 했다는 것입니다. 그 서기를 구하지 못하다가 조선인 포로였던 조완벽을 마침내 데리고 갈 수 있게 되고 나서야 첫 번째 항해에 오를 수 있었다는 거지요.

이렇게 시작된 일본 근세의 주인선 무역은 1630년대까지 30년 정도 이어집니다. 이 시기가 최근에 한국에도 여러 책들을 통해 소개가 된, 그리고 조선과 비교해서 일본은 경제적으로 진취적이었다고 해석되기도 하는, 일본인들이 동남아시아 여러 지역에 마을을 형성하고 본국과 네크워크를 유지하며 교역의 대리인이 되었던 근세의 유일한 기간이기도 합니다. 이들 상당수는 이미 천주교 금지에 따라 해외로 추방된 기리시탄 신자들이 많았고, 심지어 이들 중에 조선인 포로 출신의 천주교 신자들 역시 있었다고 전해지고 있습니다.

그렇지만 인근 오사카가 더 상업 중심지이고 지금의 교토는 그렇게까지 상업의 중심지는 아니지 않은가 하고 의문이 생기신다면, 실은 그 이후에 이런 일이 있었습니다.

17세기 후반 일본에서 니시마와리西回リ라는 물류 라인이 형성되면서, 일본열도의 서해안, 즉 한국 동해를 마주보고 있는 쪽의 물산이 원래의 라인인 교토를 거치지 않고 오사카로 바로 이어지게 됩니다. 그래서 교토는 이 일본 근세 경제사의 주요 물류 라인에서 한발 옆으로 비켜나게 되고, 대신에 이 니시마와리를 연결하는 오사카가 비로소 경제적으로 교토를 추월하여 태평양 쪽 동해안 노선으로 이어진 메갈로폴리스 에도를 지탱하는 상업의 중심지가 됩니다. 교토는 대신 오사카와 에도를 대상으로 수공예 상품을 제공하는 제조업 지역으로 탈바꿈합니다.

니시마와리는 이후 18세기에 북쪽으로 에조치 즉 홋카이도까지 연결되면서 기타마에센北前船이라고 부르는 에도 일본의 물류 메인 노선으로 확장 발전됩니다. 메인 경제 라인에서 살짝 비켜나게 된 교토의 자본가 도소들 역시 이후 서서히 사라지고, 이 역할을 시치야質屋(전당포) 또는 료가에야両替屋(환전소)가 대신하게 됩니다. 료가에야는 근대에 들어서 근대적 은행의 전단계로 기능하기도 합니다만, 아무튼 교토의 17세기는 이렇게 화려한 모습을 보여주고 경제사에서 살짝 뒷전으로 물러나게 됩니다.

스미노쿠라 집안은 이때까지 화려했던 상업도시 교토의 번성기를 주도한 상인/금융인 집안이었습니다. 그리고 조완벽이나 덴지쿠 도쿠베에같이 글을 읽을 줄 아는 사람들을 데리고 안남(하노이 중심의 북베트남), 교지(호이안 중심의 중남부 베트남), 카부차(캄보디아), 중천축(아유타야 태국), 여송(스페인령 필리핀), 다카사고(타이완), 류큐(오키나와)를 연결하는 동남중국해의 네트워크에 편승했던 것이구요.

주인장을 받은 사람들은 이런 스미노쿠라 같은 대상인만 있었던 것은 아닙니다. 유력한 다이묘, 사무라이 중에서도 주인장을 받아 무역선을 운영한 이들이 있으며, 특히 외국인들도 이 무대에 등장합니다. 대표적으로 왕즈汪直와 같은 명나라의 대상인들과 얀 요스턴, 윌리엄 애덤스 외에도 나중에는 히라도에 상관을 갖고 있던 네덜란드인, 잉글랜드인과 나가사키의 포르투갈인 들도 주인장을 받았습니다. 처음에 등장했던 지완면제수로 알려진 포르투갈인 주앙 멘데스는 이때 황딩黃廷이라는 명나라 출신의 상인 일행들과 함께 캄보디아에서 나가사키로 간다고 했었는데, 황딩이나 주앙 멘데스 같은 이들이 이 주인장을 갖고 일본을 왕래하며 무역을 하던 외국인들의 예입니다.

안남의 셀럽 이수광

스미노쿠라 집안의 이름은 당시 안남의 문서에도 언급이 되어 있습니다. 이 문서는 『안남국장감문리후완서한봉면安南國將監文理侯宛

書翰封面』인데, 일본국의 사다요리 시겐貞順子元이라는 사람이 일본 연호 게이초慶長 15년(1610) 겨울 12월 29일에 안남국 관리 문리후 文理侯에게 보낸 서한문입니다. 1605년 스미노쿠라 상선이 안남 해안에서 좌초하였던 것을 문리후가 잘 처리하여준 것에 대한 내용들이라고 합니다. 사다요리 시겐이 덴지쿠 도쿠베에를 고용했던 스미노쿠라 요이치입니다.

그런데 문리후라는 이름이 앞에서 이미 나왔었죠. 이수광이 기록한 「조완벽전」에서 "문리후文理侯 정초鄭勦라는 사람이 있었는데, 환관으로 일들을 맡아보는 이였다. 나이는 80세이며, 거처가 웅장하여 문리후의 집만 기와로 지붕을 이었고, 기와는 유회油灰로 이어붙였으며, 공작의 꼬리 깃털로 짠 장막을 치고 있었다. 하루는 문리후의 집에 초청받아 갔는데, 고관 수십 명이 열을 지어 앉아 연회를 벌이고 있었다"라고 하면서 놀랍게도 베트남에서의 조선 유학자 이수광 팬덤에 대해 이야기를 했었죠. 문리후는 17세기에 베트남, 조선, 일본의 문서에 모두 이름을 내미는 흥미로운 사람입니다.

먼저 문리후라는 사람이 누구인가부터 살펴봅시다. 그가 주인공인 '문리후진공비文理侯陳公碑'라는 비석의 내용을 보면 문리후의 이름은 쩐띤(陳靖, tranh tinh)입니다. 1580년 진사과에 급제하여 여러 관직을 거치며 북베트남 안남 혹은 통킹의 찐씨(鄭氏, trinh) 정권의 대외교 문제를 맡은 중신으로, 조완벽이 방문한 홍옌의 수령이기도 했다고 합니다. 그런데 조완벽이 전한 이름은 진정陳靖이 아니라 정초鄭勦라고 했습니다. 이건 어찌된 것일까요. 근세 베트남

연구자 하스다 다카시蓮田隆志는 정鄭은 아마도 쩐鄭씨 정권의 사성賜姓이고, 초勦는 피휘를 하기 위해 쓴 것으로 짐작된다고 설명하고 있습니다. 근대 이전의 이름은 실은 굉장히 복잡한 사회제도적 산물이라고 보면 그럴 법하다고 생각합니다.

그런데 이 문리후진공비 끝에 '풍극관곡제선馮克寬毅齋撰'이라고 하여, 이 비문을 '지은[撰] 사람의 이름이 호가 곡제毅齋인 풍극관馮克寬'이라고 적혀 있습니다. 풍극관은 베트남의 16~17세기 레黎 왕조의 대신이었던 풍칵콴Phùng Khắc Khoan입니다. 이 사람은 1597년 명나라에 사신을 이끌고 갔었고, 이때 조선의 진위사 이수광을 만나 같은 숙소 옥하관玉河館에서 50여 일간 함께 머물며 시를 나누고 교류를 즐긴 사람입니다. 이수광은 이를 통해 알게 된 베트남 정보를 자신의 『지봉유설』에 「안남사신창화집安南使臣唱和集」이라는 글로 남겼습니다. 한편 풍칵콴과 문리후 쩐띤은 1580년 경신년 과거(庚辰科)에서 같이 급제한 동기입니다. 호오, 이수광의 시가 베트남에 유행한 채널들이 이어지죠. 그리고 1597년부터 막 10년도 지나지 않은 1604년 홍옌에서 조완벽이 이 이수광 팬덤 소식을 생생하게 목격하고는 이수광 본인에게 전해주었다는 것이죠.[24]

울트라 간략 버전으로 이 시기의 베트남을 설명하자면, 원래 15세기 전성기였던 레(Lê, 黎) 왕조가 있었는데 명나라의 서포트를 받은 막(Mạc, 莫) 왕조에 의해 망했다고 합니다. 그리고 16세기 전반에 후기 레 왕조가 다시 재성립합니다. 하지만 이때의 후기 레 왕조는 일본의 덴노처럼 명분적 권위만 남고, 실제 권력은 하노이/홍옌 중심의 북부 안남(통킹)의 찐(Trịnh, 鄭) 정권과 호이안 중심의 중남부

교지(꽝남Quảng Nam)의 응우옌(Nguyễn, 阮) 정권으로 나눠졌다고 합니다. 조완벽과 덴지쿠 도쿠베에 모두 북부의 찐 정권 지역을 다녀온 것 같습니다.

이 조완벽의 스토리는 이리하여 조선 선비 사회 내에서 주목을 받고, 요즘 K-팝이 해외에서 인정받아서 화제인 것처럼 당시 '조선 유학과 선비의 위엄을 인증한' 가치를 인정받아 널리 유포되었습니다. 심지어 18세기 후반 실학자들의 백과사전류에 빠짐없이 언급되었을 정도입니다.

『최척전』-쇼 미 더 트루스!

한편 17세기부터 조선 사회에서 소설이라는 장르가 유행하기 시작했습니다. 왜란 같은 거대한 사건을 겪고 난 다음 기구한 운명들이 많이 알려지고, 소설이란 게 그런 기구한 운명들을 보다 흥미롭게 각색해서 알리는 역할을 합니다. 『배시황전』 같은 소설이 미지의 머나먼 나선羅禪이라는 곳을 배경으로 한 것처럼 뭔가 이국의 모르는 땅과 요상한 인간들이 등장하는 이야기는 완전 히트 상품이었죠.

1610년대 초반에 기록되어 유포되기 시작한 조완벽의 스토리는 불과 10년 정도 지난 1620년대 초반에 왜인의 상선을 타고 안남을 간다는 모티브가 그대로 사용된 『최척전崔陟傳』[25]이라는 소설로 각색됩니다. 『최척전』은 조선 사회에서 18세기 실학자 이덕무 같은

학자들도 읽었다고 기록에 남길 정도로 상당한 베스트-스테디셀러였던 것 같습니다.[26]

그런데 이 소설은 그냥 흥미 있는 고소설이 아니라, 실은 지금도 논란이 있지만, 당시에도 조선판 쇼 미 더 트루스, '내 동생의 목숨 같은 명예가 달렸다, 이놈들아' 식의 디스전으로 번지게 됩니다. 이야기는 문득 사르후 전투라는 후금과 명, 조선의 전투로 건너뜁니다. 그리고 시간이 10여 년 지난 텐치天啓 원년(1621)을 기년으로 기록한 두 편의 글이 세간에 알려집니다.

하나는 유몽인의 『어우야담』에 포함된 『홍도紅桃』라는 글이고, 또다른 하나는 조위한이 지은 고소설 『최척전』입니다. 이 두 글은 읽어보면 확실히 어느 하나는 다른 쪽을 기본으로 잡고 늘리거나 혹은 줄인 것이라는 생각이 딱 듭니다. 등장인물의 이름도 미묘하게 겹치고, 플롯이나 중간중간 내용이 대단히 유사합니다. 여러분은 지금 '표절'이라는 개념이 발생하기 이전의 일을 듣고 계신 것이니 너무 노여워 마시기 바랍니다. 다만 이 두 이야기가 너무나도 같은 시간대에 비슷한 이야기라 확실히 선후관계가 있기는 한데, 여전히 논란이 조금 있습니다. 『최척전』은 야담으로 기록된 『홍도』보다 훨씬 이야기가 상세한 '소설'입니다. 만약 소설 『최척전』이 야담 『홍도』를 참고로 만들어진 것이라면, 세간의 야담을 바탕으로 소설이라는 형식이 시작된 시기에 이미 후대 소설보다 뛰어난 레벨의 복합적인 구조의 소설을 만들어냈다고 평가할 수 있을 정도입니다. 하지만 제 관심은 『홍도』보다 『최척전』이니 이번에는 여기에 초점을 맞추겠습니다. 자, 『최척전』의 스토리를 간단하게 따라

가봅시다. 어느 순간 "아, 조완벽!"이라고 저절로 연상이 되는 순간이 있으실 겁니다.

1. 남원에 어려서 어머니를 여의고 아버지랑 사는 최척이라는 사람이 있습니다. 어릴 적부터 기개가 있었으나 공부를 좋아하지 않고 친구들과 놀기를 즐기다보니, 아버지가 남원성 남쪽의 정 상사鄭上舍에게 글을 배우게 하려 보냅니다. 가서 열심히 공부를 합니다. (상사上舍는 진사나 생원을 높여 부르는 말입니다.)

2. 글공부를 하는데 한 아리따운 소녀가 늘 최척의 글 읽는 소리를 듣고 흠모하다, 최척이 혼자 글을 읽고 있을 때 종이쪽지에 시 한 편을 써서 창틈으로 밀어넣습니다. 이 소녀는 아버지를 여의고 아버지의 친구인 정 상사 댁에 어머니와 함께 피난와서 의탁하고 있던 이옥영 낭자입니다. (그렇군요, 본인은 공부를 열심히 했다는데.)

3. 그리하여 최척과 옥영은 사랑을 하고 옥영 어머니의 반대를 극복하고 마침내 결혼을 하기로 하는데, 혼인날을 받아두고 그만 임진왜란이 나자 최척은 의병부대에 들어가게 됩니다. 혼인에 이르기까지 또 몇 차례 어려움을 겪은 다음 혼례를 올리고 큰아들 몽석을 낳습니다. 아들을 낳고 어느 날 달 밝은 밤 평소 피리를 잘 불던 최척이 피리를 불자 옥영은 7언 절구를 한 수 읊으며 서로 사랑을 확인합니다. (공부는 결국 안 했군요.)

4. 그런데 정유재란이 나자 최척의 가족도 피난을 가는데, 옥영은 남장을 하고 가다 그만 서로 헤어지게 됩니다. 뒤늦게 가족을 찾아나선 최척은 왜적의 칼을 맞아 죽어가는 옥영의 몸종인 춘생을 만나 온 가족이 모두 왜적에게 죽임을 당하거나 끌려갔다는 소식을 듣습니다. 춘생은 죽기 전에 마지막으로 전하길, 자신은 아기 몽석을 데리고 도망치다 왜적에게 당했다며 아기도 어찌되었는지 모르겠다고 합니다.

5. 최척은 낙담을 하고 있다가 절강 소흥부 출신의 명나라 장수 여유문余有文을 만나 명 군대에 들어가 전투로 공을 세우고 인정을 받아 신임을 얻습니다. 그 후 전쟁이 끝나자 같이 철수하여 명나라 절강으로 따라갑니다.

6. 한편 최척의 가족은 포로로 끌려가다 늙은이들에 대한 감시가 소홀한 틈을 타 최척의 아버지와 장모 즉 옥영의 어머니는 탈출에 성공하여 숨어 있다가 연곡사에 몸을 의탁합니다. 승방에서 아기 울음소리가 나길래 물어보니 바로 손자 몽석이었습니다. 시체더미에서 울고 있는 아기를 발견했다는 스님들의 이야기를 듣고 최척의 아버지와 장모는 손자 몽석과 함께 남원의 집으로 돌아와 다시 살게 됩니다.

7. 남장을 했던 옥영은 돈우頓于라는 왜병에게 잡혔는데, 돈우는 원래 부처님을 섬기는 상인으로 배를 잘 다룰 줄 알아 왜장 평행장平行長에 의해 수병 우두머리로 참전한 사람인데, 옥영이 영특하여 일본으로 데리고 갑니다. (평행장平行長은 소서행장 즉 고니시 유키나가이고, 돈우頓于라는 왜병은 일본어에서 높은

사람을 일컫는 도노殿를 옮긴 것으로 추정합니다.)

8. 옥영은 낭고사浪沽射에 있는 돈우의 집에 살게 되면서 돈우를 따라 민절閩浙로 상선을 타고 다니며 일을 합니다. 아직 옥영이 여자인 것은 들키지 않았습니다. (낭고사는 나가사키를 의미하는 것으로 추정합니다. 민절은 푸젠과 저장 지역을 가리킵니다. 옥영은 주인선을 탔습니다.)

9. 다시 절강성의 최척. 여유문은 최척과 의형제를 맺고 자신의 여동생을 배필로 맡기려 합니다만, 최척은 아직 아내가 살았는지 죽었는지 모른다며 그럴 수 없다고 거절합니다. 그러다 여유문이 병으로 세상을 뜨자, 최척은 절강을 떠돌아다니며 해상의 섬도사蟾道士 왕은이라는 사람이 선술仙術을 가졌다는 말을 듣고 그에게 가서 신선의 묘법을 배우려 합니다. (섬도사는 두꺼비 도사입니다!!)

10. 그런데 최척의 절친이었던 주우朱佑가 이를 말립니다. 주우는 원래 공명을 쫓지 않고 상업에 종사하는 사람으로, 섬도사를 찾아가련다는 최척의 말을 듣고, 그러지 말고 자신과 함께 오와 초 땅을 다니며 비단과 차를 팔아 강호를 유람하며 살자고 설득한 것입니다. 경자년(1600) 늦봄 최척은 주우와 함께 상선을 타고 동남해로 나섭니다. (신선을 따르겠다더니 금방 설득되어 상인이 되었습니다.)

11. 어느덧 안남에 이른 최척. 마침 안남에는 왜국 상선이 같이 정박하여 있습니다. 그런데, 4월 보름 밝은 달이 비추자 왜선에서 불경을 읽는 소리를 듣고 최척은 문득 옛 생각이 나

서 피리를 붑니다. 그러자, 불경 소리가 그치더니 그 배 안에서 조선말로 7언절구 한 수를 읊는 소리가 들려옵니다. 그런데 그게 바로 예전에 옥영이 읊던 바로 그 시 구절입니다. 자신들만 아는 시 구절을 들은 최척은 대경실색 피리를 떨어뜨릴 정도로 놀라고 맙니다.

12. 다음 날 아침 왜선으로 가서 '혹시 어젯밤 시를 읊은 사람이 조선 사람이면 한번 뵙고 싶소' 하고 청하자 나타난 옥영. 최척과 옥영은 살아서 안남에서 다시 만나게 되고 사정을 들은 돈우는 옥영을 방면해줍니다. 최척과 함께 절강으로 온 옥영은 다시 가정을 꾸리고 둘째 몽선을 나아 기릅니다.

13. 몽선이 성장하자 혼인을 시키려고 하는데, 이방인이라 어려움은 있었지만 홍도라는 인근의 낭자가 그에게 시집을 옵니다. 홍도는 아버지가 일찍이 조선에 파병되어 갔다가 돌아오지 않았으니, 조선인의 집안에 시집을 가서 언젠가 아버지를 찾으러 조선으로 가겠다고 합니다. (「홍도전」이 여기서 파생된 게 아닌가 생각합니다.)

14. 그러던 어느 날, 후금이 명에 쳐들어오고 최척은 다시 명나라 군대에 징집되어 전쟁터로 나갑니다. 최척이 소속된 명나라 군대는 크게 패하고 명의 장수 교일지와 그의 군대 잔병들은 함께 전투에 참전한 강홍립의 조선 군대에 몸을 의탁합니다. (이게 앞으로 등장할 문제의 사르후 전투입니다.)

15. 조선 군대도 후금에 패하고 나서 후금 군대가 항복한 조선인들만 살려두고 명나라 군인들은 모두 죽이자, 최척은 조

선인 쪽에 몸을 숨겨 목숨을 건집니다. 여기서 같이 포로가 된 어느 조선인 청년과 서로 믿고 의지하게 되는데, 어느 날 자신이 살아오며 겪은 일들을 이야기해주자 이 청년이 너무나도 놀라며 엎드려 절을 하니, 바로 큰아들 몽석이었습니다. (K-드라마의 원형을 찾았습니다.)

16. 포로를 지키던 후금의 군사가 그들의 사연을 듣고, 자신은 실은 평안도 삭주 사람인데 학정을 피해 후금에 건너왔다며 이들 부자를 몰래 풀어줍니다. 조선으로 돌아가던 도중 최척은 병에 걸려 생사를 헤매는데, 우연히 명군으로 참전했다 조선에 남아 의술을 베푸는 진위경을 만나 목숨을 구합니다. 그렇게 살아나 얘기를 서로 나누다보니 바로 그가 절강에서 얻은 둘째 며느리 홍도의 아버지였습니다.

17. 남원으로 간 최척, 몽석, 사돈 진위경은 최척의 아버지와 장모를 만나 다 함께 살게 됩니다. (아내와 둘째는 어찌하고……)

18. 절강에 남아 있던 옥영은 둘째 몽선과 며느리 홍도에게 자신이 일본에 있을 때 배를 타고 봄에는 복건 절강으로, 가을에는 유구를 다녀 바닷길을 잘 안다며, 조선옷과 일본옷을 지어 배를 타고 남서풍을 기다려 경신년(1620) 2월 출항합니다. 가는 동안 중국 배를 만나면 산동으로 가는 항주 사람이라 하고, 일본 배를 만나면 고기를 잡다 배가 부러져 항주에서 배를 사서 돌아간다고 대답하며 나아가다, 이무기를 만나 배가 부러져서 조그만 섬에 수리를 하러 내립니다. 잠시 후 해적을 만나 화물과 배를 빼앗기고 다행히 목숨만 건져

섬에 남게 되었는데, 식량도 떨어지고 죽기를 기다리던 그들 3인을 통영으로 가던 조선 관선이 보고 구조하여 순천에 내려줍니다. (옥영은 초지일관 심지 굳은 멋진 여인입니다!)

19. 걸어서 남원으로 찾아간 3인은 그곳에서 가족과 해후하고 다 함께 행복하게 살았다더라……라는 게 이 소설의 줄거리입니다.

7, 8, 11, 18단락에서 확연하게 「조완벽전」의 영향을 받은 게 보입니다. 실은 『어우야담』에 실린 홍도 이야기는 주인공이 최척과 옥영이 아니라 정생(정 선비)과 홍도인데, 이야기의 무대가 절강성까지입니다. 그리고 홍도가 왜에 잡혀 남만 무역을 하는 왜인에게 팔려 절강에 왔다가 정생을 만나는 것으로 되어 있기도 하고, 이야기가 『최척전』에 비해 좀 많이 평면적이고 디테일이 약합니다. 『최척전』과 『어우야담』「홍도전」의 관계는 국문학계에서 몇 가지 논란이 있었습니다. 대체로 「홍도전」이 먼저이고 『최척전』이 「홍도전」을 참고로 재창작되었다는 게 주류 학설입니다만, 실은 『최척전』이 먼저이고 「홍도전」이 나중의 요약 변개본이라는 학설도 있습니다. 그리고 이 경우 최척이 실존인물이었다는 주장을 배경으로 하고 있습니다.

이 학설들을 각각 제가 읽어본 바로는 아무래도 「홍도전」이 먼저고, 「조완벽전」, 「이생규장전」, 「만복사저포기」 등을 혼합하여 『최척전』을 만든 것으로 보는 것이 가장 합리적인 설명 같습니다. 게다가 다른 문서에 등장하는 동명이인을 근거로 『최척전』이 실존인물의 이야기라고 하는 것은 아무리 봐도 약간 무리가 있기도 하고, 무엇보다 당대에 이미 이 이야기가 창작 소설이었다는 증거가 있습니다. 그 얘기를 하려면 먼저 양대 호란에 조선이 휘말리기 전의 명청 교체기에 있었던 중요한 사건을 얘기해야 합니다.

사르후 전투라는 스캔들

17세기 초반, 이미 전란을 여러 차례 겪은 조선 사람들의 여러 기구한 운명들이 이야기로 전해지면서 소설이라는 형태로 창작되어지기 시작했고, 특히 「조완벽전」처럼 스케일 자체가 인식 범위를 넘어서는 경우 대단히 파급력이 있었던 것으로 보입니다. 그런데, 『최척전』은 여기서 그런 소설이 있었구나 정도가 아니라 실제 당시 심각한 문제로 비화했습니다. 정묘호란(1627)과 병자호란(1636)이 일어나기 전, 만약 소설에 언급된 대로 『최척전』이 1621년에 쓰여졌다면, 그로부터 2년 전인 1619년 2월 조선은 명나라의 요청으로 후금의 수도 허투알라를 공격합니다.

이때 허투알라 인근 사르후에서 방비에 나선 후금군에게 먼저 명군이 대패한 후 조선군도 이어진 일련의 전투에서 계속 밀리게 됩니다. 그러다가 조선군이 참전한 심하深河 전투에서 최종적으로 조·명 연합군은 후금군에게 모두 사로잡히게 됩니다. 이때 조선군을 이끈 강홍립은 항복을 결정하고 조선군들은 후금의 포로가 됩니다. 이를 통칭해서 보통 사르후 전투라고 합니다. 위의 14와 15단락에 제가 밑줄 친 부분이 바로 이 사르후 전투가 배경입니다. 사르후 전투에서 최척이 속한 명나라 군대가 밀려서 조선군에 몸을 의

탁했는데, 조선군마저 패하고 후금에 항복한 후 포로가 되었다는 것입니다. 그런데, 이게 좀 미묘한 서술이 있어 바로 '쇼 미 더 트루스' 조선 버전 디스전이 벌어집니다.

사르후의 진실은?

사르후 전투에서 조선군이 패전한 순간은 당시 참전했던 자암紫巖 이민환李民奐이 기록한 『책중일록柵中日錄』에 상세하게 나와 있습니다. 이 『책중일록』은 1619년 광해군 때 강홍립이 이끄는 1만 3000명 규모의 조선군이 명나라의 요청으로 후금을 공격했던 심하 즉 사르후 전투에 종사관으로 참가했던 이민환이 사르후에 출병하게 된 배경을 기록하기 시작한 1619년 1월 9일부터 명나라군과 보급 등의 문제로 갈등을 일으키다 결국 후금군에게 패배하고 포로가 된 다음 후금과 조선 측의 교섭으로 일부 인원을 송환하기로 하면서 제비뽑기에 뽑혀 송환될 때까지의 일기입니다. 일각에서는 광해군이 후금과 명 사이에서 실리외교를 펴기 위해 강홍립에게 전투에서 슬며시 항복하라 했었다는 통설이 널리 퍼지기도 했지만, 당대 그 전투의 전 과정에 상급 참모부로 있으면서 직접 목격한 사람의 기록을 통해 보면 그런 상황으로 보기 어렵다는 게 솔직한 감상입니다.

아무튼 조선에 돌아온 이민환은 악플에 시달리는 신세가 됩니다. 1619년 3월 5일 도원수 강홍립과 부원수 김경서가 항복을 하고 난 후, 후금에서는 총 4000여 명의 포로 중에서 이민환을 포함한 장수 8명과 하인들은 허투알라의 도성 내 수용소에 구금시키고, 나머지 병졸들은 성밖 민가에 분산 수용합니다. 3월 23일, 조선인 병사들 중에서 손에 굳은살이 없는 사람 400~500명을 골라낸 다음 이들을 양반 출신으로 간주하여 모두 죽여버립니다. 그나마도 원래 누르하치가 조선인 병사들을 모두 죽이라는 것을 아들 아이신기오로 다이산愛新覺羅代善(조선에서는 귀영가貴盈哥로 통칭되었습니다)이 간신히 말려 양반만 죽였다고 합니다. 나머지 병졸들은 노비로 나눠졌다가 목숨을 걸고 탈출하여 겨우 2700명이 압록강을 건너 도망쳐 조선으로 돌아옵니다. 그리고 이들이 전투 패배의 자초지종과 도성에 사로잡혀 남은 장수들에 대한 이야기를 퍼트리기 시작하였는데, 그중에 특히 사르후에서 궤멸되어 조선군에 의탁을 요청한 명나라 군대의 이야기가 포함되어 있었습니다. 이듬해 1620년 7월에 송환협상을 통해 돌아온 장교급 포로단 10여 명에 대해 이와 관련된 여러 가지 말들이 나돌기 시작합니다.

그런데 이민환의 『책중일록』 1619년 3월 4일과 5일자에 다음과 같은 기록이 있습니다.[27]

3월 4일

(전략) 잠시 후 진陳 상공相公, 우 수비, 교 유격이 말을 타고 도착하여 명나라 군사들이 모두 전사했으며, 제독 또한 죽음을 면치 못했다고 전했다. 우 수비와 진 상공은 즉시 서둘러 떠나갔다. 교 유격은 "나는 귀하의 군대를 감독해야 하니 떠날 수 없다"라고 했다. 원수는 활, 화살, 도검을 주고는 함께 일을 도모하기로 했다. (중략)

부원수가 가서 오랑캐 장수 귀영가와 말을 탄 채 만나, "우리나라와 너희 나라는 전부터 원한이 없었다. 지금 출병한 것은 부득이해서였다. 만일 병력을 풀고 물러난다면 양국에 무궁한 이익이 될 것이다. 그렇지 않다면 우리 군도 목숨을 걸고 전투를 벌일 것이다. 아마도 그대가 우리나라의 사정을 모를 것이라 생각해 내가 만나러 왔다"라고 했다. 오랑캐 장수가 "양국은 원한이 없으니 마땅히 각기 병력을 풀자"라며 하늘을 가리켜 맹세하고는 다시 원수를 만나겠다고 요청했다. (중략)

이때 화의에 대한 이야기가 진중에 전해지자 군졸들이 몹시 좋아해 대오가 회복되지 않았다. 마침 절강 병사 일고여덟이 우리 진 앞에 이르자 군졸들이 분분히 소란을 떨며 쫓아냈는데 막을 수가 없었다. 원수는 즉시 교 유격에게 그 집 종들까지 모두 우리나라의 의복과 전립을 쓰라고 했는데, 교 유격은 "화의가 만일 이루어진다면 나는 귀국에 함께 가고자 한다"라고 했다. (후략)

3월 5일

(전략) 나는 이때 자살하려 했지만 수하에게 붙들려 결행할 수가 없었다. 그리고 적장이 두 원수를 대우함이 자못 공경하여 결코 핍박하거나 욕보이는 일이 없었고, 심지어 하늘을 가리켜 맹세했다는 것을 듣고는 혹시 화약이 이루어져 송환될 수도 있겠고, 만일 끝내 협박하거나 욕됨을 당하면 그때 죽어도 늦지 않을 것이라 생각하여, 결국은 은인자중하며 따라갔다.

교 유격이 우리 군관들에게 말했다. "귀국의 군대가 적에게 핍박을 받는 것이 이와 같으니, 내가 비록 함께 간다고 해도 필시 죽임을 면치는 못할 것이다"라고 하면서, 편지 한 통을 아들에게 전해달라 하고는 바로 절벽에서 투신했다. 그 편지에는 "문신과 무장이 모두 사직을 우습게 알고 하나같이 사욕을 쫓고 비루함을 탐해 속국으로 하여금 군대를 잃게 만들었다. (중략) 아버지가 써서 아들 환에게 줌. 서명". 지금 들으니 진중에서 교 유격을 적에게 넘기자고 말한 자들이 있다고 하니, 말의 망극함이 이 지경에 이르렀단 말인가! 그 편지는 우리들이 잘 숨겨서 가지고 왔다. (후략)

사르후에서 궤멸된 유격遊擊 차오이치(교일기)喬一琦와 그의 휘하 명군 사병들이 조선군에 의탁했다가 명군 장수 교 유격은 자살을 택했다는 자초지종을 전하고 있습니다.

명예를 건다!

그런데, 여기서, 이 일이 있은 지 불과 1년이 지난 1621년에 쓰여졌다고 말미에 적혀 있는 『최척전』에 이런 장면이 나옵니다. 절강에 살던 최척이 명나라 군대 유정 장군의 소속으로 유격 차오이치의 휘하에서 이 사르후 전투에 참전했다가 패한 다음 조선군에 의탁하게 되었는데, 후금군이 명군을 모두 죽이자 조선인으로 숨어 들어가 목숨을 건지는 내용입니다. 『최척전』의 단락 14, 15입니다.

교 유격이 패졸 10여 인을 인솔하여 조선 진영으로 들어와 의복을 빌려 입었다. 원수 강홍립은 남은 옷을 주어 죽음을 면하도록 하였는데, 종사관 이민환이 누르하치에게 보일까 두려워 다시 옷을 빼앗고 그들을 잡아 적진으로 보냈다.

어헉! 예, 『최척전』의 저자 조위한은 대놓고 세간에 나도는 말을 아예 사실처럼 적어서 내어놓은 것이죠. 『최척전』이 세간에 퍼지자 이민환의 형인 이민성이 컨트롤 비트 다운 받았다면서 치고 나옵니다. 먼저 「우분시憂憤詩」입니다.²⁸

(전략)
너는(동생 이민환을 지칭) 군량 부족 때문에 평안감사를 비난했고,
담당 장교를 참수하려다 윤수겸과 틀어졌으니
평생에 친했던 사람이 하루아침에 원수가 되었지.
결국 도망쳐온 군졸들의 공초에 멋대로 사실이 왜곡되었고
너의 실제 행적은 하나도 드러내지 못했네.
서울에서 미워하는 자들이 부추겨 죄를 백 배나 더했으리.
감군 교일기를 묶어 적군에 넘겼다는 말로 너를 죽이려 했네.
교일기는 밧줄을 묶어 스스로 목을 매고 언덕에 떨어졌으니
그 말은 깨뜨릴 수가 없었고 전후로 증언이 일치했지. (후략)²⁸⁻¹

그리고 이어서 「제최척전후題崔陟傳後」라는 시를 선보입니다.

괴이하구나! 『최척전』이여, 누가 지었는지도 모르겠구나!
실체가 없고 문장이 잘되고 못된 것은
지금 논할 겨를이 없고 대략 그 심술을 타파하리.
최척이라는 자는 본래 남원의 사족이고,
그의 처는 옥영인데, 재주와 지혜로 배필이 되었다네.

(중략)

교 유격을 결박해 넘겼다고 내 동생을 연루시켰는데,

최척이 생환하여 증언했다고 말을 퍼뜨렸네.

패전 후 도망 온 사람들은 월강 즉시 수비대장이 공초를 받았고,

감사와 병사가 아울러 심문을 하는 것이라네.

평양부로 압송하여 낱낱이 엄하게 조사를 했네.

몇 년 몇 월 며칠에 어느 곳의 누구누구인지

이천사백 명을 하나하나 장부에 기록했네.

그런 연후에 임금님께 보고하고 비변사에 내려보내니

비변사에서는 그 사람을 불러 심문을 마친 후에야 고향에 돌려보냈네.

최척은 교 유격의 휘하에 있었으므로 다른 도망자와는 달랐지.

그 종적이 특이하니 마땅히 널리 전파되었을 터인데,

어찌 이 전기가 나온 후에야 그 전말을 알았겠는가!

하물며 남원에는 본래 돌아온 사람이 없었음에랴!

아마도 풍문에 바탕했을 것이며,

반드시 사실에 근거한 것은 아닐 것이리.

아, 글이란 한두 가지가 아니니 때로는 희롱하는 이야기도 있고

오유, 자허 같은 가상인물로 쟁패를 겨룰 수도 있지.

『태평광기』의 기이한 전설은 소설로서 해가 될 것이 없으니,

부러 허황하게 만들어 즐겁게 하고 속임수를 만들어도 과하지는 않지.

어찌 이처럼 험한 말을 하면서 기회를 타고 사악을 부리는가! (후략)**28-2**

오호! 한마디로 '남원에 돌아왔다는 사람 중에 그런 이름도 없고

그냥 지어낸 이야기로, 사람, 그러면 쓰나'라는 것이죠. 『최척전』과 「홍도전」의 선후 관계에서 최척이 실존인물이라고 하여 『최척전』이 먼저이고 「홍도전」이 이후라는 학설에는, 실은 이 이민성의 시로 인해 『최척전』이 세간의 루머를 끌어들인 실화이며 이로 인해 17세기 초반 선비들 사이에 진실 공방이 벌어졌다는 주장들을 배경으로 하고 있습니다. 하지만 조위한이 왜 소설에 이민환의 루머를 끌어들였는지는 아직 잘 모릅니다. 그 난타전의 이면에 어떤 은원이 얽혔는지 문득 궁금해집니다.

디스전의 결말

이 디스전이 벌어지고 난 지 불과 10년이 되자마자 조선은 두 번의 이어지는 호란에 휩싸이고, 동아시아의 세계는 오랑캐가 천자가 되는 새로운 시대로 접어듭니다. 파리의 기메박물관에 소장된 조선 문헌들 중에 19세기 후반의 조선 고소설 『삼국기봉三國奇逢』이라는 한문소설본이 있습니다. 아마도 1889년 이전에 필사된 것으로 보이는 이 소설은 『최척전』의 이본입니다. 그런데, 내용이 약간씩 미묘하게 고쳐져 있습니다. 그중에 지금까지 얘기했던 부분을 다시 살펴보면 "교 유격이 패잔병 수십 인을 이끌고 조선군 강홍립 장군의 영에 도망쳐 들어가서는 조선옷으로 갈아입고 화를 피하고자 하였다. 강홍립이 처음에는 그리하도록 도와주는 것 같다가 오랑캐 장수들의 귀에 들어가 마찰이 생길까 염려하여 이내 맨몸으로 포박하여 오랑캐 영으로 보내었다"[29]고 되어 있습니다. 적어도 이민환의 이름은 삭제되었군요. 대신 강홍립이 불의로운

자의 타이틀을 넘겨받았습니다. 그럭저럭 다행이라고 할지 도무지 모르겠지만, 일단 여기서 『최척전』에 얽힌 조선 버전 디스전의 한 자락은 마무리하고 다시 바다의 이야기로 돌아가겠습니다.

아란타의 등장

17세기 초반만 해도 "왜선은 소형선이어서 큰 바다에는 나갈 수 없기 때문에 백금 80냥을 주고 당선唐船을 구입하는데"라는 조완벽의 증언이나 덴지쿠 도쿠베에의 기록에서 알 수 있듯이, 일본은 일본에서 만든 배만으로는 원양으로 나가지 못해 네덜란드 같은 유럽이나 중국의 배와 선원을 고용하고서야 항해를 할 수 있었습니다.

그런데 세계 최강의 스페인-포르투갈 연합 해상왕국과 맞서 독립전쟁을 하고 있던 네덜란드는 도대체 어떻게 일본 주인장 무역의 에피소드에 등장할 정도로 순식간에 동아시아의 바다에 자리를 잡게 된 것일까요?

다시 『화한삼재도회』를 펼쳐봅시다. 아마도 의도적인가 싶을 정도로 앞서의 여송, 아마항과 이서파이아 항목 한참 뒤에 아란타阿蘭陀라는 나라가 소개되어 있습니다. 여기에는 오란타おらんた라고 일본어 발음이 붙어 있고, 그 아래에는 홍모紅毛라고 적혀 있습니다. 그 위치는 일본에서 바닷길로 1만 2900리라고 적혀 있고 이어지는 이들에 대한 설명은 먼저 살펴본 남만인들과는 완전히 분위

◆ 아란타인, 『화한삼재도회』. 에도시대 일본인들은 아란타인이 마흔을 넘기지 못한다고 잘못 알고 있었습니다.

기가 다르고 세세합니다. 실은 한자 아란타 또는 일본어 표기 '오란타'는 근세 일본인들이 홀란트를 일본어로 옮겨 적은 것입니다. 그런데 현대 일본어에서 탁음과 반탁음이라고 하여 ˝ 또는 ˚을 붙여 유성음이나 된소리를 표기하는 방식이 이 시기에는 아직 자리를 잡지 않아 고문헌에는 일반적으로 탁점이나 반탁점이 붙어 있지 않은 경우가 많습니다. 그래서 여기 오란타로 적혀 있는 일본어 발음은 실은 반탁점을 더해 오란다おらんだ라고 읽어야 합니다. 중국에서는 처음 접촉했던 명나라의 경우 화란和蘭 혹은 요즘은 하란荷蘭이라는 표현을 더 일반적으로 사용했습니다만, 이 역시 홀란트를 한문으로 옮겨 적은 것입니다. 사실 홀란트는 네덜란드를 구성하는 지방 중에서 가장 대표적인 지방이어서, 얼마 전까지만 해도 한국에서도 네덜란드를 통칭하는 이름으로 불렸습니다.

제5장 홍모인의 나라 381

그전에 먼저 유럽어를 표기하기 위해 사용된 한자 중에 일본어 발음이 한국어 발음과 대단히 다르게 읽히는 것 몇 가지만 알려드리겠습니다.

- 모牟는 한국어의 ㄴ받침에 해당하는 일본어의 ン을 표기하는 데 사용됩니다.
- 지止는 일본어 발음이 ト이고 '토'라고 읽습니다.
- 목木자의 일본어 발음은 キ입니다.

이 석 자만 우선 아셔도 아래의 유럽언어 표기를 조금 쉽게 읽을 수 있을 것 같습니다. 예를 들어 아래 글 중에 "항상 밀가루 반죽을 먹는데 이를 파모波牟라 한다" 부분의 '파모'를 '판'으로 읽으면 바로 '빵'을 의미한다는 것을 쉽게 이해할 수 있습니다.

생각건대 홍모국紅毛國은 서북 끝에 있는 가장 추운 나라이다. 모두 7대주大州가 있고, 아란타는 그중 한 주였는데, 지금은 총명總名이 되었다. 7대주의 이름은 세이라모지世伊羅牟止·구류우네해具留宇禰解·우이다량목宇伊多良木·계류지우모지計留止宇牟止·호우포류이세류乎宇布留伊世流·포리이수량모지布利伊須良牟止·호량모태乎良牟太이다. 그 나라의 임금은 고모파이아古牟波爾亞라 부른다. 그 나라 사람들은 살갗이 희고 머리털이 붉고 코가 높고 눈이 둥글고 별이 있으며, 늘 개처럼 한 다리를 들고 오줌 누며, 모직毛織 옷을 많이 입는데 아름다운 장식이 다른 곳과 다르다. 먼 나라와 무역하기를 좋아하여, 교류파咬嚼

吧에 대관大官을 두고 일러 세니라류(世称羅留, general)라고 한다. 일본과 그 밖의 여러 나라에 상선을 보내는데, 10년마다 한 번 회계會計한다. 그 차관次官은 해마다 6~7월에 나가사키長崎에 와서 데지마出島에 머물다가 이듬해 봄에 에도江戶에 나아가 연시年始와 교대交代의 예禮를 올리고, 다시 6~7월에 오는 사람과 교대하여 가는데, 이것은 인질인가? 그 사람을 가비단(加比丹, capitaõ)이라 한다. 그다음 차관은 폐지류(閉止留, ヘトル, feitor), 또 다음 이름은 미이세모米伊世车(아마도 상인marchand/merchant으로 짐작하고 있습니다)라고 한다.

글을 가로쓰기하며, 닭·돼지 등 여러 고기를 먹고 젓가락을 쓰지 않는다. 항상 밀가루 반죽을 먹는데 이를 파모波车(빵)라 한다. 또한 방어살을 돼지기름에 발라 포로 만든 것을 라가모羅加车(라칸)라고 한다. 조각조각 잘라 먹는 것이 맛있다고 한다. 음식을 먹을 때에는 낮은 관원이 앞에서 북치고 춤추며 권한다. 이와 같이 유유자적한 모습을 보인다. 그럼에도 불구하고 장수하지 못하여 60세 된 사람은 일본에서 100세와 비슷해 매우 드물며, 50세 정도면 노쇠하다고 본다. 아직 20세인 자는 전적으로 가업을 맡는다. 성정性情이 정교한데 천문天文, 지리地理, 산수算教와 외과치료와 의약外治醫藥이 매우 발달했다. 이곳의 토산물로는 성성피猩猩皮, 모직〔羅紗〕류, 모직 벨벳〔毛天鵝絨〕, 팔사단八絲緞, 단자緞子, 산호 구슬〔珊瑚珠〕, 수정水晶, 마노瑪瑙, 호박琥珀, 훈륙薰陸, 주사朱砂, 공청空青, 목내이木乃伊(약재로 사용된 미라), 자라 껍데기〔鼈甲〕, 우모가우류宇车加宇流(유니콘 뿔이라고 알려진 일각고래의 뿔 약재), 혈갈血竭, 평좌량파좌류平佐良婆佐留(pedra-bezoar, 약재), 안경眼鏡, 유리〔硝子〕, 토규土圭(시계), 도자기〔磁器〕, 외과 도구, 수량모가수천모須良

車加湏天車(slangensteen, 약재), 이수다랑비伊湏多良比(astrolabe, 해의 위치를 측정할 수 있다), 성척星尺(quadrant, 사분의, 별의 정도를 측정할 수 있다), 약용 기름[藥油](포르투갈 기름. 파류사모波留佐車류이다), 향주머니 가죽[䐃皮], 아연亞鉛, 아선약阿仙藥, 설탕沙糖, 목향木香, 후추胡椒가 있다.

상선이 35~36개국에 왕래하므로 진기한 물건이 이루 헤아릴 수 없이 많다. 소문답랄蘇門答剌(수마트라)·파우琶牛(미얀마의 베쿠)·방갈랄傍葛剌(벵골)·파사波斯(페르시아)·발니渤泥(보르네오) 등의 나라에는 아란타만이 왕래할 수 있는데, 대개 그 배들은 다 8개의 돛이 있어 순풍과 역풍을 가리지 않기 때문이다.[30]

아란타가 7대주 중 하나인데 전체를 부르는 이름이 되었다는 설명도 정확하고, 이어서 이 7대주의 이름도 모두 나옵니다. 실제 책을 자세히 보면 각 한자 이름 옆에 일본어 발음이 붙어 있습니다. 앞서 언급한 대로 현대 일본어와 달리 유성음이나 된소리를 표기하는 탁점이나 반탁점이 붙어 있지 않아서 조금 추정하여 음을 알려드리겠습니다.

- 세이라모지世伊羅车止 セイラント(세이란토) = Zeeland 제일란트
- 구류우녜해具留宇禰解 クルウネケ(쿠루우네케) = Groningen 흐로닝언
- 우이다량목宇伊多良木 ウイタラキ(우이타라키) = Utrecht 위트레흐트
- 계류지우모지計留止宇车止 ケルトウント(케루토운토) = Gelderland 헬데를란트

- 호우포류이세류乎宇布留伊世流 (가타카나 표기 누락) Overrijssel 오버레이설
- 포리이수량모지布利伊須良牟止 フリイスラント(후리이스란토) = Friesland 프리슬란트
- 호량모태乎良牟太 フランタ(후란타) = Holland 홀란트

호오! 이 내용은 나중에 조선의 실학자들에게도 많이 알려져서 이덕무의『청장관전서』같은 책에도 거의 복사해서 붙여넣기 수준으로 포함되어 있습니다.

한편 중국 역대 정권 중에 처음으로 네덜란드와 접촉한 명나라 역시 네덜란드에 대해 기록을 남겨두었습니다.『명사』「외국전」화란편에서 처음 소개와 마지막의 일반 정보 일부를 살펴보겠습니다.[31]

> 화란和蘭은 또 홍모번紅毛番이라 부르며, 그 지역은 불랑기와 가깝다. 융러永樂·쉰더宣德 연간에 정허鄭和가 7차례 서양으로 나가 제번諸番 수십 개국을 편력했지만 화란이라 일컫는 나라는 없었다. 그 나라 사람은 눈이 깊고, 코가 크며, 머리와 눈썹, 수염이 모두 붉고, 발의 길이는 1척尺 2촌寸이며, 그 장대한 용모가 보통 사람의 배이다.[31-1]

정허의 대항해 시기에는 당연히 존재하지 않던 신생국가이니 그런 나라가 없었다는 게 당연합니다. 붉은 머리, 눈썹, 수염이 불랑기나 여송의 남만인들과 달라서, 이들은 홍이紅夷라든가 홍모인紅

毛人이란 이름으로 불리게 됩니다.

그들의 본국은 서양에 있고, 중국과의 거리가 매우 멀어 중국인이 일찍이 이르지 못하였다. 그들이 믿는 바는 오로지 큰 배와 대포뿐이다. 배의 길이는 30장丈이고, 넓이는 6장이며, 두께는 2척尺여로, 5개의 돛대가 세워져 있고, 뒤에는 3층의 망루가 있다. 옆에는 조그마한 창문을 만들어 동포銅砲를 거치하였다. 돛대 밑에는 2장丈의 큰 철포鐵砲를 거치하였고, 이를 발사하면 석성石城을 꿰뚫어 무너뜨릴 수 있고 수십 리里가 진동했으며, 세간에 홍이포紅夷礮라 칭하는데, 곧 이들이 만든 것이다. 그러나 배가 커서 방향을 바꾸기가 매우 어렵고, 혹 얕은 물과 모래를 만나면 움직일 수 없었다. 그리고 또 그 사람들은 싸우기를 좋아하지 않아, 그 때문에 왕왕 꺾여 패하였다.

그들이 부리는 사람은 오귀烏鬼라 일컫는데, 물에 들어가도 가라앉지 않고 마치 평지에서처럼 해면을 달린다. 그 [배의] 키柂 뒤에는 조해경照海鏡을 설치했는데, 큰 것은 직경이 수 척尺으로 수백 리를 볼 수 있다. 그 나라 사람들은 모두 천주교를 믿는다. 산물産物로는 금, 은, 호박琥珀, 마노, 파리, 천아융天鵝絨, 쇄복, 차라연이 있다. 나라는 원래 부유하여 중국의 화물貨物을 만나 마음에 들면 후하게 지불해도 아까워하지 않음으로, 이 때문에 중국 사람들이 이들과 교역하기를 좋아했다.³¹⁻²

불랑기 포르투갈인은 물속에서도 오래 있을 수 있는 해귀를 데리고 다녔다고 하였는데, 화란인은 아예 물에 가라앉지 않고 물 위로 다니는 오귀를 데리고 다닌다고 했습니다. 바다에 능한 검은 피부의 사람들이 정말 동아시아에 충격이었나 봅니다. 그리고 나라가 부유하여 값을 후하게 치를 줄 안다는 것에 과연 상업의 네덜란드인이구나 하고 납득이 갔습니다. 『명사』「외국전」의 '화란'은 이 두 단락의 중간에 중국에 어떻게 접근을 했는지, 그리고 어떻게 밀고 당기기를 했는지에 대한 역사가 나와 있습니다. 그 부분은 앞으로 이야기를 하면서 풀어보겠습니다.

그 나라의 임금은 고모파이아

다시 『화한삼재도회』의 내용을 살펴보겠습니다. 그런데, 여기에는 "그 나라의 임금은 고모파이아라 부른다其國主. 號古牟波爾亞"라는 부분이 있습니다. '고모파이아'에 붙은 가타카나 표기는 콘한야コンハンヤ입니다. 아마도 반탁음이 붙었다면 콘판야라고 발음했을 거로 짐작합니다. 콘판야는 그러니까 회사라는 의미의 콤파니Compagnie입니다. 네, 짐작하시듯이 바로 유명한 네덜란드 연합동인도회사를 의미합니다. 당시 전 지구 어디에서도 나라의 주인이 없는 나라의 형태를 이해할 수 있는 곳은 거의 없었을 거라고 생각됩니다. 아마 이 정보의 출처가 되는 나가사키의 오란다어 통역이 너희는 누구의 다스림을 받느냐 하니 "저희는 콤파니를 따릅니다"라고 대답했을 테고 당연히 이 콤파니가 왕을 지칭하는 것으로 받아들였던 것 같습니다. 자본주의 만세, 인가 싶지만, 알고 보면 얘기는 좀더 복잡합니다.

'콤파니'의 척후

먼저 네덜란드 동인도회사가 너무나도 유명하지만 네덜란드의 첫 번째 동아시아 진출 회사는 아닙니다. 디르크 '시나' 폼프의 경우처럼 그 이전에 포르투갈의 배를 타고 동인도 바다에 도달한 네덜란드인도 있었습니다. 그리고 독립전쟁이 시작되고 포르투갈이나 스페인 배를 탈 수 없게 된 후, 네덜란드 동인도회사가 생기기 전인 1594년부터 1602년 사이에 네덜란드에서는 포르콤파니 voorcompagnie라는 회사들이 성행했습니다. 이때의 회사들은 자금을 모아 배와 실을 상품을 준비해서 먼바다에 나가 뭔가 더 귀중한 물건으로 바꿔오면 그 이익을 자기 지분만큼씩 배당받고 해체하는 형식인, 요즘의 프로젝트 파이낸싱과 유사한 형태의 회사 조직이었습니다.

포르콤파니는 앞에서 설명드린 대로, 네덜란드가 반란을 일으킨 이후 포르투갈이 장악하고 있는 대서양의 해상로가 막히자 포르투갈을 제치고 동인도와 직거래를 해보려고 시작된 것입니다. 앞서 얘기한 것처럼 1597년에 처음으로 동인도 항로를 뚫었던, 말 그대로 '멀리 가는 회사'라는 의미의 콤파니 판 페레Compagnie van Verre가 일종의 포르콤파니의 효시라고 할 수 있습니다. 이 회사의 프로젝트 원정은 포르투갈이 장악한 해로를 뚫고 동인도를 다녀올 수 있게 되었다는 사실만으로도 이미 충분한 의미를 갖는 것이었습니다. 그러자 이때부터 해외 원정대가 봇물 터지듯 등장합니다. 앞에서 말씀드린, 1600년에 윌리엄 애덤스와 요스턴이 타고 처음 일본에 도달한 네덜란드 배인 데 리프데de Liefde호도 마찬가지로 이런 포르콤파니에서 보낸 배였습니다.

포르콤파니들은 엄청난 하이리스크이지만 반면 엄청난 고수익률을 가져다주기도 했습니다. 목숨 걸고 8개월여 배 타고 나가 동인도의 향신료를 싣고 살아서 돌아오면 '레전드 400퍼센트' 같은 초대박 수익률이 터지는 수익 구조였습니다. 요즘도 고수익률 하이일드 채권이란 신용등급이 투기 단계인 정크본드의 다른 이름이기도 합니다. 당연히 인간의 본성은 그냥 놔두면 과열 투기에 몰두하게 됩니다. 포르콤파니들은 8년 동안 총 65척의 배로 여기저기서 15번의 출항을 하게 됩니다. 네덜란드 연합 공화국의 각 지역에서 너도나도 상업적 득실을 따지지 않고 '묻지 마' 식으로 포르콤파니가 조성되자 '이러다간 우리 다 죽어' 하면서 인간의 이성이 다른 방향은 없는지 다 같이 상생할 방법을 모색합니다. 그 결과가 1602년의 최초의 근대적 주식회사라고 하는 연합동인도회사, 즉 VOC(de Verenigde Oost-Indische Compagnie)의 결성으로 이어집니다.

연합동인도회사, VOC의 탄생

연합동인도회사는 오늘날 주식회사의 효시라고 하는데, 배들이 돌아와서 이익을 투자자들에게 한번에 다 청산하고 해산하던 포르콤파니들과 달리, 일반 주주들이 지분을 사면 발생한 이익을 정해진 비율의 배당금 형태로 배분하고, 대신 기존의 배와 조직, 인원을 그대로 유지하여 다음 비즈니스에 다시 투입하여 영속성을 갖게 하는 그야말로 혁신적인 조직이었습니다. 그러자 이 회사는 보다 장기적인 투자와 해외 진출을 할 수 있게 됩니다.

앞서 로테르담의 상인들이 조성한 펀딩회사의 배를 타고 나갔다가 일본에 표착한 생존자 중 멜키오르 판 산트보르트Melchior van Santvoort를 언급했습니다. 히라도에 드나드는 중국 배들로부터 소식을 듣고 일본의 무역선을 몰고 태국 파타니에 자리잡은 네덜란드 상관을 찾아갔을 때 마침내 그가 만난 네덜란드인들은, 그사이 모든 회사들이 통폐합되어 연합동인도회사의 독점 체제로 동아시아에 나와 있던 사람들이었습니다. 17세기 네덜란드인의 효율은 당시 세계 최고 수준이었다는 생각이 들 정도입니다.

왕자의 서신이 필요해![32]

그런데 『화한삼재도회』에 남겨진 오란다, 즉 네덜란드는 콘판야의 통치를 받는다고 했지만, 실제 네덜란드는 1579년부터 1795년 나폴레옹이 침공할 때까지 네덜란드 연합 공화국이라는 나라로 존재했습니다. 앞서 잠깐 언급한, 원래 부르고뉴 공작과 협상을 하기 위해 만들어진 스타텐헤네랄Staten Generaal은 연합 공화국에서는 공화국의 연방의회 같은 최고의결기구가 됩니다. 그런 다음 여기에 각 지방별로 대표를 보내 일종의 의회와 같은 기구가 된 것이지요. 또 각 지방에는 스타트허우더Stadhouder라는 지도자가 있었습니다, 스타트허우더는 원래는 총독이나 감독관 같은 지위로, 영주를 대신해서 현지의 귀족이나 지도층을 관리, 감독, 협상하는 역할을 하는 사람이었습니다. '과묵한' 빌럼 1세가 원래 그런 역할을 하였죠. 하지만 네덜란드가 부르고뉴-합스부르크 제국에 반란을 일으킨 이후에는 그 이전의 어느 유럽 국가에서도 비슷한 유형을 찾아보기 어려운 존재로 그 역할이 바뀝니다. 이 자리는 우선 왕이나 공작 같은 영지의 소유자가 아닙니다. 세습이 원칙도 아니지만 세습을 하는 경우도 있습니다. 추대를 해서 뽑히는 것이긴 한데 아예 스타트허우더를 뽑지 않는 경우도 있었습니다. 게다가 한 명이 여러 지방의 스타트허우더를 겸임하는 경우도 있었습니다.

예를 들어 훗날 영국에 무혈혁명으로 진격하여 영국 왕이 된 윌리엄 3세는 '과묵한' 오라네 공작 빌럼 1세의 손자입니다. 네덜란드 쪽에서는 당연히 윌리엄이 아니라 빌럼 3세Willem III라고 불렸습니다. 빌럼 3세는 7개 연방지방 중에서 홀란트, 제일란트, 위트레흐트, 헬데를란트, 오버레이설, 드렌트의 스타트허우더였습니다만, 마지막까지 흐로닝언에서는 스타트허우더가 아니었습니다. 빌럼 3세의 앞뒤 기간은 아예 연방 전체를 이끄는 스타트허우더가 없던 시기이기도 합니다.

앞서 설명했듯이 포르투갈이나 스페인은 왕실이 해외 진출의 기구입니다. 각각의 선장은 왕실의 외교관 혹은 공무원 신분으로 국왕의 위임장을 갖고 인도나 동인도, 중국이나 일본에 가는 것입니다. 그런 반면 이후의 네덜란드나 잉글랜드는 회사가 각 항해의 조직자입니다. 선장은 투자자의 위임 대표인 거죠. 그러니 아시아의 시장에 진입해서 그곳의 군주나 실력자를 만나려면 뭔가 사실과 무관하더라도 권위 있는 위임장이 필요했습니다. 생각해보면 17세기 조선에서, 제주도에 처음 보는 배 두세 척이 달랑 제주도의 항구에 들어와 '너네 왕을 만나겠노라' 요구한다고 그게 가능했겠습니까. 그런데 잉글랜드는 당연히 왕이 있었죠. 그래서 로열 차터Royal Charter와 같이 왕이 비즈니스에 힘을 실어주는 제도가 발전하였던 것입니다.

그런데 네덜란드 배들은 문제가 좀 있습니다. 일본이나 중국에는 이미 강력한 가톨릭 국가인 포르투갈이나 스페인이 진출해 있었단 말이죠. 잉글랜드는 그렇다 쳐도 네덜란드는 이들 이베리아 국가에게 전혀 다른 의미인 곳이죠. 일본이나 중국 당국에 '이들은 국왕도 없고 나라 자체도 사실 없는 사교(개신교)를 믿는 반란집단이다'라고 하면 얼마든지 팩트를 사용한 중상모략을 할 수 있었던 것입니다. 아니, 실제로 그렇게 했습니다.

그래서 초기에 이런 문제를 어느 정도 해소하기 위해 포르콤파니나 VOC 모두 다 실제 왕은 아니지만 스타트허우더를 맡고 있던 오라녜 공 마우리츠 왕자를 '홀란트의 왕'이라고 명기한 외교적 편지를 받아서 항해에 나섰습니다. 이런 외교적 수사는 실은 지역에 따라 다르게 작용했습니다. 동인도 향신료제도의 술탄들에게는 '오랜 기간 우리가 싸워온 포르투갈과 척을 지고 있는 홀란트란 나라의 왕이 보낸 자들이라면 같이 싸울 수 있겠구나' 하고 긍정적으로 받아들여졌습니다. 실제로 이렇게 해서 1600년 '향신료제도' 몰루카제도에 있는 암본섬의 이슬람 왕과 반포르투갈 동맹을 맺으면서 동인도의 향신료 시장에 진입하게 됩니다. 중국의 경우는 다시 자세히 얘기하겠지만 결국 18세기 후반까지 발을 직접 들여놓지는 못합니다. 그런데 일본과는 의외로 흥미로운 전개가 진행됩니다.

첫 번째 네덜란드의 일본 사절단은 1609년에 가서야 이루어집니다. 그것도 두 척의 배를 일본으로 파견한 것인데, 이들의 첫 번째 미션은 우선 일본과의 통교가 아니라 마카오-나가사키 항로의 포르투갈 상선을 포획하는 것이었습니다. 만약 그게 여의치 않으면 일본으로 가서 일본 바쿠후와 통교를 하라는 것이 두 번째 미션이었구요. 그런데 아니나 다를까, 첫 번째 미션인 포르투갈 상선을 포획하는 미션이 성공을 못하게 됩니다. 해서 일단 규슈의 히라도 항구에 도착한 니콜라스 파위크Nicolaes Puyck와 아브라함 판덴 브루크Abraham van den Broek는 허둥지둥 두 번째 미션인 일본 바쿠후와의 외교 교섭을 시작합니다. 심지어 외교사절이라고 명함을 내밀었으면 당연히 뒤따라야 할 선물도 채 준비되지 않아 나가사키에 있는 포르투갈 상인에게서 바쿠후에 선물할 실크를 사기까지 했다고 합니다. 포르투갈 상인들도 어찌 보면 굉장한 상인들이죠!

그런데 그렇게 허접한 상태로 접촉한 에도의 도쿠가와 바쿠후는 의외로 마우리츠 왕자의 서신을 접수합니다. 급조된 사절단은 도쿠가와 이에야스의 '좋은 말' 회신도 받고 일본과 무역을 해도 좋다는 허락도 받습니다. 이에 고무된 네덜란드 동인도회사 측은 일본 비즈니스를 잘해보겠다는 꿈에 부풀게 됩니다.

도쿠가와 이에야스의 세계

그런데 이런 경우는 당시 동아시아 외교 관례의 파격적인 예외라고밖에 하지 않을 수가 없습니다. 우리가 잘 아는 조선통신사의 행렬이나 기록들과 비교하면 이해가 안 될 정도이죠. 병풍 뒤를 살짝 엿보면 이런 파격적일 정도의 에피소드가 일어났던 일본 측 사정이 있었다고 합니다.

도쿠가와 이에야스가 쇼군이 된 것은 1603년이지만, 1600년 세키가하라 전투에서 1614년 오사카 전투까지 14년의 기간 동안은 이후의 에도 바쿠후 시대를 만들기 위해, 아직 남은 도요토미계의 세력을 꺾고 자신이 쇼군이 된 정당성을 확보해야 했던 시기입니다. 쇼군이 동아시아적 군주가 되려면 필요한 것이 무엇입니까? 무엇보다 외부로부터 정당성을 입증받는 것입니다. 도쿠가와는 패권을 잡은 후 그때부터 인근 국가들에 외교문서를 보내 관계를 수립하는 데 혼신의 힘을 기울입니다. 조선의 경우부터 볼까요? 임진왜란과 정유재란이 끝난 지 얼마 되지 않아서 그 침략을 일으킨 원흉 도요토미를 무찔렀으니 이제 자기들과 다시 통교를 하자고 요청합니다. 그 후 1607년 처음으로 조선에서 사신이 파견되어 국교 재개의 과정을 밟게 됩니다.

1604년 주인장 제도를 정비한 것 역시 이런 사정의 일부분입니다. 명나라 조선뿐 아니라 동남아시아의 파타니, 코친차이나, 캄보디아, 참파, 샴 같은 전통적인 동천축 국가들과 여송의 스페인, 윌리엄 애덤스를 통한 잉글랜드, 네덜란드 동인도회사 같은 유럽 국가들에게까지 가능하면 문호를 열게 된 것입니다. 히라도에는 이때 잉글랜드, 네덜란드의 상관들이 들어섰습니다. 1601년부터 1614년 사이에 도쿠가와 바쿠후가 외교문서를 발행한 것이 무려 76건으로 한 해 5.4건의 외교문서가 발행되었습니다. 네덜란드 동인도회사의 경우처럼 외교 관례적으로 문제가 있다 해도 일단 받아들여서 정치적 우선순위를 먼저 해결하는 것이 에도 바쿠후의 막중한 과제였다고 할 수 있을 것 같습니다. 그리하여 1609년 히라도에 네덜란드 동인도회사 상관이 설치될 수 있었습니다.

네덜란드로 기울어진 바쿠후[33]

그러던 1615년 8월, VOC의 야트급 야카르타호가 일본 나가사키 바로 앞바다에서 귀중한 상품을 가득 싣고 나가사키로 들어오던 포르투갈의 산투 안토니우호를 포획하고서는 히라도의 VOC 상관으로 가져가버리는 사건이 발생합니다. 당연히 나가사키의 포르투갈 측은 일본 측에 일본 영내에서 해적질을 한 것이니 처벌을 하고 자신들의 배를 돌려달라고 강력하게 항의합니다. 바쿠후에서는 나가사키의 포르투갈 측 항의를 받고 히라도의 상관장 약스 스펙스 Jacques Specx를 소환합니다.

소환을 받은 스펙스 상관장은 먼저 쇼군, 대신들, 그리고 히라도의 다이묘에게 자신들은 전쟁 중인 포르투갈을 공격할 권리가 있다는 서신을 보냅니다. 쉿, 실은 이때 휴전 중이었는데 말입니다. 그러고는 이에야스부터 관련 대신들 모두에게 선물을 보내면서, 자신들을 대변해줄 수 있는 핵심인물에게 연락합니다. 바로 사무라이 얀 요스턴입니다. 사전 준비를 끝낸 후 에도에 출두한 스펙스는, 네덜란드는 스페인 및 포르투갈과 오랜 전쟁 중에 있으며 언제 어디서든 그들과 조우하면 싸우라는 조국의 명령을 받았다고 주장합니다. 반면 포르투갈은 당연히 '이 사건은 일본 영토 내에서 일어난 일이다, 어느 국가도 자신의 영토 내에서 다른 나라가 이런 전투적 행위를 마음대로 하도록 용납하지 않는다'고 주장합니다.

생각해보면 포르투갈이 더 보편 상식적인 주장을 한다고 생각됩니다만, 바쿠후는 놀랍게도 VOC의 손을 들어줍니다. 그 결과 히라도의 VOC 상관은 포획한 포르투갈 상선의 물품을 모두 소유하게 되고, 그로 인해 엄청난 수익을 올립니다. 한편 붙잡힌 포르투갈 배의 선원들은 동인도에서 포로가 된 VOC 선원들과 맞교환을 하고, 중국인 선원들에 대해서는 마치 인도적인 결정을 한 양 가족이 있을 테니 참작한다며 나가사키에 모두 인계합니다.

일본은 왜 그런 결정을 내렸을까요? 우선은 스펙스의 사전 준비가 먹혀들어갔다고 보입니다. 바쿠후의 유럽 전문 어드바이저인 얀 요스턴이나 윌리엄 애덤스의 도움도 작동을 했다고 합니다. 무엇보다 도요토미의 남은 세력을 마지막으로 쳐낸 오사카 전투가 바로 그해 가을 9월에 있었습니다. 포르투갈은 사실 영향력이 줄어들고 있었습니다. 그 전해에 예수회가 마침내 전면 추방을 당했고, 포르투갈은 엄격하게 무역 활동으로 역할이 제한되고 있었습니다. 하지만 에도 바쿠후 쪽에서는 네덜란드나 잉글랜드라면 오히려 기리시탄 문제 없이 교역을 늘려나갈 수 있다고 생각했던 것이라고 합니다.

나는 정당한 해적이다!

그런데 여기서 해적질, 즉 사략선에 대해 조금 더 얘기해보겠습니다. 그동안의 연구논문이나 책들에서 보면, 조선에 표류한 박연 즉 벨테브레이가 번듯한 상선의 선원이 아니라 사실은 해적이 아닌가 하는 문제가 미묘하게 다뤄지는 것을 볼 때가 종종 있습니다. 처음에 설명드렸던 것처럼 벨테브레이가 조선에 표착을 한 과정은 누가 봐도 해적같이 보이거든요. 그래서인지 이런 조심스러운 묘사들은 조선에 표착하여 병자호란 때 조선을 위해 싸우고 훈련도감에서 조선의 무장으로 근무하며 가족까지 꾸린 재조선 외국인, 결국 조선땅에 묻힌 사람이 범죄자 해적이라면 좀 곤란하지 않은가 하는 시각이 은연중에 반영된 것이 아닌가 싶습니다.

하지만 네덜란드와 스페인 제국의 12년 휴전기간이 끝나고 다시 전쟁이 재개된 1627년에 벨테브레이는 조선에 표착했습니다. 아직 네덜란드는 여전히 정식 국가가 아니라 반란 지역이었을 때입니다. 반면에 1653년에 조선에 도착한 하멜은 마침내 독립을 쟁취한 네덜란드 공화국 소속이었습니다. 이게 무슨 의미인지 잠깐만 생각해봅시다.

사략선 영업은 초기의 이런 곤란한 상황을 타개하기 위한 방식의 하나라고도 할 수 있습니다. 실제 부르고뉴-합스부르크의 스페인군이 네데를란트를 진압했을 때, 거의 궤멸하고 남은 반란군 중 일부는 사략선으로 도피했습니다. '바다거지Zeegeuzen'라고 불렸던 이들이 다시 전열을 정비하여 육지에 내려 오라녜 공을 앞세워 본

❖ 네덜란드 국립문서 아카이브 팸플릿입니다. 상단에 적힌 문장은 전시회의 제목이 었던 '네덜란드 동인도회사의 세계와 그 너머를 향한 발견'이라는 의미입니다.

격적인 독립전쟁 리부트를 시작한 얘기는 앞에서 했었습니다. 어찌 보면 레콩키스타가 스페인의 존재 방식이었다면, 그에 상응하는 사략선이 네덜란드에게는 존재방식이 아니었나 싶을 정도입니다.

여기에 문제적 인물 얀 피터르스존 쿤Jan Pieterszoon Coen이라는 네덜란드 동인도회사의 총재가 등장합니다. 이 사람은 VOC 역사에 너무나도 중요한 말을 남깁니다. 바로 "전투 없이 거래 없다 we kunnen geen handel drijven zonder oorlog, of oorlog drijven zonder handel"라는 슬로건인데, 초창기 VOC의 영업전략을 이보다 정확하게 묘사할 수가 없을 정도입니다. 2017년 헤이그의 네덜란드 국립문서 아카이브가 동인도회사 전체 역사 기간 동안의 중요 문서와 유물을 수장고에서 꺼내 일 년간 전시회를 한 적이 있는데, 이 전시회 표어 중 하나가 바로 이 말이었습니다.

1603년 암스테르담으로 포르투갈의 150톤급 카라카선 '산타 카타리나'호가 들어옵니다. 이 배는 제 발로 암스테르담으로 들어온 게 아니라 마카오에서 말라카로 가던 도중 야코프 판 헤임스케르크Jacob van Heemskerk가 이끌던 VOC의 선단에 나포되어 네덜란드까지 온 것입니다. VOC가 영업을 시작하자마자 대형 사고를 친 거죠. 왜냐하면 아무런 근거 없이 그냥 상선을 잡아왔으니 이건 그야말로 해적인 셈이었고, 포르투갈에서도 정식으로 배와 상품을 돌려달라고 요청합니다. 게다가 VOC 내부적으로도 메노나이트파 같은 특정 신교도계 주주들은 훔친 물건의 수익은 종교적 신념에 반한다는 이유로 심각하게 반대를 하는 입장이었다고 합니다. VOC에서는 소속 배들에게 공격을 받으면 자위권을 발동하라는 지침은 줬지만, 그냥 막무가내로 해적질을 하라고는 하지 않았던 것이죠. 곤란해진 VOC는 26세의 젊은 천재 법학자에게 이 문제를 법적으로 해결해달라는 의뢰를 합니다.

호가의 법

19세기 말 동아시아에 서양 배들이 속속 들이닥치면서 기존의 질서를 뒤흔들어놓은 새로운 법체계가 있었습니다. 바로 『만국공법萬國公法』이라는 책인데요. 그 책의 첫 부분에 보면 "공법의 학은 네덜란드인으로 이름하여 호가란 사람이 만들었다公法之學創於荷蘭人名虎哥者"라고 그 출처가 나와 있습니다. 이 호가虎哥는 바로 젊은 천재 법학자 후고Hugo, 즉 후고 그로티우스Hugo Grotius 또는 하위

흐 더 흐로트Huig de Groot를 가리킵니다. 그러니까 우리가 현재 당연하다고 생각하는 국제법이란 게 이 사람이 처음 만든 것을 기초로 하고 있습니다. 후고는 약관 11세에 레이던 대학에 입학하여 15세에 오를레앙에서 박사학위를 받아 한때 '홀란트의 기적'이라는 찬사를 들었던 사람입니다. 종교와 세속군주의 권위가 결합된 포르투갈-스페인의 파드로아두/파트로나토를 깨기 위해 후고는 새로운 논리를 전개합니다. 먼저 산타 카타리나호의 경우를 봅시다.

야코프 판 헤임스케르크 선장은 VOC나 네덜란드 국가로부터 공격권을 위임받거나 승인받은 적이 없었습니다. 하지만 VOC의 요청을 받은 후고 그로티우스는 그러한 승인 이전에 스페인과 포르투갈이라는 강력한 이베리아반도 국가가 항로와 시장을 독점하는 것 자체가 전적으로 부당하다고 주장합니다. 왜냐하면 하늘과 같이 바다를 이용하려는 사람은 누구든 자유롭게 이용할 수 있어야 하기 때문입니다. 그래서 이 자유를 막는 세력을 자위적으로 공격하는 것은 정당하다고 하면서, 그동안 유럽의 해양 무역을 독점해온 정치-종교 혼합 이베리안 카르텔에 일격을 날려버립니다. 토르데시야스 조약으로 확정된 이 스페인-포르투갈 카르텔은 기독교의 선교와 결합되어 있습니다. 다시 말해, 무역과 항로의 독점권은 어찌 보면 그들이 복음 전파를 하면서 생겨난 부수적 권리라고 할 수 있습니다. 즉, '복음을 접한 적 없는 미선교 부족에게 기독교의 신앙을 전파하는 숭고한 사명'을 수행하기 위해 '항로'와 '무역'을 독점적으로 향유한다는 것이죠. 그런데, 여기에 대고 후고 그로티우스는 산타 카타리나호의 약탈 이후 일련의 팸플릿에서 그야말로 '희한한'

주장을 펼치기 시작합니다. '자유의 바다'라는 의미의 그의 대표작 『마레 리베룸Mare Liberum』에서 잠시 인용을 해보겠습니다.[34]

> 기독교 왕권의 세속적 관할권에 법적으로나 사실적으로 영향을 받지 않는 이교도들이 있다. 마치 로마 제국에 결코 복속된 적 없는 이교도들처럼, 그리스도의 이름을 들어본 적도 없는 이들이 있다. 하지만 이들이 법적으로 정당한 자기들의 왕권과 주권이 있다면, 그들이 신앙이 없다는 이유로 그들의 소유를 점거할 주권이란 것은 없다. (중략) 왕이든 황제든 로마 교황이든 누구도 그런 명분으로 그들의 땅과 소유를 획득하기 위한 전쟁을 선포할 수 없다. 예수 그리스도는 세계를 정복하라고 무장한 병사를 보내신 게 아니라 '늑대 속의 양'처럼 사도들을 보내셨기 때문이다.(*Mare Liberum* Chapter 4)

'아니, 기독교랑 무관하게 사는 사람들에게 그걸 이유로 침략해서는 안 되는 거야' 하고 단언한 이 비종교적 선언은 이후 VOC가 스페인/포르투갈에 대항하는 논리로 유럽에서뿐 아니라 기리스탄에 기겁을 한 일본에서도 사용되었습니다. 한미디로 종교와 무역이, 정치와 자본이 분리되는 거대한 분기점이 되는 선언이었던 거죠.

후고는 또 이런 주장을 합니다. 『마레 리베룸』의 제5장에는 "이런 종류의 하늘은 두 가지의 이유가 있다. 하나는 점유할 수 없다는 것이고, 둘째는 모든 사람들에게 사용이 열려 있다는 것이다. 바다 역시 같은 이유로 누구에게나 제한 없이 접근 가능해야 하며 항해든 어업이든 모두의 사용을 위해 누구에게도 속해서는 안 된

> nent, quæ publica juris gentium in legibus vocantur e, hoc est, *LIV. IV. 3,*
> communia omnium, propria nullius. Hujus generis est aër, *cap. 2. Do-*
> duplici ratione, tum quia occupari non potest, tum quia usum *nell. lib 4. cap. 2.*
> promiscuum homininibus debet. Et eisdem de causis commu- *e L. ult. de*
> ne est omnium maris elementum, infinitum scilicet ita, ut *usucap.*
> possideri non queat, & omnium usibus accommodatum: sive navi- *f L. 10. de*
> gationem respicimus, sive etiam piscaturam. Cujus autem juris *rer. div.*
> est mare, ejusdem sunt si qua mare aliis usibus eripiendo sua *g Loco cit.*
> fecit, ut arenæ maris, quarum pars terris continua littus dicitur *f. §. 1. & s. Inst. de*

◆ 『마레 리베룸』 제5장.

다"[35]라는 당시로는 혁명적인 이론도 주장합니다.

위의 도판은 『마레 리베룸』의 제5장에 포함된 해당 구절입니다. 바다를 함부로 사유화하지 말라는 것입니다. 이 논리를 근거로 네덜란드는 기세를 몰아 잉글랜드를 끌어들여 스페인을 압박하여, 4월 마침내 스페인과 12년간의 휴전조약을 맺습니다. 또 이 휴전조약의 결과로 VOC는 스페인 제국 영역 내에서 무역을 할 수 있게 되었고, 같은 해인 1609년 마침내 일본까지 항로를 연장하여 규슈의 히라도에 첫 번째 상관을 설치하였던 것입니다.

그 결과 이제 바다는 그 '누구의 바다가 아닌 누구나의 바다'가 되어버립니다. 그러면 이제 어떻게 해야 할까요. 얀 피터르스존 쿤의 지침대로 나가 싸워서 빼앗아오면 되는 것이었습니다. 문제적 인물 쿤은 19살에 신생 회사 연합동인도회사에 취직을 했습니다. 그가 1607년 VOC 직원으로 처음 동인도로 타고 간 배의 선장은 바로 피터르 빌럼손 베르후프Pieter Willemsz Verhoeff였는데, 이 사람은 바로 산타 카타리나호를 잡아온 야코프 판 헤임스케르크의 오른팔 같은 사람이었습니다. 쿤은 착실히 항해를 따라다니며 승진을 하여, 1614년에서 1618년 사이에는 몰루카에서 클로버를 독점하고 반다에서 육두구를 독점화하는 실적을 올립니다. 그런데 반다에서 잉글랜드에 싸게 육두구를 파는 일이 생기자 쿤은 동남아의 일본인 낭인들을 동원하여 아예 반다를 점령해버립니다. 실적을 인정받아 VOC의 동인도 총독으로 승진한 쿤은 이때부터 본격적으로 전투를 하고 점령해서 무역을 독점하는 전략을 동인도에서 추구하게 됩니다.

그의 업적 중에 가장 오래 영향을 미친 것은 반탐에 있던 VOC의 동인도 지역 본부를 지금의 인도네시아 자카르타로 옮기고 이후 20세기까지 유지된 바타비아라는 해상 거점 도시를 만든 것이라고 할 수 있습니다. 바타비아는 이렇게 무역의 포스트로 시작하였다가 이후 아시아의 대표적인 제국주의 본부로 알려지게 됩니다. 쿤은 이후 네덜란드 역사에서 대단히 많은 비판을 받게 되지만, 그의 어둠의 그림자는 20세기에 이르기까지 동남아시아 곳곳에 남아 있었습니다.

캡틴 차이나

한편 바타비아를 건설해서 동인도 지역의 안정된 포지셔닝을 확보한 VOC는 본격적으로 중국을 공략하게 됩니다. 이들이 중국에서 맞닥뜨린 카운터파트는 정즈룽鄭芝龍이라는 인물입니다. 보통 한국에서는 '정성공鄭成功'이라고 불리는 아들 정청궁이 더 유명하지만, 저는 아들보다 이 사람이 훨씬 흥미롭습니다.

먼저 얀 요스턴처럼 일본 에도 바쿠후로부터 주인장을 부여받은 외국인들이 또 있습니다. 그리고 실은 이들이 16세기부터 19세기까지 실질적인 동아시아 바다의 주역이었습니다. 아니, 이번 책의 범위에 안 들어가지만 16세기 이전에도 이들이 바다의 주역이었는지도 모릅니다. 이 사람들은 바로 중국 푸젠과 양광(광둥과 광시)의 뱃사람들이었습니다.

근대 이전의 중국 경제가 비약적으로 발전하게 된 중요한 인프라로 베이징과 닝보를 잇는 대운하를 주로 손꼽습니다. 대운하는 수나라대부터 진행되어 명나라대에 가서야 완성이 됩니다. 이 운하 공사는 베이징과 그 일대에서부터 산둥성을 질러 항저우를 지나 닝보항까지 연결되는 엄청난 인프라 공사입니다. 그리고 이 대운하를 중심으로 중국의 경제가 발전해왔습니다.

지도를 곰곰이 보면 닝보 이남의 해안 지방으로는 이 대운하의 혜택이 돌아가는 게 어려워 보입니다. 바로 푸젠, 광둥, 광시의 해안가입니다. 이 지방들은 반대로 지금까지 이 책의 사건과 사람들이 계속 얘기하고 있는 바로 그 '중국'입니다. 그래서 대운하 경제체제로부터 큰 혜택을 못 입었던 남부 해안 지역이 동중국해와 동남아 각지로 진출을 많이 할 수밖에 없었고 또 반대로 왜구든, 불랑기든, 동남아시아의 남만인이든 찾아오는 이들과 교역을 할 수밖에 없었다는 설명도 있습니다.

그런데 그러다보면 외부에서 '중국'과 교역을 하러 오는 사람들을 도와주는 거간꾼들이 당연히 생겨났겠지요. 이 시기 동아시아의 바다로 들어온 유럽인들에게 가장 먼저 이름을 알린 유명인으로 캡틴 차이나Captain China 혹은 카피탄 시나Kapitan Sina라고 불리던 리단李旦이라는 주인선 무역상이 있습니다. 뭐, 무역상이라고 할 수 있지만 해적이라고 하는 게 사실 더 정확할 것입니다. 왜냐하면 당시 명나라는 해금정책을 펴고 있었고, 배를 타고 다른 나라, 특히 일본에 가서 무역을 하는 것을 엄금하였으니, 그냥 해적이기도 합니다.

리단은 푸젠성 찬저우泉州 출신입니다. 그런데, 또 하나 특기할 점은 유럽인들이 그를 안드레아 디티스Andrea Dittis 혹은 안다체 Andace라고 불렀다는 점입니다. 오호! 유럽계 이름과 캡틴 차이나? 그런데 캡틴 차이나 혹은 카피탄 시나는 엄밀히 말해 이 한 사람만을 의미하는 것은 아닙니다. 인도차이나 혹은 말레이반도의 거점 도시들, 인도네시아 향료섬들의 거점 항구, 그리고 마카오와 마닐라, 바타비아처럼 유럽인들이 16세기 후반 자리를 잡은 곳들에는 주로 푸젠·광동 출신의 중국인 화교 커뮤니티가 형성되었습니다. 이 커뮤니티가 사는 중국인 구역을 보통 파리안parian이라고 부르는데, 이들은 이곳들과 중국의 광저우, 찬저우, 아모이(샤먼) 등을 왔다갔다하면서 무역상과 중개상으로 활약했습니다. 그리고 이 중국인 화교 커뮤니티의 지도자를 캡틴 차이나, 카피탄 시나라고 불렀습니다. 리단이 구체적으로 대표적인 인물이 된 것은 아마도 처음으로 유럽인들에게 중요한 카운터파트 또는 적으로 인식된 캡틴 차이나였기 때문이라고 해야 할 것 같습니다. 리단은 원래 스페인령 마닐라 외곽에 형성된 중국인 커뮤니티의 카피탄 시나였습니다. 이곳에서 태평양을 건너온 남아메리카의 은을 중국의 푸젠성 항구들, 특히 아모이에서 실크로 바꿔 마닐라로 가져와서 스페인인들이 태평양 노선을 유지하도록 한 또 하나의 중요한 플레이어들인 푸젠 상인/해적의 두목이었던 것이죠.

그런데, 앞서 말씀드린 1603년 마닐라에서 패닉에 휩싸인 스페인인들이 중국인들을 학살하는 사건이 일어납니다. 이 사건을 계기로 리단은 1606년경 마닐라를 떠나 일본 규슈의 히라도로 거점을 옮깁니다. 당시는 히라도가 나가사키보다 더 큰 국제 무역항이었고, 이곳에는 도진唐人이라 불리던 중국 상인들이 거의 자유롭게 출입하였습니다. 그중에 리단과 같은 인물은 도쿠가와 이에야스에게서 주인장을 받아 직접 무역을 하기도 하고, 일본에 상관을 열었지만 중국에 직접 액세스가 되지 않던 유럽인들, 특히 스페인, 네덜란드, 잉글랜드 인의 무역 중계 대리인 역할을 하기도 했습니다. 심지어, 1613년 잉글랜드 동인도회사(EIC)가 일본으로 처음 왔을 때 선장 존 사리스John Saris는 히라도에서 안다체라고 불리는 캡틴 차이나를 수소문해서, 그의 건물들 중 한 채를 6개월에 에이트레알 은화 95개를 주고 임차하여 첫 잉글랜드 동인도회사 일본 상관을 차렸다고 기록하고 있습니다.[36]

예, 이 캡틴 차이나 안다체가 바로 리단이라고 합니다. 그리고 리단은 히라도를 관할하는 다이묘 마쓰우라松浦와 푸젠성 관리들을 이어주는 네트워크의 라인이었고, 비록 성공은 못했지만 잉글랜드의 EIC가 푸젠성 아모이(샤먼)에 마카오와 광저우처럼 공식채널을 터주도록 주선을 하기도 합니다.

그런데, 리단이 마닐라에서 히라도로 자리를 옮긴 1600년대 초반 동아시아 바다에 '문제적 인간'들이 등장합니다. 설명드린 대로 홍모인 네덜란드인들이 아예 여러 회사들을 VOC라는 연합회사로 통합해서 전쟁권까지 부여받아 막무가내로 동아시아 바다에 뛰어든 것입니다.

지금까지 요약하자면, 1603년 말라카 해역에서 포르투갈인 선박을 나포하면서 강렬한 데뷔 무대를 선보인 VOC에게는 게다가 이미 일본에 정착한 네덜란드인 얀 요스턴과 같은 서포터들이 규슈, 에도 등에 자리를 잡고 일본의 최고위층에 네트워크를 만들고 있었습니다. 그렇게 해서 도쿠가와 바쿠후가 강력하게 외교 무역 확장정책을 펴던 시기인 1609년 히라도에 발을 들입니다. 이후 VOC는 거의 20년간 향신료제도 지역을 장악하기 위해 분투하여, 1619년 지금의 자카르타 즉 바타비아를 확보한 다음, 남중국해의 해적 네트워크에도 본격적으로 뛰어들어 어엿한 세력으로 자리잡습니다. 자, 이제 이야기가 1620년대로 넘어갑니다.

네덜란드의 고군분투

그런데, 문제는 이때부터 동아시아 바다에 자리를 확보하고 나서보니 동남아의 향신료만으로는 일본에서 크게 장사가 안 되기도 하였고, 먼저 자리를 펴고 있던 포르투갈인들을 벤치마크로 삼아보니 역시 중국의 실크가 있어야 일본의 은을 손에 넣을 수가 있었던 것이죠. 당시까지 중국과의 무역이 공식적으로 금지된 일본에 실크를 공급하는 것은, 중국인들 당사자와 쓰시마를 통한 조선, 그리고 유럽계로는 유일한 예외인 마카오의 포르투갈인이었습니다.

『명사』「외국전」에도 "화란인은 여러 나라에 가서 남의 손을 빌어 장사를 할 뿐 아직 감히 중국을 엿보지 못했다. 불랑기가 샹산(마카오)에서 교역을 하면서 여송을 점거하자, 화란은 이를 듣고 부러워 하였다和蘭人就諸國轉販, 未敢窺中國也. 自佛郞機市香山, 據呂宋, 和蘭聞而慕之"라고 이런 상황에 대한 기록이 남아 있습니다.

결국 중국에 진출하는 해답은 뭐다? 마카오를 손에 넣자! 1622년 바타비아에서는 코르넬리스 레이어선Cornelis Reiersen 제독이 이끄는 정예부대를 보내 무역 거점을 허술하게 방비하는 정도였던 마카오를 공격합니다. 그런데, 맙소사. 졌습니다. 그러자, VOC는 마카오 말고 아예 푸젠성으로 바로 가서 핫라인을 개설하기로 합니다. 이듬해 1623년 페스카도레스섬에 자리를 잡고 바로 건너편 아모이항을 '공격'합니다. 그러니까 "전투 없이 거래 없다"는 슬로건의 충실한 실천이죠. 아, 페스카도레스섬은 지금의 펑후澎湖섬으로 중화인민공화국이 아니라 중화민국령입니다. 그런데, 당시 명나라는 여기까지를 자신들의 영토로 인식하고 있었던 것으로 보입니다. VOC는 아모이를 실제 점령하겠다는 의도로 1623년 공격한 것이 아니라, 마카오에 자리잡은 포르투갈인을 벤치마크 삼아, 행패를 부려 은근슬쩍 중국에 거점을 확보해보겠다는 전략이었다는 거죠. 펑후라면 위치상으로 중국과의 무역뿐 아니라, 포르투갈의 마카오-히라도 라인과 스페인의 아카풀코-마닐라 라인의 주요 트래픽 포인트에서 두 라인의 목을 쥐고 흔들 수 있는 전략적 요충지이기도 하고 말입니다. 그런데, 맙소사. 또 졌습니다. VOC는 이번에는 명나라군에게 밀려버립니다.

바타비아의 본부에서는 원래 중국을 상대로 전쟁하려던 게 아니었으니, 이대로 상황이 악화되면 더 곤란해지리라 판단하고 매파 레이어선 제독을 전격 경질하고 레이던 대학 법학박사 출신의 비둘기파 마르턴 송크Maarten Sonck를 다시 책임자로 보냅니다. 마르턴 송크는 아모이의 복건순무福建巡撫 상저우쩌商周祚와 협상을 하고 평후에서 물러나 그 너머의 일라 포르모사Ila Formosa라는 섬으로 물러나기로 합의합니다.

이렇게 하여 포르투갈인이 처음 일라 포르모사라고 부르던 섬이 동아시아 해역사에 전략적 요충지로서 본격적으로 등장하게 됩니다. 이 섬이 바로 덴지쿠 도쿠베에가 "다카산쿠"라고 기록하였고, 에도시대에 다카사고高砂라고 불린 타이완섬입니다.

그런데 중국 측에서는 조금 다르게 상황을 이해하고 있었던 것 같습니다. 『명사』의 기록을 보면, 이들이 그 상황을 어떻게 이해하고 있었는지에 대해 이렇게 소개하고 있습니다.

이후, 또 바다로 나가 펑후를 점거하고, 성을 쌓아 수비를 견고히 하여 점차 교역을 하고자 했다. 수신守臣은 화禍가 미칠 것을 염려하여, 성을 허물고 먼 곳으로 옮겨가면 교역을 허가하겠다고 말하였다. 번인은 이를 따르고, 텐치天啓 3년(1623)에 마침내 그들의 성을 허물고 배로 이동하여 떠났다.

순무 상저우쩌商周祚는 명령에 따라 멀리 이동해 갔다는 정황을 조정에 보고했지만, 그들은 이전처럼 타이완을 점거해버렸다.[37]

누군가 양측에 말을 조금 다르게 전한 게 아닌가 하는 생각이 드는 기록들입니다. 실은 이 마르턴 송크와 상저우쩨의 협상을 중간에 중재한 사람이 있습니다. 바로 위에 소개한 리단입니다. 리단뿐 아니라 당시의 푸젠계 해적/상인들은 이때 타이완을 일본-푸젠을 오가는 항로의 중간기지로서 일종의 스테이션으로 사용하고 있었습니다. 이 지역의 지도를 보시면 타이완과 일본 규슈 사이에 섬들이 길게 이어지는 것이 보이실 겁니다. 그리고 푸젠의 어부나 농민들도 이미 이 섬으로 건너와 자리잡고 있었습니다. 리단은 일종의 해적 컨소시엄을 이끌고 있었고, 이들은 이 해역에서 전투적 상황이 가급적 벌어지지 않는 것을 원했기 때문에, VOC라는 새로운 플레이어를 자신들이 활용하려는 속셈이 있었던 것이죠.

니콜라스 이콴, 정즈룽

리단은 1624년까지 이어진 이 협상을 중재하는 일환으로 마르턴 송크에게 유럽어가 가능한 수하의 중간급 해적 선장을 통역으로 붙여 보냅니다. 이 통역의 이름은 니콜라스 이콴Nicolas Iquan! 그가 맡은 미션은 약간 영화 〈무간도〉 스타일로 VOC의 내부사정을 빼내는 역할 비슷했다고 합니다.

그리고 협상이 끝나 지금의 타이난 안핑安平에 요새가 만들어지고 포트 제일란디아Fort Zeelandia가 세워진 다음해인 1625년에 리단은 사망합니다. 그리고 그의 해적 비즈니스는 VOC를 등에 업은 양아들 이콴이 물려받습니다.

『명청군담 국성야충의전』

『명청군담 국성야충의전明淸軍談國姓爺忠義傳』(또는 『통속 명청군담 국성야충의전』)이라는, 아마 한국에 그리 알려져 있지 않은 일본 책이 있습니다. 제목에서 얘기하듯이 '국성야國姓爺'는 명이 멸망해가는 시기에, 명의 장수였으며 반청복명反淸復明 운동의 근거지 마련을 위해 타이완을 점령하고 있던 VOC를 몰아내고 잠시나마 정씨 왕국을 세운 정청궁鄭成功을 의미합니다. 국성야라는 별칭 때문에 유럽인들에게 콕싱가Koxinga라고도 불렸습니다. 어머니가 일본인이라 일본에서도 그의 이름이 잘 알려져 있습니다.

그래서 그에 대한 이야기를 다룬 '국성야'류의 창작물들이 일본에서 활발하게 창작되었는데, 특히 1715년에 초연된 지카마쓰 몬자에몬의 가부키 〈국성야합전國性爺合戰〉이 흥행에 크게 성공한 이후 여러 종류의 소설, 조루리 인형극, 가부키 등에서 활용되었다고 합니다. 지카마쓰 몬자에몬은 앞서 아마쿠사 시로와 시마바라의 반란을 다룬 희곡을 썼다가 제재를 당했다던 당대 초인기 가부키 작가입니다. 이 『명청군담 국성야충의전』은 이태 후인 1717년 작품이니까, 얼핏 보기에 시기적으로나 소재로나 〈국성야합전〉의 아류라고 볼 수도 있습니다만, 실은 그렇지는 않습니다.

메이지 44년 즉 1911년, 와세다 대학에서 발간한 『통속21사通俗二十一史』라는 역사 전집류가 있습니다. 이 전집은 제목이 마치 대중적인 역사서처럼 들리지만, 실은 명대에 발달한 '백화 연의소설

白話演義小說'의 번역 소설들을 중국의 시대별로 선정해서 전집으로 만든 것입니다. 총 12권 중에서 예를 들어 가장 핵심인 제4권과 5권 『통속삼국지』는 우리가 잘 아는 유비·조조·제갈량이 등장하는 바로 그 『삼국지연의』의 일본어 번역본입니다. 이 전집의 마지막 제12권은 에도시대에 번역 유통된 『원명군담元明軍談』, 『명청군담明淸軍談』, 『발적난지髮賊亂志』의 3개 책을 합한 것입니다. 『원명군담』은 원명 교체기, 『명청군담』은 명청 교체기, 『발적난지』는 태평천국을 각각 시대배경으로 한 군담소설입니다. 그리고 이 『명청군담』이 1717년에 창작된, 앞에서 언급한 『명청군담 국성야충의전』입니다. 호오! 지금도 한국에서 『삼국지연의』를 정사 『삼국지』와 혼동하는 사람들이 없지 않죠. 그래서 다시 한번 강조합니다. 『명청군담』 혹은 『국성야충의전』은 창작 소설입니다.

한반도는 명청 교체기를 혹독하게 직접 겪었습니다만, 일본 열도는 임진왜란을 끝내고 열도의 내부로 돌아간 후, 17세기 초 30년간 잠깐 개방을 한 시기에 북새통을 겪고 정작 명청 교체기의 핵심 시기인 17세기 중후반에는 대륙의 난리통 속에서도 문을 닫아걸고 있었습니다. 그리고 이 광풍이 지나간 17세기 후반이 되어서야 청의 해금정책이 풀리고, 그제야 중국을 통해 장난 지방의 문물이 들어옵니다.

중국의 대화체 언어, 즉 백화를 주로 사용한 연의소설은 중국 송대에 처음 등장하여 원명대에 여러 대표작품이 나오기 시작했는데, 특히 명대에 장난 지방의 인쇄술 발달과 함께 크게 성행하였습니다. 조선의 경우, 명대 백화 연의소설들이 이르면 16세기 후반부터 대략 17세기 전반에 들어오기 시작한 것으로 알려져 있습니다. 조선으로 들어온 연의소설 중 가장 대표적인 『삼국지연의』는 17세기 중반 쓰시마를 통해 일본으로 전래되어 일본에서도 백화물 붐을 일으켰다고 합니다. 게다가 중국 강남의 서적이 나가사키를 통해 직수입되면서 인기에 화력을 더해 일본어 번역작업이 활발하게 이루어졌습니다.

대표적인 역사소설을 추려 모은 『통속21사』의 상당수는 이렇게 인기를 끌게 된 『삼국지』나 『초한지』 같은 원래 중국의 연의소설을 번역한 것입니다. 하지만 일부는 중국에서 들어온 역사소설책들을 저본으로 다시 창작된 것들도 있습니다. 아무튼 『통속21사』류의 역사소설들이 얼마나 인기였는지 식민지 시기 조선총독부 도서관에도 있었고, 이게 현재 국립중앙도서관에까지 남아 있습니다.

『명청군담 국성야충의전』[38] 역시 번역이 아니라 여러 청대 역사소설류를 종합하여 일본에서 창작된 책입니다. 그런데 제목이 '국성야'인 데 비해 국성야 부분은 의외로 글의 반을 읽고 난 후에야 등장합니다. 게다가 그것도 원래 주요 무대인 저장, 푸젠, 타이완의 동남중국해가 아니라 뜬금없이 요동땅 사르후 전투 장면이 등장합니다. 이야기의 시작은 심지어 임진왜란으로 조선에서 원병을 청하는 것부터인데, 전체적으로 살펴보면 명청 교체기를 훑어 내려갑니다. 임진왜란으로 조선을 돕는다는 도입 부분 다음 이야기에서는 바로 여진이 청을 칭하고 요동을 공격하는 것으로 이어집니다. 여기에 『최척전』을 소개하면서 말씀드렸던 사르후 전투로 보이는 내용들이 나옵니다. 그런데 사르후 전투에서 패배한 이후, 뜬

금없게도 북쪽 요동에서 오랑캐의 침공으로 위기에 빠진 명 조정이 남쪽 바다의 해적을 발탁하여 요동을 순무하게 하는 것으로 이야기가 전개됩니다. 이게 바로 정청궁의 아버지 정즈룽의 등장입니다. 그리하여, 명 조정에서 용감한 장군인 정즈룽에게 요동을 평정하라는 임무를 맡기자, 요양으로 군대를 끌고 간 정즈룽은 "요동의 백성들이 처음으로 살아야겠다는 마음이 들게 되었다遼の民はじまて生なる心地を成しぬ"라고 쓰여 있을 정도로 맡은 임무를 잘 처리했다고 이야기가 이어집니다. 사르후 전투가 명청 교체의 시작점이니, 시기적으로는 좀 늘어지지만 이후 도미노처럼 정즈룽이 등장한다고 하면 어쩌면 하나의 이어지는 사건이라고 할 수 있을지 모르겠습니다.

하지만 이게 너무 소설적 왜곡인 게, 이런! 결정적으로 앞뒤의 시기가 안 맞습니다. 실제 정즈룽이 해적질을 마구 하다가 해방유격海防游擊(해안경비대 혹은 해군의 영관급 정도에 해당합니다)으로 임명되어 명에 협조하기 시작한 것은 1628년이고, 사르후 전투는 1619년이니 대략 10년간의 차이가 있는데, 아무튼 카피&페이스트 한 다음 무리하게 이어붙이기를 한 결과로 보이기는 합니다. 물론 당연히 이 소설에 나오듯이 정즈룽이 요동으로 가서 평정한 일 따위는 물론 없었던 것으로 알고 있습니다. 아무튼 전체적인 구성이 정청궁이 완전히 주인공 히어로로 나오는 '국성야'류의 다른 창작물들과는 좀 많이 다르죠. 그래서 상황을 다시 살펴보면 아무래도 가부키 〈국성야합전〉 흥행 인기몰이에 약간 편승하여 제목을 정하고 출판한 게 아닌가 하는 의심은 여전히 있습니다.

그런데 제게는 이 소설과 역사 속의 '정즈룽'이라는 인간이 충의의 상징 타이틀롤의 아들 국성야 정청궁보다 오히려 흥미로운 인간입니다. 그리고 무엇보다 먼저 정즈룽이 바로 캡틴 차이나 리단의 양아들인 니콜라스 이콴Nicolas Iquan 또는 가스파르드Gaspard입니다.

이콴의 무간도

런던에서 출간된 『보편적 역사의 현대 부분: 원저자들의 글을 종합한 가장 오래된 기록The Modern Part of An Universal History: From the Earliest Account of Time. Compiled from Original Authors』이라는 역사책이 있습니다. '현대 부분'이라고 해서 21세기의 저작은 물론 아닙니다. 실은 이 책의 발간 연도는 1759년입니다. 뭐, 한마디로 아직 정즈룽이 활약하던 시대로부터 불과 100년도 지나지 않은 당대의 이야기이긴 합니다. 조금 길어도 직접 유럽인들이 알고 있던 그의 프로필을 한번 들어봅시다.

칭-치-룽, 또한 네덜란드 대사들은 친-치-룽으로 부르고, 다른 외국인들은 이콴, 이코아, 에콴, 이코안으로 부르는데, 푸젠의 잘 알려지지 않은 해안 지역의 대단히 고약한 부모 사이에서 태어났다. 하지만 장성하여 외국에서 한몫 잡기 위해 처음에는 마카오로 가 포르투갈인들 사이에서 상인으로 일하다가 기독교인이 되고 니콜라스라는 이름을 얻었다. 혹은 가스파르드라고 한다. 그곳에서 일본으로 간 그는 부유한 상인 밑에서 일하며 그 상관에서 무역선단의 지휘관이 되었고,

> (S) *Ching-chi-lung*, called also *Chin-chi-lung* in the *Dutch* embassies, and by foreigners *Iquan*, *Icoa*, *Equan*, and *Icoan*, was born in some obscure maritime place in the province of *Fo-kyen*, of very mean parents; but, being a sprightly lad, went to seek his fortune abroad, first at *Macao*, among the *Portuguese*, where he served a merchant for some time, became a convert to Christianity, and took the name of *Nicholas*, or, as others have it, *Gaspard*. From thence he went to *Japan*, where he soon raised himself in the service of a rich merchant; and, from his factor, became the commander of his trading vessels, with which he used to carry a considerable traffick into *Cochin-China*, *Kamboya*, and other places, not only for his own masters, but for a number of other merchants, who likewise intrusted him with some of their richest commodities.
>
> Being come to *Kamboya*, he received letters, that both his master and they were dead, some of the plague which had raged in *Japan*, and others, of the famine that followed it; upon which, without any regard to Christianity, which he had so lately embraced, he forged their wills, and made himself heir to all the wealth they had intrusted him with; and, to avoid being questioned by the *Chinese* mandarins about their validity, resolved to turn corsair; and, with the wealth he had made himself heir to, purchased a number of other vessels, and soon became commander of a formidable squadron, by the many other pirates who joined him, and put themselves under his colours; insomuch that he, and one more of the same profession, had

◆『보편적 역사의 현대 부분: 원저자들의 글을 종합한 가장 오래된 기록』에 실린 정즈룽에 대한 유럽인들의 정보 요약입니다.

코친차이나, 캄보야(캄보디아) 등지로 다니며 자신뿐 아니라 여러 다른 상인들을 위해서 장사를 했다.

캄보야에 있을 때 그의 보스와 다른 상인들이 모두 일본을 휩쓴 역병과 연이은 기근으로 죽었다는 서신을 받자, 기독교 정신을 버리고 이들의 부를 모두 독차지해버렸다. 그러고는 중국 관리의 심문을 피하기 위해 해적이 된 그는 더 큰 배를 모으고 거대한 선단의 지휘관이 되어 해적들의 수령이 되었다.[39]

이콴Iquan 혹은 이코안Icoan이라는 별칭은 일관一官의 발음을 옮긴 것이라고 합니다.

실은 정즈룽은 알려진 바와 달리, 1612년에 이미 그의 아버지 정스뱌오鄭士表가 도쿠가와 이에야스를 만나 서적과 약재를 바치고 중국의 정세를 알렸다는 기록도 있을 정도로 아버지와 삼촌 등 일가가 모두 마카오와 히라도를 왕래하던 해적/무역업자 집안의 사람입니다. 니콜라스 비천Nicolaas Witsen이 정리하여 소개한 예수회 소속 선교사들의 『명청 교체기의 역사History of the Two Tartar Conquerors of China』라는 책에는 이코안이 가난 때문에 마카오에 갔다가 기독교 세례를 받았고, 이때 대부가 되었던 포르투갈 부호가 죽으면서 유산을 그에게 남겨 이를 바탕으로 무역상으로 성공했다고 합니다.⁴⁰ 다만 왜 다들 죽으면서 그에게 유산과 해적선단을 넘겨주는 것일까요? 이 정도면 보험 조사가 개입해야 하는 게 아닌가 싶기는 합니다만.

아무튼 마카오에서 성장하며 포르투갈어를 배워 능숙했고 스페인어와 네덜란드어도 할 수 있었다니 머리가 좋고 감각이 뛰어났던 것 같습니다. 그래서 1622년 무렵 그동안의 소규모 패밀리 비즈니스를 확장해서 리단의 해적선단 컨소시엄에 가담한 후 동남아-푸젠-히라도 삼각무역에 집중합니다. 실적을 인정받은 이콴은 이제 리단의 오른팔이 되어 VOC에 통역으로 들어가 신임을 얻게 됩니다. 1625년부터는 본격적으로 히라도-포르모사-아모이-동남아 라인에서 거의 독점적 위치를 장악합니다. 아예 VOC의 깃발을 걸고 마닐라로 향하는 중국 상선을 무차별로 포획하는 해적 대리점을 했다고 할 정도입니다. 그런데, VOC와 이콴의 밀월은 역시 배신으로 끝을 맺습니다. 이콴이라는 사나이의 일생은 어쩌면 끊임없는 배신의 연속으로 이어집니다.

"바다가 너무 거칠다"

여기서 멀리 줌아웃하여 좀더 글로벌한 맥락으로 도대체 무슨 일이 있었는지 살펴보겠습니다. 우선 1624년의 유럽 암스테르담으로 갑시다! 네덜란드는 1621년에 12년의 휴전 기간이 막 끝난 직후였습니다. 12년의 휴전 기간 동안 외부적으로는 스페인-포르투갈을 잘 견제해서 경제가 획기적으로 발전하고 있었지만, 내부적으로 매파와 비둘기파가 서로 갈등이 깊어졌는데, 여기에 종교적 해석 문제까지 겹쳐 전면적인 갈등으로 치달았습니다. 앞서 말한 후고 그로티우스는 감옥에 갇히고 그의 정치적 후원자이자 비둘기파였던 요한 판 올덴바르네벨트Johan van Oldenbarnevelt가 처참하게 처형되면서, 시계추는 스페인과의 전면전 재개로 이어집니다.

매파의 거두는 스페인으로부터의 독립운동을 처음부터 중심이 되어 조직하고 이끌어온 오라녜-나사우의 마우리츠 왕자였습니다. 당시 7개 연합 공화국 중에서 6개 공화국의 스타트허우더를 겸임하고 있던 그는, 독립전쟁이 재개되자 1623년 스페인 제국을 향해 일격을 가할 원정대를 출정시킵니다. 암스테르담 항구를 떠나 2년간 이어진 이 원정대는 지금은 나사우의 함대de Nassausche vloot라고 불리는데, 각 공화국 해군에서 출전시킨 11척의 군함에 총 인원 1600명, 병사 600명 규모였습니다. 이 원정대의 항로는 암스테르담에서 대서양을 지나 칠레의 해안선을 따라 내려간 후 케이프 혼을 돌아 페루 카야오항을 공격한 후, 다시 하와이 남쪽의 바다를

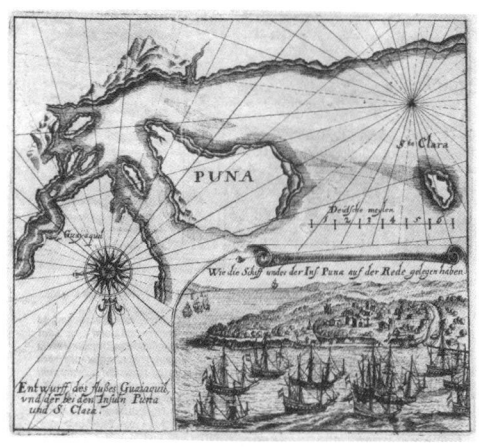

◆ 적도 에쿼도르 연안의 푸나섬 항구에 정박한 나사우 함대의 모습이 그려진 지도의 부분입니다. 원 지도는 푸나섬과 인근 만을 그린 지도인데, 아래 원정 함대의 모습이 같이 실렸습니다.⁴¹

횡단하여 괌제도를 지나 남으로 내려가 마닐라 해역에서 다시 스페인 갤리선을 공격하고, 말라카 해역에서 포르투갈 해군을 공격한 후 함대를 해산하여 이후 다시 인도양을 거쳐 네덜란드로 돌아가기로 하는 세계일주 대원정 항해였습니다. 뭐, 물론 친선 항해가 아니죠. 지구를 한 바퀴 돌면서 가는 곳마다 스페인 함대와 항구와 무역선을 공격하는 모바일 전투 함대였습니다.

왜 이 원정함대의 이야기를 하는지 이제 다시 본론으로 돌아갑시다. 이 함대가 괌을 지나 마닐라 해역을 공략하러 이동해오던 시기인 1624년에 VOC는 펑후에서 푸젠성과 협상을 하여 타이완 남부로 근거지를 옮겼습니다. 그런 다음 VOC의 포르모사(타이완) 위원회에서 그해 연말 이 남하하는 나사우 함대를 맞이하여 스페인

함대 공습 작전을 같이 지원하기 위해 피터르 마위서르Pieter Muijser를 지휘관으로 하는 소함대를 파견하기로 합니다. 파견 소함대가 막 출발하기 직전에 포르모사 지사 마르턴 송크는 위원회의 동의를 받아 캡틴 차이나 리단과 그의 부하 페드로 차이나에게 보조 병력을 요청합니다. 캡틴 차이나 리단 쪽에 어떤 조건으로 딜을 했는지는 몰라도, 이에 푸젠 해적 쪽에서 2척의 정크 전선을 파견합니다. 그리고 이 협상 과정에서 마르턴 송크 지사의 대중국 통역을 꾸준히 맡아온 니콜라스 이콴 정즈룽이 바로 파견 정크선 함대의 대장이었습니다.

VOC의 파견대는 이들 정크선이 자신들과 같이 움직이기를 요청했는데, 이콴은 "아스 무초 그랑데 마르(바다가 너무 거칠다Haz mucho grande mar)"라고 반복하면서 자신들은 연안선을 따라 움직이겠다고 고집합니다. 따라가기는 따라가는데, VOC의 함대와 거리를 두고 이 파견 원정에 참여한다는 것이지요. VOC는 이들이 합류하도록 회유하기 위해 식량과 무기와 화약 등을 계속 제공해주면서 끌고 다닙니다. 뭐랄까, 사자 무리에 부용하는 하이에나 떼 같은 그런 느낌이죠. 이들 정크선 2척은 VOC의 지휘 아래 이후 마닐라 인근 해역에서 마닐라와 중국 항구의 교역을 중개하던 중국 상선을 덮쳐 은 2400레알과 실크 생사 340근(대략 204킬로그램)을 빼앗아오는 실적을 올립니다. 이 약탈 물건은 VOC에 귀속되고 대신 중국의 정크선에는 마치 VOC 소속의 선박처럼 각각 1500레알씩 급료와 경비가 지불됩니다.[42]

해적의 하청 기업화

이렇게 시작된 태스크포스 파견대는 점차 상시적인 콜라보 관계로 진행됩니다. 아래의 도판을 한번 보십시오. 1632년 무렵의 타이완 제일란디아 요새를 그린 그림입니다.

VOC의 전함들 사이에 VOC 깃발을 같이 걸고 있는 작은 배가 보이시죠. 아마도 이 배는 중국 정크로 보입니다. 실제 이 중국 해적 선박들은 VOC의 깃발을 걸고 VOC의 무기와 보급을 받아 다음의 3가지 지침을 지키면서 동남 중국해의 바다를 하이에나처럼 청소합니다.

1. 만약 난아오섬 근처 해역에서 마닐라 또는 마카오로부터 오는 정크선과 맞닥뜨리면, 포획하여 물품을 모두 압수한다.

◈ 1632년 무렵의 타이완 제일란디아 요새 앞바다를 그린 그림입니다. 큰 네덜란드 배 사이에 작은 중국 정크선으로 보이는 배들도 VOC 깃발을 달고 있습니다.

2. 만약 정크선이 샴, 캄보디아, 파타니 또는 VOC에 우호적인 지역으로 향하는 경우에는 괴롭히지 말고 통과시킨다.
3. 한편 마카오에서 오거나 말라카로 향하거나 VOC에 비우호적인 지역으로 향해 가는 정크는 무조건 약탈한다.

난아오南澳섬은 광둥성과 푸젠성의 경계에 있는 섬인데, 당시 정즈룽의 사령부 격인 곳이었습니다. 이렇게 약탈한 스페인-포르투갈계의 전리품들은 타이완의 VOC에 제출한 다음 다시 자신들의 배당으로 받아갔습니다. 뭔가 해적의 다국적 하청기업화 과정이랄까 그렇습니다. 아무튼 이로 인해 뒤에 설명할 1626년 단수이-키룽에 자리를 잡은 스페인은 무역 실적에 차질을 빚어 점차 재정적 위기를 받게 되기도 합니다.

1624년 마르턴 송크 지사와 그다음 지사 더비트Gerard Frederikszoon de With는 처음에는 포트 제일란디아의 항구를 마치 카리브해의 여느 국제항처럼 만들기 위해 캡틴 차이나 리단이 지휘하는 중국 해적들을 활용하여 중국인들을 유치 정착시키려고 합니다만, 조성한 중국인 마을에 역병이 돌아 초토화되면서 실패하고 맙니다. 하지만 그런 와중에 지속적으로 중국을 공식적인 무역 관계로 이끌어내려고 노력합니다.

문제적 인간, 나위츠

1627년, 제3대 지사로 피터르 나위츠Pieter Nuyts(또는 Nuijts)가 부임합니다. 나위츠 지사는 우선 리단의 죽음으로 해적 두목의 자리에 오른 이콴 정즈룽을 중간에 끼워 중국 푸젠성에 계속 로비를 하는 한편 일본에 공식 사절로 건너갑니다. 그런데 문제는 일본의 해상 무역 해적들에게도 다카사고高砂 즉 타이완은 이전부터 원주민들과 사슴가죽 교역을 해온, 아예 연고가 없는 땅이 아니었다는 것이죠. 지도를 살펴보시면 일본 사쓰마에서 류큐로, 다시 요나구니与那國까지 섬들이 타이완 바로 앞까지 연결됩니다.

그런데 나위츠는 1627년부터 일본과의 관계에서 생긴 일련의 사고로 심각한 궁지에 몰립니다.

피터르 나위츠는 제3대 포르모사 즉 타이완 지사 및 대일본 사절로, 부임 직전까지는 오스트레일리아를 탐험하여 실적을 인정받아, 본격적으로 VOC를 대표하여 중국 푸젠성과 일본을 잇는 트레이드 채널을 구축하라는 임무를 부여받고 1627년 포르모사의 남단 포트 제일란디아로 부임한 사람입니다. 나위츠가 부임하여 타이완의 원주민들을 평정하고 요새의 기틀을 잡고 나니, 난데없는 엉뚱한 사람들이 등장하여 별 해괴한 소리를 하는 것이었습니다. 에도 초기 주인선 무역을 하던 일본인이 이 섬은 자기들이 벌써 6년 전에 와서 자리를 잡은 일본땅이라고 클레임을 거는 것이었습니다. 네덜란드인들이 '야피오엔Jaffioen'이라고 부른 이 일본인들에 대해 나위츠가 바타비아에 보고한 편지에는 중국에서 요구한다면 말이 되지만 그들이 자기들의 권리를 주장하는 것은 말도 안 된다고 일축하고 있는데, 일이 좀 꼬이기 시작합니다.

1627년 나위츠가 VOC를 대표하여 통상을 요구하러 에도에 와 있는 동안, 이 야피오엔이라는 일본인도 바쿠후에 와서 '다카사고가 일본땅임을 확인해달라'는 요청과 함께 타이완 원주민들까지 잡아와서 들이밀고, VOC에 대해 여러 가지 중상모략(거의 사실이었다고 생각되지만)을 늘어놓으며 방해공작을 펴기 시작했습니다. 일본에서는 이 사람의 이름을 하마다 야효에浜田弥兵衛라고 하는데, 결과는 예상과 달리 바쿠후에서 둘 다 만나주지 않아버립니다. 하마다 야효에의 경우는 그렇다 치더라도 VOC의 외교적 임무를 띤 사절단장인 나위츠로서는 그야말로 외교 참사를 일으킨 것이었습니다. 결국 일본에서 소득 없이 돌아온 나위츠는 뒤에 설명할 중국 쪽의 문제로 인해 적자가 나자 이를 메꾸기 위해 다분히 보복성을 띤 고율의 세금 10퍼센트를 부과하면서 이 일본인의 비즈니스에 태클을 겁니다. 그런데 여기서 반전입니다! 그 다음해 출항 허가를 요청하러 온 '야피오엔'은 나위츠의 사무실에서 갑자기 칼을 빼서 나위츠의 목에 겨누고 그를 꽁꽁 묶어 인질로 잡아버리는 사건을 벌입니다.

일본 쪽의 기록에는 자신들의 선박과 화물의 반환 및 안전한 출항을 요구했다고 하는데, VOC 쪽의 기록은 얘기가 당연히 좀 다릅니다. 하마다 야효에는 이런저런 이유를 대며 대중국 비즈니스에서 손해본 것까지 모두 덤터기를 씌어 엄청난 금액의 금전적 보상을 요구하면서, 나위츠를 풀어주는 대신 그의 어린 아들과 다른 고

◆ '나위츠의 체포Capture of Nuyts'를 그린 이 그림은 원래 모리시마 주료森島中良의 『반 코쿠신하나시万国新話』(1800)에 실린 삽화였습니다. 허둥지둥 도망치는 나위츠와 일본 인 무사의 구도는 이후 20세기 초반에 프로파간다로도 사용되었습니다.[43]

위급 인사 6명을 자신들의 인질로 일본에 데려가겠다고 하였다고 합니다. 포르모사의 실크 창고를 다 털어주고 그나마 일본에 가서 나머지를 더 물어주는 조건으로 나위츠는 간신히 풀려나지만, 일본에 간 인질들 중 그의 어린 아들은 수용소에서 사망하는 비극도 벌어집니다. 그런데, 나위츠의 실수는 이쯤으로 적당히 끝나지 않습니다.

 1627년 에도에서의 해프닝으로 인해 VOC의 대일 교역이 1628년부터 잠정 중지되고, 교역 재개를 위한 협상 조건 중 하나로 1632년 일본으로 소환된 나위츠는 소란의 책임을 지고 1636년까지 5년간 가택연금의 상태가 됩니다. 가택연금이 마침내 풀리자 그는 에도에 가서 쇼군에게 인사차 소명의 기회를 갖고 싶어했습니다. 하지만 어느 누구도 바라지 않는 기피인물이 되어버린 나위츠는 쓸쓸히 바타비아로 돌아가 VOC에서 불명예퇴직을 하고 고국 네덜란드로 돌아갑니다.⁴⁴ 그러니까 1620년대 후반부터 1630년대 중반까지 VOC는 일본의 길들이기에 당하고만 있는 형국입니다. 하지만 그래서인지 VOC는 마침내 에도 바쿠후에서 포르투갈을 대신하여 교역 상대로서 독점적인 위치를 확보합니다. 그리고 결과적으로 VOC는 적어도 일본에서는 "악어 떼가 두려워 알아서 행동하는 악어새"가 되었다고밖에 달리 표현할 길이 없는 관계를 이어갑니다.

그 대표적인 사례가 바로 나가사키로의 이주입니다. 그때까지 히라도에서 큰 상관 건물들을 짓고 상대적으로 자유롭게 지내던 VOC는 1639년 포르투갈이 최종적으로 추방되자 뒤따라 히라도에서 나가사키로 강제 이주하게 됩니다. 히라도는 이렇게 하여 오랜 국제 무역항의 자리에서 역사의 뒤안길로 사라집니다. 포르투갈과 관계가 점점 악화되자 나가사키에는 포르투갈인들이 혹시라도 선교를 하거나 통제에서 벗어날 것을 염려하여 한 곳에 몰아넣으려고 만든 인공섬 데지마出島가 있었습니다. 포르투갈인들이 완전 추방된 후 나가사키로 이주시킨 VOC 상관을 이 빈 인공섬으로 몰아넣은 셈입니다. 그리고 이제 19세기 들어 일본이 쇄국을 해제할 때까지 VOC의 인원들은 특별한 일이 아니면 데지마를 벗어나지 못하고 통제를 받게 됩니다. 그나마도 네덜란드만 유일하게 일본에서 추방당하지 않고 버틸 수 있게 된 것이라고 해야 할까요. 나위츠는 어쩌면 자신의 임무를 그렇게 역설적으로 해낸 것일까요.

해방유격 정즈룽 장군

한편 1624년부터 VOC의 용병으로 기세를 올린 이콴 정즈룽은, 두목인 캡틴 차이나 리단과 부두목 페드로 차이나라고 불린 안스자이顏思齊가 1625년에 동시에 갑작스레 죽고 난 후 그 바다의 해적 두목이 됩니다. 배후에 든든한 VOC가 있으니 더더욱 기세 좋게 스페인이나 포르투갈의 은과 실크를 싣고 중국 항구로 드나드는 보물선과도 같은 정크선을 공격하면서 세력을 키워나가던 그에게 야망이 생깁니다.

때는 바야흐로 1628년, 강호의 정의가 땅에 떨어져 푸젠의 항구는 탐관오리의 수중에 들어가고, 흉년으로 인한 굶주림으로 백성들은 도탄에 빠졌을 때, 이콴 정즈룽은 이제 해적에서 백성을 도닥거리는 관리로 탈바꿈합니다. 그런데, 생각을 한번 해봅시다. 명나라라는 나라가 무슨 엉터리 나라도 아니고 아무리 말기의 느슨함이 있었다고 해도 당대 최고의 관료제 제국이었는데, 아무리 용맹하고 부유하다고 해적이 그냥 해군의 고위 장군 및 관리가 되는 것은 좀 이상하죠.

17세기는 실은 지금 현대와는 기후가 상당히 다른 소빙기의 시대였습니다. 소빙기는 단순히 기온이 내려가는 것뿐 아니라 이상 저온과 가뭄 등이 빈번하게 수반되었습니다. 그리고 이 소빙기는 기록이 많이 남아 있던 유럽만의 일이 아니라 전 지구적 현상이었습니다.

실제 1626년 푸젠성의 장저우와 찬저우 지역에 처음 가뭄이 시작되자 푸젠성 샤먼 총병廈門總兵 위쯔가오俞咨皐는 원래 관행대로 인접 광둥성의 차오저우潮州 지역에 배를 보내 쌀을 사들여와 비록 부족하지만 배급을 하였습니다. 그 이듬해 1627년이 되면 차라리 그전 해가 나았다고 할 정도로 비가 한 방울도 오지 않았다는 기록이 전해질 만큼 심한 가뭄이 덮치고, 푸젠성 일대에 엄청난 흉년이 닥치면서 백성들이 심각하게 고통을 받습니다. 그런데, 의외로 인접 광둥성은 그 정도로 심각한 흉년은 아니었습니다. 그러면 1626년처럼 쌀을 사와서 풀면 되지 않는가 하는 게 일반 상식인데, 정작 1627년 여름에 푸젠의 순무巡撫가 해적 소탕을 명분으로 해상 쌀 거래의 금지를 명합니다. 쌀거래 금지령으로 인해 흉년이 아닌 지역으로 가서 쌀을 사올 수도 없고 결국 민생이 엉망진창이 되는데, 이 배경에 총병 위쯔가오가 있었다고 합니다. 즉 공식적으로 광둥에 쌀을 사러가는 배의 허가를 내줄 수 있는 유일한 권한을 가진 그가 이 상황을 활용하여 휘하의 연안을 지키는 해군의 식량을 우선한다는 명목으로 뒤로는 사리사욕을 채우고 있었던 것이죠.

이때 정즈룽은 저장과 푸젠의 경계선상에 있는 난아오섬을 사령부 기지로 삼아, 정작 쌀거래 금지령의 원인이었던 해적 소탕을 비웃듯이 해적답게 쌀을 운반하는 정크선을 공격해서 타이완의 VOC에도 팔고 자신들도 먹고 남으면 또 팔고 그러고 있었는데, 흉년으로 발생한 난민들이 이콴 두목 밑으로 가야 먹을 게 있고 목숨이라도 부지할 수 있다며 몰려들기 시작합니다. 난민이 너무 몰리자, 이콴은 타이완의 VOC에 이들의 수용을 타진하는 의사를 전하는 한편, 큰 결심을 내리고 실행에 옮기게 됩니다. 1627년 7월 1일,

그동안 도망만 다니던 해적 이콴은 90척의 해적 함대를 몰고 가서 샤먼 항구의 명 수군[水師]을 공격합니다. 기습은 놀랄 정도로 성공이었고, 그는 이 공격은 오로지 총병 위쯔가오와 탐관오리를 벌하기 위한 것이라고 사방팔방으로 언론 플레이를 합니다. 실제로 민간인은 절대 공격하지 않았고 오로지 위 총병 휘하의 수군만 공격하는 주도면밀함을 보입니다.

정즈룽의 이 공격이 커다란 결단이었던 게, 그 이전에는 도적이지만 이제는 역적이 되는 것이란 말이죠. 왜 이콴은 이런 자살과도 같은 결정을 내린 것일까요? 최근의 연구는 이콴과 VOC가 실은 서로 배신의 틈을 공유하고 있었다고 설명하고 있습니다. 실제 이 공격이 있자마자 위쯔가오 총병은 타이완 지사 더비트에게 몰래 밀정을 보내 이콴을 치는 데에 협조를 하면, 원하던 마카오 방식의 공식 무역을 허용하겠다고 미끼를 던집니다. 더비트 지사는 미끼를 덥석 물었을 뿐 아니라, 이중 플레이마저 합니다. 이콴에게 위 총병의 제안을 알려주면서 난민들을 바타비아로 데리고 가게 해주겠다고 몰래 제안합니다. 이콴이 영역 내에서 사라지면 위 총병은 골칫거리를 제거하고, VOC도 반대급부로 원하던 직거래 권리를 얻을 수 있다는 속셈이죠. 바타비아로 이전하도록 허락해주겠다며 이콴 일행과 난민들을 아마도 동중국해 어디엔가 수장했을 가능성이 더 크지만 말입니다.

실제 11월 VOC에서는 전함을 파견해서 이콴을 공격하는 제스처를 취합니다. 서로를 잘 아는 양측에서야 실제 전투를 하려는 의사는 없어서 그냥 위 총병에 대한 제스처 정도였는데, 지방의 민심은 자신들을 진정으로 위해주는 이콴이 막강한 홍모인마저 물리쳤다고 받아들이게 됩니다. 그리고 VOC가 전함들을 타이완으로 돌리자마자, 이콴은 전함을 이끌고 샤먼의 위 총병을 직접 공격하러 출정합니다. 위 총병은 허둥지둥 노동자 복장으로 변장하고는 장저우로 도망을 치고, 지방의 향사들은 앞을 다퉈 중앙 조정에 탐관오리 위 총병의 죄악과 푸젠 백성을 구해준 정즈룽에 대한 칭찬의 상소를 올립니다. 결국 이듬해 1628년 여름이 될 즈음에는 해적두목 니콜라스 이콴은 더이상 해적이 아니라 명 황제의 사면을 받고 명나라 군사의 어엿한 군사지도자 해방유격海防游擊에 임명됩니다. 도망쳤던 위쯔가오 총병은 체포되어 투옥되고, 그의 수하에 있던 탐관오리들은 정즈룽의 손에 처단됩니다.

이야, 이콴, 아니 이제 정즈룽은 그야말로 승승장구인가 싶은데, 문제는 그의 관리 임명이 실제 녹봉은 주어지지 않는 직함과 임무만 있었다는 것이죠. 결국 재정적 문제와 대우에 불만을 품은 의형제 리쿠이츠李魁奇를 필두로 부두목급들은 다시 해적으로 돌아가기로 결정하고, 이제 그동안 자신들의 두목이었던 정즈룽과 서로 칼을 겨누게 됩니다. 이면의 이야기로는, 리쿠이츠의 경우, 애초에 정즈룽이 사면을 받고 대신 자신을 명나라에 넘기려고 했다는 의심을 품고 있어서 푸젠 측과의 협상에 동행하자는 요청을 거절하고 타이완의 VOC 요새에 은거했다고 합니다. 아마도 정즈룽은 결국 자신의 새로운 커리어를 위해 브라더들을 팔아넘기려 했던 것으로 보입니다.

게다가 더 큰 문제는, 1628년 모든 무역을 금지하는 명령이 여전할 때라 이제 관리가 된 정즈룽은 이를 무시하고 예전처럼 밀무역을 해서 재정 문제를 해결할 수도 없었습니다. 그 와중에 무슨 일이 있었냐면, 위쯔가오 총병이 VOC에 밀약을 보낼 때 탐관오리답게 사적인 밀무역을 VOC와 하고 있었다는 것이죠. VOC는 위 총병에게 거금을 미리 주었고 위 총병 측은 중국산 실크 생사를 보내기로 했는데, 그만 사건이 나서 상황이 바뀐 것입니다. 이에 정즈룽은 VOC로 가는 물건인 줄 뻔히 알고도 덮쳐서 자신의 재정 문제를 해결하는 데 써버립니다. 이로 인해 재정적으로 곤란해진 VOC는 폭탄을 떠넘기려는 심산으로 실크 무역을 하러 온 일본 상선의 무역을 방해하고 높은 세금을 물리려 했고, 여기에 자극받은 일본인 하마다 야효에가 칼을 뽑아 나위츠 지사를 습격해서 인질로 삼는 나위츠 사건으로 이어진 것입니다.

아무튼 나위츠 사건으로 인해 일본과의 무역에도 차질이 생겨버린 타이완의 VOC는 중국 교역을 허가받는 데 더욱 매달리게 되고, 이제 정즈룽이 정식 중국 관리가 되었으니 하루빨리 정식 무역허가를 받아달라고 압박을 가합니다. 이때 또 요상한 일이 생깁니다. 나위츠 지사가 샤먼에 전함을 보내 정즈룽에게 압력을 가하고 타이완에 돌아오자, 정즈룽의 상위 관리인 푸젠의 순무 슝원찬熊文燦이 포트 제일란디아에 사절을 보냅니다. 이 사절은 VOC가 정즈룽과 비밀협정을 맺고 밀무역을 해오고 있었음을 확인해달라고 VOC에 요구합니다. VOC와 정즈룽은 이렇게 서로 등 뒤로 배반에 배반을 거듭하면서 아슬아슬하게 관계를 유지합니다만, 결국 이 관계는 무력 충돌로 이어집니다.

정즈룽을 떠나 해적으로 남은 리쿠이츠, 류샹 등의 해적들은 이제 명나라 해군인 정즈룽을 공격합니다. 한때 그들이 브라더로서 같이했던 방식 그대로 VOC의 하청 해적으로서 정즈룽을 상대하게 된 것이지요. 게다가 푸젠 순무 슝원찬은 이 해적들과 정즈룽을 함께 제거하기 위해 수를 써서 또다시 VOC에 무역 허가 떡밥을 던집니다. 결국 이야기는 서로 배신에 배신이 꼬리를 물고 이어집니다.

이야기를 줄이자면, 사고를 치던 나위츠는 실각하고 포트 제일란디아의 새 지사로 한스 푸트만스Hans Putmans가 오게 됩니다. 때마침 일본의 쇄국령으로 인한 무역 제한 때문에 일본 무역선이 더 이상 타이완에 올 수 없게 되면서 전체적인 상황이 어렵게 돌아가자, 새 지사는 자꾸 조금만 기다려달라는 정즈룽한테 더이상 참지 못하고 다시 원래의 작전대로 중국 항구들을 습격해서 문제를 일으키기 시작합니다. 그러던 1633년 10월, 정즈룽은 샤먼항에 접근한 VOC의 전함 9척과 동맹 해적선 90척을 유인하여 항 내로 들어오게 한 다음 항만의 입구를 불붙은 배로 막고 공격하여 결국 VOC 전함 3척을 침몰시키고 한 척을 나포하는 승리를 거둡니다. 이 전투를 랴오뤄만 해전料羅灣海戰이라고 하여 중국에서는 서양 제국주의 세력에 처음으로 철퇴를 가한 전투라고 높이 평가하고 있습니다.

그런데, 이 승리의 여파는 예상과 완전히 다른 방향으로 미치게 됩니다. 아이러니하게도 VOC와 공식적이지는 않지만 무역의 방해가 되는 것들이 모두 제거되어, 그야말로 타이완섬 포트 제일란디아의 VOC가 푸젠성 샤먼항을 통해 실질적인 자유 무역을 할 수 있게 된 것입니다. 이 전투 전후 과정에서 정즈룽을 배척하여 함정에 빠뜨리려던 푸젠 순무 슝원찬은 도리어 파직되고, 이제 정즈룽은 이 승리에 힘입어 명실상부한 푸젠 앞바다의 지배자가 됩니다. 정즈룽은 누구도 건드릴 수 없는 거물이 되어버린 것입니다. 그리고 마침내 VOC도 중국과 전투가 아닌 평화로운 무역을 할 수 있게 됩니다.

오늘도 안평安平한 타이오안

한편 중국과 교역을 한다는 미션을 마침내 성공시킨 푸트만스 지사는 타이완 포트 제일란디아 인근에 새로운 플랜을 시작합니다. 먼저 다음 페이지의 그래프를 한번 보시기 바랍니다.

이 그래프는 1897년부터 1945년까지 타이완에서 일본으로 수출한 상품 통계를 주요품목별로 표시한 것입니다. 주요품목이라지만 구분 가능한 것은 두 가지뿐입니다. 제일 위의 라인은 수출총계 라인이고, 그 아래 'ㅁ' 표시선이 설탕, 그 아래 '◇' 표시선이 쌀입니다. 그 밖의 품목들은 원래 데이터를 살펴보면 소금이 이 뒤를 따르고 있기는 하지만 설탕과 쌀에 비하면 구분 가능한 정도가 아닐 만큼 미미해서 그래프에도 표시가 되지 않았습니다. 한마디로 설탕과 쌀이 실제 20세기 전반기 타이완의 전체 산업이었다고 해도 과언이 아닐 정도입니다.

왜 갑자기 20세기 이야기로 튀는 걸까요. 잠시만 기다려주시기

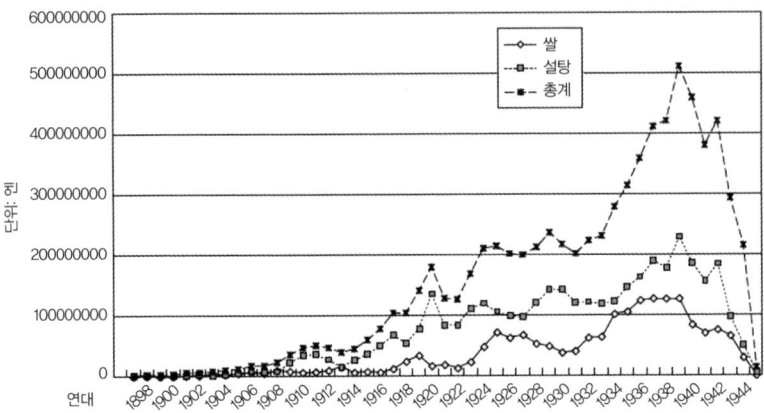

출전: 타이완총부재무국세무과, 타이완외국무역20년대조표: 메이지 29년부터 다이쇼 4년. 타이베이시, 1916년
　　　타이완총독부재무국세무과, 타이완무역연표 다이쇼 4년에서 쇼와 17년. 타이베이시: 1916~1943년
　　　타이완성정부주계처, 타이완무역53년표. 타이베이시, 1954년
비고: 1. 1940년은 수출 데이터가 부분 결락
　　　2. 비율은 수출총액에 대비한 비중
　　　3. 쌀은 멥쌀, 찹쌀, 현미, 정미, 도정미, 싸라기쌀을 포함. 설탕은 적사탕, 백사탕, 함밀당, 분밀당, 각사탕을 포함

◆ 1897~1945년 타이완의 대일 수출 상품 통계: 주요수출품목.[45]

바랍니다. 두 번째는 『화한삼재도회』의 설명대로 아란타 네덜란드는 콤파니가 다스리는 나라라고 했던 것을 기억하시죠. 17~18세기 전 세계에서 '회사'라는 존재가 나라를 다스린다는 개념 자체를 이해하는 사람들은 아마 네덜란드 사람들밖에 없었을 겁니다. 유발 하라리가 『사피엔스』에서 인간의 특징 중 하나로 설명한 것처럼, 회사는 사람들이 상상 속에서 만들어낸 개체인데도 사람이 아니면서 사람처럼 대접받고 사람처럼 사회 속에서 일을 합니다. 그런데 그 회사는 아시다시피 뼛속까지 이윤을 추구하기 위해 존재하는 개체입니다. 1633년에 전 세계에서 가장 효율적인 회사는 VOC였고, 이들은 주력 산업이 아닌 서브라인 부문에서도 이윤을

빼내기 위해 지금 봐도 이해가 안 될 정도의 투자와 운영을 합니다. 그 점 염두에 두고 이제부터 이야기를 읽어주시기 바랍니다.

VOC의 본 고향 네덜란드에 대해 제가 그동안 상공업과 무역만 발전한 것처럼 언급을 했지만 실은 농업, 그중에서도 상업적 농업 경영에 일가견이 있는 곳입니다. 당연히 펑후에서 밀려나 포르모사에 도달한 다음, VOC에서는 주위의 농업적 자원을 확인합니다. 앞에서 잠깐 언급한 "1624년 마르턴 송크 지사와 그다음 지사 더 비트는 처음에는 포트 제일란디아의 항구를 마치 카리브해의 여느 국제항처럼 만들기 위해 캡틴 차이나 리단이 지휘하는 중국 해적들을 활용하여 중국인들을 유치 정착시키려고 합니다만, 조성한 중국인 마을에 역병이 돌아 초토화되면서 실패하고 맙니다"라고 한 이야기가 포트 제일란디아 건너편의 땅에 중국인 마을과 농장을 조성하려 했던 시도를 의미합니다. 물론 역병으로 인해 초기 시험 삼아 정착시키려던 주민들이 떠나버려 실패한 다음에도, 바타비아의 본부에 계속 농업 관련 프로젝트의 승인과 지원을 요청합니다. 바타비아에서는 포르모사가 무역 포스트로서의 위치를 확보할 때까지 '추가 투자는 무리다. 기다려라'는 응답만 보내는데요. 회사로서는 확실히 투자를 하기에는 아직 리스크가 너무 많다고 판단한 것이죠.

그런데 1633년 즈음 이제 중국과의 상황이 어느 정도 정리가 됩니다. 더이상 무역의 끄나풀을 찾으러 해적질을 하지 않아도 어느 정도 고정적인 상행위 영업이 진행되기도 했고, 아이러니하게도 정즈룽이 자리를 잡으면서 원하던 무역을 허용해주기도 하여, 포르모사는 이제 좀더 장기적인 비즈니스 프로젝트에 눈을 돌립니다. 그 첫 번째가 일단 식량의 확보. 게다가 타이완은 토양이 비옥하여 상업적 농업 가능성마저 보입니다. 그래서 VOC에서 선정한 품목은 쌀농사와 사탕수수입니다.

포르모사의 달콤한 맛

사탕수수! 네덜란드인들은 이미 카리브해에서 사탕수수 플랜테이션을 운영하고 있었고, 아시아에서도 설탕이 충분히 고가의 상품이 된다는 것을 파악했습니다. 실제 사탕수수는 중국 장난 지역에서 재배가 되고 있었고, 사탕수수에서 생산되는 설탕은 조선을 포함한 동아시아 일대에서 일찍부터 최고가 사치품 중 하나였습니다. 예를 들면, 『세종실록』 세종 11년(1429) 12월 3일조에는 일본에 다녀온 통신사 일행의 보고 중에 이런 내용이 있습니다.

"사역원司譯院 생도生徒 이생李生이 말하기를, '감자甘蔗는 맛이 달고 좋아서 생으로 먹어도 사람의 기갈飢渴을 해소하게 되고, 또 삶으면 사탕沙糖이 되는데, 유구국琉球國에서는 강남江南에서 얻어다가 많이 이를 심고 있으며, 또 서여薯蕷라는 것이 있어, 큰 것은 기둥만 하고 작은 것은 서까래만 한데, 역시 남만南蠻에서 얻어다가 이를 재배한다' 하오니, 엎드려 바라옵건대, 모두 채취해 오게 하여 그 재배를 널리 보급하도록 하소서."

여기서 '감자'가 바로 사탕수수이고 '서여'는 마입니다. 이미 류큐에서 중국 원산의 사탕수수를 많이 재배한다는 정보를 전하면서 조선에서도 재배하자는 건의를 합니다. 물론 기후의 문제로 실행되지는 않았습니다. 그런데 이 중국 장난 원산의 사탕수수를 VOC에서는 포르모사에 도입합니다. 1632년에 처음 소규모 시험을 시도한 다음 1633년부터 본격 재배를 시작하여 1635년경에는 125톤에서 180톤을 생산하는 규모로 성장하고 실제 이익을 내는 단계로 진행됩니다. 미리 말씀드리자면, 1640년 중반경에는 설탕 중에서 가장 상등품인 백설탕의 생산이 연간 625톤에 달하는 규모로 성장합니다. 이 설탕은 전략적 수출 품목으로 동아시아 무역 네트워크 내에서 전량 소화되었는데, 특히 일본과 페르시아가 주요 수요국가였다고 합니다.

여기서 우선 재미있는 그림을 하나 보여드리겠습니다. 1648년 루도비쿠스 엘제비에르Ludovicus Elzevier가 그린 그림으로, 브라질의 사탕수수 농장에 설치된 엥제뉴Engenho라는 사탕수수 압착기입니다.

기본적으로 사탕수수 다발을 소 두 마리가 돌리는 큰 '우력牛力

◆ 루도비쿠스 엘제비에르가 그린 엥제뉴라는 사탕수수 압착기입니다.

다짐' 롤러에 끼워 사탕수수액을 압출하는 장치입니다. '엥제뉴'란 단어는 철자를 보면 짐작할 수 있듯이 포르투갈어 단어로, 영어의 엔진과 같은 의미입니다. 대략 16세기에 포르투갈이 브라질 식민지에 아프리카 노예를 투입하여 사탕수수 농사를 시작하면서 도입된 기계라고 합니다. 이후에는 쿠바나 다른 카리브해 섬들에 있던 스페인이나 네덜란드 식민지의 사탕수수 플랜트에서도 사용되었습니다.

그런데 말입니다. 18세기 중반, 대략 1740년대 즈음 청나라에서 타이완 원주민의 풍속을 그림으로 그린 〈번사채풍도番社采風圖〉가 제작되었습니다. 〈번사채풍도〉라는 제목은 말 그대로 원주민 부족[番社]의 풍속을 모은[采風] 그림이라는 의미입니다. 원주민을 그렸다고 되어 있지만 그림 속의 인물들은 대부분 펑푸족平埔族이라 불리는, 이미 청나라 식으로 변발을 한 중국화된 원주민들입니다. 총 67개의 그림 속에 타이완의 특징적인 풍속을 그리고 있는데, 여기서 '풍속'이란 실은 요즘 표현으로 하자면 산업을 포함한 문화 정보에 가깝습니다.

그중에 〈당부糖廍〉라는 제목의 그림이 있습니다. '당부'란 말은 말 그대로 설탕 만드는 공장입니다. 그림의 위쪽에는 사탕수수밭에서 사탕수수 다발을 짊어진 농부들이 보이고, 아래 오른쪽에는 큰 솥이 있는 주방 같은 시설에 뭔가 불을 때고 삶는 장면이 있습니다. 그리고 그 아래 왼쪽에 크게 자리잡은 초가지붕 아래에 흥미로운 장치가 보입니다. 소 두 마리가 톱니장치가 위에 달려 있는 두 개의 큰 원통을 돌리고 있고, 이 원통 사이에서 한 사람이 사탕수수 다발을 끼워 압착을 하고 있습니다. 예, 바로 위에 소개한 엥제뉴입니다. 달리 더 설명이 필요하지 않을 정도로 18세기의 타이완에서 16~17세기의 브라질이나 카리브해의 사탕수수 플랜트와 똑같은 장비와 공정을 볼 수 있습니다.

한편 사탕수수와 달리 쌀은 초창기에는 여러 가지 문제점들로 인해 중국인 농부들이 기피하기도 하였지만, 1640년대에 접어들면서 자급자족을 할 수 있었고 더 나아가 수출용으로까지 생산이 증대되었습니다. 사탕수수와 쌀의 경작이 원활하자 회사에서는 다른 작물들도 시도합니다만, 기본적으로 이 두 작물의 기세를 따라잡기는 어려웠습니다.

잠깐, 생각해보니 사탕수수와 쌀은 가장 대표적인 노동집약적인 작물입니다. 그런데, 왜 노예를 쓰지 않았을까요? 근세 무역에서 최악의 흑역사인 노예 무역의 대표주자는 포르투갈과 VOC였습니다. 위의 17세기 브라질 사탕수수 농장의 그림에도 아프리카인 노예가 일하고 유럽인이 감독하는 모습이 그려져 있지 않습니까. 그런데 정작 타이완에서는 VOC가 여러 가지 계산을 해본 결과, 중국인 노동자를 쓰는 것이 노예를 쓰는 것보다 더 효율적이라고 판단 내렸다는 것입니다. 아니, 그럼 노예보다도 저임금의 중국인 노동력을 착취한 게 아닌가 싶지만 사실은 아닙니다. 아프리카나 인도네시아에서 노예를 '매입'해서 생존율이 높지 않은 멀고먼 원양 항로로 싣고 데리고 옵니다. 그러고는 감시 감독하면서 노동을 시켜야 하는데, 오히려 기술을 충분히 갖추고 현지 사정을 잘 아는 자발적이고 동기 부여된 중국인을 활용하는 것이 훨씬 효율적이라는 판단을 내린 것이죠. 실제 VOC에서는 바로 이 자발적이고 기업가 정신으로 가득 찬 중국인 농업 노동력을 확보하기 위해 일단 초창기에 다음과 같은 조건을 내걸고 푸젠성에 광고까지 하면서 이민단을 모집합니다.

들어보십시오. 우선 1636년에 사캄Saccam 지역의 쌀농사 지대를 공시하며 내건 조건입니다.

1. 첫 4년간 주민세 또는 토지사용세의 면제.
2. 매년 생산된 쌀 1250킬로그램당 40스페니시 달러 은화의 수매가 보장.
3. 경작용 소 제공(VOC에서 소유하고 제공해주는 경작용 소의 경우 1635년 기준 모두 360마리였다고 합니다).
4. 필요한 경우 정착비 및 기타 용도의 차관 융자.

여기서 2번 조건의 경우, 일반적으로 17세기 유럽에서 1스페니시 달러(피스오브에이트) 은화의 가치는 임금노동자 2주치 임금에 해당했다고 합니다. 수매가 보상액이 40킬로그램 쌀 한 가마니를 기준으로 3주치 임금에 조금 못 미친다고 할 수 있습니다. 지역에 따라 달라질 수는 있지만 대략 그 정도 가치입니다. 사탕수수와 같은 다른 작물 역시 이와 비슷한 조건들을 제시합니다. 그리고 VOC의 이 농업 프로젝트가 사탕수수와 쌀농사에 특화된 타이완이라는 역사적 결과물을 남겼습니다. 이후 19세기 말 일본이 타이완을 점령한 후에도 이 기본 산업은 그대로 유지되었습니다. 앞에 소개해드린

20세기 초반의 타이완 산업 구조가 바로 이 '회사의 결과'입니다.

근대화의 프리뷰

자, 그런데 이런 농업 프로젝트가 성공한 데는 그저 인센티브만 제공하여준 것이 다가 아닙니다. 여기에 이들 중국인들의 안정적인 생산성을 위해 이들이 살아가는 거주 지역의 안전과 환경에 대한 관리 감독까지 해줍니다. 타이완 사캄 지역 중국인 마을의 건축 규정에 의하면, 모든 집은 대나무를 쓰면 안 되고 반드시 돌을 사용하여 지어야 하며, 지붕도 초가 대신 반드시 기와를 올리도록 하여 화재로 인한 리스크를 줄이도록 되어 있었습니다. 한편 마을에는 파출소에 경찰 인원을 배치하여 치안뿐 아니라 알코올, 무기 사용, 도박 등을 규제하였다고 합니다. 그리고 무엇보다 근대적인 사법 시스템을 갖추었다고 합니다. 기초 법원으로 중국인 법원, 그 위에 중국인 2명이 참여하는 장로위원회, 그 위에 최상위 법정인 사법위원회를 구성하여 법정 시스템을 지키도록 한 것이죠. 듣고 보니 뭔가 이상하죠. 이게 지금 1630년대 지구의 끝이라고 할 만한 포르모사섬에서의 일인데 말입니다.

또한 초창기의 어려운 문제 중 하나가 원주민들의 중국 농민들에 대한 습격이었습니다. 이를 위해 1635년부터 VOC의 군대가 동원되어 인근의 호전적인 부족들, 특히 마터우Mattau 부족을 제압합니다. 그런데, 일단 군사적 제압을 한 다음의 과정이 VOC스럽습니다. 포트 제일란디아 일대, 특히 사캄 지역은 지금의 타이난시 중심부입니다. 이곳은 VOC가 원주민 신칸족Sinkan으로부터 확보하여 중국인들에게 분양한 회사의 땅이고, 그 경계 너머의 원주민들과는 봉건 시스템의 주종관계를 맺습니다. 실질적으로는 좀 이상하지만 먼 유럽의 네덜란드가 종주국이고, 이들 부족들은 네덜란드의 제후국vassal으로 규정됩니다. 그런 다음 계약을 통해 VOC 측에서 요구한 사항을 지키도록 하고, 대신 사슴가죽을 수매하여 줍니다. 이렇게 시스템 내로 이들 호전적 부족들을 끌어들여 당근과 채찍을 동시에 사용하여 중국인 농민들에 대한 공격을 멈추도록 합니다.

물론 VOC는 중국인들을 위해, 또는 원주민들을 위해, 뭐랄까, 이런 '시혜적인' 시스템을 제공해준 것이 '절대' 아닙니다. 제가 처음에 언급했죠. 회사는 이윤을 추구하는 존재라구요. 이런 시스템을 도입하여 VOC는 이익을 누렸습니다. 당연히 이윤을 내는 데 어떤 게 더 유리한가를 따지는 것일 뿐입니다. 실제 1650년대 이후 상황이 전반적으로 조금 바뀌면서 이로 인해 중국인 농민들이 회사와의 계약에 대한 불만이 늘어나자 순식간에 억압적인 정책을 펼치기도 합니다. 심지어 마닐라의 1603년 중국인 학살사건을 사례로 연구하여 초기 진압을 하기도 하고, 원주민과 중국인을 분리시켜 서로 긴장상태를 유지하게 한다든지, 세금을 인상하여 회사의 줄어드는 이익을 메꾸려 한다든지, 그런 어두운 근대의 모습을 여실히 보여줍니다. 이처럼 빛도 있고 어두움도 있었다면, 또한 그 속에 반짝이는 것도 있었습니다. 한 가지, 저도 믿기 어려운 근대의 '미리보기'를 VOC는 세계의 끝 포르모사섬에도 도입했던 것입니다.

법이 있으면 법을 지킨다

다음의 사례를 한번 보시기 바랍니다.

VOC에서는 중국인 농업 이민자가 회사의 생산 쿼터에 동의하면 그들에게 분배한 토지에 대해 '재산권'을 부여하였습니다. 1633년 람팍Lampack이라고 기록된 중국인 농업이민자가 사탕수수밭 용도의 토지 65모르겐(16만 7700평 정도)을 부여받습니다. 그런데 그가 사망하고 그의 동생 싱쿠아Sinqua가 상속받아 농장을 운영하고 있었습니다. 1644년 새로 부임한 지사 프랑수아즈 카론François Caron은 이 토지가 원주민 부족의 영역과 너무 가까워 곤란하다고 몰수하여 선교사들에게 재부여하도록 결정합니다. 하지만 법적으로 싱쿠아가 이 토지의 적법한 소유주였기 때문에 이 지사의 명령은 포르모사의 VOC 사법체계에서 뒤집어지고 다시 싱쿠아에게 반환됩니다. 그러자 지사는 싱쿠아에게 토지를 다시 소유하는 대신에 향후 5년간 일정 금액을 선교사들에게 지급하게 했습니다. 이마저도 1651년 회사 관리들이 싱쿠아가 이 돈을 지급했어야 할 근거가 없다고 인정하여 대신 그에게 5년간의 세금 면제로 보상해줍니다.

어떻게 이게 가능했을까요? 이 차가운 보편적 합리성 말입니다. 17세기 중반 전 세계의 거의 모든 인간 세상은 힘센 왕과 왕자와 귀족과 종교 지도자와 주교와 사제와 샤먼과 부자가 차지하고 있던 시간에, 여기 한 회사가 있어서 세상의 끝이라고 해야 할 머나먼 포르모사섬에서 근대의 프리뷰를 보여주고 있었습니다. 심지어 그들 스스로도 감당을 못해서 결국 실패한 근대를 말입니다.

제국의 끝, 이슬라 에르모사

타이완섬의 남쪽에서 네덜란드가 이런 드라마를 찍고 있는 동안, 그 섬의 북쪽에서는 스페인이 거점을 확보하고 있었습니다.

실제 예수회 이외의 도미니코 수도회와 다른 수도회 소속의 선교사들이 중국과 일본에 진출하기 위한 시도는 16세기 후반 이 해역에 스페인이 도착한 직후부터 시작되었습니다. 처음에는 당연히 포르투갈이 마카오에 자리를 잡아 광둥성 정부와 이미 긴밀한 관계에 있고, 일본 역시 나가사키에 포르투갈-예수회의 파워풀한 네트워크가 형성되어 있으니, "우리는 같은 왕을 모시는 '이베리안 유니온'이 아닌가, 협조를 기대한다"라고 생각하고 접근했지만, 협조는 무슨. 마카오-예수회에 완전히 외면을 당하고 맙니다. 이 동군연합 기간 동안의 포르투갈과 스페인 관계는 이름처럼 그리 아름다운 콜라보가 아니었던 것 같습니다.

아! 여기서 한 가지 꼭 언급하고 넘어갈 게 있습니다. 21세기 국민국가의 국민인 우리 기준으로 이 시대를 보면 오해하기 딱 좋은데, 마카오에는 포르투갈인 예수회 선교사만 있고, 마닐라에는 스페인인만 있었던 게 아닙니다. 예수회에는 스페인인, 포르투갈인, 프랑스인, 독일인, 심지어는 종교개혁으로 적국이 된 개신교 국가라고 알고 있는 잉글랜드인이나 네덜란드인도 있었습니다. 당시의 세계는 아직 보편적 '국민'이 구성하는 국민국가 혹은 민족국가 Nation State가 자리잡기 전의 세계입니다. 게다가 근세 유럽인의 세계는 세속 권력과 교회의 권력이 이원적으로 구성되어 개개인의 삶에도 영향을 미쳤습니다.

동아시아 역시 지금의 '우리 민족 온리Only' 국가들이 아니었습니다. 카이펑 유대인들의 경우처럼 전통적으로 강역 내에 여러 민족이 살고, 각 민족은 각자의 법도를 따라 살아가는 방식이었습니다. 그래서 보편적 이념을 따르면 혈연적으로 이방인이라도 그 사회 내에 수용하기도 했습니다. 아무튼 스페인인이지만 예수회 소속이고 마카오가 베이스인 경우, 스페인의 마닐라보다 마카오 커뮤니티와 예수회의 이익을 우선으로 하며 활동하는 경우가 더 많다는 것입니다. 물론 반대의 경우도 있습니다. 후발 주자인 도미니코회 같은 수도회들에게 아시아에 이미 자리잡은 예수회 텃세가 얼마나 감정적으로 받아들여졌는지, 조선인 토마스의 경우에도 "성스러운 여정을 방해해서는 안 되는 어떤 이들"이라는 표현을 써 가면서 물증은 없지만 심증으로는 예수회가 일본에서도 자기 일행의 목적을 방해했다는 기록을 남겨두고 있을 정도입니다. 하지만 예수회 측의 기록에는, 도미니코 수도회만 독점적으로 조선 진출을 계획했다는 식으로 서로 다른 얘기들을 하고 있습니다.

결과적으로 도미니코회가 중국땅에 들어간 것은 1633년이었습니다. 중국에 들어가 현지 상황을 검토한 도미니코회는 공식적으로 교황청에 예수회의 현지 전례 수용방식에 대해 문제를 제기하고, 이것이 이후 오랜 기간 다툼을 거듭하면서 결국 예수회의 해체 및 현지 관습의 수용을 전면 금지하는 결정으로 이어집니다. 물론 불똥은 조선의 가련한 '서학쟁이'들에게까지 튀어 유례없는 순교사를 쓰게 되지만 말입니다.

그런데, 도미니코회 소속 선교사들의 부단한 중국 진입 노력은 그저 단순한 선교 사업이 아니었습니다. 대부분 사절을 파견할 경우 선교사와 전직 지사 등의 고위급 인사가 마닐라 정부를 대변하며 동행했습니다. 즉 선교가 무역과 동맹 등의 정치적·경제적 사안들을 복합적으로 수행하는 것이죠. 1604년까지 대략 5차례의 대중국 시도를 하는데 모두 실패로 돌아갑니다. 잠시 소강상태에서 내부적 상황을 해결한 후 1612년부터 다시 본격적으로 중국 접속을 시도합니다. 이 와중에 한 가지 대안 루트로서 조선이 대두되었고, 토마스를 조선으로 돌려보내며 선교 기회를 엿봤던 것은 마침 조선 회답겸쇄환사 사신의 일본 방문과 토마스의 개인적 사연, 그리고 조선을 경유하여 중국 조정에 바로 접속한다는 여러 가지 계산이 같이 연결되어 성사된 일이었습니다. 다만 우리가 이미 본 것처럼, 조선이 서학 선교사를 받아들일 수 있었을까 하는 문제는 별개로 치더라도 일본의 기리시탄 금지령에 대해 제대로 파악하고 있었는지, 중국 명나라 조정이 조선을 거쳐온 스페인을 받아줬을지를 생각해보면 현실적으로 불가능한 시도였다고 생각됩니다.

토마스를 조선으로 돌려보낸 마닐라 도미니코회의 이때 책임자는 바르톨로메 마르티네스Bartolomé Martínez였습니다. 그는 마카오 경유, 코레아 경유 모두 현실적으로 불가능하다는 것을 알았습니다. 게다가 무엇보다 VOC의 스페인 봉쇄작전이 점점 거세지며 누에바 에스파냐에서 남미산 은을 싣고 오는 갤리선이 습격을 당하는 일이 너무 많아지자, 이에 대한 대책으로 직접 중국 남해 연안 정부들과 빅딜을 하기로 결정하고 1619년 광저우와 촨저우에 사절로 떠납니다. 그런데 이 여정이 쉽지 않았습니다. 일도 제대로 풀리지 않았지만, 태풍으로 인해 두 번이나 이슬라 에르모사Isla Hermosa섬에 피신하는 일이 생깁니다.

이슬라 에르모사! 포르투갈인들이 처음 발견하고 일랴 포르모사Ila Formosa라고 명명한 타이완섬을 말합니다. 마르티네스 신부는 보고서에서 이슬라 에르모사를 확보하자고 강력히 주장합니다. 이곳이야말로 태평양 횡단 항로상에 보급과 피난처를 제공하기에 최적인 데다가 일본으로 바로 항로가 이어지는 곳이었습니다. 게다가 중국 푸젠성의 최대 무역항 아모이(샤먼)와 찬저우에 바로 접근할 수 있는 지척의 거리에 있으며, 무엇보다 태평양 항로를 방해하기 시작한 플란데런 반란군의 해상 공격을 효과적으로 차단할 수 있을 거라는 계산까지 타이완섬의 지정학적 중요성을 부각합니다. 어찌 보면 명나라에서는 타이완을 자신들의 영토가 아닌 외방으로 간주하고 그저 야만인 동번東蕃과 사슴이 많이 사는 해적의 섬이었을 뿐인데, 이 섬의 위치가 17세기 들어 갑자기 수많은 배들이 오가는 항로 선상에 놓이면서 불쑥 떠올라 역사의 전면에 모습을 드러낸 것 같습니다. 하지만 마르티네스 신부의 보고서는 당장 채택되지는 않습니다.

그러다 불과 5년 만에 상황이 달라졌습니다. VOC가 타이완섬 남쪽, 지금의 타이난시臺南인 타이오안(한자로는 大圓, 臺員, 臺圓 등으로 표기되고 네덜란드어로는 Taioan으로 표기를 합니다)에 요새를 세우고 본격적으로 중국 무역뿐 아니라 스페인-포르투갈 상선에 대한 해적질에 돌입하자, 1625년 마닐라 지사 페르난도 데 실바Fernando de

Silva는 이슬라 에르모사에 교두보를 확보하기로 결정을 내립니다. 그리고 1626년 2월, 2척의 배에 스페인 군인들과 마르티네스 신부를 포함한 도미니코회 소속 선교사 5명을 태우고 마닐라를 떠나 그 섬으로 향합니다. 그리고 이후 16년간 스페인은 마치 아프가니스탄에 들어갔던 소련군처럼 혹은 미군처럼 수렁에서 진창으로, 진창에서 수렁으로, 결국 스페인 제국의 명성에 먹칠을 하고 1642년 철수하게 됩니다. 아, 지금부터 이야기의 무대가 되는 타이완 북부의 지룽基隆을 이 당시 문헌에 등장하는 '키룽Keelung'으로 표기하겠습니다.

그 섬에 살던 사람들

타이완의 역사 하면 어디서부터 생각이 나십니까? 제게는 어릴 적에 중화민국 혹은 자유중국으로 부르던 곳이 타이완이었습니다. 제 아버지가 아는 화교 분들이 모두 '대만' 국적이었죠. 좀더 커서 어느 날 더이상 누구도 자유중국이나 중화민국으로 부르지 않고 대만이라고만 하고, 대신 중공을 중국으로 부르기 시작했습니다. 대학생이 되어서 대만의 역사라는 것을 처음 인식한 것은 영화〈비정성시悲情城市〉를 보고 난 후입니다. 아, 이게 뭔가 복잡한 역사가 있는 곳이구나 하는 느낌이랄까요. 타이완 역사에 관심을 가지면 대부분 '국성야 정청궁'이라든가 VOC가 타이완을 점령해서 식민지로 만들었다 정도가 아마 저를 포함한 대부분이 알 수 있는 선이

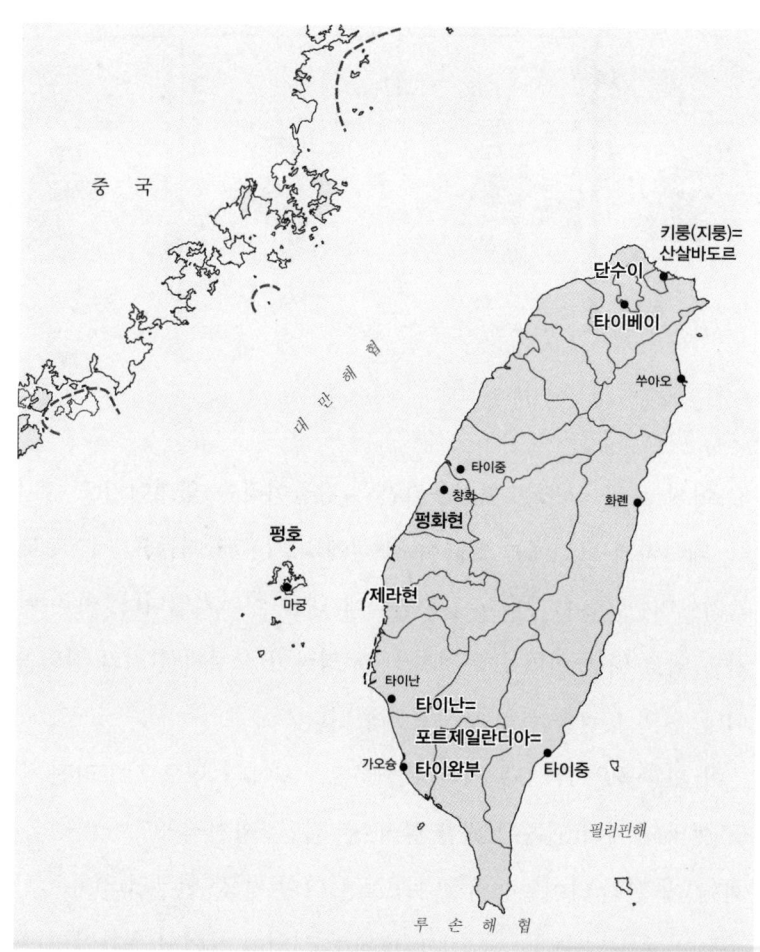

◈ 타이완 지도.

아닌가 싶습니다.

　물론 당연히 그 이전에도 타이완에는 '사람들'이 살았습니다. 폴리네시안계로 분류되는 이들 타이완 원주민들을 지금은 보통 고산족高山族이라고 하는데, 실은 고산족은 산에 산다는 의미이기도 하

◆ 『황청직공도』 제3권에 실린 타이완섬의 원주민 생번.

고 어찌 보면 산으로 쫓겨올라간 사람들이라는 의미이기도 합니다. 왜냐하면 그전에는 당연히 전 섬에 퍼져 살았거든요. 지금부터 들려드리는 이야기는 그 원주민들에 대한 이야기입니다. 이 이야기를 읽고 나면 아마도 완전히 다른 영상이 펼쳐지실 거라 장담합니다. 위의 도판을 한번 보시기 바랍니다.

이 도판들은 1751년 청나라 쳰룽乾隆 황제의 명으로 그려진 중국 내외의 여러 민족에 대한 일러스트집인 『황청직공도皇淸職貢圖』 제3권에 실린 타이완섬의 원주민들을 그린 것 중 일부입니다. 첫 번째는 단수이淡水(지금의 신베이시) 지역에 살던 스우나이石武乃 부족, 두 번째는 주루어현諸羅縣(지금의 자이嘉義시) 지역에 살던 네이산아리內山阿里 부족, 세 번째 네 번째는 지금의 타이중시 바로 남쪽의 평화현彰化縣에 살던 네이산內山과 수이사렌水沙連 부족의 모습입니다. 그림 속 부족의 이름 다음에 있는 '사社'는 부족을 의미합니다. 각 부족을 소개하는 이름 끝에 붙어 있는 '생번生番'이라는 한자를 보시기 바랍니다.

다시 아래의 도판을 한번 보십시오.

이들은 이름 끝에 '숙번熟番'이라고 적혀 있습니다. 첫 번째는 단수이의 숙번 텅더화應德化 부족이고, 두 번째는 주루어현의 숙번 주루어諸羅 부족입니다. 마지막은 타이완현의 숙번 다제링大傑嶺 부족이라고 되어 있습니다.

숙번과 생번이 확연히 다른 모습인 게 보이십니까? 중국은 이민족 중에서 중국에 복속해서 순종하는 부족은 '숙熟'이라고 부르고, 불복종하는 야만 부족은 '생生'으로 불렀습니다. 여진도 생여진과 숙여진이 있었죠. 숙번은 청나라의 통치에 복종하는 부족이고, 생번은 청의 통치권 밖에 있는 야만 부족이라는 의미입니다. 그림의 부족들을 비교해서 보면 확실히 중국화된 정도가 다르죠. 물론 이 정보와 이미지는 18세기 중엽의 정보입니다. 당연히 VOC나 스페인, 리단과 정즈룽 같은 중국 해적이 타이완섬에 왔을 때는 숙번은 존재하지 않고 모두 생번들이었습니다. 하지만 18세기 이후에도

◆ 『황청직공도』 제3권에 실린 타이완섬의 원주민 숙번.

생번이든 숙번이든 만만찮은 존재들이기는 했습니다.

조선 선비의 경험기

이 『황청직공도』로부터 40여 년 지난 18세기 후반에 재미있는 조선의 기록이 있습니다. 실은 조선시대에 외국에 표류한 기록들이 의외로 적지 않습니다. 그중에 제주도나 남해안에서 나가사키로 떠내려간 이야기는 꽤 있습니다. 홋카이도로 떠내려간 이지항李志恒 같은 사람의 경우도 상당히 예외긴 하지만 존재하고, 반대로 멀리 타이완까지 떠내려간 기록도 있습니다. 1796년 정조대에 타이완으로 떠내려갔다가 돌아온 이방익李邦翼이라는 사람이 있었는데, 이 사람의 표류기가 정조에게 보고되어 연암 박지원의 손에서 한 편의 표류문학으로 정리되어 전해져옵니다. 이 「서이방익사書李邦翼事」라는 글에서 관련된 일부를 소개합니다.

(전략) 방익이 아뢰기를, "배가 바람에 휘날려 혹은 동서로 혹은 남북으로 표류하기를 열엿새 동안이나 하였습니다. 일본에 가까워지는 듯하더니 갑자기 방향을 바꾸어 중국으로 향하였습니다. 양식이 떨어져서 먹지 못한 것이 여러 날이었는데, 문득 큰 물고기가 배 안으로 뛰어들어 여덟 사람이 함께 산 채로 씹어 먹었습니다. 먹을 물이 다 떨어졌는데 하늘이 또 큰비를 내려주어 모두들 두 손을 모아 받아 마시고 갈증을 풀었습니다. 배가 처음 해안에 닿았을 때는 정신이 어지러워 인사불성이 되었사온대, 어떤 사람이 멀리 서서 이를 엿보고 있더니 이윽고 무리를 지어 배에 올라 배 안에 있는 의복 따위들을 모두 챙기고

각자 한 사람씩 업고 나섰습니다. 이렇게 30여 리를 가니 마을이 나왔는데 30여 호쯤 되었고 중앙에는 공청公廳이 있어 '곤덕배천당坤德配天堂'이라는 편액이 걸려 있었습니다. 그들이 미음을 만들어주어 마시고 화로를 가져다 옷을 말려주곤 하여 겨우 정신을 차려서는 지필紙筆을 청하여 글자를 써서 묻고서야 비로소 그곳이 중국의 복건성福建省 소속인 팽호도澎湖島 지방임을 알게 되었습니다" 하였습니다.

[박지원이] 살펴보건대, 팽호도는 서쪽으로 천주泉州의 금문金門과 서로 마주 보고 있습니다. 도경圖經(지도책)에 의하면 팽호도는 동길서東吉嶼, 서길서西吉嶼 등 36개의 섬이 있어 바다를 건너는 자는 반드시 동길서와 서길서를 경유하여야 합니다. 예전에는 동안현同安縣에 소속되어 있었는데, 명나라 말기에 이르러 지역이 바다 한가운데에 위치하고 백성들이 흩어져 있음으로 인해 세금 수납이 불가능하므로, 마침내 논의하여 포기해버렸습니다. 그 후 내지內地의 백성들이 부역에 시달리다 못해 가끔 그 안으로 도피해 갔는데, 동안同安과 장주漳州의 백성이 가장 많았습니다. 홍모紅毛가 대만臺灣을 점령했을 때 이 지역도 아울러 차지했으며, 정성공鄭成功 부자父子가 다시 대를 이어 웅거할 때 이 지역을 맡고 대만의 문호로 삼았습니다. (중략)

방익이 아뢰기를, "두 척의 큰 배에 나누어 타고 서남西南으로 향하여 이틀 만에 대만부臺灣府의 북문北門 밖에서 하륙下陸했는데, 번화하고 장려하여 길 양옆에 누대가 늘어서 있고 밤에는 유리등을 켜 대낮처럼 밝았습니다. 또 기이한 새를 채색 초롱에 기르고 있는데 그 새는 시간을 알아서 울곤 하였습니다" 하였습니다.

[박지원이] 살펴보건대, 대만은 『명사明史』에 계롱산鷄籠山이라 칭

하였고 또 동번東番이라 칭했습니다. 영락永樂 연간에 정화鄭和가 동서의 대양大洋을 두루 원정하여 모두가 조공을 바치지 않는 곳이 없었는데, 유독 동번만은 멀리 피하여 조공을 하지 않았습니다. 정화가 이를 미워하여 집마다 하나씩 구리 방울을 주어 그 목에 걸게 하였는데, 이는 대개 구국狗國에 비긴 것이었습니다. 그런데 그 후에 사람들은 도리어 그 방울을 보배로 여겨, 부자는 여러 개씩 걸고 다니며 "이는 조상이 물려준 것"이라며 자랑하고 다녔습니다. 풍속은 꿩을 먹지 않고 다만 그 털만 취하여 장식품을 만든다 합니다. 건륭 52년(1787)에 임상문林爽文의 난을 토벌하자 임상문의 군사가 패하여 내산內山으로 들어가니 생번生番들이 포박하여 바쳤는데 열하熱河의 문묘文廟 대성문大成門 바른편 벽의 비碑에 그 사실이 기록되어 있습니다. 생번들은 다 키가 왜소하며 단발한 머리카락이 이마를 덮고 머리카락은 칠흑색이며 양미간이나 턱 위에 팔괘八卦 무늬와도 같은 낙인을 찍었으며, 귓바퀴를 뚫어 주석朱錫 통을 꽂았는데, 그 통은 앞뒤가 통하며, 혹은 횡목橫木을 꿰어 골패骨牌를 달고 다닌다고 합니다. (후략)[46]

박지원은 이방익의 표류 내용을 보고서로 올리며 자신의 설명도 추가했는데, 이 글을 읽은 조선 사람들은 상상도 할 수 없었을 생번의 비주얼 묘사에 경악을 감추지 못했을 거라는 생각이 듭니다.

야만과 문명의 경계[47]

그런데, 이들에 대한 가장 이른 시기의 기록은 중국 기록이 아니라 역시 VOC와 도미니코회 선교사의 기록입니다. 이들에 따르면,

17세기에 대략 타이완섬의 원주민들은 대단히 호전적이고 끊임없이 전쟁을 하는 작은 부족으로 나뉜 헤드헌터들이었습니다. 헤드헌터라는 게 상징적인 표현이 아니라 정말로 적의 머리를 잘라오는 것을 의미합니다. 이들 부족은 마치 고대 그리스의 스파르타인들처럼 남자들이 집단생활을 하며 전쟁 기술을 연마하다가, 성년이 되면 적으로 삼은 다른 부족에 침입해 머리를 잘라와야 성년 전사로 받아들여주었다고 합니다. 이 성년 신고식으로 목을 따러 가기 전에 보통 몇 시간씩 술을 마시며 춤을 추는 행사를 거행했다는군요.

보통 이러한 원주민 풍습을 전하는 것은 서구 문명 우위를 바탕에 깐 제국주의적 이미지라고 반발하여, 반대로 이상적인 원시의 순결함을 강조하는 '고귀한 야만인noble savage'이라는 주장도 있습니다. '야만'과 관련된 담론이나 개념은 어느 쪽 방향이든지 모든 것이 서구 문명의 패러다임 속에서 제국주의자들이 만들어낸 이미지라고만 하기에는 좀 어려운 부분이 있습니다. 그렇게 과잉으로 이상화한 이미지 역시 실제의 모습을 직시하고 보면, 오히려 인간이 이룩한 문명을 너무 폄하하는 표현이 아닌가 생각합니다. 그럴수록 사실을 정확히 보려고 노력하는 것이 필요하다고 생각하고 있습니다.

이 타이완 원주민의 야만적 풍습이 원주민들의 실제 모습 중 하나였다고 한다면, 반대로 이들을 전형적인 야만인으로서만 볼 수 없는 측면도 역시 있습니다. 이들 각 부족은 언어가 서로 달라 전혀 통하지 않았지만, 대신 VOC가 자리잡은 남쪽에는 시라야어, 스페인이 자리잡은 북쪽은 바사이어, 섬의 중간 지역은 시딕어라는 일종의 무역어인 공통 언어가 있었다고 합니다. 공통언어가 있었다는 것은 위에 언급한 야만성과 대비되는 또다른 특성을 암시합니다. 실은 이렇게 부족 간의 전투가 끊이지 않는 한편으로 해안가를 따라 원주민 부족들 간에 무역이 이루어지기도 했다는 것입니다. 마치 동아프리카 해안을 따라 공통적으로 의사소통을 하는 데 사용되었던 스와힐리어처럼, 타이완 역시 원주민들 간에 무역이 이루어지고, 더 나아가 동맹도 이루어졌다는 것이죠. 이 동맹과 무역은 유럽인들이 도착하기 전부터 푸젠 계통의 중국인들과 주로 사슴가죽에 대한 물물교환 교역으로 확장되었습니다. 그러다가 유럽인들이 도착하자 여러 가지 의미에서 근본적인 변화가 일어납니다. 중국 상인과 달리 유럽인은 이들에게 '선교'를 해서 근본적인 베이스를 바꾸려고 했기 때문입니다. 다음의 도판을 보십시오. 이것은 『마태오의 복음서』 1장입니다.

왼쪽은 네덜란드어, 오른쪽은 남부 지역에서 사용되던 공통언어인 시라야어로 번역된 것입니다. 이 도판은 19세기쯤 다시 찍어낸 판본의 것이긴 하지만, 오리지널 첫 번역 버전은 1661년에 암스테르담에서 출간된 『마태오의 복음서』로, VOC의 타이완 요새 인근 시라야어 사용 원주민들에게 선교용으로 만들어진 것입니다. 최근에는 실전된 것으로 알려졌던 『요한의 복음서』가 발굴되면서, 시라야어와 또다른 원주민 언어인 파볼랑Favorlang어 두 종류의 복음서가 출판된 것으로 유추하고 있습니다.[48] 이 성경책이 보여주듯이, VOC와 스페인 요새 근처에는 서쪽에서 온 이들과 접촉하여 교역

❖ 네덜란드어-시라야어 대역 성경의 첫 장입니다.

하고, 각각 신교와 구교의 기독교로 개종하고, 때로는 손을 잡고 군사행위도 하던 일종의 '숙번'들이 형성되었습니다. 그리고 이들은 유럽인들과 더 안쪽에 사는 원주민 부족들 사이의 중개인 역할을 하기도 했습니다.

테오도레 에르마노의 사례[49]

이 시기 원주민과 관련하여 흥미 있는 사례가 하나 있습니다. 스페인이 산살바도르 요새를 세웠다가 다시 VOC가 차지하게 된 타이완섬의 북쪽 단수이-키룽 지역에 1640년대 즈음 테오도레 에르마노Theodore Hermano라는 사람이 있었습니다. 이름을 보면 스페인인 같지만, 지금의 지룽시에 해당하는 지역의 원주민 키우마리 부족의 추장입니다. 키우마리 부족은 스페인이 최초로 접촉한 원주민 부족으로 가장 우호적인 관계를 유지했습니다. 테오도레 에르마노 추장은 스페인이 이 지역을 차지하고 있던 시기에 어린 시절을 보내면서 스페인어를 배우고 세례를 받습니다. 1642년 스페인이 철수하고 VOC가 이 지역을 장악하면서 처음으로 이 사람의 이름이 통역사로서 기록에 등장합니다. 얼마 안 되어 일련의 일들로 인해 부족의 추장이 VOC 병사에게 살해당하자, VOC가 통역사 테오도레를 지명하여 부족의 새로운 지도자로 나서게 됩니다. 테오도레는 이후 단수이-키룽 지역 VOC 행정관의 직원이 되어 원주민과 VOC 간의 중개인 역할을 합니다. 그리고 직접 유럽인들과 접촉을 하지 않는 타이완섬 북동 지역의 카발란 부족에게 VOC의 대표로 가서 사슴가죽 등의 토산물에 대해 협상을 하고 교역을 하기도 합니다. 테오도레는 1656년 11월 15일 사망한 것으로 기록에 나옵니다. 그의 사망 후 VOC는 카발란 부족과 갈등을 겪게 되는데, 이는 테오도레와 같은 원주민 중개인들이 얼마나 핵심적인 역할을 했는지를 보여주는 방증이라고 할 수 있습니다.

원주민들은 유럽인들이 물러간 후 정청궁과 청나라의 중국 세력과 접하게 됩니다. 유럽인들과 다를 바 없이 중국 세력도 생번과 숙번으로 나누어 복종/통제와 충돌/진압의 롤러코스트를 계속 운행합니다. 이로 인한 무력 충돌과 반란은 이후 19세기, 20세기까지 이어지고, 때로는 분열시키고 회유된 원주민들끼리 서로 죽고 죽이는 대리전을 치르기도 하였습니다. 특히 생번은 19세기 표착하게 된 미국인을 살해한 로버Rover호 사건과 표착된 류큐인을 살해한 모란사 사건牡丹社事件으로 인해 미국을 비롯한 열강들, 그중에 일본을 다시 끌어들이는 구실이 되기도 하였습니다.

문제는 이들이 단순히 희생당한 가련하고 순결한 원시인들인가 하면 그게 또 아니라는 것이죠. 그래서 일부 원주민 후손 운동가들은 당시의 원주민에 대한 기록이 현재 원주민들의 권리 운동에 부정적인 영향을 준다며 안 좋아하는 경향도 있다고 들었습니다. 특히 원주민들의 항일 봉기를 다룬 〈시디그 발레Seediq Bale〉(2011) 같은 영화의 경우, 앞부분에서 원주민 부족들 간의 잔인한 전투 장면이 등장하기도 하는데, 그런 점에서 논란이 있었다고 합니다. 자, 이쯤에서 다시 서쪽에서 온 이들의 이야기로 돌아가겠습니다. 이 원주민들이 살고 있던 타이완섬에 이제 또다른 유럽인들이 발을 들이게 됩니다.

산살바도르와 산도밍고[50]

1626년 봄, 타이완섬 북부 키룽만에 거대한 배가 대포를 쏘면서 들어옵니다. 이 배에서 일단의 스페인 군인들과 도미니코회 수도사 5명이 상륙해서는 키룽만 지역의 원주민 마을에 들어섭니다. 그곳은 그 지역 토착민인 타파리-키우마리 부족의 마을인데, 포 소리에 놀란 주민들이 산으로 도망가 숨어버리는 바람에 마을은 텅 비어 있었습니다.

주위를 정탐한 후 안전하다고 파악한 이들 스페인 군대 일행은 이제 정식으로 이 땅의 소유를 선포하는 의식을 거행합니다. 먼저 미사를 드린 다음 십자가를 세우고, 이어서 카스티야 왕실기를 펼친 뒤 지휘관이 흙과 나뭇가지를 들고 "우리 주군 펠리페 4세 만세Viua el Rey, nuestro Señor, Don Philipe quatro", "세세토록 왕실과 국가의 번영을 위하여muchos años, con aumento de mayores reynos y estados"라고 외치며 이슬라 에르모사의 카스티야 왕실 소유를 선언합니다.51 뒤이어 키룽만을 산티시마 트리니다드Santissima Trinidad(성삼위일체), 그리고 그곳에 요새와 보루를 세우고 산살바도르San Salvador 요새라고 명명합니다. 키룽은 만의 입구가 좁아 포대를 세워 방어하기 좋고, 물도 깊고 바람을 피하기 좋아 섬 북쪽에서는 최적의 장소로 보였습니다. 1626년 2월 마닐라를 떠나 루손섬 북부의 필리핀 원주민 카가얀 부족의 반란을 진압하고, 다시 5월 5일 북으로 선수를 돌려 이슬라 에르모사로 온 이들이 마침내 키룽에 들어온 것입니다.

이렇게 우여곡절을 거쳐 스페인이 타이완섬에 발을 내딛었는데, 솔직히 뒤이은 상황은 녹록지 않았습니다. 우선 산으로 도망갔던 타파리-키우마리 부족은 여전히 경계를 풀지 않고 스페인 군대에 식량을 팔지 않은 데다가 주위의 다른 부족과도 거래를 하지 못하도록 방해했습니다. 게다가 마닐라에서 출발한 보급선이 태풍으로 항로를 이탈하여 아예 오지 못하는 상황에서, 원주민들과 사슴가죽 거래를 하던 중국 배들조차 시즌이 아직 시작되지 않아 중국 상선과 거래라도 하려면 가을까지 기다려야 했습니다.

실은 마닐라 정부에서는 병사들이 이슬라 에르모사로 간다고 하면 명령을 듣지 않을까봐 처음 2월에 출발할 때에는 필리핀 루손섬 남부의 카가얀 원주민 반란을 진압하러 간다고 명령을 내린 상황이었습니다. 그러나 이제 실제 카가얀의 반란을 진압한 다음, 5월 5일 '자, 원래 우리는 이슬라 에르모사로 가는 거야' 하고 바다를 다시 건너온 상황이었으니 병사들은 식량이 떨어지자 개도 잡아먹고 쥐도 잡아먹고 땅을 파서 벌레든 구근이든 닥치는 대로 먹을 것을 찾아 배를 채웠지만, 심각한 식량 부족에 시달릴 수밖에 없었습니다. 게다가 이런! 물조차 유황성분이 많아 잠깐 사이에 시름시름 병사하는 병사들이 속출하였습니다. 어쩌면 이 첫 시련은 1626년부터 1642년까지 16년간 스페인이 타이완에서 줄곧 겪어야 했던 고생의 시작이었는지도 모릅니다.

물론 시간이 지나 마닐라의 추가 보급선이 도착하면서 상황은 서서히 좋아졌습니다. 결국 타파리-키우마리 부족도 산에서 내려와 스페인인들과 교역을 하기 시작하여 식량 문제도 그나마 해소됩니다. 겨우 눈을 들어 주위 상황을 살펴보자, 이곳의 원주민이 만만찮다는 것을 금방 알게 됩니다. 그런데 그만 문제가 생깁니다. 바로 원주민들 간의 부족 전쟁에 말려들기 시작했다는 것입니다.

이듬해 1627년 후반, 20명의 병사가 단수이강을 거슬러 올라가 원주민에게서 쌀을 구하기 위해 나섰습니다. 이들과 접촉한 부족의 추장은 이들을 성대히 환영하면서 잔치를 열어주었고, 안심한 병사들은 이튿날 추장을 따라나섰습니다. 그런데 인근 동맹 부족과 비밀리에 연락을 취한 추장은 전사들을 매복시켰다가 스페인 병사들을 기습합니다. 정글 속에서 마구잡이로 가해지는 기습공격에 당한

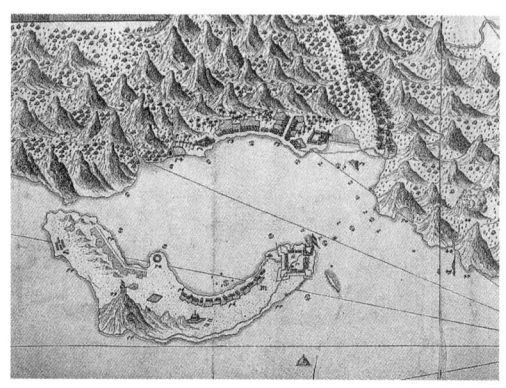

◈ 시기적으로 나중인 1654년 VOC에서 작성한 지도 〈탐수이와 그 인근 부락 및 키룽 섬의 지도Kaartje van Tamsuy en omleggende dorpen, zoo mede het eilandje Kelang〉에서 산살바도르 요새 부분입니다. 지도에서 보는 것처럼 물과 식량을 공급할 수 있는 해안과 방파제 구실을 해줄 만^灣이 당시에는 필수적인 조건이었습니다.

스페인 병사들은 혼비백산하여 공격에 희생당한 동료 8명을 뒤에 남겨두고 필사적으로 총을 쏘며 도망을 쳐서 키룽의 요새로 돌아옵니다. 때마침 마닐라에서 보급선이 온 것을 보고 가슴을 쓸어내린 이들은 전함을 돌려 단수이강을 따라 이 원주민 지역으로 가서 이들을 쫓아내고 식량창고를 털어 쌀을 가득 담아서 돌아옵니다. 왠지 찌질한 비극이 이어지는 느낌인데, 아무튼 이를 계기로 단수이강 하구로 진출하여 두 번째 요새 산도밍고San Domingo를 세우게 됩니다. 이렇게 원주민들과 실랑이를 3년간 하고 난 후인 1629년 무렵에서야 주위의 원주민들을 모두 장악하여 마침내 안정적인 정착을 합니다.

1632년, 3척의 일본 배가 들어와 자기들은 VOC와 거래를 하고 있지만 앞으로는 스페인인들과 거래를 하고 싶다며, 은을 주고 사슴가죽을 사가지고 갑니다. 당시 주재하던 도미니코 선교사의 기록

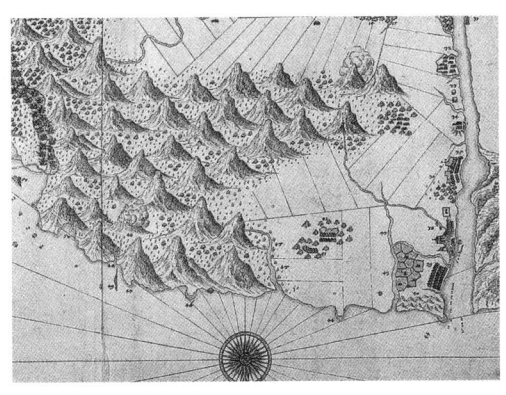

◆ 같은 지도에서 산도밍고 기지만 확대한 지도 부분입니다. 오른쪽 단수이강 입구 안쪽에 요새의 모습과 깃발이 그려져 있습니다.

에는 일본 상선들이 매년 와주기만 하면 산살바도르는 일본과의 무역항으로 번창할 것이라며 장밋빛 꿈에 부풉니다. 하지만 현실은 잔인한 법이라 고생 끝에 더 큰 고생이 기다리는 경우가 많죠. 새로운 희망이었던 일본은 불과 3년 뒤 쇄국령으로 발길이 딱 끊어집니다. 어차피 일본 시장을 위해 온 것이 아니니 대신 중국에 더 열심히 매진코자 하지만, 기본적으로 산살바도르와 산도밍고는 자체적으로 운영되지 못하고 마닐라의 지원에 전적으로 의존합니다.

한편 초창기부터 동행한 도미니코회나 이후 합류한 프란치스코 수도회의 경우 원래의 의도였던 중국이나 일본에 대한 선교 기회는 생기지 않고, 훗날의 역사적인 평가에 의하면, 과도할 정도로 원주민 선교에 자원을 퍼부었습니다. 그들에게 유일한 위안은 인근 원주민 부족의 개종이 꽤 순조로웠다는 것이겠죠. 뭐, 그래서 '가스펠인가'라고 해야 할 것도 같습니다만.

1630년, 마닐라에서 온 도미니코회 소속 하신토 에스키벨Jacinto Esquivel 신부가 요새를 벗어나 타파리 부족의 마을에 들어갑니다. 이제 작은 교회를 세우고 북부 타이완섬 원주민 공동 무역 언어인 바사이어Basay(또는 Bacay)도 배웁니다. 타파리 부족은 그에게 아마도 잠자리를 같이할 여인을 제공하였던 것 같은데, 수도자로서 결혼을 하지 않는다고 거부하는 에스키벨 신부를 처음에는 믿지 못해 받아들이지 않았다고 합니다. 하지만 그가 마을에 있으면 스페인 군인들로부터 안전해진다는 것을 깨닫게 되자 마침내 그를 받아들입니다. 심지어 에스키벨 신부가 총사령관과 담판을 지어 감옥에 갇혀 있던 타파리 부족 몇 명을 석방시키는 것을 본 다른 부족의 추장이 "사제란 것이 이런 것이라면, 우리 마을에도 하나 있어야 해"라고 했다는 에피소드가 전해질 정도입니다. 그렇죠, 가톨릭 사제가 마을에 있다는 의미는 스페인 병사들에게서도 보호될 뿐 아니라 스페인 부대의 힘을 무서워하는 다른 부족의 공격 역시 막을 수 있다는 현실적인 이유가 먹혀들어갔다고 할까요.

뭐랄까, 약간 영화 〈미션〉이 떠오르는 분위기입니다. 이런 분위기 속에서 앞서 말씀드린 키우마리 부족의 테오도레 에르마노 같은 경계선에 선 사람들이 나타나기 시작한 것입니다.

세상의 끝에서도 제국과 반란군

원주민 선교가 가장 활발하던 시기는 바로 스페인 군대의 힘이 가장 강력했을 때입니다. 이때는 산도밍고(단수이)에서 산살바도르(키룽)까지 스페인인이 별다른 무장 없이 혼자 길을 걸어가도 안전할 정도였다고 합니다. 이후 스페인 군대는 타이완 동쪽 해안으로 점차 세력을 확장하여, 태평양 횡단을 나선 갤리선들이 폭풍을 만났을 때 피신할 수 있는 안전 지역들을 확보합니다. 실은 이게 무역보다 더 큰 이유가 되어가고 있었습니다. 왜냐하면 이슬라 에르모사의 산살바도르에서 이뤄지는 무역은 이때 점점 악화되고 있었습니다.

무엇보다 산살바도르 요새의 무역 기지로서의 역할을 방해한 것은 바로 VOC입니다. VOC의 무차별적인 해적질에 시달리던 1627년, 스페인 마닐라에서 포트 제일란디아 요새를 공격하러 기세 좋게 출동을 하였지만 태풍으로 가지도 못하고 실패를 하는데, 반면 VOC는 효과적으로 포르투갈 카라카선과 스페인 갤리선들을 공격합니다. 게다가 앞서 이야기를 하였지만, 중국 해적들까지 VOC 깃발을 휘날리며 마닐라나 마카오를 오가는 중국 정크선들을 공격해서 해적질을 합니다. 스페인이 타이완 북부에 기지를 둔 의미 자체가 없어져버리도록, VOC는 중국 물건이 나오는 푸젠성 항구 쪽이 아니라 기착지인 마닐라 인근 해상에서 이들 배를 공격하는 전략을 사용합니다. 한마디로 타이완섬에 위치한 요새의 전략적 필요성이 별 의미가 없어지고 있었다는 것이죠.

계속해서 무역 방해를 받으니 일단 마닐라 입장에서는 산살바도르 요새까지 배분하기 어려울 정도로 무역 자금이 부족해집니다. 중국 상인들이 타이완에 실크를 가져왔다가 그냥 돌아가는 일도 많아집니다. 왜냐하면 이때 마닐라도 결정적인 재정 악화를 경험하고 있었습니다. 이 재정 악화는 1630년대부터 1640년대까지 멕시코에서 오는 공식적인 은의 양이 급감한 것이 주 원인이었다고 합니다. 그래서 이 여파로 마닐라 자체의 재정이 힘들어지자 내부적으로 돈만 잡아먹는 타이완 요새들에 대해 부정적인 여론이 형성됩니다. 특히 이슬라 에르모사 진출을 주도했던 마닐라 지사의 반대파들은 스페인 본국의 조정에서까지 악플을 늘어놓아 여론을 부정적으로 이끌어갑니다. 엎친 데 덮친 격으로 필리핀 남부 무슬림 술탄국들과의 갈등이 전쟁으로 확대되어 그쪽에 병력이 필요해지자 결국 마닐라에서 병력을 철수해야 하는 상황으로 몰립니다.

1637년, 새로 부임한 마닐라 지사 디에고 세바스찬 우르타도 데 코르케라Don Sebastian Hurtado de Corcuera는 스페인 국왕에게 건의를 올려 정식 승인을 받은 후 이슬라 에르모사에서 퇴장할 것을 지시합니다. 먼저 단수이의 산도밍고 요새는 완전 해체, 키룽의 산살바도르는 병사 200명만 남기고 철수하기로 합니다. 그러자 현지에서 이 병력 축소의 결과는 걷잡을 수 없이 확산됩니다. 무력의 약화를 감지한 원주민들은 순식간에 등을 돌리고, 한때 혼자서도 안전하게 다니던 단수이-키룽 도로가 이제는 무장병사들조차 공격을 받는 길이 되어버리고 맙니다. 원주민 부족에 나가 있던 선교사들은 모두 요새 안으로 피난오고, 스페인인들에게 더이상 돈이 없다는 것을 알게 된 중국 배들은 발길을 끊습니다. 심지어 이들 중국 상선들은 남부의 VOC에 스페인은 이제 막장으로 끝나 여기를 떠난다는 소식까지 전해줍니다.

1641년 8월, VOC의 군인들이 원주민 부대 500명을 데리고 도착합니다. 당연히 어떠한 저항도 받지 않고 인근 키우마리 부족 마을로 들어가 언덕 위에서 망원경으로 요새 안을 직격으로 내려다보면서 산살바도르 요새에 꼼짝도 않고 버티는 스페인 병사들을 관찰한 다음, VOC 병사들은 마을만 불태워버리고 철수합니다. 일단은 피해 없이 조롱거리가 된 정도로만 넘어갔지만, 문제는 남겨진 스페인 군대의 평판이 완전 바닥나버렸다는 것입니다. 한마디로 더이상 인근 원주민들에게 그나마의 영향력마저도 없어진 것이죠.

　다음해 1642년 8월 초, 다시 좀더 큰 규모의 VOC 군대가 도착하고, 요새가 바로 내려다보이는 보루를 점령한 후 대포를 요새 안을 향해 정면으로 겨냥합니다. 그리고 다음 수순은 '항복'. 이것이 17세기 세계 최강 스페인 제국의 변두리 중 변두리였던 이슬라 에르모사, 산살바도르 요새의 마지막입니다.

　한편 포로가 된 스페인 병사들은 타이난의 VOC 요새 포트 제일란디아로 이송되었는데, 거기서, 그 병사들은 그동안 상상도 하지 못했던 장면들을 목격합니다. 포트 제일란디아에는 홀란트에서 온 비스킷, 돼지고기, 소고기, 와인, 식초 등등의 물품이 믿어지지 않을 만큼 풍부하였던 것이죠. 심지어 이들 병사의 기록에 따르면, 스페인에 있는 것보다 더 맛있는 카스티야산 와인이 너무나 풍족해서 네덜란드인들이 와인으로 와인 잔을 씻을 정도였다니, 그야말로 섬의 반대쪽에 있던 스페인과는 너무나 달랐습니다. VOC는 그야말로 꿈같은 성공 비즈니스를 운영하고 있었던 것이죠. 이 석세스 스토리는 실은 VOC와 니콜라스 이콴의 푸젠 해적들이 공동작품으로 이루어낸 결과입니다. 이렇게 스페인이 산살바도르를 완전히 내어놓고 물러난 6년 후에 스페인과 네덜란드의 80년 전쟁이 마침내 끝이 납니다. 결과는 우리가 아는 네덜란드의 공식적인 완전한 독립국 인정입니다.

제6장

끝나지 않는 이야기

타이완의 스페인 요새 산살바도르가 네덜란드에 항복하고 2년이 지난 후, 1644년 청나라의 군대가 산하이관山海關을 넘어 중국의 '천하'를 마침내 손에 넣습니다. 천문학 지식으로 명나라 조정에서 관상감을 맡았던 예수회 선교사들은 남명 정부를 따라나선 몇몇을 제외하고는 다시 청나라 조정에서 등용되었습니다. 청나라는 명나라 때부터 이어온 해금정책을 강화하고, 정즈룽의 아들 정청궁은 1661년 바다를 건너 네덜란드 요새 포트 제일란디아를 공격하여 타이완을 점령하고 동녕국東寧國을 세웁니다.

해금의 폐지와 도진야시키[1]

청나라는 1668년 외국 상선의 도항을 금지하고 조공 무역으로 한정하지만, 한편으로 1679년 마카오에 광저우와의 육상 교역을 승인해줍니다. 광저우가 개방의 창구가 되면서 네덜란드도 이제 조공 무역에 참가할 수 있게 됩니다. 그리고 오래도록 해금정책의 명분이 되었던 소위 왜구의 배후인 일본과의 무역도 이때 실질적으로 묵인해주기 시작합니다. 이후 1683년 타이완의 동녕국 정씨 왕조가 항복하자 1684년 해금정책을 폐지하고 샤먼과 광저우에 해관을 설치하여 외국 상선을 대상으로 관세를 받고 허가해주는 시스템을 가동합니다. 이듬해 1685년에는 닝보와 상하이에도 해관이 설치됩니다.

이러한 전개의 이면에는 당시 청의 상당히 다급한 상황이 작용하기도 했습니다. 구리 동전의 부족으로 화폐 유통이 되지 않자, 이에 대처하기 위해 일본으로부터의 구리 수입을 허용하는 측면이 더 강했다고 합니다. 뭐랄까, 천하질서 바깥의 책봉을 받지 않고 공식적으로는 외교관계가 없지만, 그 실체를 인정하고 사적인 접촉을 금하지 않는다고나 할까요. 심지어 캉시康熙 황제의 개인용 선박도 일본으로 파송되었다고 합니다.

그리고 일본 쪽에서 허용된 항구는 바로 전통적인 외국 무역항구인 나가사키였습니다. 에도 바쿠후는 본래 나가사키의 대외 무역을 보다 직속에 두고 통제하기 위해 여러 정책을 실행해왔습니다. 이전 시기에는 좀더 자유로웠던 중국인들에 대해서도 1635년에 도진야시키唐人屋敷라고 불리는 중국인 통제구역으로 집중화시켜 통제를 하기 시작했습니다. 그런데 중국 쪽에서 교역을 허용하게 되니 자연스레 본격적으로 나가사키에 청 상인들이 내도하기 시작했습니다. 예를 들어, 1688년 기록에는 그해 도항한 청인이 거의 1만 명에 가까웠다고 합니다. 나가사키라고 하면 네덜란드인들이 머물렀던 데지마出島가 가장 유명하지만, 실은 이 도신야시키를 통해 VOC와는 비교할 수 없는 규모의 대청 무역이 이루어졌습니다. 단순히 비교를 하자면 데지마의 규모는 9000평방미터인 데 비해 도진야시키는 3만 1000평방미터였다고 합니다. 아무튼 이렇게 보면 알 수 있듯이, 중국 무역 상인들은 중국 쪽의 해금정책과 무관하게 일본과 지속적으로 왕래를 하고 있었습니다. 다만 청에서 마침내 해금을 풀고 일본과의 무역을 허용한 이후 본격적으로 엄청난 물량이 풀렸다는 것이 주목할 만한 점입니다.

일본에서 중국으로 가는 물품은 대부분 구리였습니다. 구리 수출은 17세기 내내 매년 200~400만 근의 수출량을 보이다가 17세기 말에는 무려 '700만 근', 즉 4200톤을 넘어섰습니다. 구리 이외의 잡화라고 할 것은 칠기 세공품, 도자기, 건어물류 등이 대부분입니다. 반대로 중국에서 들여오는 물품은 우선 실크 생사에서 의복류까지 각종 실크류, 그리고 인삼, 한약재, 그 밖의 각종 위세품威勢品들이었습니다. 그리고 이 수입품 중에 전체 비중은 크지 않아도 바로 '서적'이 있습니다.

이런 수입 책들의 출처는 난징이나 닝보에서 출발한 선박에 실려서 들어왔습니다. 난징발 선박에서는 난징과 쑤저우에서 출판한 책, 닝보발 선박에서는 항저우에서 출간한 책들이 들어왔다고 합니다. 실제 쑤저우나 항저우는 근세 중국 출판의 메카였고, 이곳 출판사에서 베이징의 류리창琉璃廠에 점포를 내고 있는 경우가 많았습니다. 베이징의 류리창이라는 곳은 18세기 홍대용 같은 조선의 실학파들이 연경에 가면 꼭 방문하여 이런저런 에피소드를 남긴 곳으로도 유명하지요. 그런데 이 출판단지들에서 나가사키까지 운송하는 데 걸리는 시간이 베이징의 류리창 서점에 도착하는 시간과 크게 차이가 나지 않았다고 하는군요. 베이징과 나가사키에서 거의 동시에 책의 업데이트가 가능했다는 얘기입니다.

다만 책이란 게 원래 수요층이 한정적이라서 그런지 실제 전체 교역 대비 그리 많은 비중은 아니었다고 합니다. 하지만 이때 들어온 수입서적의 인수자는 기본적으로 쇼군이나 다이묘, 또는 아라이 하쿠세키新井白石 등 바쿠후나 번의 고위직 유학자들인 경우가 많았습니다. 상당히 흥미롭게도 이런 고위층 수요자들을 위해 나카다 세베에中田淸兵衛 같은, 도혼야唐本屋라고 불리는 해외서적 수입상이 에도에 생겨나기도 했다고 합니다.

고방파와 18세기 인삼 삼각무역

나가사키로 들어온 수입서적들의 면면을 일종의 통관 기록으로 살펴보면 대체로 『대명률大明律』 같은 법률 서적, 유교 경전, 이백·두보 시선이나 당송팔대시 같은 문학 서적, 역사서, 지리지, 의학 서적 등으로 거의 모든 분야를 망라하고 있습니다. 그런데 의학 서적 중에 1660년대에 『주해상한론注解傷寒論』이라는 책이 들어온 것을 필두로 해금령이 폐지된 이후 중국의 고전 의학 서적들이 본격적으로 들어오게 됩니다. 이런 중국 오리지널 클래식 의학 서적이 들어오자 그간의 의학 체계를 다시 검증하는 일이 생겨납니다. 그

중에 『상한론傷寒論』이나 『금궤요략金匱要略』 같은 중국의 고전 의학서들과 『주해상한론』처럼 이 고전들을 해석, 설명하는 새로운 지식에 스포트라이트가 비춰집니다.

그리하여 고전의 처방을 재해석하고 도입하는 일종의 르네상스기가 일어나면서 일본 의학계에 고방파古方派라는 새로운 움직임이 생겨납니다. 이 움직임은 어찌 보면 중국 서적의 수입이 촉발한 일본 유학의 신조류인 고학古學과도 궤를 같이합니다. 그런데 여기서 고방파가 주목한 『상한론』이란 책에 흥미로운 포인트가 있습니다. 이 책은 후한 말기에서 삼국 초기에 지어진 것으로 알려져 있는데, 열을 동반한 전염병과 같은 병에 대한 치료를 집중적으로 다룬 책이고 특히 송대에 집중적으로 재해석되고 연구되었다고 합니다. 이 책과 이를 재해석하고 심화하고 연구한 결과들이 이제 일본에 전파된 것이지요.

그런데 이 책에서는 '인삼'을 대단히 중요한 처방으로 보고 있다고 합니다. 아니, 실제 인삼을 사용한 처방전 자체가 『상한론』에 처음 등장했다고 합니다. 그렇게 중요한 인삼인데 문제는 일본에는 인삼이 자생하지 않았습니다. 새로운 정보의 도입으로 수요는 생겼지만 공급은 없는 인삼이라는 코모디티commodity는 흥미롭게도 이리하여 조선을 동아시아 무역의 흐름에 끌어들이게 됩니다. 이제는 꽤 알려진 18세기 조선의 삼각무역, 즉 왜관을 통해 조선 인삼을 팔고 인삼 대금으로 받은 일본의 은이 조선 연행사를 통해 베이징으로 가서 실크로 바뀌는 삼각무역이 바로 그것입니다. 조선도 그사이 사회 경제적 안정을 되찾고 국제 네트워크에 다시 가담하는 18세기가 시작된 것이지요.

총을 들 필요가 없는 동아시아[2]

사람을 살리는 인삼뿐 아니라 사람을 죽이는 총기의 발달에 대해서도 흥미로운 분석들이 있습니다. 처음 포르투갈인이 전해준 조총 혹은 화승총은 이 책에서 말씀드린 기간 동안 급속도로 동아시아에 확산되었습니다.

2010년, 재일교포 이석조 씨가 대한제국 강화진위대에서 사용되었던 화승총을 일본에서 구입하여 국립중앙박물관에 기증한 일이 있습니다. 이 총은 몇 가지 의문이 아직 남아 있지만 아무튼 대단히 아름답고 정교합니다. 한편 기술적으로 보면 살상무기인 총으로서는 300년 전에 머물러 있습니다. 무기로서의 기술이 퇴화한 것이죠.

이 현상은 일본에서도 이미 있었던 것으로 알려져 있습니다. 전국시대가 끝난 후 에도 바쿠후는 기본적으로 조총의 제작이나 사용 자체를 경원시하였다는 것입니다. 전국시대에 화승총을 만드는 두 군데 메이저 장인집단 사카이堺와 나카하마中浜의 경우, 17세기 초반부터 에도 바쿠후가 기존 화승총을 일종의 예장용 무기로 제작하게 하고 쿼터를 둬서 통제 가능한 수준에서 관리되도록 하였다고 합니다. 실질적으로 일본에서 조총이 실제 무기로 전장에 투입된 것은 1637년 시마바라의 기리시탄 반란이 마지막입니다. 네덜란드에서는 시마바라의 난 전후에 상대적으로 자유로운 히라도에서 나가사키의 데지마로 쫓겨 들어가지 않으려고 당시 신기술이 적용된 수석식燧石式, 즉 플린트록 총을 바치기까지 했다고 합니다. 하지만 결과적으로는 바쿠후에서 개발하라는 명령 없이 사장되고 맙니다. 그 이후로도 일본에서 플린트록 방식의 총에 대한 관심이 없어 유럽인들의 뇌구조로는 도무지 이해가 안 되자, 18세기 후반에 일본에 머물렀던 의사 칼 페테르 툰베르그Carl Peter Thunberg는 아예 일본에는 부싯돌이 없어서 그렇다고 결론을 내릴 정도였습니다. 그렇지 않고서는 개발하지 않는 이유를 설명할 길이 없다는 거죠.

이런 일본의 소극적인 태도는 심지어 1748년 일본에 조선통신사로 다녀온 조명채가 조정에 "다만 대·소포와 조총鳥銃 등의 제구는 보기에 매우 정예롭습니다. 그 쏘기 연습하는 법은 자세히 알 수 없으나, 접때 도주의 집 연례宴禮 때에 가서 보니, 뜰 모퉁이에 1칸의 작은 집을 지어놓고 집의 담벼락에 수키와 두 장을 합쳐 붙인 것을 꽂아서 구멍을 만들어 총쏘기 연습을 한다고 합니다. 그런데 총알 쏘는 곳에서 그 구멍까지 10보 남짓에 불과하니 만약 그 말과 같이 총쏘기 연습을 여기서 한다면 그 방법이 매우 졸렬합니다. 이 기술에 뛰어난 왜인들 중 또 무슨 기술이 있는지 모르겠습니다. 그러나 온 나라 왜인이 모두 검 한 자루나 두 자루씩 차고 있어, 진을 치면 바로 군사가 됩니다."[3]라고 보고하면서 총을 만들기는 잘 만드는데 이래서 뭐 연습이 되려나 하고 조선에서조차 의아해할 정도입니다.

총만 그런 것이 아니라, 1650년경 VOC의 포수가 에도에 9개월 동안 체류하였지만 화포에 대한 기술 전수가 거의 이루어지지 않왔다는 기록도 있습니다. 그래서 이로부터 100년쯤 뒤인 1770년대에 위에 언급한 툰베르그가 남긴 기록에는, 도쿄만의 방어 시설에 장치된 오래된 소구경 대포를 그나마 7년에 한 번 훈련하는데 긴 장대에 불을 붙여 점화를 하더라는 것입니다.

총기를 사용한 마지막 전투가 기리시탄의 반란이었던 시마바라의 난이었고, 그 이후 '총포' 자체가 일종의 규제 품목이 되었다는 것입니다. 19세기 중반 미국의 흑선이 올 때까지 일본은 이런 단계에 머물러 있었습니다. 따지고 보면 일본뿐 아니라 조선이든 청나라든 유럽의 효율적이고 파괴력이 큰 신식 총을 접하지 않은 것도 아니고 기회가 없지는 않았습니다. 그러니 다른 선택을 한 것이라고 보는 게 더 적절할 것 같습니다.

17세기 후반부터 19세기 중반까지 동아시아는 예외적으로 평화로웠습니다. 경제사적으로 보면, 전쟁이나 재난으로 인구가 크게 줄고 나면 그때부터 경제 성장이 나타납니다. 일본 경제사학계에서는 이 시기부터 사람을 투입하여 생산력을 임계점까지 끌어올리는 소위 '근면혁명'이 시작되었다고 설명하기도 합니다.[4] 이 근면혁명이 일본이 다른 아시아 지역과 달리 '성공적'으로 근대로 진입한 전제라고 설명을 하지만, 실제 이 시기에 나라마다 조금씩 차이는 있어도 동아시아 지역은 대동소이하게 경제 성장이 진행되었다고 보고 있습니다. 17세기 전반까지 각종 전란들로 인구가 줄어든 다음 평화가 찾아오면서 경제가 성장하기 시작합니다. 경제 성장과 함께 인구가 늘고 다시 사회가 서서히 경화되기 시작합니다. 그리고 지금 현대인의 눈으로 보면 동아시아의 사회는 '퇴보'하기 시작했습니다.

16~17세기 중반까지 임진왜란, 병자호란, 도요토미 히데요시 사후의 분란과 에도 바쿠후의 성립, 명청 교체에 이르기까지 동아시아는 엄청나게 고통스러운 전란의 터널을 지내온 것 같지만, 같은 시기에 유럽은 이보다 더 오랜 기간 더 지속적이고 더 확산된 전쟁을 치러오고 있었습니다. 무작위로 1707년을 골라 동아시아의 평범한 사람과 유럽의 평범한 사람 중 누가 더 평화로운 하루의 일상을 보낼 수 있었을지 생각해보는 것도 나름 의미가 있습니다. 그렇게 때로 비교를 해서 보지 않으면 간혹 놓치는 부분들이 생깁니다.

벨테브레이의 선택

슬슬 이야기를 마무리하면서 다시 이 이야기의 시작으로 돌아가 보겠습니다. 『지영록』에서 하멜 일행이 벨테브레이를 만나게 되자 나가사키로 보내달라고 요청을 하였던 장면으로 다시 가보겠습니다.

박연이 다시 "당신들의 옷차림이 왜 옛날과 다릅니까?"라고 물었다.
답하기를 "당신이 떠난 뒤 세월이 이미 오래 흘러 옷차림과 모든 일이 모두 옛 방식이 아닙니다"라고 했다. …… 만약 저희를 살리고자 일본으로 보내주시면, 우리나라 상선이 반드시 많이 정박해 있을 것이고, 그 편에 살아 돌아갈 수 있을 것입니다"라고 했다.
박연이 말하기를 "일본이 시장을 열어놓은 곳은 나가사키뿐입니다.

그런데 교역交易이 예전과 달라 다른 나라 상선이 뭍에 내리는 것을 허락하지 않아 선상에서 서로 장사합니다. 그 나라 사람일지라도 다른 나라와 왕래하는 자는 반드시 죽입니다. 하물며 당신들과 같은 타국인은 어떻겠습니까? 저와 같이 서울로 올라가서 훈련도감의 포수로 들어가느니만 못합니다. 옷과 음식이 여유 있고 신변이 안전해 무사할 것입니다"라고 했다.

우리는 이제 왜 서로 이렇게 다른 이야기를 하는지 알고 있습니다. 벨테브레이가 조선에 표류했던 것은, 이미 말씀드렸듯이 타이완 지사였던 나위츠가 크게 사고를 쳐서 일본과 VOC 간의 교역이 전면 중단되었을 때입니다. 그때 벨테브레이는 이 야단법석에서 벗어나 있던 조선에 표착해왔습니다. 그러니까, 조선에서 동아시아의 통상적인 표류민 송환 시스템에 따라 그를 연고지로 돌려보내려고 했음에도 불구하고 일본은 VOC와 전면 교역 중단 중이었고, 명나라는 청나라의 공세에 정신도 없었지만 타이완의 VOC를 아직 인정해준 적도 없는 상태였던 것입니다. 벨테브레이는 조선에서 보낼래야 보낼 곳이 없어져서 동래에서 한참을 낙동강 오리알 신세로 있었습니다. 오갈 데 없는 벨테브레이를 조선이 거둬준 것에 가깝다고 할 수 있을지도 모릅니다. 벨테브레이가 하멜에게 아무 데도 갈 수 없으니 포기하고 여기서 잘 살아보자고 한 것은 아마도 진심이었을 거라 생각됩니다.

하지만 아시다시피 하멜 일행은 이후 먼저 탈출한 사람들이 나가사키로 간 후 정식 외교 루트를 통해 조선에 남아 있던 잔류 인원까지 모두 송환하여 마침내 고국 네덜란드 연합 공화국으로 돌아갑니다.

조선의 이야기를 들려줄게

그런데 이야기는 여기서 끝이 나지 않습니다. 17세기도 끝나갈 무렵 니콜라스 비천Nicolaas Witsen은 『북부와 동부 타타르Noord en Oost Tartarye』라는 책을 쓰면서, 이 코레아에 대해서도 이런저런 정보를 담았습니다. 그리고 이 정보들은 예수회 선교사 마르티노 마르티니의 『신중국지도Novus atlas sinensis』(1655), 아르놀두스 몬타누스의 『일본의 황제, 쇼군에게 보낸 대사의 비망록Gedenkwaerdige Gezantschappen aen de Kaisaren van Japan』(1669), 1637년 VOC 에도 참부 보고서, 어떤 슬라브계 저자의 한국에 대한 서술, 데지마 상관 안드레아스 클리예르Andreas Cleyer가 제공한 정보 및 일본의 보고서 등이 출처라고 기록해두고 있습니다. 그런데 한편 로테르담 출신의 베네딕투스 클레르크Benedictus Klerk와 엥크하위전 출신의 마테우스 에이보컨Mattheus Eibocken이라는 특별한 두 사람의 생생한 증언을 실었다고 밝히고 있습니다.

클레르크는 12살 갑판 급사였을 때, 그리고 에이보컨은 18살 내지 19살에 2등 선의船醫 겸 이발사로 조선에 도착하였다가, 10년이 지나 하멜과 함께 나가사키로 탈출한 사람들이었습니다. 비천이 자신의 책에 '코레아'에 대한 내용을 추가한 것이 1695년에서 1705년 사이이니까 에이보컨은 이때 60살이 훨씬 넘은 나이였을 것으로 보입니다. 그런데 그의 기억력이 정말 좋았던 것인지, 탈출한 지 30년

이 지난 후에도 140여 개의 조선말 단어를 남겨놓기도 했습니다. 조선 사람들에게 세계의 이야기를 들려주었던 이들이 다시 유럽에 조선의 이야기를 들려주었던 것 같습니다.

그리고 조선에서도 이들의 이야기가 완전히 끝난 것은 아닙니다. 하멜이 나가사키에서 조사를 받을 당시 조선에 8명이 남았다고 확인해주었습니다만, 실제 2차 송환교섭으로 나가사키에 온 사람은 7명이었습니다. 1666년 송환 당시 원래 배의 요리사였던 49세의 얀 클라천Jan Claeszen은 송환 전에 사망했다고 통보가 되었습니다. 일본 측에서는 당시 동아시아의 표류인 송환 관례에 따라, 그리고 사안이 사안인 만큼 잔류 인원이 8명이라고 했는데 7명만 데려가면 상당한 문제가 있을 수 있어서, 그렇다면 그 시신이라도 소금에 절여 같이 송환시키기를 요청하였습니다. 하지만 사망 당시 네덜란드인들이 입회한 상태에서 관 없이 그대로 매장하여 이미 소용이 없게 되었다는 통보를 받고 사망으로 처리하고 마무리됩니다. 여기까지는 그냥 운 없이 고향으로 돌아가기 직전에 그만 아쉽게 죽고 말았구나 싶은데, 여기서 약간의 미스터리한 반전이 전개됩니다.

니콜라스 비천은 『북부와 동부 타타르』에서 흥미롭게도 네덜란드로 귀환한 이들의 인터뷰에 "그가(얀 클라천) 결혼도 하고 절대로 기독교인이나 네덜란드인으로 보이지 않겠다고 맹세하고" 조선에 남았다는 증언을 남겨두었습니다.[5] 이 기사 한 줄이 그래서 수많은 연구자들의 눈길을 사로잡아 아마 자발적으로 조선에 남은 사람이 있었으며 그게 얀 클라천이라는 주장을 하게 하였고, 여전히 결론

나지 않은 미스터리로 남아 있습니다. 이 이야기는 앞으로 또 어떻게 이어질까요.

 1657년 강진의 혹독한 겨울을 넘기고 밥을 얻어먹기 위해 시작된 이야기는 지구 반대편으로 돌아와 다시 저 타르타르의 깃발들과 '낭가사키'[6]의 항구와 타이오안의 숲과 강진에서 먹은 청어의 맛이 되어 계속 이어졌습니다. 우리가 아는 근대에 한 발자국 더 다가가는 시대가 열리기까지 이런 풍운과 격랑의 바다가 펼쳐졌습니다. 그리고 그 바다와 섬들에는 뭔가를 도모하고 행하였던 사람들이 오가고 있었습니다. 그때 스스로는 몰랐을 수도 있겠지만 그들에게는 각자 사정이 있었고, 역시 그때는 알 수 없었겠지만 그들로 인해 만들어져간 역사가 있습니다. 이 끝없이 이어지는 이야기의 빙산에서 아주 일부분만을 조금 떼어 들려드리고 일단 저의 이야기는 여기서 마치겠습니다. 여기까지 읽어주신 여러분은 오늘 하루 어떤 이야기를 만들어서 들려주고 계십니까.

12월과 3월 사이에는 엄청난 양의 청어가 잡히는데 12~1월에 잡히는 것은 네덜란드에서 잡히는 청어와 비슷하며 2~3월에 잡히는 것은 빤 하링(청어과의 물고기)과 크기가 비슷하거나 약간 작다. 따라서 조선과 일본 그리고 바이가트 사이에는 수로가 있는 것이 분명하다.
               —『하멜 보고서』에서[7]

— 나가며 —

한국이 아직 개발도상국으로 불리던 시기에 남쪽의 항구에서 나고 자란 소년이 있었습니다. 지금 생각해보면 '쇄국'이 그리 엄청난 것이 아니라 사람과 물건과 생각이 넘나드는 것이 인위적으로, 제도적으로 막혀 있으면 그게 바로 쇄국이 아닌가 싶습니다. 그렇게 보면 그때의 한국은 쇄국의 땅이었습니다. 하지만 항구도시란 그런 와중에도 저쪽 너머의 사람과 물건과 그리고 결국 생각이 잠시라도 접점을 이루는 곳이었습니다. 북쪽이 막힌 '섬'이었던 한국에서 고향은 국경도시와도 같은 역할을 하고 있었습니다.

대학을 다니던 시절 마침내 빗장이 열리고 저는 일본을 시작으로, 어릴 적부터 동경하던 국경 너머의 세계에 나가보게 되었습니다. 그렇게 시작하여 첫 직장도 바다 너머 갈 수 있는 일을 하는 회사의 문을 두드렸습니다. 그리고 여권에 도장을 신나게 찍으면서 일을 하다 '뉴욕'에 자리를 잡게 되었습니다. 그렇게 늘 '바다를 건너간 사람'으로 스스로 정체성을 만들고 있었습니다. 그러자 왜 나를 포함한 사람들은 어딘가로 건너가는 선택을 하게 되는지 궁금해졌습니다.

이상하게 들릴지 모르지만 소위 '중년의 위기'를 공부를 하면서 넘겼습니다. 뒤돌아보니 결국 그 공부의 시작점과 목적지는 '나'였던 것 같습니다. 그러니까 내가 무엇을 왜 이렇게 여기서 하고 있는지, 나의 하루하루가 스스로에게 납득이 가는지를 알고 싶었던 것이라고 할까요. 그 공부가 성공적이었는지는 지금도 잘 모르겠습니다만, 그렇게 세상일에는 사람이 있고 그 사람들의 행동과 선택에는 그럴 만한 사정이 있다는 것을 배웠습니다.

그리고 그 과정 동안 두 곳의 장소에서 일종의 이정표를 찍은 적이 있습니다. 한번은 암스테르담에 있는 어느 대학교 소속의 조그만 건물이었습니다. 그 건물의 빈 중정에 서서 하늘을 보니, 아, 여기에 와서 서보려고 그 공부를 한 것이구나 하는 생각이 번뜩 들 정도였습니다. 그 건물은 수백 년간 인류의 밝은 면과 어두운 면 모두를 끌고 나갔던 네덜란드 동인도회사의 본부 건물이었습니다. 그 조그만 마당에서 300년 전 그 어느 날도 '홍모인'들이 삼삼오오 모여 멀고 먼 동인도의 향신료와 야판의 실버와 시나의 실크를 의논하고 아프리카의 노예를 사다 파는 셈을 헤아려보고 있었겠죠. 텅 빈 작은 마당에서 뭐라 설명할 수 없는 감상이 들었습니다.

또다른 한 곳은 포르투갈 코임브라 대학의 예수회 선교사들을 기념하는 조그만 박물관이었습니다. 대항해시대의 화려한 유물들은 리스본의 큰 박물관에 더 많지만, 이곳은 '신앙'에 자신의 목숨

・OOST·INDISCHE·HUIS・

◈ 암스테르담의 어느 헌책방에서 구입한 20세기 초반의 판화입니다. 네덜란드 연합 동인도회사 본부의 마당을 그린 것입니다.

과 영혼을 던져 넣은 사람들이 먼 길을 떠나기 전에 준비를 하고 '순교'와 '부'와 '명예'의 마음을 다지던 곳이었습니다. 그리고 지구 반대편의 사람들에게 오래오래 충격을 줬습니다.

그 두 곳의 감상이 이 책의 이야기로 이어졌습니다. 왜냐하면, 그렇게 바다를 건너온 제 스스로의 이야기도 그 역사의 수평선 위에 같이 놓고 보니 그동안 인류가 반복해온 바로 그 길 위에 같이 있는 거였구나 하는 안도감이 들었습니다. 그리고 이 모든 일들을 보고 배우면서 그 뒤에 있었던 사람들을 만나게 되자 이들의 이야기를 사람들에게 들려줘주고 싶다는 생각이 점점 구체화되었습니다.

그렇게 책을 써보자 마음을 먹었고, 마침 우연한 온라인의 인연이 10년을 기다리다 저를 이끌어 이 책으로 이어졌습니다. 다시 말씀드립니다만, 이 책은 누군가를 가르치거나 교훈을 주려는 책이 아닙니다. 그저 우리가 살아가는 하루하루가 다른 사람들을 움직여서 역사를 만들어나가더라는 '감탄사의 모음집'입니다. 그 이야기를 통해 여러분의 오늘 하루도 인류의 역사 속에 함께 뭔가를 만들어나가고 있는 시간이라는 '안도감'을 나눠드리고 싶습니다.

그 과정 속에서 제가 배우고 영향을 받은 분들이, 감사 인사를 잊어선 안 되는데도, 다 언급드릴 수 없을 만큼 너무 많습니다. 뿌리와이파리의 정종주 대표님과 꼼꼼하게 책모양을 만들어주신 박윤선 주간님께 감사 인사를 드립니다. 하늘에 계신 부모님께서도 그렇게 어릴 적에 끝없이 책을 사줬더니 마침내 자기 책을 썼구나 하고 분명 즐거워하시리라 믿습니다. 그리고 매일 저녁 집에 돌아와 일상과 백만 광년 떨어진 이야기들을 항상 재미있게 들어준 사람이 있습니다. 책을 쓰는 것이 현실이 되도록, 아니 마음먹기도 훨씬 이전부터 이 이야기들이 책이 될 거라고 믿고 '즐거운 용기'를 준 아내 김해리에게 이 책을 드립니다.

2025년 가을 적륜재에서

— 더 자세히 읽어보시려면 —

여기까지의 이야기들은 그동안 저 역시 여러 책들과 논문을 읽고 배운 것들을 이리저리 이어서 쓴 것입니다. 여기까지 읽으셨으면 알겠지만 이 책은 학술적인 역사서는 아닙니다. 하지만 혹시라도 끝까지 이야기를 따라와서 제가 예전에 그랬듯이 '아, 이런 얘기는 나 스스로 좀더 자세히 알아보고 싶다' 하는 분들을 위해 출전과 원문을 알려드리려고 합니다. 그저 가이드 정도로 생각해주시면 좋겠습니다.

먼저 이 책의 내용과 관련된 한국어로 된 출판물은 의외로 그렇게 많지 않습니다. 하지만 한국인 연구자들이 쓴 책들도 다른 언어권의 책들에 뒤지지 않는 좋은 내용들이 많습니다. 번역서를 포함하여 우선 근세의 동아시아 해역을 전체적으로 이해하기 좋은 세 권의 책을 소개합니다.

『동아시아, 해양과 대륙이 맞서다』(김시덕, 2015, 메디치)

『대항해시대- 해상 팽창과 근대 세계의 형성』(주경철, 2008, 서울대출판부)

『동아시아의 근세』(기시모토 미오, 노영구 역, 2018, 와이즈플랜)

또한 각론에 해당하는 대단히 흥미로운 연구들을 『동아시아해역의 해항도시와 문화교섭 I, II』(이수열 외 편, 2018, 선인)에서 접할 수 있습니다.

좀더 세밀하게 지역을 나눠서 들여다보면, 최근 몇 년간 한국인 연구자들의 흥미로운 책들이 눈에 띕니다. 다음 책들 역시 강력하게 추천합니다.

『마닐라 갤리온 무역 - 동서무역의 통합과 해상 실크로드의 역사』(서성철, 2017, 산지니)

『해항도시 마카오와 상해의 문화교섭』(최낙민, 2014, 선인)

『더치 페이 뉴욕을 사다』(조진우, 2022, 도트북)

『일본인 이야기 1 - 전쟁과 바다』(김시덕, 2019, 메디치)

제1장

이야기를 시작하면서

1 각 장의 제사題詞/題辭에는 내용과 관련이 있는 문구가 인용되어 있습니다. 제1장 '이야기를 시작하면서'의 처음에 인용한 '제사'로는 『하멜 보고서』(헨드릭 하멜, 유동익 역, 2003, 중앙 M&B)의 문장을 인용하였습니다. 같이 소개드린 네덜란드어 원문은 Hendrik Hamel, *Verhaal van het vergaan van het jacht de Sperwer*의 1657년 11월 항목에서 해당하는

부분을 인용하였습니다.

2 1657년 겨울의 기온에 대해 "a notably severe winter"라고 인용한 부분의 출전은 Lamb, H. H., 1997. "Climate: Present, Past, and Future", Vol. 2, *Climate history and the future*(Methuen, London)입니다.

3 중국어의 구개음화에 대해서는 「老乞大新釋諺解의 중국어 성모 표음체계에 관한 고찰」(유재원, 2003, 『중국연구』 vol. 32)을 참고하였습니다. 이 논문에서 "18세기 중기에 발생하기 시작하여 19세기 후기까지 진행 중에 있었음을 알 수 있다"라고 한 결론은 중국에서의 변화가 아니라 그 변화가 조선의 어학서에 반영된 기간을 의미한다고 보는 게 합리적인 것 같습니다. 저는 논문에서 언급한 이전의 연구 결과를 반영하여 조금 더 이른 시기에 구개음화가 진행되었다고 보았습니다.

제2장

동중국해의 템페스트: 백계와 호탄만의 기이한 조우

'동중국해의 템페스트' 부분의 하멜과 벨테브레이에 관련한 전체 내용은 『근세 동아시아 속의 日·朝·蘭-국제관계사』(신동규, 2007, 경인문화사)를 크게 참고하였습니다. 이 책은 박연과 하멜의 표착을 중심으로 각각의 표착 전후의 상황과 조선에서의 처리, 등용정책, 조선과 일본 사이의 표류민 처리에 대한 요청과 처리를 각각 심도 있게 다루고 있는데, 근세 네덜란드와의 접촉에 대한 한국의 연구서로는 대단히 충실하고 엄밀한 연구서입니다. 저는 이번 책에서 이 연구서의 일부를 정리해서 소개하는 것으로도 큰 의미가 있다고 생각하고 있습니다. 다만 '야음사이은'의 해석과 '벨테브레이의 송환에 관련된 나위츠의 대일본 관련 상황' 부분은 기존의 연구들과 무관한 제 의견임을 밝힙니다.

1『고운당필기』 제2권 「서양번인」 원문입니다. 한국고전종합DB가 출전입니다. (이하 한문 원문의 출전에 대한 별도 표기가 없으면 한국고전종합DB입니다.)

孝宗四年, 西洋蠻舶漂泊濟州大靜縣. 蠻皆碧眼紫髥, 高鼻長身, 剪髮垂肩, 或髡頭剃髮. 戴羊毛氈笠, 穿皮鞋, 衣雜色, 長及髀. 襟袖俱爲連紐, 一引而衆紐齊脫. 襪長至膝, 結於袴內. 拜則去冠履, 兩手據地, 長跪垂頭. 歌類漢調, 有泣而無哭. 不知喫飯, 惟食酒肉麪糕. 尤嗜油煎餠, 亦能食蛇. 其國字橫行, 從左而起. 凡數目字, 如數畫之, 但十年作X, 五字作V, 自六以上則又於V字之下, 隨數加畫. 言語文字俱不可通. 試以倭語擧西洋吉利是段而呼之, 衆皆歡喜曰: "邪邪." 邪邪者, 猶是是也. 使之各書名字, 譯以諺文, 爲首者曰白鷄也音斯伊隱, 餘人名下, 亦多斯伊隱之稱.

牧使李元鎭以聞於朝, 備邊司遣譯人朴延往審. 朴延者亦西洋人也. 十餘年前, 漂來隷訓局, 本名胡呑萬, 改稱朴延. 延之見蠻也, 戒勿先言, 以觀其爲. 蠻熟視延, 曰: "是與我輩如兄弟者也." 始與敍語, 相對垂淚. 蠻等曰: "我國商船多集日本. 若送我於日本, 則可以因便歸國矣." 延曰: "日本獨郞可朔岐開市, 而商船之湊集者, 例不得下陸, 皆於船上交易而去. 且日本之法, 雖其國人, 從他國漂還者, 輒殺之. 況頃年邪蘇宗門雜入朝鮮界, 解送價對馬島主, 盡殺脫貨. 今送日本, 則必無全理. 且我來此國, 隷都監, 身安而食足. 汝輩從我至京, 屬於都監, 豈不好哉?" 蠻聞此言, 遂有服屬之意. 翌年押來, 分隷於京外諸營.

西洋人多技術, 精醫善曆, 巧匠良冶. 有才力者多死敗船之際, 餘存星曆一人, 拳法二人, 善鳥銃一人, 解大礮十餘人. 其放礮, 必安於車上而發之, 抵仰周旋甚便. 且礮之發也, 輪自退轉, 殺其後蹙之勢, 免致筒裂. 粧藥之法, 大礮八斤, 中礮六斤, 次中礮四斤, 鳥銃九錢. 其鳥銃以周尺量之, 長五尺七寸, 本圍六寸, 梢四寸, 口徑一寸, 耳廣一寸五分, 長二寸. 鉛丸重八錢, 以鐵絲連綴二三丸而發之, 中輒洞穴. 劍長頗似倭制, 槍桿輕於桐, 靭而不折, 不知何木也. 兵器皆輸價本營武庫.

敗船處撈出, 凡五十餘種, 亦多貨物奇器. 龍腦數十斤, 倭銀六百兩, 琉璃漏沙壺一架, 銅測晷儀, 測晷尺各一, 遠鏡一, 又有玻璃鏡, 雲母窓等物. 他器皿多以銅錫白鐵鑄, 船碎而收其裝鐵, 多至萬餘斤. 布帆闊四十六尋, 可想其船之絶大也. 蠻皆丁壯, 亦有十餘歲二兒行. 言行商到中國者三, 到日本者七.

此載《寶鑑別考》,《內閣抄本》, 秘書也. 西洋人往來香山噢者, 中國稱番人; 其泊長碕島者, 日本呼爲吉利是段.

2 『연암집』 제2권 연상각선본煙湘閣選本 중 「순찰사에게 답함答巡使書」에서 박지원이 '기리시탄'에 대해 얘기한 부분의 원문입니다.

吾以爲卽今中國所有天主堂. 西洋人雖精於曆法. 皆幻人也. (西南夷傳. 幻人能變化. 吐火自支解. 易牛馬頭. 自言海西人. 海西卽大秦也. 註今按大秦. 卽武帝時犂靬國. 今謂之拂林. 又漢安帝時. 永寧元年. 永昌徼外檀國王雍曲. 調遣使者. 獻樂及幻人.) 邪學所謂伎離施端四字. 不知是人名術號. 而大抵極妖怪也. 初居日本之島原. 以耶穌之學倡教. 於是日本民衆一聽其說. 靡然心死. 視其形骸. 若浮查斷梗遺落世事. 不知有生之可樂. 兵死刑戮. 反爲身

榮. 或曰. 伎離施端者. 非人名. 乃其事天之號也. 小西行長學其術. 爲關白源家康所誅. 行長家臣五人. 坐行長被謫價島原. 復煽動邪敎. 其黨至數萬人. 襲殺肥前州太守. 家康剿捕盡殲之. 移書契我國告之. 故約沿海訓捕餘黨.

3 『연경재전집』 외집권59 필기류 난실담총 「서양박」의 원문입니다.

孝宗四年癸巳. 洋舶漂至大靜縣. 仍留不還. 洋人皆碧眼赤顑. 高鼻長身. 翦髮長覆肩. 戴羊毛毡笠. 穿高後皮鞾. 衣褙色. 長至髀. 禁袖俱爲連袘. 一引縮而衆和齊脫. 襪至膝. 結之袴內. 拜則去冠履. 手據地長跪而垂頭. 歌類漢人音調. 和泣而無哭. 不知飯. 惟喫酒肉糕麪. 亦能食蛇. 其諺字略似胡書. 而橫寫爲行. 從左而起. 凡數目字如數畫之. 但十字作乂. 五字作ㄱ. 自六以上. 則又於ㄱ字之下. 隨數加畫. 語音文字俱不可通. 試以倭語. 擧西洋吉利是段而呼之. 衆皆懽喜曰邪邪. 邪邪者猶是是也. 使之各書名字年歲而譯以諺. 爲首者白鷄也. 音斯伊隱. 餘人名亦多斯伊隱之稱. 斯伊隱者. 盖如中國之姓氏也. 牧使李元鎭以聞價朝. 備局遣朴延者來看. 延亦西洋人也. 十數年前. 漂海而來. 隷訓局. 本名胡呑萬. 改朴延. 延之見漂蠻也. 戒勿先言. 以觀其所爲. 漂蠻熟視延曰. 是與我如兄弟者也. 始相對垂淚. 蠻人等曰. 我國商船. 多往日本. 若送我日本. 可得歸. 延曰. 日本獨郎可朔其開市. 而商船例不得下陸. 皆於舶上交易. 且日本法. 雖其國人. 從他國漂還. 輒殺之. 況頃年. 因邪羅宗門入朝鮮. 朝鮮送價對馬島. 島主盡屠而奪其貨. 今送日本. 必無全理. 且我來此. 隸於訓鍊都監. 身逸而食足. 汝等從我至京可乎. 蠻人曰諾. 翌年送至京. 分隸中外諸營. 蠻人多技術. 最精曆法醫方. 其巧匠良冶. 多死於船. 只有解星曆者一人. 解拳法者二人. 善鳥銃者一人. 解大礟者十餘人. 其放礟. 必安礟車上而放之. 以便

周旋低仰. 且礮之發也. 輪自退轉. 殺其後蹙勢. 免致筒裂. 大礮藏藥八斤.
中礮六斤. 差小礮四斤. 鳥銃九錢. 鉛丸重八錢. 以鐵絲連綴二三丸以發
之. 中輒洞穴. 船中物凡五十餘種. 頗有異貨奇器. 龍腦數十斤. 倭銀六百
兩. 琉璃漏一架. 兩瓶接口. 中有流沙測晷圓器. 以熟銅懸環之. 樞活動轉
移. 能左右前後. 準中國制少差. 又有測晷尺. 千里鏡. 琉璃鏡. 雲母牕. 器
皿多用銅錫白金. 兵器皆輸武庫. 鳥銃以周尺尺之. 長五尺七寸. 圍本六
寸. 梢四寸. 口經一寸. 耳廣一寸五分. 耳有盖有障. 共爲一樞. 皆可離合.
火機向內而點鐵標之在梢者. 小如菉豆. 在本者中割橫鐵. 從割痕而闢之.
其制甚巧. 而今無粧筒不可攷. 長釖似倭製. 槍幹不知何木. 而輕韌不折.
庫藏五十餘年. 亦不蠹損. 收其粧船鐵. 至萬餘斤. 布帆潤過四十六尋. 漂
蠻皆丁壯. 亦有數兒年可十餘歲. 自言行賈至中國者三. 至日本者七.

4 Janse/Jansz/Janszoon의 이름 관행에 대한 것은 근세 네덜란드 사회에서는 일반적인 현상이었습니다. 네덜란드 출신으로 하멜에 대해 초창기부터 연구한 헨리 사브니에 역시 하멜에 대한 연구에서 이 근세의 이름 관행에 대해 다음과 같이 설명하고 있습니다: https://www.hendrick-hamel.henny-savenije.pe.kr/holland14.htm

"2. In those days surnames were pretty exceptional and the custom was to name someone, with his father's name, the profession he had or the place he came from e.g. Jan Janszoon(Jan son of Jan), Jan de Boer(Jan the farmer), Jan van der Bilt(coming from de Bilt). Janszoon was very often abbreviated to Jansz or Janse, depending on the region where one lived." [이 당시에는 성이 대단히 예외적이었고, 누군가를 부를 때 그의 아버지 이

름, 그가 종사하는 직업 또는 출신지를 같이 붙이는 것이 관습이었다. 예를 들어 얀 얀손(얀 얀의 아들), 얀 더부르(농사꾼 얀), 얀 판데르빌트(빌트 출신의 얀) 등이 있다. 얀손은 사는 지역에 따라 얀스 또는 얀서로 줄여서 불리는 경우가 많았다.]

5 힌득얌신의 최후에 대해서는 『승정원일기』와 『효종실록』의 원문을 참조하였습니다.

5-1 『승정원일기』 효종 6년 3월 15일

訓鍊都監啓曰, 南蠻之人, 投入勑行, 曾所不意, 聞來極爲驚駭, 欲知某人之投入, 卽聚南蠻人等點考, 則其中南北山·南二安二名, 不現矣. 得接遠接使狀啓, 始知投入者北山, 逃走者二安也. 投入者則不須言, 而逃走之人則不可不及時追捕, 故別定旗牌等官, 各率軍人, 彰義門內外諸山, 使之搜覓, 城中要路, 亦爲詗察矣. 卽者東營入直軍兵, 逢着二安於東小門路上, 執捉來告, 俱枷杻囚禁之意, 敢啓. 傳曰, 知道. 善爲開諭, 俾安其心, 一邊譏察其行止, 可也.

5-2 『승정원일기』 효종 6년 3월 19일

備邊司啓曰, 以本司草記. 答曰, 知道. 押來蠻人, 卽令嚴囚耶事, 傳敎矣. 北山, 昨日申時入來, 卽爲分付都監大將, 使之堅囚矣. 敢啓. 傳曰, 知道.

5-3 『효종실록』 6년 4월 25일

初南蠻人三十餘人. 漂到濟州, 牧使李元鎭, 執送價京師, 朝廷給廩料, 分隷於都監軍伍. 及淸使來, 南北山爲名者, 直訴於路上, 請還故國. 淸使大驚, 使本國收繫以待, 北山躁懣不食而死. 朝廷甚憂之, 淸人終不問.

네덜란드 원문은 Hendrik Hamel, 1920 edition, *Verbaal van het vergaan van het jacht de Sperwer*를 사용하였습니다. 이 원문은

Verhaal van het vergaan van het jacht de Sperwer(gutenberg.org)에 서도 참고할 수 있습니다.

일반적으로 『하멜 표류기』로 알려진 하멜의 책은 여러 버전의 한국어 판이 있습니다. 그중에서 『하멜 보고서 - 네덜란드어판 하멜 표류기 완역』(유동익 역, 2003, 중앙M&B)을 사용하였습니다.

6 『하멜 보고서』의 1656년 부분에 해당하는 원문입니다.

Int begin van't jaer, alsoo den Tarter daer nu twee mael geweest ende na ons niet vernomen hadden, drongen eenige Rijcxraden ende andere grooten die ons sat waren, hart bij den Coninck aan, om ons van cant te helpen, waer over onder de grooten drie dagen raet wiert gehouden; alsoo den Coninck, des Conincx broeder, veltoverste ende andere grooten (ons toegedaen) seer tegen waren; den veltoverste seijde dattet beter was, eerse ons soude om hals brengen, datse een van ons tegen twee van haer met gelijck geweer soude setten, ende soo lange laten vechten tot dat wij doot waren, dat daermede den Coninck de naem van zijn ondersaten niet soude hebben dat het vreemt volcq openbaerlijck had om't leven laten brengen, twelcq ons van goede luijden wiert secretelijck geseijt; geduijrende de vergadering was ons belast inde huijsen te blijven; wij niet wetende wat ons nakende was verhaelde sulcx tegens voorn. Weltevree, die simpelijck tegens ons seijde: kent gijlieden nog drie dagen leven, gij sult wel langer leven; des Conincx broeder die als hooft vande vergadering was, wanneer daer nae toe ging ende weder van daen quam, onse buert moste voorbij passeeren, namen hem waer, vielen op't aengesicht voor hem neder, waer over ons ten hooghsten beclaeghde ende den Coninck zulxs aendienende, hebben alsoo door den Coninck ende sijn broeder tegen het woelen van veele ons leven behouden, wierden bij den Coninck, op't aendringen van onse wangunstige, dog tot geluck der te recht gecomene, soo sij voor gaven dat wij weder bijden Tarter mochten loopen ende daer meer swarigheijt uijt conden ontstaen, in de provintie Thiellado gebannen, alwaer ons den Coninck uijt sijn eijgen incomst 50 ℔ rijs smaents toe leijde.

7 『지영록』의 원문과 번역 인용은 『지영록』(국립제주박물관 고전총서1, 국립제주박물관, 2021)을 사용하였습니다. 『지영록』에서 박연 부분의 원문입니다.

漢倭譯, 及琉球國漂海還來者, 皆不通語, 無路問情. 疑是南蠻西洋等國人, 以此啓聞, 則下送南蠻漂來人朴延, 以諺書及譯問答, 別紙馳啓. ○朴延與漂蠻三人, 初頭相接, 良久熟視, 曰: "與我如兄弟之人也." 因爲相語, 悲泣不已. 朴延亦泣. 翌日, 朴延盡招蠻人, 使之各言其所居地名, 則皆居南蠻地, 而其中一童子, 年纔十三, 名曰너넷고불신, 獨在西洋國地, 朴延所居近處人也. 延問其族屬, 則答曰: "所居家, 破草滿舊基, 其叔已死, 只有族屬云." 延尤不勝悲痛.

8 『한거만록』의 박연에 대한 글 원문입니다. 본문의 번역은 이명희 중문학 박사의 도움을 받아 제가 하였습니다.

朴淵南蠻國人也. 崇禎戊辰年間漂到我國. 爲人卓犖, 有識慮. 所論說, 往
往有高人數等者. 每言善惡禍福之理, 輒曰天報之矣. 其言類有道者. 淵不
解字. 每以其國方音稱姓名, 爲朴淵, 而旣昧文字, 語音又別, 其爲姓爲名,
有不可卜. 姑從我國俗音書之. 人問其國風土俗尙, 則淵曰, 地甚暖, 冬無
霜雪, 衣不着綿. 有時陰霾露下濕衣, 則故老相言, 此是中國下雪之日云.
又曰, 渠在邊地, 不見其國京都, 不識其君威儀. 而國法則作賊者毋論輕重
必斬, 故國無盜賊. 蓋與倭俗同也. 又曰, 國有善占候者. 能知某日風某日
雨, 而毫釐不差. 航海者, 必就問而錄之, 持爲節度. 而渠之行船, 不遵其
指, 以致漂流云. 昔者鄭北窓磏之赴皇都也, 安南人入中國者. 持一小册,
預占日候寒暖風雨. 亦言某日當見東方異人, 蓋指北窓也. 南蠻占候者, 其
亦安南人流耶. 淵在本國時, 往來販買於日本琉球安南諸國. 而亦見小人
國, 其人大如中國八九歲兒, 但頭大如常人, 善織綿布云. 又曰在本國聞高
麗人, 炎人肉而食之. 渠之漂到濟州也, 適值日暮, 主倅盛備炬火, 來審之.
舟中人, 皆謂此火必炙我之具也, 哭声徹天. 久之始覺其非. 蓋蠻俗, 夜行
皆用燈火, 無炬火故也. 以此觀之, 我國人之傳言某國如此之說, 想皆虛
傳耳. 淵來我國, 雖値嚴冬, 不穿綿衣曰, 在本國, 習以爲性云. 淵身長体
胖碧眼白面, 黃髥垂腹. 見者皆異之, 淵娶我國女, 産男女各一人. 淵死後,
不知其存否也.

9 『석재고』의 박연 관련 원문입니다. 『석재고』 원문은 한국고전종합 DB에 실려 있는 碩齋稿卷之九, 海東外史, 朴延을 출전으로 합니다. 「제주에 표착한 일본인 세류두우수는 누구인가」(김시덕, 2011, 『일본학보』 제86집)에 나오는 번역을 1차 참고하여 제가 수정 번역하였습니다. 특히 『석재고』 마지막의 '세류두우수'에 대한 부분은 이 논문을 참고하시면

뜬금없이 이 이름이 하멜과 함께 언급되어 비교된 맥락을 이해하는 데 도움이 됩니다.

朴延者. 阿蘭陀人也. 崇禎元年. 漂流至湖南. 朝廷隷訓局. 將降倭及漂漢人. 延初名胡吞萬. 工 於兵書. 能製火級甚精巧. 孝廟四年. 有漂舡泊珍島郡. 舡中三十六人. 衣冠詭異. 鼻高目深. 不通言語文字. 或云西洋人. 或云南蠻人. 朝廷命延往審之. 延見其人. 言語淋漓. 至於泣下霑襟. 而其人皆通星曆. 善鑄鳥銃及大級. 遂以其人分隷京外諸營. 其後十四年. 隷湖南左道水軍節度營者八人. 潛乘漁舟. 逃之日本之長碕島. 倭酋書報朝廷曰. 阿蘭陀卽日本之屬郡. 而今留貴國者八人逃至長碕. 朝廷始知朴延亦阿蘭陀人也. 延居大將具仁垕麾下. 其子孫遂編訓局之軍籍. 阿蘭陀一名荷蘭. 一名紅夷. 亦曰紅毛. 在西南海中. 明季據臺灣. 後爲鄭成功所敗. 倭人與阿蘭陀互市爲外援云. 昔有蝦夷國松前人世琉兜宇須者. 漂留耽羅二十餘年. 至萬曆壬辰. 爲倭嚮導. 朴延爲國效其能. 遂傳紅夷級之制. 奇哉.

10 벨테브레이의 표착 전후 과정은 『근세 동아시아 속의 日·朝·蘭-국제관계사』(신동규, 2007, 경인문화사)에서 「제1장 네덜란드선의 표착에 대한 기초적 고찰」의 내용을 기초로 하였고, 홀란디아호 관련 자료는 *De VOC. Scheepvaart tussen Nederland en Azië 1595-1795*(https://resources.huygens.knaw.nl/das/detailVoyage/91372)를 참조했습니다.

11 피터르 나위츠에 대한 자료는 *J.H. Levyssohn, Bladen over Japan: Met eene afbeelding van Decima*, 1852를 추가로 더하여 재구성하였습니다.

12 벨테브레이가 원래 탔던 아우-베르케르크호의 최후에 대한 자료는 *The Great Ship From Amacon: Annals of Macao and the Old Japan*

Trade, 1555-1640, C.R. Boxer: Internet Archive에 다음과 같이 실려 있습니다.

"1627, There was no regular Japan voyage this year from Macao, as a Dutch squadron blockaded the bar in the summer months, thus preventing the galliots from sailing, although a dispatch-boat reached Nagasaki safely. The Dutch blockade was eventually broken by five of the Japan-bound galliots which were fitted out as warships and which **boarded and burnt the Dutch flagship Ouwerkerk on the 18 August after a hotly contested action in which the Dutch captain and thirty-three of his men were captured.** Prior to this action, the Portuguese had sent ío Manila for a convoy for their galliots which were trading there. This was supplied by the Spaniards (on payment of 20,000 pesos) in the form of two stout galleons, San Ildefonso and Nuestra Señora de la Peña de Francia, under the command of Don Juan de Alcaraso, but when he reached Macao with the homeward-bound galliots, the Dutch had already withdrawn."

13 『지영록』에서 박연과 하멜 일행의 대화 부분 원문입니다.

延又問曰 "汝等, 衣服制度, 何異於古耶?" 答曰: "君出來後, 歲月已久, 衣制凡事, 皆非古矣." 延又問, "汝等, 所持何物, 而將向何地耶?" 答曰: "持得沙糖・胡椒・木香等物, 往道安島貿得鹿皮, 往賣於中原. 因向日本, 將以木香, 貿販倭貨矣. 洋中猝遇惡風, 漂敗至此. 離鄉已五年, 還返故土, 日夜祝天君. 若欲生我等, 送價日本, 則我國商船, 必多來泊. 因此便可以生還矣."延曰:"日本開市㟁, 惟長崎, 而交易之事, 異於前日. 他國商船, 不許下陸, 船上互市. 至於其國人, 往來他國者必殺. 況汝等他國人乎? 莫如與我同上京師, 入屬都監砲手, 則衣食有餘, 身安無事也." 漂蠻等自聞此言, 絕望還土, 頗信同事之甘言.

14 1653년 10월 29일자 하멜의 기록에서 벨테브레이가 만류하는 부분의 원문입니다.

om naer Japan gesonden te worden, dog haer sulcx altijt wiert afgeslagen, zeggende waert gij vogels soo mocht gij daer nae toe vliegen, wij senden geen vremt volcq uijt ons land, zullen ul. van cost en cleeden versorgen ende moet soo u leven in dit lant eijndigen, met welcke troost hij ons medetroosten ende seijde indien bijden Coninck quamen niet anders voor ons te verwachten stont, soodat onse blijschap van een tolcq gecregen te hebben haest in droeffheijt veranderde; (……).

제3장

남만인의 등장

1 제3장의 제사는 『페르낭 멘데스 핀투의 편력기 Peregrinação de Fernão Mendes Pinto』 제1장에서 인용하고 제가 번역하였습니다.

2 지완면제수에 대해서는 「李慶濬장군의 統營건설과 唐浦해전」(박태근, 『국제한국학연구』 제2호, 2004.11)의 내용을 소개하였습니다. 특히 지완

면제수 관련 내용은 비변사「등록유초謄錄類抄」갑신년(1604) 7월 5일자 禮 漂海人邊情互見(표해인에 대한 예부의 조사 보고)을 정리 인용하였습니다.

원문은 甲辰七月初五日 禮 漂海人邊情互見

(생략)南蠻人供稱一名之綏面弟愁年三十四所居之國卽寶東家流乃南蠻諸國之一也其地多産玉帛金銀至少素以行商爲業離本國幾至十五年往年自甘門往可普者因與今來華人倭人等同船將往日本買賣爲橫風所漂到此被付甘河卽中國地方而距其所生之國幾十八萬里順風八九月可到而可普者距甘河六千里乃暹羅安南兩國之間而屬於暹羅華人所供同浦寨乃此也所率一名卽黑體國人乃所謂海鬼者也買而爲奴從行云云(생략)

출처:『謄錄類抄』0008권, 奎15080-v.1-10, 015b-015b면, 규장각원문검색서비스(http://kyudb.snu.ac.kr/book/text.do?book_cd=GK15080_00&vol_no=0008)

3 지완면제수에 대해 언급하고 있는 이수광의『지봉유설』원문입니다. 원문 출전은 고전번역DB이고 상기 논문을 참고하여 제가 번역하였습니다.

芝峯類說卷二 〉諸國部

南番國人. 萬曆癸卯年間. 隨倭舶漂抵我境. 見其人. 眉與上睫通爲一. 髥似羊鬚. 其率人面漆黑. 形狀尤醜怪. 蓋海鬼類也. 言語不通. 因倭譯問. 則國在海中. 距中國八萬里. 倭人以地多珍寶. 故往來通商. 離本土八年. 方到此云. 蓋絶國也.

4『화한삼재도회』「여송」부분의 원문입니다.

呂宋. るそん 至日本海上八白餘里

登壇必究,云呂宋, 前代無考大明永樂三年國王遣, 其臣隔察老, 來朝貢, 方物.

呂宋土産 鹿皮. 牛皮. 蕉方, 沙糖, 藤

按呂宋在大寃之南島也 天正初泉州堺有商人納屋助左衛門者寓居小琉球復到呂宋文祿三年還來拜謁秀吉公用土産傘蠟燭各千挺活麝香獸二匹莽壺五十箇, 獻之公賜價數千金.

元和九年長谷川氏長崎奉行贈呂宋之書

呈呂宋國王

日本國臣使舶司長谷川左兵衛藤廣謹呈書呂宋國王閣下, 貴國手書使者共以其口狀欽言吾主君於, 是乎即遺硃書附以腰脇雙刀, 吾儕爲貴國爲先容者何有踈意哉是一一國徃還商舶欲結深交也.

再拜謹言

又相傳近項學耶蘇宗門南蠻人多然焉寬永十五年以來降禁來貢.

5 『명사』 원문과 번역은 동북아역사넷에서 제공하는 내용을 사용하였습니다. 『명사』 「여송」 부분의 원문입니다. (明史 卷323 列傳 第211 外國 4)

呂宋居南海中, 去漳州甚近. 洪武五年正月遣使偕瑣里諸國來貢. 永樂三年十月遣官繼詔, 撫諭其國. 八年与馮嘉施蘭入貢, 自后久不至. 萬歷四年, 官軍追海寇林道乾至其國, 國人助討有功, 復朝貢.

6 이어지는 『명사』 「여송」 부분의 원문입니다.

時佛郎機強, 與呂宋互市, 久之見其國弱可取, 乃奉厚賄遺王, 乞地如牛皮大, 建屋以居. 王不虞其詐而許之, 其人乃裂牛皮, 聯屬至數千丈, 圍呂宋地, 乞如約. 王大駭, 然業已許諾, 無可奈何, 遂听之, 而稍徵其稅如國法. 其人既得地, 即營室筑城, 列火器, 設守御具, 爲窺伺計. 已, 竟乘其無備,

襲殺其王, 逐其人民, 而据其國, 名仍呂宋, 實佛郎機也.

7 이어지는 『명사』 「여송」 부분의 원문입니다.

先是, 閩人以其地近且饒富, 商販者至數萬人, 往往久居不返, 至長子孫. 佛郎機旣奪其國, 其王遣一酋來鎭, 慮華人爲變, 多逐之歸, 留者悉被其侵辱.

8 스페인이 소가죽으로 여송의 영토를 차지한 부분은 Timothy Brook, *Vermeer's Hat-The Seventeenth Century and the Dawn of the Global World*, 2008, Bloomsbury press의 서술을 참고하였습니다. 이 책은 한국어판 『베르메르의 모자-베르메르의 그림을 통해 본 17세기 동서문명교류사』(티모시 브룩, 박인권 역, 추수밭, 2008)가 있습니다. 그런데 이 부분에 대한 해설이나 출전이 누락되어 있어서 아쉽습니다.

9 時佛郎機已倂滿剌加, 益以呂宋, 勢愈强, 橫行海外, 遂據廣東香山澳, 筑城以居, 與民互市, 而患復中於粤矣.

10 『화한삼재도회』 「아마항」 부분의 원문입니다.

阿媽港. あまかは 至日本海上九白餘里

阿媽港有廣東之南島也. 古呂宋阿媽港等凢謂之南蠻

往昔多來朝膏藥方及果子穀種等價今稱南蠻者自彼國初所將來乎而慶長二年南蠻黑舩一艘來在硫黄島向有馬修理太夫舩而海賊仍燒却其黑舩而後阿媽港人來乞高免.

論阿媽港

日本國執事上野介藤原正純謹復書阿媽港中知府諸耆老酋長等所遠枉手書迫似面稟往歲烏舶燒溺之故如今諄諄而言之前舶主雖自速辜而其愛惜之情亦可燦焉其罪迹詳在寄東適我回書中姑舍是然今貴早悔前非爲修舊好庶幾風舶逞還商貿關通之路永以不廢也其意於理無害然則 我方雖有

不拒來不追去之意而又通外國柔遠人之義不能不有也因以聞 我主君有
允容之命於貴港不亦幸乎夫以貴港之人貢於我邦數十年價慈矣今一且擧
而不棄之蓋 我主君善隣之意念慈然則來歲隨例以烏舶之到價長崎而爲
期莫違約仍商市雜遝而交易模福有如昔日勿爲柮疑不宣.
慶長十六年辛亥秋七月十五日
其後聞南蠻人多爲以西巴尒亞之屬國以爲耶穌宗門寬永十五年以來堅所
禁不入來.

11 『화한삼재도회』「이서파이아」 부분의 원문입니다.

以萬國圖觀之其國有阿蘭他之西自日本凡一萬二千余里當西方相傳云車
國耶蘇宗-今云切死丹宗-之本而其法傳價南蠻.

天文二十年始來於南蠻弘邪法惑人文祿年中秀吉公捕伴天連六人其黨類
二十餘人渡京都大坂送長崎悉磔之至慶安明曆之比其宗門殘黨有之悉搜
捕披刑罰今時絶根尙其咬嚴重.

12 다음 12-1~5는 『명사』「불랑기」 부분의 원문입니다.(동북아역사넷
明史 卷325 列傳 第213 外國 6)

12-1 佛郎機, 近滿剌加. 正德中, 据滿剌加地, 逐其王. 十三年遣使臣加
必丹末等貢方物, 請封, 始知其名, 詔給方物之直, 遣還. 其人久留不去,
剽劫行旅, 至掠小儿爲食. 已而夤緣鎭守中貴, 許入京.

12-2 武宗南巡, 其使火者亞三因江彬侍帝左右. 帝時學其語以爲戲. 其
留怀遠驛者, 益掠買良民, 筑室立寨, 爲久居計.

12-3 十五年, 御史丘道隆言:"滿剌加乃敕封之國, 而佛郎機敢并之, 且
咪我以利, 邀求封貢, 決不可許. 宜卻其使臣, 明示順逆, 令還滿剌加疆土,
方許朝貢. 倘執迷不悛, 必檄告諸蕃, 聲罪致討."御史何鰲言:"佛郎機最

凶狡, 兵械較諸蕃獨精. 前歲駕大舶突入廣東會城, 炮聲殷地. 留驛者違制交通, 入都者桀驁爭長. 今听其往來貿易, 勢必爭斗殺傷, 南方之禍殆無紀極. 祖宗朝貢有定期, 防有常制, 故來者不多. 近因布政吳廷舉謂缺上供香物, 不問何年, 來即取貨. 致番舶不絕價海澨, 蠻人雜遝價州城. 禁防既疏, 水道益熟. 此佛郎機所以乘機突至也. 乞悉驅在澳番舶及番人潛居者, 禁私通, 嚴守備, 庶一方獲安." 疏下禮部, 言: "道隆先宰順德, 鰲即順德人, 故深晰利害. 宜俟滿剌加使臣至, 廷詰佛郎機侵奪鄰邦·扰亂內地之罪, 奏請處置. 其他悉如御史言." 報可.

12-4 亞三侍帝驕甚. 從駕入都, 居會同館. 見提督主事梁焯, 不屈膝. 焯怒, 撻之. 彬大訴曰: "彼嘗與天子嬉戲, 肯跪汝小官邪?"

12-5 明年, 武宗崩, 亞三下吏. 自言本華人, 爲番人所使, 乃伏法, 絕其朝貢. 其年七月, 又以接濟朝使爲詞, 攜土物求市. 守臣請抽分如故事, 詔復拒之. 其將別都盧既以巨礮利兵肆掠滿剌加諸國, 橫行海上, 復率其屬疏世利等駕五舟, 擊破巴西國.

13 '장빈'에 대해 『중종실록』에 언급된 부분입니다.

중종실록 〉중종 15년 경진 〉12월 14일

有江彬者, 爲天下都摠兵官, 寵遇殊隆, 朝夕在側, 權傾一時, 賄賂盈門.

14 『중종실록』의 '불랑기' 관련 기사 원문입니다.

14-1 중종실록 〉중종 15년 경진 〉12월 14일

通事李碩, 以中朝聞見事啓曰: "佛朗機國爲滿剌國所遮欄, 自大明開運以來, 不通中國. 今者滅滿剌國, 來求封, 禮部議云: '擅滅朝廷所封之國, 不可許也.' 不許朝見, 而其館待之事, 無異於他國. 其狀貌有類倭人, 而衣服之制, 飲食之節, 不似人道. 中原人以爲: '從古所未見者也.'

14-2 중종실록 〉 중종 16년 신사 〉 1월 24일

上曰:"所不通之國, 今皆來朝然耶?"錞曰:"此所謂佛朗機國, 考其地圖, 則在西域之界, 西南之間."上曰:"亦在玉河館乎? 其數幾許?"錞曰:"使一人, 其下二十餘人也. 臣等與之言語, 其心甚爲開明. 見其書册, 則體似眞言諺文, 而其精細無比, 其衣服以鵝毛織造, 而體似團領, 下幅甚闊, 自頭以着, 不爲解結. 飮食則只食鷄肉·麪食, 蓋其土産只此耳. 問其風俗, 則雖君長, 不過一妃, 而妻死不爲更娶也."上曰:"中朝何以待之?"錞曰:"其初入貢, 以玉河館爲陋, 多有不遜之語. 禮部惡其無禮, 至今三年, 而不爲接待矣. 其人多齎金銀以來, 凡所買用, 皆以金銀. 臣等往見其館, 皆以色布爲圍帳, 四面列置倚子, 分東西而坐, 中置倚子一坐, 蓋之紅氈曰:'此則皇帝臨幸所坐之處.'蓋以入貢之時, 皇帝路逢, 往見其館故也. 中原亦言, 皇帝還京, 必往見之."上曰:"距京都幾里云乎?"錞曰:"以水路而來, 至廣東登陸, 凡三千餘里也."

15 이어지는 『명사』의 「불랑기」 원문입니다.(동북아역사넷)

15-1 嘉靖二年遂寇新會之西草灣, 指揮柯榮·百戶王應恩禦之. 轉戰至稍州, 向化人潘丁苟先登, 衆齊進, 生擒別都盧·疏世利等四十二人, 斬首三十五級, 獲其二舟. 餘賊復率三舟接戰, 應恩陣亡, 賊亦敗遁. 官軍得其礮, 卽名爲佛郎機, 副使汪鋐進之朝. 九年秋, 鋐累官右都御史, 上言:「今塞上墩台城堡未嘗不設, 乃寇來輒遭蹂躪者, 蓋墩台止瞭望, 城堡又無制遠之具, 故往往受困. 當用臣所進佛郎機, 其小止二十斤以下, 遠可六百步者, 則用之墩台. 每墩用其一, 以三人守之. 其大至七十斤以上, 遠可五六里者, 則用之城堡. 每堡用其三, 以十人守之. 五里一墩, 十里一堡, 大小相依, 遠近相應, 寇將無所容足, 可坐收不戰之功.」帝悅, 卽從之. 火礮之有佛郎機自此始. 然將士不善用, 迄莫能制寇也.

15-2 初, 廣東文武官月俸多以番貨代, 至是貨至者寡, 有議復許佛郎機通市者. 給事中王希文力爭, 乃定令, 諸番貢不以時及勘合差失者, 悉行禁止, 由是番舶幾絕. 巡撫林富上言:「粵中公私諸費多資商稅, 番舶不至, 則公私皆窘. 今許佛郎機互市有四利. 祖宗時諸番常貢外, 原有抽分之法, 稍取其餘, 足供御用, 利一. 兩粵比歲用兵, 庫藏耗竭, 籍以充軍餉, 備不虞, 利二. 粵西素仰給粵東, 小有徵發, 即措辦不前, 若番舶流通, 則上下交濟, 利三. 小民以懋遷為生, 持一錢之貨, 即得展轉販易, 衣食其中, 利四. 助國裕民, 兩有所賴, 此因民之利而利之, 非開利孔爲民梯禍也.」從之. 自是佛郎機得入香山澳爲市, 而其徒又越境商於福建, 往來不絕.

15-3 至二十六年, 朱紈爲巡撫, 嚴禁通番. 其人無所獲利, 則整衆犯漳州之月港·浯嶼. 副使柯喬等御却之. 二十八年又犯詔安. 官軍迎擊於走馬溪, 生擒賊首李光頭等九十六人, 餘遁去. 紈用便宜斬之, 怨紈者御史陳九德遂劾其專擅. 帝遣給事中杜汝禎往驗, 言此滿剌加商人, 歲招海濱無賴之徒, 往來鬻販, 無僭號流劫事, 紈擅自行誅, 誠如御史所劾. 紈遂被逮, 自殺. 蓋不知滿剌加即佛郎機也.

15-4 自紈死, 海禁復弛, 佛郎機遂縱橫海上無所忌. 而其市香山澳·壕鏡者, 至築室建城, 雄踞海畔, 若一國然, 將吏不肖者反視爲外府矣. 壕鏡在香山縣南虎跳門外. 先是, 暹羅·占城·爪哇·琉球·淳泥諸國互市, 俱在廣州, 設市舶司領之. 正德時, 移於高州之電白縣. 嘉靖十四年, 指揮黃慶納賄, 請於上官, 移之壕鏡, 歲輸課二萬金, 佛郎機遂得混入. 高棟飛甍, 櫛比相望, 閩·粵商人趨之若鶩. 久之, 其來益衆. 諸國人畏而避之, 遂專爲所據. 四十四年僞稱滿剌加入貢. 已, 改稱蒲都麗家. 守臣以聞, 下部議,言必佛郞機假托, 乃却之.

16 위의 내용이 이어지다가 불랑기와 명나라 조정 간의 밀고 당기기 이야기가 좀더 계속됩니다만, 결국 아래 원문과 같이 명의 포르투갈 승인으로 『명사』는 마무리됩니다.

其時, 大西洋人來中國, 亦居此澳. 蓋番人本求市易, 初無不軌謀, 中朝疑之過甚, 迄不許其朝貢, 又無力以制之, 故議者紛然. 然終明之世, 此番固未嘗爲變也. 其人長身高鼻, 貓睛鷹嘴, 拳髮赤鬚, 好經商, 恃强陵轢諸國, 無所不住. 後又稱干系臘國. 所産多犀象珠貝. 衣服華潔, 貴者冠, 賤者笠, 見尊長輒去之. 初奉佛敎, 後奉天主敎. 市易但伸指示數, 雖累千金不立約契, 有事指天爲誓, 不相負. 自滅滿剌加·巴西·呂宋三國, 海外諸蕃無敢與抗者.

17 포르투갈어 원문은 인터넷 아카이브에 게시된 디지털 버전의 Peregrinaçam de Fernam Mendez Pinto를 참고하였습니다.

핀투의 여행기록은 영어로 두 가지 버전이 있습니다. 인터넷에서 쉽게 찾을 수 있는 17세기의 영어 번역본은 *The Voyages of Adventures of Feredinand Mendez Pinto, The Portugues*, trans. By Henry Cogan Gent, 1653입니다. 하지만 이 버전은 전체가 아니라 앞부분만 번역되어 있습니다.

The Travels of Mendes Pinto, Fernão Mendes Pinto, trans. by Rebecca D. Catz, University of Chicago Press, 1989는 전체 번역이 되어 있습니다. 하지만 이름과 지명은 1653년 버전이 좀더 포르투갈어 원문과 일치합니다.

2005년에 한국어로 『핀투여행기-16세기 유럽 모험가의 파란만장한 신동방견문록』 상·하(페르낭 멘데스 핀투, 이강선 역, 2005, 노마드북스)가 출간되었습니다.

18 페르낭 핀투에 대해 설명한 부분에서 먼저 'Fernão, Mentes? Minto'의 출전은 https://lib.hku.hk/files/general/research/guides/Pinto_leaflet.pdf입니다.

19 이 부분의 전체적인 내용은 Andrew C. Ross, 1994, *A Vision Betrayed-The Jesuits in Japan and China, 1542-1742*, Oasis Books를 참고하였습니다.

20 『오주연문장전산고』의 코임브라 대학에 대한 부분의 원문입니다.

經史篇 釋典類 〉 西學

博爾都噶爾亞. 在歐羅巴極西. 國有二學. 曰陌物辣. 曰哥應拔. 歐羅巴高士. 多出此學.

21 사비에르의 소프트랜딩에 관련하여 참고한 자료입니다. Maffei, Giovanni Pietro., 1747, *JO. PETRI MAFFEJI BERGOMATIS E SOCIETATE JESU OPERA OMNIA LATINE SCRIPTA*에 실린 「大道寺建立裁許状」, 「天正遣欧使節グレゴリオ13世謁見記録」을 참고하였습니다.
http://www.aobane.com/books/1527

22 한편 초창기 기리시탄 다이묘인 오우치 요시타카大内義隆와 오토모 요시시게大友義鎮와 관련해서 『世界史の中の戦国大名』(鹿毛敏夫, 2023, 講談社現代新書, 講談社)를 참고했습니다. 저자인 가게 도시오는 16세기 일본 전국시대 다이묘가 해외와 관계를 맺고 이를 이용하려 했던 역사들을 꾸준히 연구해오고 있습니다.

23 『연산군일기』 9년 5월 18일에 실린 단천연은법에 대한 원문입니다.

良人金甘佛·掌隷院奴金儉同以鉛鐵鍊銀以進曰: "鉛一斤, 鍊得銀二錢.

鉛是我國所産, 銀可足用. 其鍊造之法, 於水鐵鑪鍋內, 用猛灰作圈, 片截鉛鐵塡其中, 因以破陶器, 四圍覆之, 熾炭上下以鑠之." 傳曰: "其試之."

24 『여지도서』의 해당 원문입니다.

鍊銀法採取生銀, 掘鑪下爲小坎, 築以烈灰. 先置鉛片, 以生銀鋪置其上. 四圍灰火, 覆以松木連抱者, 煽火則鉛水先鎔, 生銀旋旋銷化. 新舊鉛水交沸皮面, 忽然中開, 銀精聚上面, 滓鉛滲入灰中. 以水沃之, 以俟銀片堅凝摘出. 以其滓滲灰者, 再鎔爐火, 則灰去成鉛矣.

조선과 일본의 은광 개발에 대한 부분은 『중세 왜인의 세계』(무라이 쇼스케, 이영 역, 1998, 소화)를 정리 소개하였고, 조선과 중국의 은 사무역에 관련된 내용은 『16세기 한중무역 연구』(구도영, 2018, 태학사)를 참고하였습니다.

25 안심동당에 관련된 『중종실록』의 내용들입니다. 4월 하순부터 9월에 안심동당이 일본으로 돌아가기까지 조정에서는 논란과 대처로 크게 떠들썩했습니다. 이 논란의 내용이 좀 길어도 『실록』을 한번 읽어봅시다.

중종 37년 4월 25일

"(……) 이번에 안심동당安心東堂 등이 가져온 서계 안의 상물인 은銀은 8만 냥이나 되는데, 전에는 은을 가져와서 사달라고 청한 적이 없었습니다. 은은 백성이 입고 먹는 것과 같은 예가 아니므로 사더라도 쓸데없다고 사양하고 타일러서 가지고 돌아가게 해야 마땅합니다마는, 일체 굳이 거절하면 이웃과 우호하는 의리를 손상하여 저들이 실망할 것이니, 시가에 따라 사도록 허가하는 것이 어떻겠습니까?"

중종 37년 윤5월 20일

"일본 서계에 부쳐온 은철銀鐵은 이미 서울로 수송해왔는데 상부 관인

上副관人이 관소館所에 있을 때 항상 말하기를 '국왕의 상물商物 중 중요한 것은 은냥銀兩인데 무역을 허락하지 않으면 일행 각자가 개인적으로 가지고 온 상물을 결코 매매할 수 없으며 모두 가지고 돌아가겠다' 하였습니다. 과연 그 말대로라면 인호隣好하는 의리를 크게 어기는 일입니다. 해조該曹의 『등록謄錄』을 참고해보면 별폭別幅에 기록된 상물의 무역을 절대 허락하지 않은 일은 예로부터 그런 예가 없었습니다. 신들의 생각에는 시가에 따라 무역하기를 허락하여 그 값을 줄여야 하고 또 백성들에게 사사로 무역하기를 허락하여 그들의 바람을 헛되지 않게 하는 것이 마땅할 듯합니다.

내일 예조禮曹의 연향宴享 때 객사客使가 은을 무역하는 일을 말하거든 답하기를 '은철은 우리나라 경내에 나지 않는 곳이 없다. 다만 그것은 백성들의 의식衣食과 관계되지 않는데 한번 그 이利의 근원을 열어놓으면 혹시 다투어 이익만을 따르고 본업本業을 소홀히 할까 염려되기 때문에 관에서도 캐지 않고 민간이 캐는 것도 금한 지 오래이다. 이번에 일본 국왕이 나라에서 나는 은을 멀리 우리에게 보내준 뜻이 고마우니 어찌 그 후한 뜻에 보답하지 않겠는가. 다만 어리석은 백성들이 국가에서 다른 나라의 은을 무역한다는 말을 듣고는 말末을 따르는 마음이 열릴까 염려되어 무역을 할 수 없다는 것으로 이미 조정의 의논이 결정되었다. 그러나 사신이 말을 했으니 마땅히 주상께 전달하겠다'는 말로 적당하게 답하는 것이 어떻겠습니까?"

하고, 이기李芑가 의논드리기를, "은철은 쓸모가 없을 뿐만 아니라 나라의 재정도 한계가 있으니, 공무公貿를 하여 뒤폐단을 끼치는 것은 마땅하지 않습니다. 그렇기 때문에 이미 객사에게 무역하지 않겠다는 뜻을 말하였으니 가볍게 변경할 수 없을 듯합니다. 다만 이미 관원을 보내 서울로 수송해 왔으므로 무역하지 않을 수 없으니, 관에서 100여 근을 무역하고 나머지는 모두 사사로이 무역하게 하는 것이 어떻겠습니까?"

하고, 유관·양연·유인숙·홍경림이 의논드리기를, "일본국사日本國使 안심동당安心東堂 등이 가지고 온 은냥의 무역을 허락하지 말자는 의논은 이미 조정 의논이 결정되었으며, 객사客使 역시 이미 알고 있습니다. 당초 선위사宣慰使 임억령林億齡이 처리를 잘못하여 파직까지 당하였습니다. 지금 만약 전의 의논을 고쳐 무역을 허락한다면 저들이 장차 우리의 속사정을 엿볼 것이며, 값이 그들의 뜻에 맞지 않으면 반드시 개인적으로 가지고 온 물건도 감히 시장에서 무역하지 못하겠으므로 도로 가지고 가겠다고 말하면서, 후한 값을 기대할 것입니다. 그렇게 되면 값의 고하를 따지는 사이의 처리는 배나 어렵게 되니 무역하지 못하게 하는 것만 못합니다. 또 객사가 선위사宣慰使에게 말하기를 '무역을 하고 하지 않는 문제는 조정에 달려 있다' 하였다니, 이제 나라의 창고를 비워가면서 필요없는 물건을 무역해서는 안 됩니다."

하니, 답하였다. "객사客使에게 '무역하기 어렵다는 것을 이미 조정에서 의논하였지만 사신의 뜻을 전달하겠다'고 하자는 의논이 지당하므로 따른다. 내일 연향宴享 때 그런 뜻으로 답한 다음에 그들의 말을 들어보고 다시 의논하여 정해야 한다."

중종 37년 7월 17일

예조가 아뢰기를, "전교하신 뜻으로 객사에게 개유開諭하기를 '객사의 뜻을 예조가 전계轉啓할 수 없게 되어 있으나 어제 우연히 다른 공사公事로 인하여 선위사가 가지고 온 단자單子와 객사의 뜻을 아울러 계달하였다. 그 결과 하지下旨 가운데 「1만 냥 외에는 더 무역할 수 없다는 것을 조정의 의논이 이미 정해져 있으니 고칠 수 없다. 그러나 객사가 임무를 완수하지 못할까 두려워하여 말뜻이 매우 간절하니, 객사의 뜻을 존중하여 특별히 5000냥을 더 무역하도록 하라」 하셨으므로, 당상堂上이 객사를 위해 매우 다행한 일로 생각하여 낭관郎官을 보내 알려주는 것이다. 이는 실로 성상의 은혜가 지중한 것이니, 다른 상물도 모름지기 즉시 간품看品하여 무역해주면 매우 다행이겠다' 하였더니, 객사가 답하기를 '국왕은 8만 냥의 은자를 모두 무역하고자 해서 보냈지만 귀국의 법이 있고, 우리들도 다른 일을 청하고자 하여 3분의 2만 청하였다. 그러나 3분의 2는 무역하도록 허락하고 세견선歲遣船은 허락하지 않으므로, 우리는 틀림없이 은냥의 숫자가 많기 때문에 세견선을 허락하지 않는 것으로 알고 있다. 다시 대략 3만 5000냥을 청하였으나 청을 들어주지 않아 또 2만 냥을 청했는데, 비록 2만 냥을 허락한다 해도 사신의 일로 보아 오히려 마음에 차지 않아서 국왕에게 아뢸 면목이 없다. 그런데 더구나 그 이하의 숫자이겠는가. 5000냥을 더 무역한다 하니 천은天恩이 과연 중하기는 하나 그렇게는 할 수 없다. 회답 서계를 속히 만들어달라는 뜻을 당상堂上에게 간절히 말해달라' 하였습니다."

하니, 전교하기를, "객사가 그렇게 말했구나. 어제 무역해서는 안 된다는 의논이 많아서 결코 더 무역하지 않으려 했는데 그렇게 되면 객사가 은뿐만 아니라 다른 상물까지 모두 가지고 돌아갈 것이니, 공서계를 만들어 보내면 상하의 마음이 쾌하지 못할 것이므로 하지 못하고 형편상 부득이 반을 감하여 5000냥을 무역하기로 한 것이다. 예조가 자기들의 의견으로 말하지 않고 위의 뜻으로 말하였는데 객사가 따르지 않으니 결코 다시 말할 수 없다. 그들의 말대로 답서를 써주어야 한다. 이런 뜻을 삼공에게 말해주라" 하고, 또 정원에 전교하였다.

"은 5000을 더 무역하면 객사가 기뻐할 것으로 알았는데 그 사람들이 기뻐하지 않으니, 어찌 다시 5000냥을 더 무역하겠는가. 이달 25일에 객사를 접견하려 했는데, 이제는 접견할 필요가 없다. 20일 후로 택일하여, 먼 바닷길을 어렵게 건너와 오래 머물렀기 때문에 내가 압연관押宴官에게 특명하여 각별히 잔치를 하라고 했다고 말하고, 또 은 5000냥을 더 무역하겠다고 해도 객사가 듣지 않기 때문에 이런 뜻으로 아뢰니 상께서 '그 사람들이 나온 지 오래여서 반드시 속히 돌아가려고 할 것이니 빨리 회답 서계를 작성하라'고 했다는 일로 미리 예조에 말해주라."

사신은 논한다. 예조 판서 김안국은 왜사倭使를 후히 대접하기 위한 일이라면 하지 않은 일이 없었다. 그래서 대신들에게 은을 무역하는 일의 가부를 의논하도록 하였고, 이미 무역을 허락한 다음에는 또 무역할 숫자를 정하도록 청하였다. 조정의 의논이 따르지 않자 통사通事를 만날 때마다 반드시 후대하는 뜻을 말하여 통사가 왜사倭使에게 전함으로써 왜사가 조정의 뜻을 다 알아 날로 더욱 교만해졌다. 그래서 심지어는 시詩를 지어 조정을 조롱하기까지 하고 날마다 예조에 글을 바쳐 즉시 조정에서 의논할 것을 계청해 의논에 참여한 관원들이 고통을 견디지 못하였다. 상 역시 번거로움을 견디지 못하여 이런 전교가 있게 되니 왜인들의 간사한 꾀가 마침내 궁하게 되어 즉시 따랐다. 그런데도 김안국은 오히려 상께서 정한 값이 적다 하여 호조 판서 유인숙柳仁淑과 함께 의논하여 사사로이 관 목면官木綿 36동을 더하였는데, 상께서 이를 살피어 감하였다. 대신들이 그 말을 듣고는 깜짝 놀라 추고하기를 청하려다가 그만두었다. 그 후에 서수천徐壽千이 제포 첨사薺浦僉使가 되었는데, 김안국을 찾아가 말하기를 '안심동당安心東堂이 공무公貿한 관목면官木綿은 1200동이었고 사무私貿한 것은 그 배나 되어 산더미처럼 많아서 왜선이 비록 크다 하나 3~4척에다 어찌 다 싣겠는가. 그가 반드시 포소浦所에 이르러 경상京商들의 백사단자白絲段子 등 가벼운 물건과 바꾸어 갈 것이다. 내가 포소에서 경상을 엄금한다면 그들이 비록 우리나라 관목면을 다 무역했더라도 다 가지고 돌아가지 못할 것이다' 하니, 김안국이 깜짝 놀라면서 '영공令公은 어찌 망령된 말을 하오' 하고는, 마침내 계청하여 일본 사신의 물품을 대마도 선박으로 수송하도록 하여 그것이 곧 예例가 되었다. 서수천 역시 논박을 받아 부임하지 못하였는데, 조정에서는 그의 소위를 괴이하게 여기면서도 감히 말은 하지 못하였다. 이후에는 왜인들이 심지어 '가덕도加德島를 우리에게 달라'고 하기까지에 이르렀다.

26 『중종실록』 35년 7월 25일의 은에 관련된 기사 원문입니다.

臺諫啓曰: "我國貢銀之時, 責納甚嚴, 以非土産, 勢將難支, 至我祖宗朝, 至誠奏請, 艱難得免, 至今賴而安全, 幸矣, 猶慮冒禁潛持之弊, 重其法條, 論以一罪, 爲後慮, 至深遠也. 其後謀利之徒, 不勝其欲, 或有挾持銀兩, 至於見捉者, 置法不宥, 雖有冒禁之人, 亦不得縱恣.

近來奢侈日甚, 利源日開, 至於婚事, 非異土之物, 擬不成禮, 卿士大夫, 爭尙奢華, 厮隷下賤, 亦用唐物. 加以倭銀流布, 充牣市廛, 赴京之人, 公然駄載, 一人所齎, 不下三千兩. 至以公貿布物, 付之商賈, 換持銀兩, 商賈之人, 坐待後行次, 以其布物, 還納價官.

27 중국에서의 은에 대한 내용은 Srinivas R. Wagel, 1971, *Chinese*

*Currency And Banking*을 참고하였습니다. 자크 제르네의 인용 부분은 Gernet, Jacque, 1982, *A History of Chinese Civilization*, Cambridge를 참고하였습니다. 또한 『金銀貿易史の研究 オンデマンド版』(叢書·歷史學硏究, 小葉田 淳, 2005, 法政大學出版局)도 역시 참고하였습니다.

28 오토모 요시시게에 대한 부분은 『世界史の中の戰國大名』(鹿毛敏夫, 2023, 講談社)를 참고했습니다. 이 책은 일본 전국시대 다이묘들의 움직임에 대해 흥미 있는 시각을 제시합니다.

29 한국 천주교회에서 '구여기'로 부르는 '취루쿠이'의 가계와 초기 생애에 대해서는 「瞿汝夔(太素)家世與生平考」(黃一農 엮음, 1994, 『大陸雜誌』제89권 제5기)를 참고하였습니다.

30 마테오 리치에 대해서는 다음의 책들을 참고하고 소개하였습니다.

Jonathan D. Spencer, *The Memory palace of Matteo Ricci*, Penguin Books, 1985 paperback version, Original print in 1984는 우선 마테오 리치에 대한, 설명이 필요없는 기념비적인 책입니다. 한국어판으로는 『마테오 리치, 기억의 궁전』(조너선 스펜스, 주원준 역, 1999, 이산)이라는 제목으로 번역 출간되었습니다.

R. Po-Chia Hsia, *A Jesuit in the Forbidden City*, Oxford univ. Press, 2012, paperback ver, original print in 2010. 마테오 리치에 대한 본격적인 연구서로는 스펜서의 위의 책 이후로는 이 책이 아직은 가장 총괄적인 책이라고 알고 있습니다.

R. Po-Chia, 2016, *Matteo Ricci & the Catholic Mission to China*, Hackett Publishing Co.는 이후 가톨릭 선교사에 좀더 집중한 책입니다.

Liam Matthew Brockey, 2007, *Journey to the East, the Jesuit mission* to China, 1579-1724, Havard Univ. Press. 역시 마테오 리치뿐 아니라 18세기까지 전개된 예수회 중국 선교 사업을 다룬 책입니다.

31 마테오 리치와 취루쿠이가 처음 조우하는 장면이 나오는 『교우론』 서론 원문입니다.

萬曆己丑, 不佞南遊羅浮, 因訪司馬節齋劉公, 與利公遇於端州. 目擊之頃, 已遷然異之矣. 及司馬公徙公於韶, 予適過曹谿, 又與公遇於是, 從公講象數之學, 凡兩年而別.

『교우론』은 『서양선비, 우정을 논하다』(마테오 리치, 마르티노 마르티니, 정민 역, 2023, 김영사)라는 한국어판으로도 나왔습니다.

32 한편 일본의 선교에 대해서는 다음의 책들을 참고했습니다.

George Elison, 1973, *Deus Destroyed-The image of Christianity in Early Modern Japan*, Harvard Univ. Press, 1973 hardcover ver. 이 책은 예수회의 초창기 일본 선교에 대한 영미권의 대표적인 연구서입니다. 이 책에는 특히 원래 일본인으로서 예수회 수도사로 활약하다 배교하고 탄압에 협력한 파비안 푸칸Fabian Fucan 혹은 후칸사이不干斎가 쓴 『破提宇子』를 영어로 번역한 것이 실려 있습니다. 이 책 제목의 '提宇子'는 일본어 발음이 다이우스だいうす로, 즉 기독교의 신 데우스Deus를 옮겨 적은 것입니다. 그러니까 '데우스를 깨부순다'라는 의미의 반기독교 서적인데, 오히려 기독교 교리 내용을 많이 담고 있어서 당시의 선교에 대해 잘 알 수 있습니다.

Andrew C. Ross, 1994, *A Vision Betrayed-The Jesuits in Japan and China, 1542-1742*, Orbis books, 1994 hard cover ver. 이 책은 예수회의 중국과 일본 선교 과정을 그 중심인물을 통해 어떻게 다르게 진행

이 되었는가에 대해 연구한 내용을 담고 있습니다. 사비에르와 마테오 리치로 대표되는 두 기간 사이에 실제 일본과 중국 두 지역 모두에 상당한 영향을 미친 알레산드로 발리냐노Alessandro Valignano에 대해서는 이 책을 참고하였습니다.

33 정두원이 만난 포르투갈인과 그들의 대포에 대한 내용은 「外奎章閣에 소장되어 있었던 천문학 관련 도서」(안상현, 2010, 『규장각』vol. no. 37)와 「明의 제2차 紅夷砲 구매와 관련된 두 문서: 「報效始末疏」와 「貢銃效忠疏」」(안상현, 2011, 『규장각』vol. no. 39)의 두 논문을 기초로 인용 및 정리 소개한 것입니다.

「外奎章閣에 소장되어 있었던 천문학 관련 도서」(안상현, 2010)에 소개된 원문을 인용하였고, 논문의 번역을 기초로 제가 부분적으로 재번역하였습니다. 인용된 부분의 원문입니다.

> 西洋住劄勸義報效耶穌會掌教臣陸若漢, 仝管約銃師統領臣公沙的西勞 等謹奏, 爲遵旨貢銃效忠, 再陳戰守事宜, 仰祈聖明採納事.

34 호드리게스에 대한 정두원의 보고를 기록한 『인조실록』 9년 8월 3일의 원문입니다.

> 上曰: "陸若漢何如人也?" 斗源曰: "似是得道之人也."

35 같이 인용한 "군문에서 빈사로 모신다軍門待以賓師"의 출전은 「한국사 최초의 망원경 I. 鄭斗源의 『西洋國奇別狀啓』」(안상현, 2009, 『Journal of Astronomy and Space Sciences』, vol. 26, no. 2)입니다.

36 인용문의 영어 원문입니다.

> When I was in that city from which [later] we escaped – just across the sea from Korea – the ambassadors from the King

of Korea to the King of China came there, and I made friends with them. And through them I sent to the King of Korea the books of our Law, written in Chinese script, and other writings on scientific subjects of ours in the same tongue, and a large mappamundi made by Father Mateo Ricci, printed in Chinese letters, which they use there, and other things. The king was very pleased to have this account of our Law and about the world, which they knew nothing of there, and to see the regard the King of China has for our Fathers.

이 인용문의 출전은 Juan G. Ruiz de Medina, 1991, *The Catholic Church in Korea: its origins, 1566-1784*, Istituto Storico S.I.에서 해당 부분을 제가 번역하였습니다. 원래 이 책은 Juan G. Ruiz de Medina, 1986, *Orígenes de la iglesia católica coreana desde 1566 hasta 1784*, Institutum Historicum S.I.의 영어 번역본입니다. 이 내용을 처음 접한 것은 『조선의 西學史』, 대우학술총서-인문사회과학 47(강재언, 1995, 민음사, p. 53)에 소개된 내용을 읽으면서였습니다. 저는 개인적으로 이 책을 조선 서학 연구의 효시라고 생각합니다. 지금은 저자와 생각이 좀 달라진 부분이 많지만 이 책을 읽고 근세 시기 서양과의 접촉에 관심을 갖게 되었다고 해도 과언이 아닙니다.

37 호드리게스의 일생에 관련된 내용들은 Michael Cooper, 1974, *RODRIGUES THE INTERPRETER: An Early Jesuit in Japan and China*, Weatherhill을 참고하여 정리 소개하였습니다.

38 '가쿠레 기리시탄'에게 전해내려온 『天地始之事』, 즉 '천지의 시작

에 대한 일'의 영어 번역본을 제가 요약해서 일부 해설과 함께 번역한 것입니다. Christal Whelan trans., 1996, *The Beginning of Heaven and Earth-The sacred book of Japan's hidden Christians*, Univ. of Hawai'i Press, paperback ver.

39 교황청 포교성의 1659년 발표문 원문과 번역문은 「코친차이나, 통킹 그리고 중국의 대목들에게」(전수홍, 『부산교회사보』 28)에서 발췌하였습니다. 참고로 여기서 '대목代牧'은 정식 교계제도가 설정되지 않아 교황청에서 직접 관할하는 교구인 교황대리감목구敎皇代理監牧區를 맡은 대목 교구장을 의미합니다.

Nullum studim ponite, nullaque ratione suadete illis Populis ut ritus suos, consuetudines et mores mutent, modo ne sint apertissime religioni bonisque moribus contraria. Quid enim absurdius quam Galliam, Hipaniam, Italiam aut ullam Europae partem in Sinas invehere? Non haec sed fidem importate quae nullius gantis, ritus aut consuetudines, quae modo prava non sint, aut respuit aut laedit, immo vero sarta tecta esse vult. Et quoniam ea est pene hominum natura, ut sua et maxime ipsas suas nationes coeteris, et existimatione et amore praeferant, nulla odii et alienationes causa potentior existit quam patriarum consuetudinum immutatio, earum maxime quibus homines ab omni paturm memoria assuvere, praesertim si abrogatarum loco, tuae nationis mores substituas et inferas. Itaque nunquam usus illarum Gentium cum usibus Europeorum conferte; quinimo vos illis magna diligentia adsuescite. Admiremini et laudate ea quae laudem merentur; quae vero laudis expertia sunt, ut non sunt praeconiis assentatorum more extollenda ita prudentiae vestrae erit, de iis aut judicium non ferre, aut certe non temere et ultro damnare. Quae vero prava extiterint, nutibus magis et silentio quam verbis proscindenda, opportunitate nimirum captata, qua dispositis animis ad veritatem capessendam, sensim sine sensu evellantur.

40 1715년 교황청 발표문의 원문과 번역문은 「교황령 2」(한윤식, 『부산교회사보』 53)에서 발췌하였습니다.

Cum Deus Optimus Maximus congrue apud Sinas vocabulis Europaeis exprimi nequeat, ad eumdem verum Deum significandum, vocabulum Tien Chiu, hoc est, Coeli Dominus, quod a Sinensibus Missionariis, et Fidelibus longo, ac probato usu receptum esse dignoscitur, admittendum esse: nomina vero Tien Coelum, et Xang Ti Supremus, Imperator, penitus rejicienda. Idcirco Tabellas cum inscriptione Sinica King Tien, Coelum colito, in Ecclesiis Christianorum appendi, seu jam appensas in posterum inibi retineri permittendum non esse.

Ad haec nullatenus, nullaque de causa permittendum esse Christifidelibus, quod praesint, ministrent, aut intersint solemnibus Sacrificiis, seu Oblationibus, quae a Sinensibus in utroque aequinoctio cujuscumque anni Confucio, et

Progenitoribus defuntis fieri solent, tamquam superstitione imbutis. Similiter, necesse permittendum, quod in Aedibus Conficii, quae Sinico nomine Miao appellantur, iidem Christifideles exerceant, ac peragant Coeremonias, Ritus, et Oblationes, quae in honorem ejusdem Confucii fiunt tum singulis mensibus in Novilunio et Plenilunio a Mandarinis, seu primariis Magistratibus, allisque Officialibus, et Literatis; tum ab eisdem Mandarinis, seu Gubernatoribus, ac Magistratibus, antequam dignitatem adeant, seu saltem post ejus possesionem adeptam; tum denique a Literatis, qui postquam ad gradus sunt admissi, e vestigio ad Templum, seu Aedem Confucii se conferunt.

Praeterea non esse permittendum Christanis, in Templis, seu Aedibus Progenitoribus dicatis Oblationes minus solemnes eisdem facere, nec in illis ministrare, aut quomodolibet inservire, vel alios Ritus, et Coeremonias peragere. Idem, nec esse permittendum praefatis Christianis, Oblationes, Ritus, et Coeremonias hujusmodi coram Progenitorum Tabellis, in privatis domibus, sive in eorumdem Progenitorum Sepulchris, sive antequam defuncti sepulturae tradantur, in eorum honorem fieri consuetas, una cum Gentilibus, vel seorsim ab illis peragere, eisque ministrare, aut interesse; immo praedicta omnia, utpote quae, perpensis hinc inde deductis, necnon diligenter ac mature discussis omnibus, ita peragi comperta sunt, ut a superstitione separari nequeant, Christianae Legis cultoribus ne quidem permittenda esse, praemissa publica, vel secreta protestatione, se, non religioso, sed civili, ac politico tantum cultu erga defunctos illa praestare, nec ab eis quidquam petere, aut sperare.

41「대진경교유행중국비」 관련 내용 중 예수회의 반응들에 대한 출전입니다.

The history of that great and renowned monarchy of China wherein all the particular provinces are accurately described, as also the dispositions, manners, learning, lawes, militia, government, and religion of the people: together with the traffick and commodities of that countrey/lately written in Italian by F. Alvarez Semedo(umich.edu)

소개한 부분은 이중에서 "CHAP. 31. Of the Christian Religion planted many ages since in China: and of a very Ancient stone lately discovered there, which is an admirable Testimonie thereof"에 해당합니다.

「대진경교유행중국비」의 원문에 대한 내용은 『대진경교유행중국비 [상]』(오창홍 편주, 임영택 역주, 2023, 세창출판사)에서 인용 및 참고하였습니다.

42 경교, 즉 시리아 동방교회에 대해서는 『동방 기독교와 동서문명』(김호동, 2002, 까치)에 대단히 상세하게 잘 설명되어 있습니다. 발해와 신라에 경교가 전파되었을 가능성에 대한 내용은 『유라시아 역사기행』(강인욱, 2015, 민음사)에 간략히 언급되어 있으며, 강인욱의 『한겨레신문』

2020년 1월 17일 기고문 「발해 '십자가' 유물은 개방과 공존의 상징이었다」에서 최근 고고학계의 견해를 일목요연하게 볼 수 있습니다. 최근에는 불국사 출토로 알려진 경교 십자가형 유물에 대한 연구 결과도 발표되어 좀더 흥미로운 논의가 앞으로 있을 것 같습니다. In Uk KANG, *Secretly, Yet Significantly: Tracing the Archaeological Evidence of Nestorians in Manchuria and the Korean Peninsula During the Silla-Parhae Dynasties Period*, ACTA VIA SERICA Vol. 10, No. 1, June 2025: 37-54.

43 『제경경물략』에 등장하는 「천주당」의 묘사 원문입니다. 출전은 『帝京景物略』/4-维基文库, 自由的图书馆 wikisource.org입니다.

堂在宣武門內東城隅, 大西洋奉耶穌教者利瑪竇, 自歐羅巴國航海九萬里入中國, 神宗命給廩, 賜第此邸. 邸左建天主堂, 堂制狹長, 上如覆幔, 傍綺疏, 藻繪詭異, 其國藻也. 供耶穌像其上, 畫像也, 望之如塑, 貌三十許人, 左手把渾天圖, 右叉指若方論說次, 指所說者. 鬚眉豎者如怒, 揚者如喜, 耳隆其輪, 鼻隆其准, 目容有矚, 口容有聲, 中國畫繪事所不及. 所具香燈蓋幃, 修潔異狀. 右聖母堂, 母貌少女, 手一兒, 耶穌也. 衣非縫製, 自頂被體, 供具如左.

44 마테오 리치와 유대인의 첫 만남 부분은 Trigault, 1615, *De Christiana expeditione apud Sinas suscepta ab Societate Jesu*(예수회에 의해 이루어진 중국으로의 기독교 선교여정)를 참고하였습니다. 그리고 이어진 카이펑 유대인들에 대한 이야기들은 여러 논문을 출전으로 하고 있습니다만, 다행히 여러 논문을 한 권으로 정리 및 해설한 책을 구할 수 있었습니다. Sidney Shapiro, 1984, *Jews in Old China:*

Studies by Chinese Scholars(Hippocrene Books)라는 책은 중국에 거주하는 뉴욕 출신의 유대인 시드니 샤피로가 근현대 중국인 학자들이 중국 내 고대 유대인에 대해 쓴 13개의 논문을 번역, 편집, 해설한 책입니다.

카이펑의 석비 비문에 대해서는 대부분 샤피로의 책 안에 내용이 포함되어 있었지만, 구체적으로 각각의 석비를 상세히 설명한 내용은 Bishop William Charles White, 1966, *Chinese Jews: A Complication of Matters Relating to the Jews of K'ai-Feng Fu*(1966, Univ. of Toronto)에 실려 있습니다.

45 폴 펠리오의 모험담을 소개한 원문입니다. 출전은 David B. Honey, 2001, *Incense at the Altar: Pioneering Sinologists and the Development of Classical Chinese Philology*, American Oriental Society입니다.

A Frenchman, name Pelliot, went up to the Chinese barricade in Legation Street and had some tea with the soldiers. The Chinese asked him to go over to their barricade and see their Colonel, one Ma. This he did ······ There he had a talk with some blue-buttoned officials, who gave him food, and tried to 'pump' him as to the state of our defenses and amount of provisions. He seems to have lied beautifully, making us out to be in a splendid way altogether.

46 1921년 제20호 『퉁파오』의 세 번째 기고문으로 「유대인 응아이, 마테오 리치 신부의 정보제공자Le juif Ngai, informateur du P. Methieu Ricci」에 실린 내용 중 '응아이'에 대한 부분의 원문입니다.

Nous avons su cela par l'intermédiaire d'un Juif de religion, de nationalité et de type, qui ces jours passés est venu me visiter. …… C'est un homme appelé Ngai, de la province du Ho-nan, habitant de la métropole [de cette province]; son père avait trois fils; lui s'est adonné aux lettres chinoises et a obtenu le grade de licencié; il a déjà une soixantaine d'années; il est venu cette année demander un emploi qui lui a été donné dans une école de la ville de lauceo Yang-tcheou. Les deux autres frères se sont appliqués aux lettres hébraïques et sont, paraît-il, rabbins parmi eux. ……

47 「중건청진사기비」해당 원문입니다.

教道相傳, 授受有自來矣. 出自天竺, 奉命而來, 有李, 俺, 艾, 高, 穆, 趙, 金, 周, 張, 石, 黃, 李, 聶, 金, 張, 左, 白七十姓等, 進貢西洋布於宋, 帝曰, 歸我中夏, 遵守祖風, 留遺汴梁. 宋孝隆興元年癸未, 列微五思達, 領掌其教, 俺都剌, 始建寺焉.

48 유럽에 오래 퍼져 있던 전설상의 시님이 등장한 성경 『이사야서』 49:11-13의 KJV 버전의 영어 원문입니다.

And I will make all my mountains a way, and my highways shall be exalted. Behold, these shall come from far: and, lo, these from the north and from the west; and these from the land of Sini.

Sing, O heavens; and be joyful, O earth; and break forth into singing, O mountains: for the LORD hath comforted his people, and will have mercy upon his afflicted.

49 므나세 벤 이스라엘의 *Hope of Israel*(이스라엘의 희망) 16장 부분의 해당 원문입니다. 번역은 제가 했습니다.

49-1 The ten Tribes being conquered at severall times, we must thinke they were carried into severall places. As we beleeve they went to the West-Indies by the strait of Anian, so we thinke that out of Tartary they went to China, by that famous wall in the confines of both.

Our argument to prove it, is taken from the authority of two Jesuites, who erected their Colledges in those Countries. Nicholaus Trigantius a Dutch-man in his discourse of the Christian expedition under-taken by the Jesuites to Sina, saith, We finde that in former time they first came into these Kingdomes. And when that society had for some yeares seated it selfe in the Court of the Pequinenses, a certaine Jew came to P. Matthaeus Riccius;

49-2 Three yeares after P. Matthaeus Riccius sent one of our brethren to that Metropolis, who found all those things true. He compared the beginnings, and endings of the Bookes which the Jewes keep in their Synagogue, with our Pentateuch, and saw no difference, this only, that those had no pricks.

The other Jesuite is Alfonsus Cimedro, who likewise saith, that there is a great number of Jewes in the Province of Oroensis, on the West part of China, who know nothing of the comming, and suffering of Jesus, And he from thence gathers, that they are of the ten Tribes, which opinion I also am of because those Chineses observe many Jewish Rites, which you may see in a manuscript, which the noble Jaochimus Wicosortius hath.

50 금은비율로 인한 대항해시대의 경제적 이윤 추구에 대해서는 다음의 논문들을 참고하여 소개했습니다.

Dennis O. Flynn, Arturo Giráldez, 2002, "Cycles of Silver: Globalization as Historical Process," World Economics Vol.3, No.2 (April-June 2002), pp.1-16.

Dennis O. Flynn, Arturo Giráldez, 1996, "Silk for Silver: Trade via Manila and Macao in the 17th Century," Philippine Studies 44(First Quarter), 52-68. 38,4(November), pp. 429-448.

Dennis O. Flynn, Arturo Giráldez, 1995, "Born with a 'Silver Spoon': World Trade's Origin in 1571," Journal of World History Vol.6, No.2(September), pp.201-221.

Geoffrey Poitras, 2008, "Arbitrage: Historical Perspectives"

Francois R. Velde and WarrenE. Weber, 1998, "A Model of Bimetallism", working paper 588, Federal Reserve Bank of Minneapolis Research Dept.

John H. Munro, "MONEY AND COINAGE IN LATE MEDIEVAL AND EARLY MODERN EUROPE", U. of Toronto(www.economics.utoronto.ca/munro5/MONEYLEC.htm)

51 포토시 은광의 역사에 관련된 내용은 Susumu Ogawa, Hiroyuki

Kobayashi, 2008, "Potosi Mining Development and the Cause of Culture Collapse in Bolivia", *The International Archives of the Photogrammetry, Remote Sensing and Spatial Information Sciences. Vol. XXXVII*를 참고하였고, 아프로볼리비아노 관련 내용은 Refworld|World Directory of Minorities and Indigenous Peoples-Bolivia:Afro-Bolivians를 참고하였습니다.

52 린스호턴이 부모에게 보낸 편지를 인용한 부분의 영어 원문입니다. 해당 부분의 출전은 *THE VOYAGE JOHN HUYGHEN VAN LINSCHOTEN EAST INDIES*, introduction xxvi입니다.

> he wrote to his parents, "to travel into China and Japan, which are the same distance from here as Portugal, that is, he who goes thither is three years on the road. If only I possessed two or three hundred ducats they could easily be converted into six or seven hundred. ······"

53 인용한 히데요시의 편지 부분은 Emma Helen Blair, 1915, *The Philippine Islands, 1493-1898: Relating to China and the Chinese*, Volume 4, A.H. Clark Company가 출전입니다.

54 마닐라와 타이완의 스페인인들의 역사에 대해서는 다음의 책들을 참고하였습니다.

Jose Eugenio Borao, 2007, *An overview of the Spaniards in Taiwan (1626-1642)*, National Taiwan Univ.

Jose Eugenio Borao, 2009, *Macao as the non-entry point to China: the case of the Spanish Dominican missionaries(1578-1632)*, National

Taiwan Univ.

Thomas W. Barker, 2009, "Pulling the Spanish out of the 'Christian Century': Re-evaluating Spanish–Japanese relations during the seventeenth century" 외에 특히 마닐라의 중국인 폭동과 진압 부분에 대해서는 Jose Eugenio Borao, 1998, "The massacre of 1603: Chinese perception of the Spaniards in the Philippines", National Taiwan Univ.를 좀 자세하게 참고했습니다. 『도해 타이완사』(궈팅위 외, 신효정 역, 2016, 글항아리)에도 타이완의 전근대 역사에 대해 잘 설명되어 있습니다.

55 『명사』의 스페인과 중국 간 갈등 부분의 원문입니다.(동북아역사넷)

55-1 其時礦稅使者四出, 奸宄蜂起言利, 有閻應龍・張嶷者, 言呂宋機易山素產金銀, 採之, 歲可得金十萬兩・銀三十萬兩, 以三十年七月詣闕奏聞, 帝即納之. 命下, 舉朝駭異. 都御史溫純疏言:

"近中外諸臣爭言礦稅之害, 天听彌高. 今廣東李鳳至污辱婦女六十六人, 私運財賄至三十巨舟・三百大扛, 勢必見戮於積怒之衆. 何如及今撤之, 猶不失威福操縱之柄. 緬酋以寶井故, 提兵十萬將犯內地, 西南之蠻, 岌岌可憂. 而閩中奸徒又以機易山事見告. 此其妄言, 真如戲劇, 不意皇上之聰明而悞聽之. 臣等驚魂搖曳, 寢食不寧. 异時變興禍起, 費國家之財不知幾百萬, 倘或剪滅不早, 其患又不止費財矣.

臣聞海澄市舶高寀已歲徵三萬金, 決不遺余力而讓利. 即機易越在海外, 亦決無遍地金銀, 任人採取之理, 安所得金十萬・銀三十萬, 以實其言. 不過假借朝命, 闌出禁物, 勾引諸番, 以逞不軌之謀, 豈止煩擾公私, 貽害海澄一邑而已哉.

昔年倭患, 正緣奸民下海, 私通大姓, 設計勒價, 致倭賊憤恨, 稱兵犯順.
今以朝命行之, 害當彌大. 及乎兵連禍結, 諸奸且效汪直·曾一本輩故智,
負海稱王, 擁兵列寨, 近可以規重利, 遠不失爲尉佗. 於諸亡命之計得矣,
如國家大患何! 乞急置於理, 用消禍本."

言官金忠士·曹於汴·硃吾弼等亦連章力爭, 皆不聽.

事下福建守臣, 持不欲行, 而迫於朝命, 乃遣海澄丞王時和·百戶干一成
偕嶷往勘. 呂宋人聞之大駭. 華人流寓者謂之曰:"天朝無他意, 特是奸徒
橫生事端. 今遣使者按驗, 俾奸徒自窮, 便於還報耳."其酋意稍解, 命諸僧
散花道旁, 若敬朝使, 而盛陳兵衛迓之. 時和等入, 酋爲置宴, 問曰:"天朝
欲遣人開山. 山各有主, 安得開? 譬中華有山, 可容我國開耶?"且言:"樹
生金豆, 是何樹所生?"時和不能對, 數視嶷, 嶷曰:"此地皆金, 何必問豆
所自?"上下皆大笑, 留嶷, 欲殺之. 諸華人共解, 乃獲釋歸. 時和還任, 卽
病悸死. 守臣以聞, 請治嶷妄言罪. 事已止矣, 而呂宋人終自疑, 謂天朝將
襲取其國, 諸流寓者爲內應, 潛謀殺之.

55-2 明年, 聲言發兵侵旁國, 厚價市鐵器. 華人貪利盡鬻之, 於是家無寸
鐵. 酋乃下令錄華人姓名, 分三百人爲一院, 入卽殲之. 事稍露, 華人群走
菜園. 酋發兵攻, 衆無兵仗, 死無算, 奔大崙山. 蠻人復來攻, 衆殊死鬪, 蠻
兵少挫. 酋旋悔, 遣使議和. 衆疑其僞, 扑殺之. 酋大怒, 斂衆入城, 設伏城
旁. 衆饑甚, 悉下山攻城. 伏發, 衆大敗, 先后死者二萬五千人. 酋尋出令,
諸所掠華人貲, 悉封識貯庫. 移書閩中守臣, 言華人將謀亂, 不得已先之,
請令死者家屬往取其孥與貲. 巡撫徐學聚等亟告變於朝, 帝驚悼, 下法司
議奸徒罪. 三十二年十二月議上, 帝曰:"嶷等欺誑朝廷, 生釁海外, 致二萬
商民盡膏鋒刃, 損威辱國, 死有余辜, 卽梟首傳示海上. 呂宋酋擅殺商民,

撫按官議罪以聞." 學聚等乃移檄呂宋, 數以擅殺罪, 令送死者妻子歸, 竟不能討也. 其后, 華人復稍稍往, 而蠻人利中國互市, 亦不拒, 久之復成聚.

56 로드리고 데 비베로의 표착을 다룬 출전은 기본적으로 Rodrigo de Vivero, translated and introduced by Caroline Stone, 2015, *An Account of Japan, 1609*, Hardinge Simpole입니다. 그런데 이 책에는 정작 아버지인 Rodrigo de Vivero y Velasco의 이름을 주인공인 아들 Rodrigo de Vivero y Aberrucia의 이름과 혼동하고 있습니다. 의외로 여러 자료에서 아버지 비베로 이 벨라스코와 실제 일본에 표착하였던 아들 비베로 이 아베루사가 혼동되어 있습니다만, 교차검증을 하여서 참고하였던 책의 비베로 이 벨라스코를 비베로 이 아베루사로 바로잡습니다.

57 하세쿠라의 이름은 문헌상에서 支倉六右衛門常長, 支倉常長, 支倉六右衛門, 六右衛門長經 등으로 표기되고, 서양 문헌에는 'Hasekura Rokuemon Tsunenaga' 또는 스페인에서 세례를 받을 때 기록의 'Francisco Felipe Faxicura', 'Philippus Franciscus Faxicura' 그리고 또다른 철자로 'Faxecura Rocuyemon' 등이 있습니다. 중근세기의 일본어 は(하)는 /fa/에 더 가까운 소리가 났다고 합니다.

58 하세쿠라 일행 중 아메리카 및 유럽행에 따라갔다 현지에 남게 된 일본인들과 그 후예에 대한 흥미로운 이야기들이 『대항해시대의 일본인 노예』(루시오 데 소우사·오카 미호코, 신주현 역, 2021, 산지니)에 실려 있습니다. 한편 이 책에는 조선인 크리스천 노예에 대한 이야기도 등장합니다.

59 일단 제가 처음 이 토마스의 일을 알게 된 것은 고노이 다카시五野井隆史의 2000년 1월 252호 '한일 주교 교류회 강의' 자료(http://samok.cbck.or.kr/content/PrintArticle.asp?idx=2536)에서였습니다. 다만 이 글은

원래 일본에서 그 전해에 열렸던 한일 주교 교류회의 강연원고를 번역한 것이라 자세한 내용이 더 없어 그 이후 틈틈이 원 자료와 연구자료를 찾아보았습니다.

60 소개한 원전 자료인 *Historia de la provincia del Sancto Rosario de la Orden de Predicadores en Philippinas, Iapon y China*의 출전은 http://www.univie.ac.at/Geschichte/China-Bibliographie/blog/2010/05/04/aduarte-historia/에서 1640년 초판 디지털 버전입니다. 이 부분의 영어 번역은 구글북에서 제공되는 *The Philippine Islands, 1493-1898: Relating to China and the Chinese*, Volume 18이 출전입니다.

그리고 전체적인 설명은 José Eugenio Borao. 2009, *Macao as the non-entry point to China: The case of the Spanish Dominican missionaries(1587-1632)*, National Taiwan Univ.를 참고하였습니다.

제4장

두 왕자와 거지

1 제사의 문구는 제임스 볼드윈이 1882년 '니벨룽의 노래'를 영어로 번역 각색한 『지크프리트 이야기The Story of Siegfried』의 '아홉 번째 모험, 지크프리트가 부르군트의 땅에 들어가다'에서 인용한 것으로, 번역은 제가 하였습니다.

2 부르군트/부르고뉴 집안과 플란데런 지방의 오랜 인연에 대해서

는 주로 Bart van Loo, 2001, *The Burgundians: A Vanished Empire*, Apollo와 Martyn Rady, 2020, *Habsburgs-To Rule the World*, Basic Books; Paul Arblaster, *A History of the Low Countries*, 2019, 3rd edit. Red Globe Press, 그리고 Wim Blockmans, Walter Prevenier, 1988, *The Promised Lands: The Low Contries Under Burgundian Rule, 1369-1530*, Univ. of Pennsylvania Press를 참고하였습니다.

3 스페인의 성립에 대해서는 Jerrilynn D. Dodds, Maria Rosa Menocal, Abigail Krasner Balbale, 2008, *The Arts of Intimacy–Christians, Jews, and Muslims in the making of Catillan Culture*, Yale Univ. Press를 참고하였습니다.

4 알카소바스 조약의 영어 번역본은 다음 웹사이트에서 제공되고 있습니다.

The Avalon Project: Treaty Between Spain and Portugal, Concluded at Alcacovas, September 4, 1479 (yale.edu)

알카소바스 조약과 콜럼버스 항해의 문제점들은 Nicolas Wey Gomez, 2008, *The Tropics of Empire–Why Columbus sailed south to the Indies*, MIT press에 흥미로운 도판들과 함께 자세하게 실려 있습니다.

5 이후 부르고뉴 네데를란트가 네덜란드 공화국으로 전개되어나가는 과정은 다음의 책들을 종합 정리하였습니다.

John Lothrop Motley, 1855, *The Rise of the Dutch Republic*,

G. A. Henty, 2008, *By Pike and Dyke: A tale of the Rise of the Dutch Republic*, MacMay22,

Maarten Prak, 2005, *The Dutch Republic in the Seventeenth*

Century, Cambridge Univ. Press.

프리슬란트, 특히 '프리지아의 자유' 부분은 Wilken Engelbrecht, 2024, *The End of Frisian Freedom by its Confirmation: The Frisian Imperial Privilege of Emperor Maximilian I and its Background*, Scandinavian Philology vol. 23 Issue 1을 참고하였습니다.

6 네덜란드 공화국의 80년 독립전쟁에 대해서는 군사사 분야의 책들도 유용하게 참고했습니다.

Bouko de Groot, 2017, *Dutch Armies of the 80 Years' War 1568-1648 (1) Infantry*, Osprey.

Bouko de Groot, 2017, *Dutch Armies of the 80 Years' War 1568-1648 (2) Calvary, Artillery & Engineers*, Osprey.

Bouko de Groot, 2018, *Dutch Navies of the 80 Years' War 1568-1648*, Osprey.

합스부르크 스페인과 유럽 정치사의 입장에서 이 과정을 서술한 내용들은 J. H. 엘리엇의 연작 연구서들을 참고하였습니다.

J. H. Elliott, 1963, *Imperial Spain 1469-1716*, Penguin books, original 1963, reprinted 2002.

J. H. Elliott, 1968, *Europe Divided 1559-1598*, Blackwell Publishers, original 1968, 2nd edition 2000.

J. H. Elliott, 2009, *Spain, Europe & the Wider World 1500-1800*, Yale Univ. Press.

7 이 부분의 출전은 Adam Clulow, 2014, *The Company and the Shogun–The Dutch encounter with Tokugawa Japan*, Columbia

Univ. Press, pp. 31~32입니다.

8 '과묵한' 빌럼에 대한 일대기와 암살로 인한 영향에 대해서는 다음의 책들을 참고하였습니다.

Lisa Jardine, 2005, *The Awful End of Prince William the Silent–The first assassination of a head of State with a Handgun*, Harper Collins.

Daniel H. Nexon, 2009, *The Struggle for Power in Early Modern Europe-Religious conflict, Dynastic Empires & International Change*, Princeton Univ. Press.

제5장

홍모인의 나라

1 제사의 내용은 리하르트 바그너가 작곡한 오페라 〈방황하는 네덜란드인Der fliegende Holländer〉 제1막의 내용을 제가 번역한 것입니다.

2 정약용의 『이아정비왜론평李雅亭備倭論評』 해당 부분입니다. 번역에서 생략한 부분도 같이 포함하였습니다. 출전은 한국고전종합DB(itkc.or.kr) 여유당전서 〉第一集詩文集第二十二卷○文集 〉雜評입니다.

又按坤輿圖. 朝鮮東北有女眞. 又其東爲奴兒干. 又其東爲白湖. 其間不過十度. 則自我之西水羅. 東至白湖. 極不過三千里. 白湖之南. (涉一小海. 有無名大島. 自此島涉一小海. 爲日本之東北角. 則此島明是鰕夷. 非他物也. 鰕夷緯度. 當與我北道相直. 而其間海路三千餘里. 風濤)極險. 不可通也. 白湖之東二千里涉一小海. 卽北亞墨之地. 始涉曰亞泥俺國. 又東曰多朶德國. 又

東(日沙瓦乃國. 在東紅海之上.) 荒遠不可問. 白湖, 亞泥之間. 其海如線. 兩岸大山相挾. 謂之亞泥俺峽. 自峽以西. 與中國連陸. 〔卽黑龍江部落〕. 自峽以東. 別爲一大洲. 卽所謂北亞墨也.

3 빌럼 바렌츠의 항해에 대해서는 Andrea Pitzer, 2021, *Icebound-Shipwrecked at the edge of the World*, Scribner에 흥미롭고 자세한 내용들이 있습니다. 이 항해에 대해 헤릿 더 페이르가 남긴 일지의 출전과 해당 부분의 네덜란드어 원문입니다.

Gerrit de Veer, *Waerachtighe beschryvinghe van drie seylagien, ter werelt noyt soo vreemt ghehoort*(ed. Vibeke Roeper en Diederick Wildeman). Van Wijnen, Franeker 1997.

"ende zijn daer nae elck nae huys ghegaen die daer thuys hoorden, maer die daer niet thuys hoorden zijn in een herberghe ghestelt sommighe daghen, tot dat wy ons gelt ontfanghen hebben, daer na is elck zijns weeghs ghereijst."

4 린스호턴의 「레이스-헤스흐리프트Reys-gheschrift」와 *Reys-gheschrift van de Navigation der Portugaloysers in Orienten, Itinerario, voyage ofte schipvaert, van Ian Huygen van Linschoten naer Oost ofte Portugaels Indien*은 한국어 번역은 아직 없는 것으로 알고 있습니다. 네덜란드에서 책이 나온 지 불과 2년 만인 1598년 잉글랜드에서 이미 영어 번역본이 출간되었습니다. 저는 이 책을 저본으로 1885년 해클루트 소사이어티에서 발간한 *The Voyage of John Huyghen Van Linschoten to the East Indies*의 영인본(Elibron Classics, 2005) 1권과 2권을 참고 및 인용했습니다.

5 "......lyeth the towne and fortresse of Mallacca, under 2. degrées and a half, on the north side, from thence 20. miles southwarde is the furthest corner or cape of this arme called capo de Singapura and lieth under 1. degrée."

6 린스호턴이 자세히 설명한 차액거래의 원문입니다.

"...... There are others that use exchanging of moneyes, and to buy money [when it comes], as tyme serveth to sell it againe, for they but the Rials of eight, when the shippes come from Portingale, whereof some buy at least 10 or 12 hundreth, and keep them till the Moneth of April, which is the time when shippes sayle to China, for then are the Rials of eight sought for to carry thether, and are commonly worth 25 or 30 in the hundreth [profit], and then they receive for them a certain money, which at the same time is brought from Ormus, called Larriins, that come out of Persia, which they buy for 8 or 10 in hundreth [profite], and keepe them til the Portingales on the moneth of September come thether, and so deliver them againe for 20 or 25 in hundreth [profite], in exchange for Rials of eight. ......"

7 린스호턴의 책에 등장한 '코레아'에 대한 부분의 원문입니다.

Een weynigh bové Iapon op 34. ende 35. Graden/niet verre vande Custe van China, leyt een ander groot Eylandt/ghenaemt Insula de Core, van welcke tot noch toe gheen seker bescheyt en is vãde groote/'tvolck/noch wat waren daer vallen.

8 리우하이찬/유해섬의 이야기는 『월간 해인』(月刊海印, 2013년 3월 373호)을 출전으로 합니다. 이 출전에서는 유해섬을 "연나라 재상"이라고 설명했는데, "후량대 연왕의 재상"으로 제가 좀더 자세하게 수정하였습니다.

9 1712년 신묘 통신사행단의 임수간이 일본에서 수집하여 제출한 국제정세 보고서 『해외기문』의 남만인 관련 원문입니다. 출전: 동사일기곤(東槎日記坤)/해외기문(海外記聞) 한국고전종합DB(itkc.or.kr)

南蠻人彌蘇宗門. 初以販商來長崎. 善妖幻. (常語人曰. 爾欲見親屬之死者乎. 人若哀求. 則須臾死者輒來見. 遂相持而哭. 敍其死生之情如平昔. 已而麾之使去. 遂不復見. 人皆神之. 遠近趨風. 而人或不信. 欲往辱之. 宗門輒先知之曰. 爾若不信吾道. 亟去之. 其人欲起. 則身帖地不能去. 始驚懼服罪. 以藤鞭着鍼刺以笞之. 流血被體而不辭). 轉相訌誘. 尊事者徧國中. 遂通東武奉行爲反. 圖人有得其書而告價關白. 乃發兵捕之. 其徒步騎數千人. 涉海而若平地. 不知所向. 驚動一國之人. 摹其像. 投諸通衢. 其常事之者. 或痛哭刺刃而死. 至今邑里爲制札. 購捕其黨. 亦嘗移書我國. 如有海舶之涉疑似者. 請必殺之. 往年南蠻漂流數十人. 捕送〔日本,則日本厚〕謝之. 其後長崎. 銅鑄宗門之像. 諸國船有漂到者. 令蹴其像而試之. 如有難色. 則卽誅之云耳. 〔或云宗門初到時. 以小金佛散施倭人. 令崇奉. 誘以禍福. 及擧衆而反. 與國兵大戰敗奔海上. 徒涉而去. 四十年前. 率數萬人. 來襲豐前州. 不利而去云.〕

10 〈게이세이 시마바라 가에루갓센傾城島原蛙合戰〉 이야기는 다음 블로그를 참고했습니다. http:// 77422158.at.webry.info/200902/article_27.html

11 덴지쿠 도쿠베에 이야기의 진화과정 중 〈덴지쿠 도쿠베에 이코쿠

바나시(이국의 이야기)天竺徳兵衛韓噺〉 부분은 『동아시아, 해양과 대륙이 맞서다』(김시덕, 2015, 메디치)에 전체 맥락이 상세하게 언급되어 있습니다.

그 외의 내용은 『江戸読本の研究』「第三章 江戸読本の世界」(高木元, 1995)에서 「第三節 戯作者たちの〈蝦蟇〉-江戸読本の方法-」, ぺりかん社를 참고했습니다.

12 지라이야에 대한 부분은 Jin Zhang, 2012, "The Didacticism of Katakiuchi Kidan Jiraiya Monogatari", ARIZONA STATE UNIVERSITY를 같이 참고했습니다.

13 니자에몬에 대한 내용은 William D. Wray, 2002, "The 17th-Century Japanese Diaspora: Questions of Boundary and Policy", *Thirteenth International Economic History Congress*, Buenos Aires 2002. Preconference: Corfu, Greece, 21-22 September 2001. 그리고 Cesare Polenghi, 2004, "The Japanese in Ayudhya in the first half of the 17th century"를 참고했습니다.

14 『덴지쿠 도카이 모노가타리』 원문과 현대어 번역의 출전은 다음의 온라인 출처들입니다.

水茎無類記-NDL Digital Collections (https://dl.ndl.go.jp/pid/11606611/1/6)

古文書を楽しむ会-天竺渡海 https://sites.google.com/site/komonzyokai2/komonzyokai2/ホーム/講座内容/天竺渡海

現代文訳 天竺物語書 http://www.hh.em-net.ne.jp/~harry/komo_tenjiku_gen.html

Wood, Michael S., 2009, *LITERARY SUBJECTS ADRIFT: A CULTURAL*

HISTORY OF EARLY MODERN JAPANESE CASTAWAY NARRATIVES, CA. 1780-1880, University of Oregon.

15 추사 김정희의 「천축고」 원문입니다. 완당전집 제1권/고(攷)

今日五天竺. 無不相通之處. 自雲南騰越州. 由東天竺. 到中天竺. 若直道計之. 不過一千九百里而近. 南天竺稍僻遠. 地勢斗入海中如箕舌.

16 이중에서 '야요스' 부분의 원문입니다.

其後参候時ハおらんたのやふよふすと申人の船ニて乗渡り候. やうよふすハ長崎屋鋪ニ有之候即弥養子川岸と申所江度ニも有之, おらんた船さよ船と申候, 三百八拾人乗, 此節ハ私年十九才ニて廿一之年長崎へ帰り申候.

17 『해사록』에 조완벽이 등장하는 부분의 원문입니다. 한국고전종합DB(itkc.or.kr)

大雨. 留倭京. 一路刷還男婦. 僅至百餘名. 而皆以赤手隨來. 以供餘米石. 計日給粮. 被擄晉州士人趙完璧. 伶俐可信人也. 給諭文一度. 使之招諭刷還.

18 이수광의 『지봉집』에 실린 「조완벽전」 원문입니다. (지봉집芝峯集 芝峯先生集卷之二十三 〉雜著 〉趙完璧傳)

趙生完璧者. 晉州士人也. 弱冠. 值丁酉倭變. 被擄入日本京都. 卽倭皇所居. 爲倭服役甚苦. 思戀鄕土. 常有逃還之志. 倭奴輕生重利. 以商販爲農. 以舟楫爲鞍馬. 海外南番諸國. 無遠不到. 以生曉解文字. 挈而登舟. 自甲辰連歲三往安南國. 安南去日本海路三萬七千里. 由薩摩州開洋. 歷中朝漳州. 廣東等界. 抵安南興元縣. 縣距其國東京八十里. 乃其國都也. 國內中分爲二. 一安南國一交趾國. 互相爭戰. 未決勝負. 有文理侯鄭勦者. 以宦官用事. 年八十. 居處甚侈. 地多茅蓋而唯文理侯家用瓦. 瓦縫用油灰.

以孔雀羽織綃爲帳. 一日文理侯招生. 生至則有高官數十人列坐飮宴. 聞生爲朝鮮人. 皆厚待之. 且饋酒食. 問其被擄之由曰. 倭奴之侵暴貴國. 俺等亦聞之. 頗有憫惻之色. 仍出一卷書示之曰. 此乃貴國李芝峯詩也.〔芝峯卽睟光號. 詩卽睟光丁酉奉使中朝時. 贈其國使臣者也.〕你是高麗人. 能識李芝峯乎. 生以鄕生. 年少被擄. 又不斥名而稱芝峯. 故不省芝峯爲誰某. 衆歎訝久之. 生閱過其書則多記古今名作無慮累百篇. 而首題曰朝鮮國使臣李芝峯詩. 皆以朱墨批點. 且指其中山出異形饒象骨一聯曰. 此地有象山. 所以尤妙. 相與稱賞不已. 旣數日. 儒生等又請致價其家. 盛酒饌以餉之. 因言貴國乃禮義之邦. 與鄙國同體. 慰諭備至. 談間出示一書曰. 此貴國宰相李芝峯之作. 我諸生人人抄錄而誦之. 你可觀之. 生自以朝夕人. 無意省錄. 且請紙筆. 只傳寫數篇而還舟. 厥後見學校中諸生. 果多挾是書者. 文理侯謂生曰. 你欲求還本國. 自此刷還價中朝. 可以轉解. 你須留此. 生欲從其言. 而見其國人多詐難信. 又聞距本國甚遠不果云. 其國男女皆被髮赤脚. 無鞋履. 雖官貴者亦然. 長者則漆齒. 其人多壽. 有一老人髮白而復黃. 齒則如小兒. 所謂黃髮兒齒者也. 問其年則百有二十. 其過百歲者比比有之. 且俗尙讀書. 鄕閭往往有學堂. 誦聲相聞. 兒童皆誦蒙求及陽節潘氏論. 或習詩文. 其讀字用合口聲. 與我國字音相近. 但紙最貴. 書籍則皆唐本也. 且喜習鳥銃. 小兒亦能解放. 其地甚煖. 二三月. 有西瓜甜瓜等物. 水田耕種無時. 三月間. 有始耕者有將熟者有方穫者. 日候晝熱夜涼. 地雖濱海. 海產不敷. 果則橘荔子外. 無他雜果. 饋以乾柹則不識之. 唯常喫檳榔. 以靑葉同食. 未知爲何物也.〔小說曰. 南人食檳榔. 以扶留藤同咀則不澁云. 蓋此物也〕. 檳榔樹高數丈. 聳直如竹有節. 葉似芭蕉. 木花樹甚高大. 田頭在處有之. 花大如芍藥. 績而作布甚堅靭. 桑則每年治田種之

如禾麥. 摘桑以飼蠶. 絲絹最饒. 無貴賤皆服之. 渴則啖蔗草. 飯則僅取充腸. 常飲燒酒. 用沈香屑作膏塗身面. 有水牛形如野猪. 色蒼黑. 人家畜養. 作耕或屠食. 以日氣熱. 故晝則牛盡入水. 日沒後方出. 其角甚大. 卽今黑角. 倭奴貿取以來.〔五代史云占城有水兕. 所謂水牛. 疑卽兕也.〕象則唯老撾地方出焉. 謂之象山. 有德象. 其牙最長幾五六尺. 國王畜象至七十頭. 出則騎象. 象有拜跪如人者. 孔雀鸚鵡白雉鷓鴣胡椒亦多產焉. 生亦甞隨往呂宋國. 國在西南海中. 土多寶貨. 人皆髡髮爲僧. 琉球地方甚小. 其人皆偏髻着巾. 不習劍銃諸技. 距薩摩約三百里有硫黃山. 遠望山色皆黃. 五六月. 常有煙焰. 在日本時. 見京都有徐福祠. 徐福之裔主之. 學浮屠法. 有食邑. 不預國政. 且倭人最重我國書籍. 多寶藏之. 安南人亦以重貨求之. 生又言海水西高東下. 距廣東七十里. 海中有鷄龍山. 山極高峻. 地皆淺灘. 鷄龍山之東. 水折而東走. 舟行甚艱. 必由山內以過. 不然則漂流至東海乃止. 蓋水勢悍急如此. 自日本晝夜行四十日或五六十日始達安南. 還時則順流十五晝夜可抵日本矣. 大海中舟行以風便. 故每三四五月可行. 六月以後不得行舟. 又倭船小. 不能駕大海. 以白金八十兩購唐船. 船中人共一百八十餘名. 而唐人之慣習海程者爲船主. 用指南針以定東西. 又用繩索垂下. 鉤出水底土. 以其色辨方位遠近. 其所見奇怪之事甚多. 而海中見游龍. 尋常出沒. 一日數十步外. 有蒼龍奄至. 舟人失色. 俄而黑霧漲空. 有五色虹覆之. 雨雹交下. 波濤騰湧如沸. 舟上下震蕩幾復. 如是者三四. 蓋龍奮迅欲升空而未能故也. 舟人每遇龍則輒爇硫黃及鷄毛. 龍惡其臭避去. 是日倉卒. 取數十活鷄投火燒之. 龍又將逼舟. 舟人計沒奈何. 以銃砲數十. 一時齊發. 龍忽沒水去. 遂得脫云. 生至丁未年回答使呂祐吉等入往時. 哀告主倭. 得還本土. 其老母及妻俱無恙. 亦異事也. 夫安南. 去我國

累萬里. 自古不通. 況海道之爲遠乎. 生由東極抵交南. 歷風濤之險. 行蠻貊之鄕. 冒萬死得一生. 以至全還. 乃前古所未有者也. 孔子曰. 言忠信行篤敬. 雖蠻貊之邦行矣. 若生者庶幾近之矣. 且生名爲完璧. 抑可謂不負其名者歟.

19 매창 정사신의 『매창선생집』에 실린 「조완벽전」 원문입니다. (매창집梅窓集 梅窓先生文集卷之四 〉傳 〉趙完璧傳)

趙完璧者. 晉州士族人也. 故掌令河晉寶之姪孫女壻也. 丁酉之變. 爲倭所搶. 以歸價日本. 服役使喚. 如我國之奴屬焉. 倭之欲行商價安南國獲大利者. 必求得浙江人老於海善候風者及解文通意者. 與偕然後乃行. 完璧之主倭. 旣得候風人. 而未得解文人. 方以言語莫通爲患. 完璧素於晉州學文者也. 粗解文理. 主倭要與完璧行. 爲盟文以約曰往來安南之後. 則永放汝任其所之云. 完璧志切返國. 不避死乃從之. 與浙江人同浮海向安南國. 海路不知其幾千里. 大洋茫茫. 了無島嶼止泊之處. 浙江人常於船上. 持候風五綱扇及日影臺. 夜則看星象以分方位. 及由某方向某國之路. 如雲南閩浙寧波日本南蠻朝鮮耽羅之屬. 瞭然指掌. 又以海底沙土之色. 辨其爲某地某方. 常以長繩懸鐵錘. 於錘下塗粘糊飯. 繫長繩而下. 或至直下三四百餘把者. 看其錘底所粘出沙土或壚或白. 以辨其地方焉. 海中水色或靑或白. 或赤如血色. 或黑如墨汁. 其黑處甚惡云. 如遇海恠. 必祭以油蜜果麵餠等物. 擲波上以去. 然後得免覆沒. 行至一處. 候風人曰此處無乃是乎. 疑訝之間. 舟已行過. 忽見波上似有婦人形作恠之狀. 候風者大驚. 卽致祭祈禱. 則恠物卽因忽不見. 得免患焉. 自古相傳此是漢時漂溺之鬼云. 見橫海長鯨噴波漲天. 則卽下碇住船. 以竢其止然後乃過. 而候風者以爲此則易爲耳. 如見龍來則噴水約一丈許. 而舟人每驚惶裭魄. 蓋南海常多霧雨.

海中多大龍. 龍之在海中者. 必靠某物上掛其身. 然後得雲變化升天. 其例也. 龍掛着船上. 船必覆沒. 故舟人見龍之來. 則錯愕失色. 其禳法必以生雞五六十首. 炮燖出臭. 礫投船頭海波然後. 龍乃潛遁無患. 故舟中常畜雞數百首以行. 完璧之再往來也. 適一遇靑龍. 其鱗甲光芒. 蜿蜒來去也. 其禳之如許云. 舟行五十餘日. 乃達安南國界. 見其俗皆被髮跣行. 蓋其國土無泥滓無石塊. 只有軟白沙. 冬暖如春. 故跣行不傷足. 且其國男子多畜妻妾. 豪富者多至數十. 每年春初. 其夫分與金銀若干兩於其妻妾. 使爲買賣資. 其妻妾以其金銀爲終年售納之業以爲常. 故其妻妾聞異國賈舶來至. 則雖卿相之妻妾. 必皆乘屋轎. 盡率一家子女眷屬以來列坐. 與倭人論價. 或示其處女. 求面幣. 其出入. 多從衛前導. 甚盛矣. 見處處有愛誦芝峯詩. 士人問完璧曰何國人乎. 完璧對以朝鮮人. 爲倭所搶. 驅使而來. 士人曰爾是朝鮮人. 則爾知東國李芝峯乎. 完璧前此未嘗聞知. 故以實對. 其士人曰李芝峯爾國文章人也. 爾之不知何也. 仍誦芝峯所作. 遠憑重譯謁君王. 提封漢代新銅柱. 貢獻周家舊越裳. 山出異形饒虎骨. 地蒸靈氣産龍香等. 末句首尾三句則不傳之. 豈完璧粗解文. 聞之不能詳耶. 且饒象骨之象字. 以虎字傳誦云. 豈亦誦之者之訛耶. 且國俗盛文風. 見其家家講誦不絶. 鄕擧則如我國之鄕邑都會試取. 以送價王都云. 且其國之人. 外似溫順而心實狡詐多貪慾. 其見完璧也. 有勸以逃着此國. 使之通中國以回朝鮮云. 而見其多詐難信. 終不肎從云. 完璧旣回日本. 其主倭者背盟不放. 又要再往安南. 更成盟文爲約. 完璧不得已再往. 及還又不肎放去. 傍隣之倭. 以其再失信不祥. 物議騰沸. 主倭不得已放之. 以故完璧得自由鳩聚銀兩. 圖回本國鄕土. 其母與妻俱無恙. 今方安居奠業復如初. 此事金直長允安而靜云.

20 「조완벽전」의 판본과 전래과정에 대한 내용들은 「〈조완벽전趙完璧

傳)의 텍스트와 문학적 의미 연구」(권혁래, 2008, 『語文學 第100輯』)를 참고하였습니다. 「조완벽전」의 번역은 이 논문에 인용된 「조완벽전」의 번역을 참조하여 제가 다시 번역하였습니다.

21 조완벽의 왜인 주인에 대해서는 「安南国渡航朝鮮人趙完璧伝について(안남국도항조선인 조완벽전에 대하여)」(岩生成一, 1954, 『朝鮮學報』 6)에서 1604년부터 1610년까지 안남을 6번 다녀온 스미노쿠라 료이角倉了以로 밝혀졌습니다.

22 스미노쿠라와 교토의 '도소' 중근세 대금업자들에 대해서는 Suzanne Gay, 2001, *The Moneylenders of Late Medieval Kyoto*, Univ. of Hawai'i Press를 참고했습니다.

23 교토의 근세 경제사적 위치에 대해서는 『거상들의 시대』(와키모토 유이치, 강신규 역, 2008, 한스미디어 | 원제 豪商たちの時代, 일본경제신문사, 2006)를 참고했습니다.

24 '문리후'에 대해서는 「文理侯陳公補考」(蓮田隆志, 2014, 新潟大学東アジア学会, 『東アジア: 歴史と文化』, 2014년 3월호)와 역시 하스다 다카시蓮田隆志의 「17世紀ベトナム鄭氏政権と宦官」(大阪大学大学院文学研究科, 待兼山論叢. 史学篇, 2005)을 참고하였고, 이수광과 풍각콴에 대해서는 「이수광李睟光의 베트남, 1597-1598」(최병욱, 2009, 『동남아시아연구』 제19권 제3호)과 『17세기 전반기 한중 문학 교류』(노경희, 2015, 태학사)를 참고했습니다.

25 제가 참고한 『최척전』은 신원문화사에서 2011년에 출간한 구인환 번역본입니다. 저본은 아쉽게도 밝혀지지 않았습니다. 『최척전』의 「홍도전」과의 관련 또는 학설 등은 「〈崔陟傳〉 창작의 배경과 열녀 담론」(엄태식, 2012, 한국고전여성문학회, 『한국고전여성문학연구』 24권)에 잘 정리되어

있습니다.

26. 이덕무가 읽었다고 기록한 부분은 다음과 같습니다.

청장관전 〉 아정유고 7 〉 족질族姪 복초復初 광석光錫에게

"'남원 정생'이란 자는 바로 최척이니 정鄭이 아닐세. 그의 며느리는 홍도紅桃이고 그의 아내는 옥영玉英이네. 내가 소옹素翁의 최척전崔陟傳을 한번 읽어보았기 때문에 자세히 아네其所稱南原鄭生者. 是崔陟. 非鄭也. 其子婦紅桃. 其妻則玉英也. 余嘗讀素翁崔陟傳而詳知也."

27 『책중일록』은 한글 번역본이 나왔습니다. 『책중일록-1619년 심하전쟁과 포로수용소 일기』(이민환, 중세사료강독회 역, 2014, 서해문집)에『책중일록』과 권말에「건주문견록」,「월강후추록」, 그리고 이민성의「우분시」와「제최척전후」, 신충일의「건주기정도기」, 정충신의「주문견록」등이 수록되어 있습니다.

28『책중일록』내용과 이어지는「우분시」,「제최척전후」의 번역은 서해문집에서 출간한『책중일록』에서 발췌 인용하였습니다.「우분시」와「제최척전후」의 원문과 출전입니다. 자암집 〉 紫巖集卷之六 〉 [雜著] 〉 최종 정보

28-1 憂憤詩 敬亭

自汝陷虜中. 兩度獲書札. 前因許守門. 始審眞消息. 行到富車地. 三月初四日. 漢虜相搏戰. 天兵無得脫. 我師敢抵當. 兩營隨覆沒. 俄頃逼中營. 鐵騎圍三帀. 賊將呼舌官. 遂講通和說. 汝獨憤然起. 顧謂兩帥曰. 公等任爲之. 吾意已自決. 抽刀欲自裁. 被奪扵齊陸. 轉眄驅迫去. 經宿入奴穴. 初旣不獲死. 小諒近溝瀆. 姑從兩帥後. 縱觀這老賊. 兩帥赴敎場. 汝獨臥不出. 凡爾有計議. 姜帥每輒抑. 當初越江日. 汝憂軍餉缺. 請俟餺餉

集. 大兵一時發. 元帥不汝聽. 以取飢困劇. 汝以乏軍興. 語侵關西伯. 欲斬管糧校. 重忤尹鳴益. 平生許與者. 一朝化仇敵. 遂據逃卒招. 任意頗增削. 凡干汝實跡. 一不擧暴白. 洛中不悅者. 喧傳輒倍百. 至做縛喬說. 構汝實不測. 喬取結褱繩. 繋頸墜崖谷. 其言不攻破. 前後辭皆一. 又傳偕胡差. 持書涉我國. 卽馳上送啓. 體府亦輕率. 又云帥以下. 剃頭爲辮髮. 近者安虞候. 持啓入京洛. 果作剃頭樣. 難容掩衆目. 汝時付短札. 近耗頗歷歷. 了無及他語. 紙尾書萬曆. 毀固無可道. 責者亦不察. 曩得止中書. 止中豈不切. 乃以爾不死. 指爲吾儕辱. 蘇卿十九年. 臥起惟持節. 虜贅牧廝說. 今難免口舌. 巡遠不同死. 議者疑辭服. 死或輕鴻毛. 或重於泰嶽. 難容一槩論. 只觀末後著. 使夫訾議者. 當局果何若. 況我私情切. 難將公議律. 丁寧聖旨下. 捧讀三叩訖. 事大炳如日. 不害羈縻策. 生還儻可遂. 手足情何極. 磨刀向猪羊. 提挈傾隣濁. 晝景應苦短. 夜闌當秉燭. 浮囂遠世情. 團圓慰骨肉. 耕畜供租稅. 教兒勤典籍. 聊乘款段騎. 翶翔阡與陌. 山妻煮園栗. 廚婢挑野蕨. 狂歌付痛飮. 形骸任土木. 俛仰百年內. 吾生亦將畢. 遂題五言詩. 命以憂憤作. 五百九十字. 字字憂憤結. 詩成朗詠罷. 涙隨句俱落. 願借黃鵠翅. 西飛墮汝側.

28-2 題崔陟傳後〔時商山一士人自稱作崔陟傳. 挿入諏公之說. 故敬亭公作此詩以辨之.〕

怪哉崔陟傳. 不知誰所作. 事之有與亡. 文之工與拙. 今姑不暇論. 略破其心術. 其曰崔陟者. 本帶方士族. 其妻名玉英. 才慧爲偶匹. 亂離俱被擄. 相失日本國. 分離與偶合. 恍惚莫可測. 陟也抵江浙. 遇知喬遊擊. 隨陷東征時. 走回乃得脫. 英則泛海舶. 亦旣歸故域. 破鏡竟重圓. 分鈿終復合. 其中縛喬段. 牽連因敍及. 以陟之生還. 立證爲駕說. 前後走回者. 越江卽

時刻. 鎭將取供申. 監兵立巡畫. 押解平壤府. 逐一嚴查覈. 某年某月日. 某
地某甲乙. 二千四百餘. 一一注簿册. 然後馳啓聞. 經拆下備局. 備局引其
人. 鞫畢許還籍. 陟云喬票下. 與他走回別. 厥蹟旣新異. 宜播遠耳目. 奚暇
此傳出. 苑獲其顚末. 況聞帶方郡. 原無還人物. 或云資話柄. 未必憑事實.
噫文非一段. 或有遊戲設. 烏有與子虛. 滑稽爭雄傑. 廣記述異傳. 不害於
捃摭. 故誕而可喜. 或詭而不激. 豈若騁險詖. 乘時肆胸臆. 莫邪斯爲下.
筆端甚鋒鏑. 譬如屠膾子. 刀幾恣劙斮. 雖快手敏妙. 死者痛楚極. 觀其立
傳意. 乃在於佞佛. 佛果如可信. 應墮無間獄. 周禮造言刑. 嗚呼今不復.

29 『삼국기봉』에 대한 내용은 「최척전」의 이본異本, 『삼국기봉三國奇
逢』에 대한 연구」(이대형, 유춘동, 2012, 한국고소설학회, 『고소설연구』34권)를
참고하였고, 논문에 있는 『삼국기봉』의 '교 유격' 부분 원문을 참고하여
제가 다시 번역하였습니다.

喬遊擊領敗卒數十人. 奔入于朝鮮元帥姜弘立營中. 乞着朝鮮衣服. 爲免禍地.
弘立初若許借也, 而或慮虜將之聞而生梗, 乃赤身縛送于虜營.

30 『화한삼재도회』「아란타」의 원문입니다.

阿蘭陀 紅毛 至日本海上一萬二千九百里
按紅毛國西北之極界最寒國也凡有七大州阿蘭陀其一州而今爲總名
世伊羅车止 具留宇禰解 宇伊多良木 計留止宇车止 乎宇布留伊世流 布
利伊湏良车止 乎良车太〔以上七國〕
其國主號古车波爾亞其國人色晳毛髮紅鼻高眼圓而有星常提一脚去尿貌
似犬衣服多毛織美飾異價他好商賈交易價遠國置代官於咬吧國名稱世禰
羅留通市舶於日本及諸國每十歲一度爲總計勘定其次官者每年六七月來
價長崎寓居於出島翌年春參價江戶勤年始及交代禮復興六七月來者交代

去〔乃是人質也乎〕其人稱加比丹〔其次官號閉止留又次名米伊世车〕
總用橫文字食雞豬及諸肉皆不用箸常食麭餅呼之曰波车〔如饅頭無餡者〕
又鰤肉傳豬油爲乾脯呼 曰羅加车切片吃之以爲美味凡食間卑官鼓舞價
前以進之其悠悠貌如此然皆不長壽凡六十歲者似本朝百歲計而甚希有也
五十有餘爲老衰而未二十者專務家業性精巧藝天文地理算術及外治醫療
甚良阿蘭陀土産

猩々皮 羅紗之類 毛天鵝絨 八絲緞 緞子類 珊瑚珠 水晶 瑪瑙 琥珀 薫陸
朱砂 空青 木乃伊 鼈甲 宇车加宇流 血竭 平佐良婆佐留 眼鏡 硝子 羅經
〔磁石針〕 土圭 磁噐 外科道具 湏良车加湏天车 伊湏多良比〔可以計日〕 星
尺〔可以知星之度〕藥油〔保留止加留油波留佐车之類〕 縢皮 亜鉛 阿仙藥 沙
糖 木香 胡椒

凡阿蘭陀商舶徃三十五六箇國交易諸品來故異品珍噐不可勝計如東京滿
剌加暹羅咬吧者與中華人同阿蘭陀亦徃互市焉如蘇門答剌・琶牛・榜葛剌
・波斯・浡泥等之諸國總三十有餘國阿蘭陀人常徃來也蓋其舶皆八帆而
不厭大洋順逆風也

31 『명사』「화란」의 원문입니다. 동북아역사넷 明史 卷325 열전 第
213 외국 6

31-1 和蘭, 又名紅毛番, 地近佛郎機. 永樂·宣德時, 鄭和七下西洋, 歷諸
番數十國, 無所謂和蘭者. 其人深目長鼻, 發眉須皆赤, 足長尺二寸, 頎偉
倍常.

31-2 其本國在西洋者, 去中華絶遠, 華人未嘗至. 其所恃惟巨舟大礮. 舟
長三十丈, 廣六丈, 厚二尺餘, 樹五桅, 後爲三層樓. 旁設小囪置銅礮. 桅
下置二丈巨鐵礮, 發之可洞裂石城, 震數十里, 世所稱紅夷礮, 卽其制也.

然以舟大難轉, 或遇淺沙, 卽不能動. 而其人又不善戰, 故往往挫衄. 其所役使名烏鬼. 入水不沈, 走海面若平地. 其柁後置照海鏡, 大徑數尺, 能照數百里. 其人悉奉天主敎. 所産有金·銀·琥珀·瑪瑙·玻璃·天鵝絨·瑣服·哆囉嗹. 國土旣富, 遇中國貨物當意者, 不惜厚資, 故華人樂與爲市.

32 이 부분의 내용들은 Adam Clulow, 2016, *The Company and the Shogun-The Dutch Encounter with Tokugawa Japan*, Columbia Univ. Press의 내용을 중점적으로 정리 소개하였습니다.

33 Adam Clulow, 2006, "Pirating in the Shogun is Waters the Dutch East India Company and the Santo Antonio Incident", *Bulletin of Portuguese-Japanese Studies*, vol. 13, december, Universidade Nova de Lisboa의 내용을 정리 소개하였습니다. 기본적으로 이 논문의 내용은 애덤 클러로Adam Clulow의 위의 2016년 책에 통합된 연구에 해당합니다.

34 『자유의 바다Mare Liberum』 제4장 인용 부분의 영어 번역입니다.

There are some infidels who are neither in law nor in fact under the temporal jurisdiction of Christian princes; just as there were pagans who were never subjects of the Roman Empire, and yet who inhabit lands where the name of Christ was never heard. Now their rulers, though heathen, are legitimate rulers, whether the people live under a monarchical or a democratic régime. They are not to be deprived of sovereignty over their possessions because of their unbelief, (since sovereignty is a matter of positive law, and unbelief is a matter of divine law, which cannot annual positive law, as has been argued above. In fact I know of no law against such unbelievers as regards their temporal possessions.) Against them no King, no Emperor, not even the Roman Church, can declare war for the purpose of occupying their lands, or of subjecting them to temporal sway. For there is no just cause for war, since Jesus Christ the King of Kings, to whom all power was given in heaven and on earth, sent out for the conquest of the world not armed soldiers, but holy disciples, "as sheep in the midst of wolves".

35 『자유의 바다』 제5장 인용 부분의 영어 번역입니다.

Of this kind the air is for a double reason, both because it cannot be possessed and also because it oweth a common use to men. And for the same cause the element of the sea is common to all, to wit, so infinite that it cannot be possessed and applied to all uses, whether we respect navigation or fishing.

36 히라도의 잉글랜드 상관장 존 사리스의 일기 *The voyage of Captain John Saris to Japan*(John Saris, 1613)에 나오는 캡틴 차이나 관련 내용의 원문입니다.

The 16th [June] I concluded with Captain Andace, Captain of the China quarter heare, for his howse, to paye 95 rials of 8 for the monsone of 6 monethes.

37 '평후' 관련 『명사』의 원문입니다.(동북아역사넷)

已, 又出據彭湖, 築城設守, 漸爲求市計. 守臣懼禍, 說以毀城遠徙, 卽許互市. 番人從之, 天啓三年果毀其城, 移舟去. 巡撫商周祚以遵諭遠徙上聞, 然其據臺灣自若也.

38 『명청군담 국성야충의전』에 대해서는 두 개의 자료를 참고했습니다. 첫 번째는 「『明清軍談国姓爺忠義伝』をめぐって」(倉員正江, 1985, 『国文学研究』)이고, 다른 하나는 「前期通俗物 小考: 『通俗三国志』『通俗漢楚軍談』をめぐって」(長尾直茂, 1991, 『上智大学国文学論集』)입니다. 이 책은 한편 『정삼위전鄭森偉傳』으로도 불리는데 1885년 판본 온라인 버전은 http://catalog.hathitrust.org/Record/100621695에 있습니다.

39 이콴에 대해 유럽인들이 설명한 부분의 출전입니다.

The Modern Part of An Universal History: From the Earliest Account of Time. Compiled from Original Authors(보편적 역사의 현대 부분: 원저자들의 글을 종합한 가장 오래된 기록), 1759.

40 니콜라스 비천이 정리하여 소개한 예수회 소속 선교사들의 *History of the Two Tartar Conquerors of China*, 1688, Père Pierre Joseph d'Orléans. 이 책은 예수회 선교사들이 기록한 자료를 저본으로 하여 니콜라스 비천이 정리한 명청 교체기 역사책입니다. 원래 저본은 17세기 것이지만, 런던 하클루트 소사이어티에서 19세기 중엽에 영역한 책입니다. 저는 2005년 Adamant media corp.에서 Elibron classic series의 하나로 출간한 것을 인용하였습니다.

41 나사우 함대의 이미지는 원래 독일 출판업자 M. 메리안의 지도에서 일부를 편집한 것입니다. Escuadra Holandesa de Jacobo Heremita Clerk frenta a la Isla Puná(M. Merian, 1630)

42 Tonio Andrade, Xing Hand ed., 2016, *Sea Rover, Silver, and Samurai-Maritime East Aisa in Global History 1550-1700*, Univ. of

Hawai'i Press에서는 이 시기 특히 이콴을 중심으로 한 해적-상인들의 활동이 흥미롭게 다뤄지고 있습니다.

그 외에 이콴 정즈룽과 당시 배경이 되었던 시대상에 대해 참고한 책은 Cheng Weichung, 2012, *War, Trade and Piracy in the China Seas (1622-1683)*, Leiden university press입니다. 이 책의 특히 앞부분에 서술된 이콴 관련 이야기들은 상당히 흥미롭습니다.

43 이 그림은 원래 모리시마 주료森島中良의 『萬国新話』, 1800에 실린 삽화였습니다. 萬国新話(標準画像 033-003) | 江戸時代の日蘭交流 (ndl. go.jp)

44 나위츠 사건의 상세한 내용은 William Campbell, *Formosa under the Dutch-described from contemporary records, explanatory notes and a bibliography of the island*, 1903을 참고하였습니다.

45 20세기 타이완 수출 관련 자료의 원 출전은 「日本統治期における台湾輸出産業の発展と変遷(上)」(陳慈玉, 2012, 『立命館経済学』第60巻·第5号)에 소개된 타이완 총독부 재무국 세무과 통계자료입니다. 그래프는 이 자료를 기초로 다시 그렸습니다.

46 연암 박지원이 쓴 이방익의 타이완 표류기 출전은 한국고전종합DB입니다. 18세기 조선에 알려진 타이완의 정보가 상당히 재미있습니다. 한국고전종합DB 연암집燕巖集 〉 연암집 제6권 별집 〉 서사書事 〉 이방익李邦翼의 사건을 기록함.

47 타이완 원주민들에 대한 이야기는 Tonio Andrade, 2008, *How Taiwan Became Chinese: Dutch, Spanish, and Han Colonization in the Seventeenth Century*, Columbia Univ. Press입니다.

48 시라야어 성경에 대한 최근의 내용들은 Christopher Joby, 2020, "A Recently Discovered Copy of a Translation of the Gospel of St. John in Siraya", *Oceanic Linguistics*, Volume 59, Number 1/2, June/December 2020을 참고하였습니다.

49 테오도레 에르마노의 이야기는 「荷蘭東印度公司治下的原住民頭人·村社整合與地域勢力變遷」(康培德, 2012, 人文及社會科學研究發展司)가 출전입니다. 좀더 상세한 정보와 타이완 원주민과 유럽인들의 상호작용에 대해서는 『殖民想像與地方流變: 荷蘭東印度公司與臺灣原住民』(康培德, 2016, 聯經出版公司)을 참고했습니다.

50 스페인의 타이완 진출과 실패에 대한 이야기들은 다음의 책들을 참고로 작성된 것입니다.

토니오 안드레아드가 쓴 일련의 책들은 중국과 유럽 세력인 네덜란드 및 스페인의 인터랙션에 집중하면서, 특히 타이완의 유럽 식민지 부분에 대해 아주 상세한 정보를 전해줍니다.

Tonio Andreade, 2004, *The rise and fall of the Spanish and Dutch colonies on Taiwan, 1624-1662*, Emory Univ.

Tonio Andreade, 2008, *How Taiwan became Chinese: Dutch, Spanish, and Han colonization in the seventeenth century*, Columbia University Press.

타이완 국립대학교에 재직 중인 호세 보라오는 타이완이라는 지역 중심의 역사를 보다 집중적으로 연구하고 있습니다.

Jose Eugenio Borao, 2007, *An overview of the Spaniards in Taiwan(1626-1642)*, National Taiwan Univ.

Jose Eugenio Borao, 2009, *Macao as the non-entry point to China: the case of the Spanish Dominican missionaries(1578-1632)*, National Taiwan Univ.

그런가 하면 토머스 베이커는 스페인의 타이완 진출 과정을 연구하면서 흥미롭게도 당시 포르투갈과 스페인이 어떻게 달랐는지를 명확하게 설명해주고 있습니다.

Thomas W. Barker. 2009, *Pulling the Spanish out of the 'Christian Century': Re-evaluating Spanish-Japanese relations during the seventeenth century.*

그리고, 윤 탕의 경우 이 과정에서 그동안 소홀히 다뤄졌던 중국 상인들의 역할과 활동을 잘 설명해주고 있습니다.

Yun Tang, 1995, *Sino-Japanese trade in the early Tokugawa period: Kango, Copper, and Shipai*, Univ of British Columbia.

한편 또다른 플레이어였던 일본인의 시각에서, 그중에서도 무역사라는 관점에서 아네자키 게이사부로姉崎慶三의 일본-타이완 무역사 시리즈(MBビジネス研究班, 2019)의 다음과 같은 책을 참고했습니다.

『日台貿易史(その1) オランダ黄金時代がもたらした貿易という宝!』,

『日台貿易史(その1) プットマンスと一官の不思議な抗争』,

『日台貿易史(その1) スペイン人台湾北部占領の謎』,

『日台貿易史(その1) フランソワ・カロンの駐在員報告書と傲慢強欲の果て』.

이 책들은 네덜란드 황금시대가 가져다준 무역이라는 보물에서 관점이 시작하여 정즈룽과 VOC의 관계, 그리고 스페인의 타이완 요새들에 대한 얘기들이 좀더 실용적 측면에서 서술되어 있습니다.

51 타이완에 도착한 후 거행한 선포식에 인용한 문구의 원문입니다.

"Viua el Rey, nuestro Señor, Don Philipe quatro, muchos años, con aumento de mayores reynos y estados."

이 문구의 출전입니다.

Copia del acta de la toma de posesion de la Isla Hermosa, fuerza de San Salvador y poblaciones de los naturales, por el Sargento Mayor, Antonio Carreño de Valdés, 1626, 5, 16 salgento mayor, "Antonio Carreno de Valdes to Fernando de Silva Gobernador de las Islas Filipinas", *El documento of Yuanfang Magazine*, Nov 17, 2014.

제6장

끝나지 않는 이야기

1 Yun Tang, 1995, "Sino-Japanese Trade in the early Tokugawa period: Kango, Copper, and Shinpai", Univ. of British Columbia에서 일본과 청의 무역관계, 마지막으로 Oba Osamu, 1980, "Sino-Japanese relations in the Edo period", 『江戶時代の日中秘話』, 大庭脩 중 5장의 영문 번역본에서 수입서적 관련 내용을 참고 인용했습니다.

2 강화 화승총에 대해서는 『2016년 강화전쟁박물관 특별전시』(강화전쟁박물관, 2016)를 참고했고, 화승총의 퇴보에 대해서는 Noel Perrin, 1979, *Giving Up the Gun*, Godine을 참고했습니다.

3 인용한 조명채의 보고는 『봉사일본시문견록奉使日本時聞見錄』 곤坤/문견총록聞見總錄/총론 부분이 출전입니다. 조정에 보고한 내용임을 감안하여 원래 번역글의 문체를 '합니다'로 수정하였습니다.

惟大小砲, 鳥銃等具. 見甚精利. 其習放之法. 雖不能詳知. 頃赴島主家宴禮時. 見其庭隅. 作一間小屋. 屋之墻面. 挿以兩雄瓦. 合附而爲之穴. 以習放銃云云. 自放丸處去其穴. 不過十步餘. 設如其言而習放在此, 則其法甚拙. 倭人之能妙於是技者. 未知更有何術也. 然一國之倭. 皆佩一劍雙劍. 而成陣則爲兵.

4 근면혁명에 대해서는 『근세 일본의 경제발전과 근면혁명』(하야미 아키라, 2006, 혜안)이 한국에 번역 출판되어 있습니다. 책은 2부로 나눠져 있는데, 제1부는 전체적인 일본 경제사의 개요에 가깝고, 제2부가 근면혁명을 설명하는 내용입니다. 하야미 아키라는 자신이 처음 주창한 '근면혁명'이 서양의 'Industrious Revolution'과 개념이나 맥락이 다르게 적용되고 있다는 것을 이미 잘 알고 있고, 그래서 이 책에서 자신의 논지를 정리한다고 밝히고 있습니다. 책 자체는 상당히 쉽게 써서 그리 난해하지 않습니다. 다만 일본 고등학교 역사 상식 정도는 있어야 한다고 책 머리에 미리 밝혀두었듯이 기초적인 설명들은 과감히 넘어가고 있습니다. 덕분에 책은 스피디하게 읽히긴 합니다. 중간의 대외 무역 부분은 앞부분의 은 무역 부분과 연관이 있어서 참고가 됩니다.

5 얀 클라천에 대한 니콜라스 비천의 『북부와 동부 타타르Noord en Oost Tartarye』에 있는 해당 원문입니다.

Hij was aldaer getrouwt en gaf voor geen hair aen zijn lyf meer te hebben dat naeen Christen of Nederlander geleek.

6 낭가사키: 나가사키의 나が와 가が는 모두 유성음입니다. 그래서 앞의 유성음 '나'의 영향을 받아 뒤의 '가'가 'ㅇ가'로 들렸던 것 같습니다. 일본 나가사키 데지마 상관에서 오래 체류하였고 유럽 일본학의 원조에 해당하는 이사크 티칭Isaac Titsingh의 *Illustration of Japan*에도 나가사키는 'Nangasaki'로 표기되어 있고, 『효종실록』의 하멜 일행 표착에 대한 효종 4년 8월 6일자 기사에도 이들이 가려던 곳이 '낭가삭기郎可朔其'라고 표기되어 있습니다.

7 마지막으로 글을 마치면서 하멜이 보고한 내용 중 일부분을 덧붙였습니다. 인용한 해당 문구의 원문입니다.

daer wort mede in de maenden December, Januarij, Februarij ende Maert groote quantitijt van haringh gevangen, die inde twee eerste maenden d'hollantse gelijck zijn, ende inde twee andere maenden cleijnder ofte gelijck d'pan haring in ons lant, soodat nootsaeckelijck een doortocht tussen Coree en Japan nae't Waeijgat moet zijn, (······).

출전은 역시 1920년 후팅크가 컴파일한 *Verhaal van het vergaan van het jacht de Sperwer*, 즉 '스페르베르호의 침몰 이야기'라고 번역되는 네덜란드어 판본이고, 번역은 『하멜 보고서』(유동익 역, 중앙M&B, 2003)를 인용했습니다.

— 도판 출처 —

034	지영록 고전총서1, 이익태(서광덕 외 4인 번역, 김새미오 감수), 국립제주박물관, 2021. 국립제주박물관.
066	『화한삼재도회』 여송, 와세다대학 고전적종합데이터베이스古典籍総合データベース. archive.wul.waseda.ac.jp/kosho/bunko31/bunko31_e0860/bunko31_e0860_0014/bunko31_e0860_0014.html
073	『화한삼재도회』 아마항, 와세다대학 고전적종합데이터베이스古典籍総合データベース. archive.wul.waseda.ac.jp/kosho/bunko31/bunko31_e0860/bunko31_e0860_0014/bunko31_e0860_0014.html
091	『페르낭 멘데스 핀투의 편력기』 표지. 포르투갈국립도서관. pt.wikipedia.org/wiki/Peregrina%C3%A7%C3%A3o_%28livro%29
109	안토니 반 다이크, 〈일본 '분코'의 왕을 배알하는 성 프란시스코 사비에르〉. ja.wikipedia.org/wiki/大友義鎮#/media/ファイル:Saint_Francis_Xavier_Before_A_King.jpg
124	위원후이游文辉(명나라), 1610년, 〈마테오 리치 초상화利瑪竇肖像〉. en.wikipedia.org/wiki/Matteo_Ricci#/media/File:Ricciportrait.jpg
125	〈마테오 리치의 마카오에서 베이징까지의 여정〉. en.wikipedia.org/wiki/Matteo_Ricci#/media/File:Matteo_Ricci's_way_from_Macau_to_Beijing.jpg
132	주앙 호드리게스, 『일본대문전日本大文典, Arte da Lingoa de Iapam』 표지.

commons.wikimedia.org/w/index.php?title=File:Arte_da_Lingoa_de_Iapam.pdf&page=5

136　마리아카논マリア観音. 로마 카퍼톨리니박물관. ⓒ 딜런 유.

141　페테르 파울 루벤스, 〈중국옷을 입은 트리고 신부〉, 뉴욕 메트로폴리탄박물관.

commons.wikimedia.org/wiki/File:Portrait_of_Nicolas_Trigault_by_Peter_Paul_Rubens.png

147(상)　대진경교유행중국비, 시안 비림박물관.

ko.wikipedia.org/wiki/대진경교유행중국비#/media/파일:Nestorian_Stele_(front).JPG

147(하)　대진경교유행중국비 비석의 시리아 문자, 시안 비림박물관.

ko.wikipedia.org/wiki/대진경교유행중국비#/media/파일:Syriac_text_Nestorian_Stele_781AD_1.png

151　『예수회에 의해 이루어진 중국으로의 기독교 선교여정』 초반부 「중국 안에서 회교도와 유대인, 그리고 마지막으로 기독교 신앙의 흔적을 찾아서」

archive.org/details/ita-bnc-mag-00002831-001/page/n198/mode/2up

156　1921년 제20호 『통파오』, 「유대인 옹아이, 마테오 리치 신부의 정보제공자 Le juif Ngai, informateur du P. Methieu Ricci」

archive.org/details/toungpao1920unse/page/32/mode/2up

161(좌우)　카이펑 유대인의 토라, 브리티시 라이브러리.

blogs.bl.uk/asian-and-african/2020/05/kaifeng-torah-scroll.html

163　1489년 「중건청진사기비重建淸眞寺記碑」.

History of the Kaifeng Jews: Archive #3: The 1663 Stone Inscription

img571.imageshack.us/img571/4946/ptdc0102.jpg

178　렘브란트, 〈므나세 벤 이스라엘 초상화〉.

en.wikipedia.org/wiki/Menasseh_Ben_Israel#/media/File:Menasseh_ben_Israel.jpg

191　토르데시야스 조약(1494)과 사라고사 조약(1529).

en.wikipedia.org/wiki/Treaty_of_Zaragoza#/media/File:Spain_and_Portugal.png

192 마닐라-아카풀코 갤리온 무역 항로.
en.wikipedia.org/wiki/Manila_galleon

202 포토시의 세로 리코 은광을 묘사한 그림. The Spanish Lake pdf에서 p. 211. A Voyage to the South Sea(London 1717) ANU에서 재인용함.
epress.anu.edu.au/spanish_lake/mobile_devices/ch07s04.html

207 1739년 스페인 펠리페 5세 8레알 은화.
en.wikipedia.org/wiki/Spanish_dollar#/media/File:Philip_V_Coin_silver,_8_Reales_Mexico.jpg

237 하세쿠라 쓰네나가의 여정.
ja.wikipedia.org/wiki/支倉常長#/media/ファイル:Hasekura_Travels.jpg

243 『필리핀, 일본 및 중국의 선교자 로사리오회 교구의 역사』.
bvpb.mcu.es/es/catalogo_imagenes/grupo.do?path=11002086&posicion=537&presentacion=pagina&registrardownload=0에서 pp. 537~538.

266 15세기 스페인 지도.
en.wikipedia.org/wiki/Iberian_Peninsula#/media/File:Reinos_Antiguo_Régimen.svg

274 16세기 네데를란트 지도.
commons.wikimedia.org/wiki/File:Tachtigjarigeoorlog-1572b.png와 The Dutch Revolt: a social analysis · International Socialism (isj.org.uk) 참조.

282 파르마 공작부인 마르가리타에게 귀족 청원서를 제출하는 '귀족들의 맹세단'.
commons.wikimedia.org/wiki/Category:1566_in_the_Netherlands#/media/File:Bor-Nederlantsche-Oorloghen_9143.tif

298 마테오 리치, 〈곤여만국전도〉, 미국 국회도서관.
commons.wikimedia.org/wiki/File:Kunyu_Wanguo_Quantu_by_

	Matteo_Ricci_All_panels.jpg
300	오르텔리우스, 〈테아트룸 오르비스 테라룸〉, 미국 국회도서관.
	commons.wikimedia.org/wiki/File:OrteliusWorldMap1570.jpg
305	메르카토르, 『북극 지도』.
	commons.wikimedia.org/wiki/File:Septentrionalium_terrarum_descriptio_11-c.170-1595-r.png
307	바렌츠 탐사대 삽화.
	Gerrit de Veer, Waerichtighe Beschrijvinghe van Drie Seylangien, 1598.
	이미지 출전은 구글북스 books.google.com/books?id=qSJmAAAAcAAJ&newbks=1&newbks_redir=0&dq=Waerachtighe+Beschryvinghe+van+Drie+Seylagien&source=gbs_navlinks_s
317	1568년의 교역항로.
	ko.wikipedia.org/wiki/대항해시대#/media/파일:16th_century_Portuguese_Spanish_trade_routes.png
323	〈기섬도〉, 이정, 종이에 수묵, 30.3×23.9cm, 17세기, 이화여대박물관 소장.
325	우타가와 요시토라, 〈니쿠시센닌肉芝仙人〉.
	ukiyo-e.org/image/mfa/sc168328
331	산토 교덴, 『가타키우치 덴지쿠 도쿠베에敵討天竺徳兵衛』.
	ehon.dh-jac.net/books/ebi/Ebi0465
381	『화한삼재도회』 아란타, 와세다대학 고전적종합데이터베이스古典籍総合データベース.
	archive.wul.waseda.ac.jp/kosho/bunko31/bunko31_e0860/bunko31_e0860_0014/bunko31_e0860_0014.html
398	네덜란드 국립문서 아카이브 전시회 팸플릿. 저자 소장.
402	『마레 리베룸Mare Liberum』 제5장.
	commons.wikimedia.org/w/index.php?search=Mare+Liberum&title=Special%3AMediaSearch&type=image
416	『보편적 역사의 현대 부분: 원저자들의 글을 종합한 가장 오래된 기록』.

419 　catalog.hathitrust.org/Record/009715995

에콰도르 연안 푸나섬 항구에 정박한 나사우 함대의 모습이 그려진 지도의 부분.

es.m.wikipedia.org/wiki/Archivo:Escuadra_Holandesa_de_Jacobo_Heremita_Clerk_frenta_a_la_Isla_Pun%C3%A1_-_AHG.jpg

421 　타이완 제일란디아 요새(1632년경).

rijksmuseum.nl/en/collection/object/View-of-Zeelandia--5bc401b6617d0d16d9ee6a14e9970291

425 　모리시마 주료, 『반코쿠신하나시万国新話』(1800).

en.m.wikipedia.org/wiki/File:Capture_of_Nuyts_by_the_Japanese_in_1629.jpg

434 　1897~1945년 타이완의 대일 수출 상품 통계.

출전: 타이완총독부재무국세무과, 타이완외국무역20년대조표: 메이지 29년부터 다이쇼 4년. 타이베이시, 1916년.; 타이완총독부재무국세무과, 타이완무역연표 다이쇼 4년에서 쇼와 17년. 타이베이시: 1916-1943년.; 타이완성정부주계처, 타이완무역53년표. 타이베이시, 1954년.

437 　루도비쿠스 엘제비에르가 그린 엥제뉴Engenho.

commons.wikimedia.org/wiki/File:Guilherme_Piso_engenho_1648.jpg

450 　『황청직공도』 제3권, 생번生番(왼쪽부터 출처 표기).

archive.org/details/06046708.cn/page/n93/mode/2up
archive.org/details/06046708.cn/page/n85/mode/2up
archive.org/details/06046708.cn/page/n89/mode/2up
archive.org/details/06046708.cn/page/n81/mode/2up

451 　『황청직공도』 제3권, 숙번熟番(왼쪽부터 출처 표기).

archive.org/details/06046708.cn/page/n69/mode/2up
archive.org/details/06046708.cn/page/n53/mode/2up
archive.org/details/06046708.cn/page/n45/mode/2up

457 　네덜란드어-시라야어로 번역된 『마태오의 복음서』 1장.

en.m.wikipedia.org/wiki/File:Gospel_of_St._Matthew_in_Formosan.
jpg

462 〈탐수이와 그 인근 부락 및 키룽섬의 지도〉, 산살바도르 요새(부분).
commons.wikimedia.org/wiki/Category:Old_maps_of_Keelung#/
media/File:Map_of_Danshui_and_Surrounding_Areas,_Including_the_
Island_of_Jilong,_1654.jpg

463 〈탐수이와 그 인근 부락 및 키룽섬의 지도〉, 산도밍고 기지(부분).
commons.wikimedia.org/wiki/Category:Old_maps_of_Keelung#/
media/File:Map_of_Danshui_and_Surrounding_Areas,_Including_the_
Island_of_Jilong,_1654.jpg

486 네덜란드동인도회사(VOC) 본부 중정. 저자 소장.

항해사 흰닭, 파드레,
그리고 오렌지 반란군의 기이한 모험
-16~17세기 동아시아와 유럽의 만남

2025년 10월 30일 초판 1쇄 찍음
2025년 11월 10일 초판 1쇄 펴냄

지은이 딜런 유
펴낸이 정종주
편집 박윤선
마케팅 김창덕

펴낸곳 도서출판 뿌리와이파리
등록번호 제10-2201호 (2001년 8월 21일)
주소 서울시 마포구 월드컵로 128-4 (월드빌딩 2층)
전화 02)324-2142~3
전송 02)324-2150
전자우편 puripari@hanmail.net

디자인 공중정원
본문조판 이미연

종이 화인페이퍼
인쇄 및 제본 영신사
라미네이팅 금성산업

ⓒ 딜런 유, 2025

값 24,000원
ISBN 978-89-6462-214-8 03900

이 도서는 2025년 문화체육관광부의 '중소출판사 도약부문 제작지원' 사업의 지원을 받아 제작되었습니다.